20 世纪中国图书馆学文库·38

科技文献检索

陈光祚 主编

圙 國家圖書館出版社

本书据武汉大学出版社 1985 年 1 月、12 月
第 1 版排印(原书分上、下册出版)

前　言

当代,随着科学技术的迅速发展,一方面产生了数量庞大、类型复杂的科技文献;另一方面,科学技术本身的进步,也日益依赖于从浩如烟海的科技文献中获得准确、全面的情报。因此,学习科技文献的查找方法、掌握文献检索的知识与技能,是广大科技工作者的共同要求。当然,这对于从事图书馆工作和科技情报工作的专业人员来说,更是他们专业知识结构中的重要组成部分。

作为一门学科的文献检索的理论正处于形成与完善之中。特别是在电子计算机应用到这个领域以来,有力地促使检索理论向深度与广度发展。事实上,情报检索已经成为整个情报科学中最活跃的分支,并且是情报科学赖以建立的核心部分。

1974年,我们武汉大学图书馆学系首次设立了"科技文献检索"课程,编写了《科技文献检索》教材。此后,在教学实践的基础上,这门教材分别于1976年和1980年两次印刷了修订本,曾为国内兄弟院校图书情报专业所采用。1983年,我们对这个教材进行了第三次修订(即现在由武汉大学出版社出版的此书)。这个修订本除更新原教材中若干材料之外,还加强了检索理论部分,并增写了有关使用计算机情报检索系统的基本知识,使手工检索与计算机检索的理论与方法互相结合起来,这样,既反映了这门学科的进展,也更符合要求全面掌握检索知识的人们的愿望。

为了兼顾广大科技工作者的要求,本书附有大量检索示例和图表,在一定程度上可以起到"科技文献检索手册"的作用。

十年来,本书在历次修订中得到了系领导黄宗忠、彭斐章等老师和国内同行的鼓励和支持。在 1976 年的修订中,张琪玉同志热心为本书作校订,并为其在吉林省印刷而付出辛勤劳动。在 1980 年的修订中,彭海卿、季长如、杨廷郊等同志也给予帮助。从 1980 年以来,本教学小组的教师焦玉英(在本书中编写第七章中的第八节以及第十章中的第五节,并参加第八章的部分修改)、卢素心(参加第十章的部分修改)、何绍华(参加第十一及十二章的部分修改)也参与了修订工作。孙凌、李湘东同志以及研究生马国华、李强、王兵、张进、覃光等同志为本书的出版工作做了大量有益的工作。在此向上述同志表示衷心的感谢!

由于时间匆促及限于我们的水平,本书可能有缺点和错误,希读者予以指正。

陈光祚

1984 年 3 月

目　　录

第一章 绪论

第一节 文献检索的意义和作用

科学技术的发展,具有连续性和继承性的特点。它的每一项发明创造,都需要依靠经验、材料和理论的不断积累。任何一个科技工作者,都有赖于在前人已经取得的成就的基础上进行新的探索。在开始着手研究一项课题之前,必须掌握这个课题是如何提出来的,前人在这方面做了些什么工作,如何做的,还存在什么问题以及相邻学科的发展对研究这项课题提供了什么新的有利条件等等。也就是说,必须掌握有关的科技情报。

查阅科技文献是获得科技情报的重要渠道之一。科技文献是科学技术研究的记录。它是人类智慧的结晶,积累了许多有用的事实、数据、理论、方法和科学假设,记载了无数成功的或失败的经验教训。它反映科学研究的进展和水平,是科技研究工作必不可少的情报来源。系统地掌握国内外科技文献的状况,迅速准确地为生产与科研课题搜集有关资料,这对于摸清科学技术发展的水平动向,吸取已有的科技成果,避免科研工作中的重复劳动和走弯路的现象,具有重要的意义。

从浩如烟海的科技文献中,迅速、准确、没有重大遗漏地查寻出与特定的科学技术研究课题有关的资料,这就是科技文献检索工作。

作为科技情报工作组成部分的科技文献检索工作,目前正在迅速发展,并获得了越来越重要的地位。这是由于现代科学技术突飞猛进的发展,文献数量与品种急剧增加,以及科研课题日趋专门化与综合化的形势所造成的。

随着科学技术在深度与广度上的不断发展,科学技术文献的数量与类型也在急剧增加。特别是第二次世界大战以来,世界各国的科学技术出版物在种类、数量、出版速度、出版形式等方面都以飞跃的姿态向前推进。据统计,非科技内容的文献数量每30—50年增加一倍,而科技文献数量每10年,有的认为是7—8年就增加一倍。尖端科学的文献增加速度更快(例如据近几年来的统计,原子能文献每2—3年就翻一番),而且今后倍增周期还会逐年缩短。目前全世界出版有35,000种左右科技期刊,每年发表约400万篇论文;全世界每年出版专利说明书(包括等同专利)已达100万件;全世界的技术标准总数为20万件;每年出版的会议录达1万种以上;1979年全世界出版图书约60万种,平均不到一分钟出版一种新书。有人估计,目前每年出版的各种类型的科技文献有1,000万篇之多,约折合为2亿个情报单元。在出版形式方面,除了传统的印刷品以外,直感资料(录音带、录像带、光盘、科技电影、幻灯片以及唱片等等)近年来发展异常迅速,已达到与印刷品相抗衡的局面。面对着科技文献急剧增加的情况,有人把这种现象称之为"文献的海洋"、"情报资料爆炸"、"出版物污染"等等,在一些国家里,不少人惊呼"情报危机"的到来。

除了出版物数量庞大和类型复杂以外,所用来书写文献的语文品种的扩大,也给科技文献的利用带来了复杂的因素。过去,世界科技文献绝大部分只是用英、德、法少数几种语文写成的,而现在,大量的科技文献是用俄、日、意、波和中文写成的。

发表分散是当前科技文献的另一特点。科技文献有的是公开出版物,有的是非公开出版物,有的只存贮手稿或只提供复印本。同时,由于现代科学技术综合交错,彼此渗透,使得文献的专业性质也不十分固定。据报道,一个专业的文献,在本专业杂志上发表的只占 50%,而另外的 50% 则发表在其它与其间接相关的专业杂志上。就一个专题范围内的文献来说,约有 1/3 登载在刊名字样与该专题相同的杂志上,约有 1/3 登载在刊名与该专题有关的杂志上,另外 1/3 则登载在刊名与该专题无关的杂志上。布拉德福文献分布定律说明,一定主题的文献,除刊载在"核心期刊"之外,还广泛分布于非核心期刊之中。这种分布,近似于 $1:a:a^2 \cdots a^n$ 的几何级数。有人曾根据引文索引作过统计,地质学文献有 15.6% 引自非地质期刊;数学文献有 21% 引自非数学期刊;物理学文献有 25% 引自非物理学期刊;化学文献有 27% 引自非化学期刊。这种文献发表的分散性,也给科技工作者掌握与利用其专业文献增加了难度。

现代科技文献的各种类型之间彼此重复交叉的现象严重。同一文献往往由一种类型转为另一种类型。例如 AD 报告几乎 60% 既以单行本报告形式出版,又以论文形式在期刊上发表。美国科学基金会 95% 的技术报告都在期刊上发表。许多学位论文和学术会议文献,也常以期刊论文或单行本出现。会议论文不再以期刊论文发表的,为数已不过 10% 左右。学位论文不在期刊上发表的,为数也已很少。科技报告、学位论文、会议文献与政府出版物之间雷同的也很多。至于同一类型文献中,彼此重复或大同小异的现象则更是屡见不鲜。全世界翻译书的种数占图书出版总种数的 10% 以上,大量的著作拥有不同的译本。美国 NASA 报告中,该局本身的报告只占总数的 21%,与外国的资料及本国其它机构的资料重复的竟占 79%。加拿大的专利说明书,同外国重复的有 87.2%,同美国重复的占 2/3 以上。科技文献之间这种交叉重复的现象,给文献的状况增添了纷繁的特点。如果不掌握其规律,将对科技文献的搜集、检索工作造成不应有的重复浪费。

科技文献的新陈代谢、自然淘汰现象也是一个严重问题。现代科学技术的发展日新月异,每日每时都会有所发现,有所发明,有所创造,有所前进。随着时间的推移,旧的材料被新的材料所代替,不成熟的观点被比较成熟的观点所代替,不完善的方法被比较完善的方法所代替。现在,科研成果从发明到推广应用的周期大大缩短,知识的有效期也在逐步缩短。因而科技文献也随之产生新陈更替、自然淘汰的现象。科技文献之间的新旧之分,交替更新之别,提出了对文献时效问题的考虑,提出了对文献进行选择的任务。否则,就不能随时掌握世界先进水平,就不能使我国科学技术研究工作建立在最新成就的起点上,从而丧失时间。总之,科技文献的这种自然淘汰的规律,给文献检索增加了困难的程度,提出了更高的要求。

另一方面,传统的学科界线不断被打破,学科越来越多,越来越细,学科之间的相互联系越来越密切,越发展越趋向综合,构成了现代科学的不同学科之间相互渗透、相互促进、共同发展这一特点。任何一门科学技术,现在都不可能脱离科学技术的整体水平去发展,必须有赖于各个学科领域和技术部门的协同配合。因此,一般的研究人员再也不能把自己局限于一两门限定的专业范围之内,而日益感到有掌握其它新的学科领域的需要。这样,研究课题一方面不断专门化,它们对文献的需要不断深化;另一方面,研究课题涉及的面也越来越广,从而它们对文献的要求也有日益广泛、全面的趋势。因此,要在数量庞大、类型复杂、文种多样、发表分散、重复交叉严重、新陈代谢频繁的科技文献中迅速、准确地获得切合研究课题口径的资料,如果不掌握一定的检索手段和方法,那真会望洋兴叹,一筹莫展。

数量庞大的文献资料和人们对它的特定需要之间,是存在着

4

矛盾的。这个矛盾如果得不到合理的解决,就有可能在研究工作中重复别人作过的观察、实验和研究。

正是这种庞大的文献资料和人们对它的特定需要之间的矛盾的存在,提出了文献检索问题。为着解决这一矛盾,需要一种能够借以帮助了解、掌握巨大的文献财富并能根据自己的需要来选择文献的工具和方法。也就是说,人们需要检索文献的工具和方法。所谓文献检索,大致包括两个部分:一是检索系统的建立及检索工具的组织和积累;二是文献的查寻,就是根据具体课题的需要,主要通过书目、索引、文摘等检索工具,从众多的文献中,检出与课题有关的或对课题有用的文献,并且要求检索工作做到迅速、准确和没有重大遗漏。广义的文献检索,可以是:查寻包括在文献中的某一数据、公式、图表,或者是某一事物发生的时间、地点和过程;回答某一论文出处或某一书刊的收藏处所;检索某一主题、某一时代、某一地域、某一作者、某一文种的有关资料。检索的范围,可仅限于某一图书馆或情报资料单位的藏书,也可以不受一馆的局限,而检索全国或世界范围的文献;可以是检索某一年限内的文献,也可以不受具体时间的限制,检索某一课题从开始有文献记录以来的全部资料。因此,掌握文献检索的理论与方法,就能够使我们获得对文献利用的主动权,能够用最省的时间与精力,掌握前人与别人所取得的成就,并把它作为自己进一步研究的起点,从而大大地扩大自己的间接知识领域。文献检索是科学研究的先期工作。掌握文献检索的方法,是每个科技人员应有的基本功。开展文献检索工作,能够使图书馆和情报资料单位的丰富藏书得到充分的揭示与利用,给读者以打开人类知识宝库的钥匙。没有良好的文献检索系统,其结果将大大降低藏书的使用潜力。因此,文献检索是变死书为活用,化书刊为情报的一个重要环节。更重要的是,文献检索工作的开展,能使图书馆和情报资料单位提供资料的工作,不仅仅局限于自己所收藏的范围,而且能够掌握广泛得多的文献线索,开拓广泛得多的文献情报来源。目前科技文献数量的庞大,出版类型的多样,学科内容的交叉渗透,使任何一个图书馆和情报资料单位都不可能把世界上有关的文献搜罗无遗。而有限的藏书往往不能满足科技工作者广泛多样的需要。借助文献检索,就能扩大馆员和读者的视野,可以把那些本馆、本地区甚至国内没有入藏的文献线索统统掌握起来,通过复制、馆际借书、国际借书以及补购等手段来解决缺藏的问题。

在整个科技情报工作中,文献检索更占有极其重要的地位。科技情报工作的主要内容,就是大量地整理报道现期的和积累检索过去的文献资料,在此基础上开展定题服务,并进行情报的分析综合工作,以提供对生产、科学研究、决策、规划工作有用的情报。因此,文献的搜集、研究、存储、检索和传播可说是科技情报工作的五个环节。把搜集到的情报进行有秩序的积累(建立检索系统)和有组织的报道(通过文摘索引杂志)是情报工作的基本内容。情报工作的重要一环就是文献检索。检索系统的建立是情报工作的一项基础工作。

由此可见,搞好文献检索这项工作,有利于图书馆和情报机构的工作向深度和广度发展;有利于先进经验和先进技术的迅速推广与移植;有利于通过文献这个途径,摸清世界科学技术发展水平与动向,找出差距,确定赶超目标;有利于我们尽量采用先进技术,加速科学技术前进的步伐。

第二节　文献检索工作的沿革、现状和发展趋势

庞大的文献资料和人们对它的特定需要之间的矛盾,导致了文献检索工作的出现。同时,由于这个矛盾的不断运动,推动着文献检索工作不断向前发展和文献检索的理论、方法和技术的不断

完善。

我国是世界文明发达最早的国家之一。随着图书文献的大量积累，也有了编制文献检索工具的需要。从汉代的《七略》到清代的《四库》，都以封建正统的思想体系将图书"部次甲乙"，以便学者能"即类求书，因书究学"，满足检索的要求。唐代目录学家毋煚总结了目录的作用。他说，目录"将使书千帙于掌眸，披万函于年祀。览录而知旨，观目而悉词。"这就相当确切地指出了文献检索工具对于用最少的时间与精力来了解、掌握大量文献的意义。

在资本主义时代，由于西方工业革命推动了科学技术的发展，科技文献的数量大大增加，因而科技文献的广泛交流与报道显得日益迫切。科技期刊，以及以期刊论文为对象的文摘索引杂志的大量出现，代替了以前科学家靠彼此通信来获得情报的状况。文摘索引公开发行，一方面使文献的报道和检索社会化，另一方面，这些检索工具的编印也带上了商业性，检索工具本身成为可以牟利的商品。因此，在近代资本主义国家里，各种检索工具之间彼此重复、相互竞争的现象相当严重。在检索方法方面，重视排检的快速与方便，检索途径得到了扩大，字顺、分类、主题等排检方法与技术得到了发展。检索工具的连续性与累积性受到了注意，一些检索工具，例如德国《化学文摘》（已停刊）、美国《工程索引》等等，都有一个世纪以上或者将近一个世纪的历史。

第二次世界大战以后，文献检索的发展到达了一个新的转折点。由于科学技术日新月异和科技文献的"爆炸性"增加，科学工作者感到不吸收最新的研究成果就不能及时推进自己所从事的研究，因而对文献检索的迅速、准确性提出了更高的要求。图书馆面对日益复杂的科技文献，感到难于处理，传统的方法已经不适应向科技工作者迅速提供准确的情报的要求，因而产生了某些人所谓的"情报危机"。联合国教科文组织针对这种情况，指出"有必要用一种工业式的，有动力的，甚至扩张性的情报系统来代替手工式的、静止的、传统的检索体系了"，适应着这种情况，科技情报中心纷纷成立。在五十年代，各国陆续设立了情报中心，或者加强了国家图书馆原有的科技情报工作。情报中心所从事的工作，不仅搜集、整理、报道、提供各种科技文献，而且还对文献进行分析、综合，即进行所谓情报研究，充当科技工作的参谋。从五十年代以来，情报工作首先是集中注意力于检索工具问题上。这方面的研究导致了许多新器具、新技术的发明。检索机械相继出现，电子计算机被用来编制检索工具和查寻文献，缩微技术的进步也给文献检索的发展带来了新的推动力。这一切都使文献检索摆脱传统的手工操作而逐步向机械化与自动化过渡。机械检索系统、光电检索系统、电子检索系统一个接着一个地从试验阶段发展到实行阶段。文献检索过程被现代技术手段逐步地武装起来，正在展现出一个崭新的面貌。

最引人注目的进展是电子计算机检索的迅猛发展。从五十年代中期开始的计算机检索工作，到目前为止，仅仅三十年的时间，已跨越了三个发展阶段：单机批处理检索、联机检索，以及网络化检索。出现了包括计算机可读的文献数据库生产、联机检索服务和计算机化的书目索引文摘的出版发行在内的所谓"情报工业"。许多检索工具除常规的印刷型刊物之外，出现了供计算机检索的磁带版。许多大型联机检索系统拥有数以千计的终端。这些系统通过通讯卫星和其它通讯线路，使其服务的范围覆盖了世界广大地区。现在，即使是在穷乡僻壤的科技工作者，只要借助于终端就可检索到如同在世界最大图书馆中所检索到的同样丰富的资料。在某种意义上来说，大量的文献情报就在科技工作者自己的手指头上。因为他只要用手指按动终端的键盘，向检索系统提问，就可以取得存贮在大型计算机系统中的任何文献线索。现代化的检索手段，消除了地理和时间上的障碍，大大地改善了情报的可获得性。

科学数据检索的出现与发展,也是当前一个重要的趋向。现代科技工作者面对大量的文献往往感到束手无策。他们要求情报学家的,不仅是提供文献的线索,而且是文献的精选和浓缩,也即是从文献资料服务转变成真正的情报服务。科学数据检索正是为满足这种要求而出现的。所谓科学数据,不仅包括数值形式的实验数据与工业技术数据,而且包括非数值形式的数据,如化合物分子式、化学结构式、工业技术产品名称与规格等等。数据情报被称为"压缩情报"、"纯情报"或"高级情报"。因为数据检索所得到的结果,是科技工作者直接可以利用的东西。而文献检索实际上是书目检索,检索的结果是文献线索。科技工作者根据检索到的文献线索,还必须再进一步找到这些文献,阅读这些文献,然后才有可能筛选出他所需要的东西。因此数据检索对科技工作者来说,就更具有直接性和有效性。但是,科学数据是根据大量的文献提取、鉴定和加工之后得到的。因此,科学数据检索(包括有人所说的事实检索)是文献检索的进一步深化,也在一定程度上反映了传统的图书馆工作向"情报化"转变的进程。

文献全文的检索也提上日程。由于当前电子计算机存贮器容量的扩大和其它存贮技术(如光盘)的利用,以及单位存贮费用的下降,已经有可能将整篇文章乃至整本图书的所有信息都存入计算机存贮器中。检索时,可以按照情报用户的提问,检出有关的句、段、节、章等文字,并且可进行各种频率统计和内容分析。在国外,法律和文学方面已出现这种全文检索系统。在国内,文学方面也已出现这样的系统。这种全文检索系统一般不加人工标引,即所谓自本文本系统,完全用自然语言进行检索。全文检索系统有其广泛的发展前途,将有力地促进科技文献的传递与获得,消除二次文献检索中获取一次文献的困难。这是文献检索的一个划阶段的发展。

有人认为,情报检索(information retrieval)包括三个方面:(1)

数据检索（data retrieval），例如："某隧道有多长？"（2）事实检索（fact retrieval），例如："世界最长的隧道是哪条？"（3）文献检索（document retrieval），例如："关于海底隧道有些什么文献？"。数据检索与事实检索，是要检索出包含在文献中的情报本身，文献检索则是检出包含所需情报的文献。而在上述情报检索的三个方面中，以文献检索为主。这种把情报检索与文献检索两个概念加以区分的看法，固然有它的一定道理。但是，不管是检索包含在文献中的情报，还是检索包含情报的文献，都离不开文献这个范畴。情报一般是以文献形式记载下来，存储起来的，而文献一般也都记载与存储有情报。因此，情报检索与文献检索不必加以严格划分，正如有的国家称情报检索，有的国家称文献检索一样。情报检索可以理解为是从工作的目的而命名的名词，文献检索是以工作的对象而命名的名词。

第三节　作为一门学科的情报检索

随着检索工作的产生与发展，检索的理论与方法逐步地积累与丰富起来。若干世纪以来，这些理论与方法，构成了目录学的一个组成部分。

但是，在近三、四十年来，情报检索在目录学的基础上日益与语言学、信息科学相结合，形成了一个相对独立的学科，或者说形成了情报学赖以建立的情报学的一个重要分支。

作为一门学科的情报检索的形式，是现代记录下来的知识（文献）的急剧增长而需要给以合理的存贮、人们查寻的着眼点更多地指向包含在文献中的情报而不是文献本身，以及电子计算机应用到图书情报工作中来而使人们拥有强有力的信息处理的手段等等变化的结果。这门学科的最终目的，是帮助人们最充分地利用已经发现和记录下来的知识,以促进新的知识的发现和产生。因此有人把情报检索称之为情报的存贮与检索。

尽管作为一门学科的情报检索,目前尚无一个被人们公认的定义,但是不少人从理论上对它作了种种表述。

有人用通讯的概念来规定情报检索的定义。早在三十年代,有人就把情报检索与通讯相比较,认为从广泛散布的知识体中检索有关的情报,正如在噪音环境下对信号脉冲进行检波一样。美国 Calvin N. Moors 更明确地指出:"情报检索是一种时间性的通讯形式,它与近期其它人研究的点对点的通讯相区别","此种通讯是时间性的,在时间上从一个时刻通往较晚的时刻,而在空间上可能还在同一地点。"这种对情报检索定义的表述,其出发点是把人类的整个情报传递看作是一种通讯形式,即发生在当代人之间、或当代人与后代人之间的一种思想、文化、科学上的交流。而情报检索是实现情报传递的一个重要环节。它本身就意味着人类的"通讯"。

另一种观点,是从信息处理这一角度来表述情报检索的定义。认为"情报"已超越了"文献"的范围,还包括图像、指纹、声音以及各种数值数据。而情报检索这门学科,是由矩阵记数法、概率论、最优化理论、模式识别及系统分析而发展起来,其中系统分析是通过可以编为计算机程序的数学模型而进行运算的。情报检索主要是围绕情报检索系统中如何处理情报和情报结构这一基本问题,探讨数据库管理系统、联机控制系统等所需的软件和硬件技术,以及情报检索在各个方面的应用等问题。显然,这种观点,是大大突破了原来图书馆文献检索的范围,而把银行、医院、国民经济等部门中所有的信息管理都纳入了情报检索之中,把情报检索视为计算机科学中的一个分支。

第三种观点是,虽然考虑到电子计算机处理信息的强有力的手段,但是仍然从文献情报(人类记录下来的知识)的查寻这一

"传统"的角度来探讨情报检索的定义。例如苏联学者 A. И. 契尔纳（A. И. Черный）指出："情报检索,这是从大量的文献中查寻与情报提问中所指定的课题（对象）有关的文献,或者是包含用户所需事实与消息的文献的过程"。"而这里所谓的'文献',不仅指的是图书、论文、专利说明书等等,也指这些文献中的个别片段——章、节、段落等等"。

上述三种对情报检索的观点,第一、二种观点事实上有相当大的共同点,即从信息处理出发,致力于用数学语言来描述情报检索的过程和在这个过程中的各种有关因素之间的匹配关系,强调计算机化的检索系统的设计、建立、评价与管理。而第三种观点则立足于记录下来的知识（文献）如何组织、如何有针对性地为情报用户所查寻与利用。而把计算机信息处理只是作为服务于实现机械化与自动化检索系统的一种手段,一种可资应用的知识。

因此,情报检索这一概念,既可理解为信息处理的一个方面,又可理解为图书馆工作与情报工作中的一个环节。从这里也可以看到,作为一门学科的情报检索,是在图书馆学、目录学基础上发展起来的、与信息科学相结合的产物。

不管对情报检索定义如何表述,作为一门学科的情报检索,它应该包括如下几个方面的研究内容：

第一,有关检索语言的研究。所谓检索语言,是建立和使用检索系统时所必要的一种专门的人工语言,具体包括索引语言和计算机检索系统的查询语言。索引语言是用来描述被存贮的资料的内容特征或外表特征的,以便将资料纳入检索系统；同时又用它来表达情报检索提问的内容,以便把一定的资料从检索系统中检索出来,因而它是标引人员与检索人员实现思想交流的桥梁。在语义学上,检索语言要求具备唯一性,即不能像自然语言那样一词多义、多词一义,模棱两可或含糊不清。分类号码、标题词、叙词以及适用科学数据检索的各种特定语言等等都是检索语言。各种检索词表是检索语言的表现。检索语言是产生各种类型的索引及各种相应检索方式的基础,它直接关系到检索系统的优劣和检索效率的高低。查询语言是交互式计算机检索系统的检索指令,是检索者命令计算机进行各种作业、一步步实现自己检索目标的语言。这是从事联机检索必须掌握和运用的工具。因而对检索语言的研究是情报检索的重要内容。

第二,有关检索系统的研究。所谓检索系统是根据一定的目标,将有关文献或数据按照一定的检索语言进行标引,在一定的载体上以一定的结构次序组织起来,并借助一定的器械工具而提供一定的检索方式的系统。图书馆的卡片目录、各种文摘索引刊物,都是手工的检索系统。而借助于电子计算机以及各种外围设备建立起来的系统,称为计算机化的检索系统。因此,检索系统是目标、工具、文献(数据)款目以及检索方法的有机结合。一切检索工作都是通过使用检索系统而实现的。检索系统不仅关系到文献(数据)存贮的广泛全面,检索的迅速准确,而且也关系到投资、成本等经济因素。对计算机化的检索系统来说,系统分析和设计、硬件设备的选配,检索软件以及数据库的研究,是当前的主要课题。

第三,有关检索策略的研究。所谓检索策略,是处理情报检索提问的逻辑与查找步骤的科学安排。正确的检索策略优化了检索过程,有助于取得最佳的检索效果,求得最大的查全率和查准率,节约检索时间与费用。

第四,有关检索服务的研究。包括对检索用户需求的调查与分析,各种服务方式及其实际效果的评价。

以上检索语言、检索系统、检索策略以及检索服务等四个方面,是彼此密切相关的。检索语言这个方面,直接影响后三个方面。而检索服务这个方面是前三个方面的最后落脚点,也是检验与改进前三方面的出发点。对检索系统的研究,较对其它方面的研究更具有综合性。

作为一门学科的情报检索，其发展是相当迅速的。据统计，目前，有关情报学的研究论文，其中有半数是属于探讨情报检索问题的。最近十年来，情报检索问题，作为情报学的核心正处于理论综合阶段。

第二章 科技文献和文献情报流的特点与结构

第一节 科技文献的形式与级别

现代科技文献的状况,决定要获得对文献利用的主动权,就必须了解科技文献的概念与范围,了解各种类型的文献在内容上与出版形式上的特点,及其对生产和科研的价值。

具备必要的科技文献知识,是提高文献检索的针对性和准确度的重要条件之一。

什么叫文献?大凡人类的知识用文字、图形、符号、声频、视频的手段记录下来的东西,统统可称为文献。文献也可称为固化在一定载体上的知识。或者更简单地说,文献就是记录下来的知识。

一、科技文献的形式(按信息载体分)

1. 印刷型

包括铅印、油印、石印、胶印等等。这是一种存在了好几百年的传统形式。目前仍然是主要的形式。它的优点是便于阅读,因而可以广泛流传。缺点是过于笨重,收藏印刷型文献要占去很大的空间,特别是大型图书馆的书库已经越来越难于应付不断增长的藏书。对它们进行整理与保存,也需要花费较多的人力、物力。

2. 缩微型

包括缩微胶卷、缩微卡片等等。它能将文献的体积大大缩小，可以节省书库面积达百分之九十五以上，而其成本只是印刷型的十分之一左右。它并且可以贴在书目索引卡片上，查到了目录索引卡片，也就得到了文献的全文，从而把文献与检索工具结合在一起。缩微型还便于保存、转移和邮递。然而它必须借助阅读机才能阅读。虽然缩微品是轻便的，但是阅读机目前还是比较笨重的。在阅读时，缩微品也不太方便，它不像印刷品那样，可以同时利用几种文献，可以随时加以比较，迅速翻阅文中的各个地方，在文献上作必要的记号。但尽管如此，缩微型在整个科技文献中所占的比重仍在增长。缩微技术的不断进步和阅读机械的不断完善，使它具有较大的发展前途。

3. 计算机阅读型

这是近年来出现的一种新的形式。它主要通过编码和程序设计，把文献变成数学语言与机器语言，输入到计算机中去，存储在磁带或磁盘上。"阅读"时，再由计算机将它输出。它能存储大量的情报，按照任何体系组织这些情报，并以巨大的速度从中取出所需的情报。

目前国外有些文摘索引刊物，是以计算机阅读型的磁带与印刷型、缩微型同时发行的。计算机阅读型必须借助电子计算机才能使用。它也可以说是磁带版文献。

4. 直感资料

它主要是视听材料，如唱片、录音带、录像带、科技电影、幻灯片等。这种文献脱离了文字形式，而直接记录声音与图像。例如有关心肺等器官病变的杂音，可以录成唱片。物体的高速运动，细菌的繁殖情况，罕见的自然现象，都可以拍成电影。这种形式的文献，可以闻其声，见其形，给人以直接感觉，因此叫直感资料。无疑，它在帮助科学观察，传播知识方面，有其独特的作用。

这一类型的文献,在整个科技文献中所占的比重正在日益增大。国外有的图书馆已把它列为收藏的对象。因此,藏书统计不再以“册”为单位,而改用“保存单位”来计算。

在上述几种形式中,印刷型具有基本和首要的意义。本课程讨论的范围,主要是印刷型即传统形式的文献方面。

二、科技文献的级别

科技文献按内容性质分,则有所谓一次文献、二次文献和三次文献(有的称第一手资料、第二手资料、第三手资料,或一级文献、二级文献、三级文献)的区分。这主要是根据文献内信息含量(内容)有无变更而划分的。

原始的创作,如一般期刊论文、研究报告、专利说明书、会议文献等等,就是一次文献。确定一篇文献是否是一次文献,只是根据文献内容,而不是根据其物质形式。例如一篇科技论文,无论是手稿、铅印的或者复制品,始终都是一次文献。

二次文献是将分散的无组织的一次文献经过加工整理、简化组织工作,如著录文献特征,摘录内容要点,成为系统的文献,以便查找与利用,如书目、索引、文摘等,即所谓检索工具。二次文献的重要性在于它可以作为一次文献的线索。一般说来,一次文献发表在先,二次文献发表在后。但近年来,由于文献太多,有些期刊出版者将准备发表的文献,首先以文摘形式予以报道,或者干脆只刊登文摘,不刊登全文。因此一次文献与二次文献的关系正在发生变化。这是一个值得注意的动向。

三次文献是指在利用二次文献的情况下,选用一次文献内容而编写出来的成果,如文献指南、书目之书目等。

从一次文献到二次、三次文献,是一个由博而约,由分散到集中,由无组织到系统化的过程。

从文献检索来说,一次文献主要是检索的对象,二次文献则主要是检索的手段与工具。

科技文献有许多特征,最本质的特征是它所包含的科技知识内容。一个新知识有它自己的被创立、被传播、被综合到现有知识体系中去的过程。这个过程中的每一个环节,都伴随着出现一批科技文献。因此,按这个知识发展的过程,来描绘科技文献链的构成及其顺序,是比较恰当的。美国《图书馆与情报科学百科全书》第二十六卷画出了"科学情报的演变"图(图2—1)。它在某种意义上也可看作是"科技文献链"的结构形式。

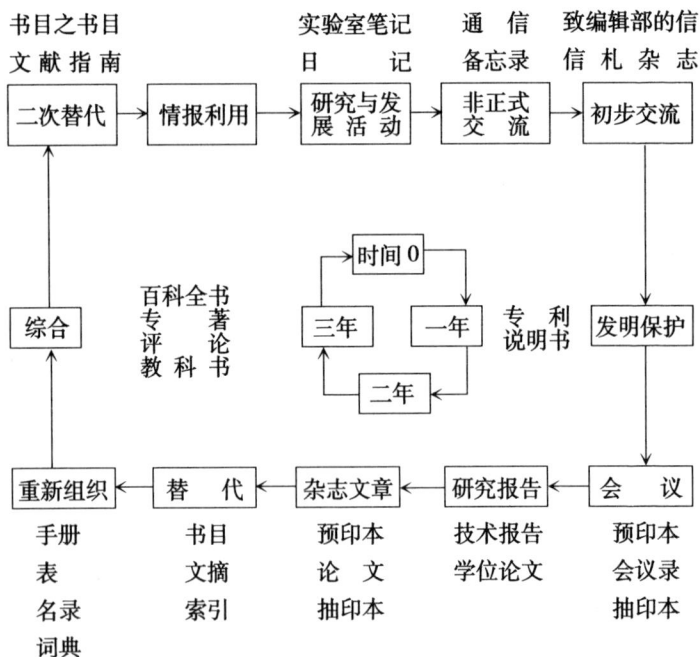

书目之书目 文献 指南		实验室笔记 日 记	通 信 备忘录	致编辑部的信 信札 杂志
二次替代	情报利用	研究与发展活动	非正式交流	初步交流

时间0
三年 — 一年
二年

专利说明书

发明保护

百科全书
专 著
评 论
教 科 书

综合				
重新组织	替 代	杂志文章	研究报告	会 议
手册 表 名录 词典	书目 文摘 索引	预印本 论文 抽印本	技术报告 学位论文	预印本 会议录 抽印本

图2—1 科学情报的演变

从图2—1可以看出,新知识的产生,导源于研究与发展活动。

18

这一环节中存在的情报交流，主要是科研组织成员之间的交流。如果从人类整个知识体系来看，来自现存文献中的有关知识，以及研究组织制订的计划方案，是这一环节的情报输入；而研究组织通过观察、试验而获得的原始性发现与数据，是这一环节的情报输出。它们被记录在实验室笔记或日记里，是最具有第一手意义的文献。它们是文献情报流的起点。

接着开始了非正式交流。在这一环节中，取得新知识的科研组织同有关团体或个人之间，通过非正式的渠道进行交流，进行口头交谈、个人通信，以及传阅只供小范围内沟通情况用的备忘录。

以上两个环节虽然可以产生书面的文字或图形，使知识能在一定的物质载体上得以固化，从而形成文献，但这种文献一般是不公开发表的，其可获得性仅限于极其狭小的范围。它们处于文献情报流的"潜流"阶段。

有关新知识的交流随之进入了正式交流阶段。其中较早的一种就是"初步交流"。当研究工作取得一定进展、获得一定知识之后，科技人员就会愿意通过正式的、公开的渠道来交流他们的成果，以便在公开出版物中确立他们发现的优先权，或者传播进行中的情报，宣布其开创性的研究工作。由于力争速度，这一环节产生的文献主要是科技人员撰写的短讯、短文，往往发表在影响较大的或所谓"信札"之类的杂志上。这种初步交流，构成了对现有科技文献的早期贡献。一般来说，继这种短讯、短文之后，将会随之出现详细的报道与论述研究成果的文章。但也有不少日后并无相当详尽的后继论文发表，而这些短讯、短文可能就是唯一的公诸于世的研究内容。造成这种情况的原因是多方面的，可能是研究计划受挫，也可能是发现研究目标不能达到，也可能是出于保密的考虑。

不是所有的科学家都愿意将他们的研究成果公开发表，特别是有关实用新技术的交流,涉及产权的利益。因此,争取发明保护,以便在法律上确立新技术的垄断权,这也是产生科技文献(主要是专利说明书)的一个重要环节。专利说明书是发明人应专利审批当局的要求而撰写的,并由专利审批当局予以印刷公布,从而成为科技文献的重要组成部分,纳入科技文献情报流。

科技会议是科学交流的一种形式,也是科技文献(主要是会议论文的预印本、会议录等会前、会后出版物)的源泉之一,从而也就构成了科技文献链中的一个环节。

研究报告,这一类型的文献虽然并不能都认为是正式公开出版物,在交流的范围与获得方式上有所限制,但仍然是文献链中的一个重要环节。

科技期刊是科学交流的传统园地。在整个科技文献总量中,期刊论文份量最大。

因此期刊论文(包括期刊发行前的预印本和已发表论文的抽印本)是科技文献链中重要的一环。

到此为止,科技文献链各环节产生的文献,其内容基本上反映了研究与发展活动所取得的知识,具有包含原始数据、新颖见解和首次公布的特征。因此,从总体上来说,它们是一次文献。但是,在这些一次文献中,从实验室日记、笔记、通信、备忘录、致编辑部的短文短讯,直到专利说明书、会议文献、研究报告、期刊论文等的顺序,在内容与形式上,原始性依次递减,而系统性依次递增;及时性依次递减,而可获得性依次递增。文献情报流逐步地发展壮大起来。

随后,科技文献的演变进入了二次文献的领域。由于一次文献数量庞大、文种多样、发表分散,难于掌握和利用,因此,必须对一次文献进行书目控制和重新组织。这是科技文献链向前伸延的合乎逻辑的结果。科技文献链在这一领域的三个环节是:"替代"、"改组"和"综合"。

"替代"，就是用索引语言描述文献的特征，对其所含信息进行各种不同程度的压缩（作成题录、简介或摘要），并使文献著录款目有序化，从而成为可供检索的工具——书目、索引、文摘。它们是对一次文献进行情报加工的结果，是掌握一次文献的工具，因而称为二次文献。这种文献检索工具不是重复一次文献所表达的知识内容，而是对一次文献本身的再次传递。它们体现了图书情报人员的有价值的劳动。从文献情报流的运动来说，书目控制（即"替代"）这个环节是文献情报流的"控制闸门"。借助于这个闸门，文献情报流的流量得以测度，流向得以合理调节。

　　对一次文献进行加工的另一种形式，是对其所含的知识进行重新组织。即从大量有关的一次文献中抽取、核实、排比有用的数据、事实和结论，按照便于查检阅读的体系重新给以组织。这种改组的结果，产生了手册、表、名录、词典等类型的文献。它们同文献检索工具的区别在于，一般情况下可以取代对一次文献的阅读。从文献情报流的演变来说，是对一次文献的提纯与浓缩，从而更便于情报用户吸收消化。"改组"这个环节比起"替代"来说，是更高水平的情报加工。

　　把一次文献所包含的知识综合或溶化到现有知识体系中去，使之成为整个知识体系的一个有机组成部分，从而更新、丰富和提高现有知识，这就是文献链中所谓"综合"的环节。这一环节产生的文献主要是不断更新版次的百科全书、教科书、专著以及评论文章等。

　　至此，科技文献的演变并没有结束。由于二次文献也很庞杂，因此也需要对其进行书目控制与改组，即"二次替代"。科技文献链也随之进入了"三次文献"的领域。"二次替代"的结果，主要是产生了"书目之书目"和"文献指南"之类的文献。它们可以说是文献"钥匙的钥匙"——总钥匙。掌握这个总钥匙，是对科技文献情报流问津的关键。

在上述的科技文献链中，如果以"研究与发展活动"为起点，按顺时针方向移动，是由一次文献向二次文献、三次文献演变的过程，是科技文献的由博而约、由分散到集中、由无组织到系列化的过程。随着这个过程的推移，科技文献的有序化程度、可检索性和可获得性递增。但是，经历这个过程中的各个环节，都需要消耗一定的时间。在图2—1中，中间的时间指针，以"研究与发展活动"等于零作为起点，逐步增值为一年、二年、三年（当然，具体参数多大是可以讨论的）。它就说明了随着文献的演变而表现在时间上的"滞后"次序。即按照顺时针方向移动，文献所含情报逐渐老化，新颖性和及时性递减。但就文献所含知识的成熟性和定形化来说，却是递增。

从人们有目的地掌握和利用科技文献来说，应该按文献链的反时针方向进行。即首先借助于三次文献，进而掌握二次文献，最后检索一次文献，从而从一次文献中吸收有关情报。当然，对于某些情报需求来说，二次文献就可满足，不需要再求助于一次文献。例如对于一般了解背景材料或有关基本知识的情报需求来说，查阅词典、百科全书、名录、教科书，以及浏览文摘等，有时可以满足要求。总的来说，科技文献链的利用模式应如图2—2。

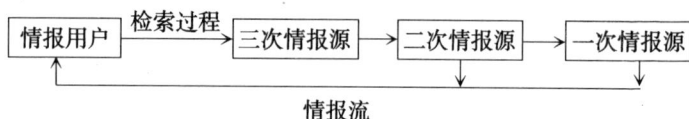

图2—2　科技文献的利用模式

"科技文献链"这一概念，是从整体性的高度、有序性的高度和动态的高度来探索科技文献的产生、演变和结构规律的。它不是孤立地研究具体的某一特定文献，而是把科技文献作为一个整体来研究。单个文献的出现与否或出现的时间可能是随机的、偶然的,但就整体而言,科技文献是有序的。科技文献链所体现的动态性,不仅指在文献的链式结构中,文献是不断出现的,情报流是持续不断的,而且也指的是,科技文献有其本身演变的历史,各种类型文献是彼此联系、可以转化的。体现在科技文献链中的情报流的运动,不是简单的位移,而是在它经历的每一个环节中,都不断加入了文献著者、编辑者、情报加工者的创造性劳动,逐步使文献中所含知识得到鉴别、提纯和综合,从而使文献情报流不断增值。作为链起点的研究与发展活动,是情报源的发源地,又是链的终点,即情报流的目的地。这种循环往复,推动着人类对自然的认识能力螺旋式地上升,不断完善科学技术的知识体系。

第二节　科技文献的出版类型

1.科技图书

科技图书的范围较广,包括:①论述某个专题的专著;②对某一学科的较广泛系统的论丛,通常是几卷甚至几十卷;③字典、辞典、百科全书、手册、年鉴等工具书;④教科书,等等。

它的主要内容,一般是总结性的、经过重新组织的二次或三次文献。从时间上看,它所报道的知识比期刊论文及特种文献晚。因此有些科技工作者已不满足于从图书中获取情报,有些情报机构也把图书排除在自己的工作对象之外。但是科技图书中所提供的知识,一般比期刊论文和特种文献要系统、全面。它往往经过著者的选择、核对、鉴别和融会贯通,因而比较成熟定型。如果想对范围较广的问题获得一般的知识,或对陌生的问题获得初步的了解,参考科技图书确实是一个有效的办法。同时,科技图书也并不完全是二次、三次文献,有的图书往往包含著者本人的新的材料、论点和方法,具有一次文献的意义。因此过于轻视图书在科学研究中的作用,是片面的。

2. 期刊论文

期刊与图书比较,它出版周期短,刊载论文速度快,数量大,内容新颖、深入,发行与影响面广,及时反映了专业科技水平。期刊论文多数是未经重新组织的,即原始的一次文献。许多新的成果,都首先在期刊上发表。虽然其中有一些还没有得出完整结论,仅仅是未肯定的资料,但对读者却有较大的启发与参考价值。科技人员一般都有经常阅读期刊的习惯,借以了解动态,掌握进展,开阔思路,吸取已有成果。据估计,从期刊方面来的科技情报,约占整个情报来源的65%。文摘索引等检索工具,大多数以期刊论文作为摘录与报道的对象。因此期刊论文是科技文献的一个主要类型。

3. 科技报告

这是关于某项研究成果的正式报告,或者是对研究过程中每个阶段进展情况的实际记录。它既不像一般的图书,也不像期刊。它的特点是:一个报告单独成一册,有机构名称,有统一编号。

科技报告基本上都是一次文献(少数书目索引也被编入科技报告)。许多最新的研究课题与尖端学科的资料,往往首先反映在科技报告中。

4. 政府出版物

这是各国政府部门及其设立的专门机构发表、出版的文件。内容广泛,大致可分为行政性文件(如法令、统计等)和科技文献。其中科技文献占整个政府出版物的30—40%左右,包括政府所属各部门的科技研究报告、科普资料和技术政策等文献资料。它们在未列入政府出版物之前,往往已被所在单位出版过。因此,它与其它科技文献(如科技报告等)有重复,但也有的是初次发表的。目前,各主要国家都设有专门机构(如美国政府出版局、英国皇家出版局等)负责办理政府出版物的出版发行工作。据不完全统计,美、英、法、日等国的政府出版物每年多至几万种,并且还在逐步增加。

在科技研究中,科技工作者要了解科技方面的政策与事件、政府当局公布的地图和一些标记等等,就必须借助于政府出版物这一类型的文献。

5. 会议文献

这是指学术会议(国内的与国际的)文献。在学术会议上,科技工作者宣读论文,讨论当前重大问题,交流经验与情况。因此学术会议的报告、记录、论文集及其它文献,包含了大量的一次文献。一系列同样性质的会议论文集,实际上相当于一种间隔较长的不定期刊物。会议文献往往反映出科学技术的发展趋势。会议文献数量,近年来随着会议的增多,发展也很快。

6. 专利文献

所谓专利,是用法律来保护科学技术发明创造所有权的制度。当专利申请案提出后和批准时,一般就公布由发明人呈交的说明该项发明的目的、技术梗概和专利权限的申请说明书和正式说明书——这就是所谓的专利文献。

专利文献包含了丰富的技术情报。专利的范围,几乎包括了全部的技术领域。

专利说明书与其它类型的文献比较起来,它有法律色彩。它一般包括:①发明的详细说明,②专利权范围,③插图。在说明技术问题的文字上,有时故意含糊其词,以保守其技术关键。而在专利权范围部分,则采用严格的文字表达,以适应法律的需要。

7. 技术标准

它主要是对工农业产品和工程建设的质量、规格及其检验方法等方面所作的技术规定,是从事生产、建设的一种共同技术依据。每一件技术标准都是独立、完整的资料。它作为一种规章性的技术文献,有一定的法律约束力。对标准化对象描述的详尽性、完整性和可靠性,绝非一般杂志论文、样本、专利所能比拟的。

标准的新陈代谢非常频繁。随着经济条件与技术水平的改变,常不断进行修改或补充,或以新代旧,过时作废。

8.学位论文

即高等学校研究生、毕业生写作的作为评定学位的论文。由于它一般不出版、只供应复制品,取得的手续也较麻烦,因而不易为读者所利用。中国科学技术情报研究所收藏有部分复制品。学位论文质量参差不齐,所探讨的问题较专,有时在某些方面有独到见解,对研究工作有一定的参考价值。

学位论文是非卖品,不发行,但也有印成单行本,或在期刊上发表摘要的,少数也有全文发表的。

9.产品样本和产品目录

这是对定型产品的性能、构造原理、用途、使用方法和操作规程、产品规格等所作的具体说明。包括单项产品的样本(产品说明书)、企业产品一览、企业介绍、单项产品样本汇编、同行业产品一览表等等。

产品样本具有为其它技术资料所少有的特色:从产品样本中,可以获得关于产品结构的详细说明。并且由于它代表已投产的产品,在技术上比较成熟,数据比较可靠,有较多的外观照片和结构图,直观性强。甚至可以通过对样本的测绘进行仿制。产品样本对于新产品选型和设计都有一定的参考与借鉴作用,并可从中了解世界生产动态和发展趋势,为我国进口机器设备提供参考。因此生产人员和采购、设备管理、计划等部门对它都较为重视。

由于产品不断更新,因此产品样本也容易过时。

10.技术档案

它是生产建设和科学技术部门在技术活动中所形成的,有一定具体工程对象的技术文件、图样、图表、照片、原始记录的原本以及代替原本的复制本。包括有任务书、协议书、技术指标和审批文件;研究计划、方案、大纲和技术措施;有关技术调查材料(原始记录、分析报告等)、设计计算、试验项目、方案、记录、数据和报告等;设计图纸、工艺记录以及应当归档的其它材料,等等,技术档案在以后可能再重复实践,或提高后实践,因此它是生产建设与科学技术研究工作中用以积累经验、吸取教训和提高质量的重要文献,具有重大利用价值。

技术档案具有保密与内部使用的特点。

11. 报纸、新闻稿

这也是一种情报来源,从中可获得一些重要的科技消息。作为报纸上刊载的科技情报,主要是科技发展远景的展望,运用某些新发明的可能性,现有的技术与生产工艺的改进,以及有关生产组织、合理使用设备、节约原材料等方面的文章或报道。

报纸报道及时,阐述问题面广,具有群众性与通俗性。但报纸对科学技术成就的报道不系统,对发明与发现缺乏全面阐述,缺乏详细的技术鉴定及理论根据。

12. 工作文稿

工作文稿(Working paper)也称讨论文稿、研究文稿、工作文件等等。一般是准备在期刊上发表或向学术会议提出的论文或研究报告的初稿,打字油印出来供征求意见之用。这种文献的价值在于它在正式发表之前具有交流情报的价值。在出版周期还相当长的今天,这个作用尤其显得重要。工作文稿通常由一些学术机构以丛刊的形式不定期印发。由于它不久将为正式发表的文本所取代,因此它是一种短时效的文献,同时也是一种难于全面搜集的文献。

科技文献之所以有上述各种不同的类型,是由于:一、不同的文献类型是人们认识过程中的各个不同阶段的产物。科学技术的研究工作,一般要经历提出问题、初步观察、反复实验、理论论证、得出结论、推广应用等步骤。一个知识的产生,总是从不成熟到向定型化过渡的。因此有的文献类型,例如科技报告、工作文稿、期刊论文等,较侧重反映人们认识事物的探索过程;而有的文献类型,例如专利文献、技术标准、图书等,则较侧重反映比较定型的知识。从掌握情报的速度来说,前者更富有"第一手"的意义;然而从掌握知识的系统性与可靠性来说,则后者有其更重要的作用。

二、不同的文献类型也是人们交流情报不同渠道的产物。例如政府出版物、技术标准等是由政府及其附设机构正式颁发的;会议文献主要是通过专业学术组织掌握公布的;而期刊论文、报纸新闻等是面向公众、较少约束的情报来源;至于产品样本和产品目录,则是厂商主动赠送用以宣传的广告式资料。从科技文献的发行与流通范围来看,有的是向上级的汇报,有的只供同行交流,有的限内部发行,有的有其严格的阅读范围。来自不同交流渠道的不同文献类型,在严肃性、可靠性和保密性方面是各有差异的。

前面已经说过,科技文献的各种类型之间彼此重复交叉的现象非常严重。这种现象固然给科技文献的状况带来纷繁的特点,但是,如果我们能够掌握其规律,并加以利用,却可以从这种交叉重复之中扩大获得有关文献的渠道。例如某类型的文献,本馆或本地区没有入藏时,可以从其它类型文献中去寻找;某篇文献若用稀见的语文写成而难于阅读时,可以去寻找其它文种的译本。当然,这种努力不一定都能成功,但也值得一试。

不同类型的文献往往为不同的研究工作所需要,或为一项工作的不同阶段所需要。例如定型产品的设计,往往侧重于检索标准。基本理论的研究,往往侧重于检索期刊论文。搞技术革新,往往侧重于检索专利。而探索科学最新发展及动向的研究,则重视科技报告。

第三章 文献检索系统与检索工具

第一节 文献的存贮与检索系统

文献检索系统,更确切地说是文献的存贮与检索系统。如果从科学交流这个大的范畴来看,是情报用户同文献集合之间通讯系统的一部分,是情报用户与作为情报源的文献之间的接口。

文献的存贮与检索系统的结构与组成部分,如图 3—1 所示。

从图 3—1 可以看到,文献存贮与检索系统包括以下六个方面,即六个子系统:

1. 文献选择子系统,即检索工具对一定学科范围文献的覆盖面,摘贮率,以及对文献类型、文种与时间跨度的包含程度。面,即五个子系统:

2. 词表子系统,即作为文献的存贮与检索两个方面的用来表达文献内容与提问内容的共同依据,词表(包括主题词表与分类表等)的规模(网罗度)与细分程度(专指度)是影响检索工具查全与查准潜力的重要因素。

3. 标引子系统,即根据一定的词表,将文献的主题内容经过概念分析,而翻译(转换)成检索系统语言的词汇。这里,不仅决定文献描述的准确性和信息含量,而且引得深度、标引的一致性也是影响检索效率的因素。

4. 查寻子系统,即把情报用户的需求,经过概念分析,翻译

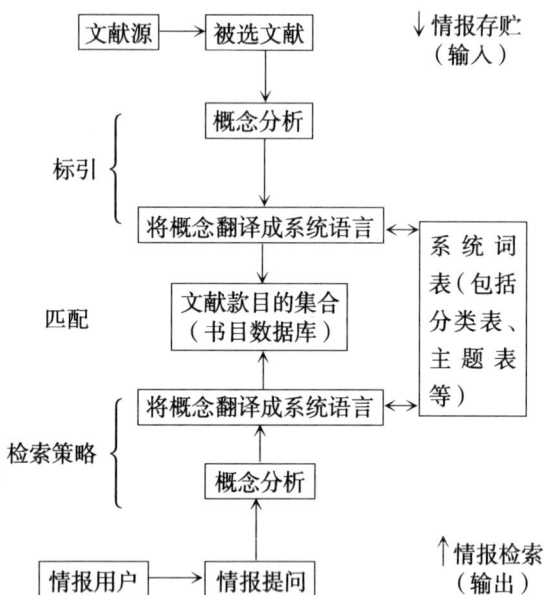

```
文献源 → 被选文献            ↓情报存贮
                              （输入）

            概念分析
标引 {
       将概念翻译成系统语言        系 统 词
                                  表（包括
       文献款目的集合              分类表、
       （书目数据库）              主 题 表
                                  等）
       将概念翻译成系统语言
检索策略 {
            概念分析

情报用户 → 情报提问            ↑情报检索
                              （输出）
```

图 3—1

（转换）成检索系统语言的词汇,并指出其逻辑关系的过程,具体来说,就是构造检索策略的过程。

5.用户与系统之间交互子系统,即通过同情报用户的商谈并收集反馈,弄清用户的真实情报需求,形成明确的检索概念,并将其准确地表述出来的过程。这是确定具体检索目标的过程。即决定检索的角度、深度、广度和时间、文种范围的关键一步。显然这是成功地制定检索策略,实施检索的前提。

6.匹配子系统,即检索策略同文献索引中的有关标引记录相比较而决定其取舍的过程。情报检索的实质,就是文献特征同情报提问之间的“匹配”。匹配的各种技术与方法,决定了各种不同的检索方式——例如纯手工的检索方式、半机械的检索方式、光电检索方式、电子计算机检索方式等等。在计算机情报检索的条件下,机器的功能与程序的质量是衡量匹配效率的根据。

总之,存储是检索的基础,检索是存储的相反过程。拿通俗的话说,存储与检索,一是放进去,一是拿出来。正因为如此,检索系统能够将分散的、无组织的大量文献线索,集中起来,组织起来,累积起来,以备人们现在和今后按照自己的要求,从其中检出所需的文献。

由此可见,文献的存贮与检索系统,是一个使情报用户需要同文献情报源之间相互联系,包含有文献情报资源,具备一定的物质载体与设备,能够提供一定检索技术手段的有机整体。

在文献检索系统中,文献描述体数据库,就是文献检索工具。检索工具虽然是文献著录款目的集合,然而它隐含了词表、标引等因素。它是一种有形的实体,总是同一定的载体和设备相联系的,它必然具备一定的检索手段和潜力,并且总是体现着一定的用途、对象和目标。事实上,检索工具是检索系统的核心和概括。

检索系统(或检索工具)的种类,可以分别按照六个子系统的特征进行划分。

按照文献选择子系统的特征,检索系统可分为书目检索系统、数据检索系统和文本检索系统。或者是综合性检索系统、专科性检索系统、面向任务的检索系统以及面向问题的检查系统。

按照词表子系统的特征,检索系统可分为控制词汇的检索系统和非控制词汇的检索系统。

按照标引子系统的特征,检索系统可分为人工标引检索系统、机器标引检索系统。

按照查寻子系统的特征,检索系统可分为布尔逻辑检索系统、加权检索系统以及常规的人工查寻检索系统。

按照用户与系统交互子系统的特征,检索系统可分为委托式检索系统、非委托式检索系统,或者说脱机检索系统与联机检索系统。

按照匹配子系统的特征,检索系统可分为手工查找的检索系统、边缘穿孔卡与重叠比孔卡检索系统、光电检索系统、电子计算机检索系统。

第二节　检索工具的基本职能

检索工具大体可分为手工检索工具与机械检索工具。手工检索工具需由人直接参加查寻,例如各种文摘、简介、题录刊物和卡片等。这类检索工具是在较长的历史时期中形成和定型的,较为人们所熟悉,因此称为传统的检索工具。机械检索工具是用力学、光学、电子学等手段帮助查寻的工具,例如机检穿孔卡片、光电检索系统、电子计算机检索系统等。这类检索工具是近几十年来发展起来的,但却代表了文献检索的发展趋势,有着广阔的前途。

无论是手工检索工具还是机械检索工具,它的基本职能,一方面把有关文献的特征著录下来,成为一条条文献线索,并将它们系统排列,这就是所谓文献的存贮过程。这个存贮过程,也就是由一次文献发展到二次文献的过程,是文献的由博而约、由分散到集中、由无组织到系统化的过程。另一方面,检索工具能够提供一定的检索手段,使人们可以按照一定的检索方法,随时从中检出所需要的文献线索,这就是文献的检索过程。因此,任何文献检索工具,都有着存贮与检索两个方面的职能。

存贮的广泛全面和检索的迅速准确,是对科技文献检索的基本要求。存贮的过程,是搜集有关文献,著录文献特征,并将文献线索组织起来的过程。检索工具只有对文献搜集得较为广泛全面,才能围绕研究课题,从各个角度提供较为丰富的文献线索,而不致遗漏那些对研究工作比较间接然而有一定意义的资料,从而为科技工作者开拓宽广的情报来源,让他们有选择的余地。因此检索工具对一定范围的覆盖面和摘贮率是衡量检索工具的重要指标,是取得人们信赖的重要条件。因为它们实际上是反映检索工具作为一种情报资源的丰富性、完备性的尺度。当然,这种广泛全面是相对而言的,它必须从具体检索工具的学科需要出发,并根据文献的科学价值,进行必要挑选。那种对文献取舍的"详尽无遗",只能使检索者面对庞杂的资料,而不得要领,徒费精力。同时,任何一个检索工具都不能把世界上所有文献全部搜罗进去。

对于文献特征著录的详略,也是决定检索工具所提供的信息量是否丰富的一个因素。文献特征包括外表特征和内容特征两个方面。外表特征是文献的一些显而易见的特征,例如文献的题目、作者、序号、体裁、文种、篇幅、出处以及出版事项等等。内容特征就是文献的主题内容,即文献所论述或涉及的事物,它的基本观点,它涉及的关键词、分子式、时间范围与地理位置等等。各种检索工具,对于文献特征的著录或描述,其粗细详略程度是不一致的。如果只著录外表特征,即成为"题录"。这是检索工具中著录形式最简单的一种。它除篇名外,不反映文献的具体内容。如果在著录外表特征的基础上,再加上简短的内容介绍,主要是对题目的解释,指出文献所涉及的主要方面,即成为"简介"(或称解题)。它较题录更进一步地揭示了文献内容。如果摘录文献的主要内容(观点、结论和数据等),指出其研究的目的、方法和成果,即成为"文摘"(也称摘要)。文摘可帮助读者概括了解文献内容,以节省读者查阅原文的时间,或者通过文摘来判断是否有进一步阅读原文的必要。"题录"、"简介"、"文摘"对于文献特征揭示深度的不同,从某种意义上说,是对情报进行压缩的不同方式。文摘有"详"的优点,然而做起来却较费时间,加工、出版周期较长。而题录虽"简",却有"快"的优点。"简介"则介乎二者之间。从检索工具所提供信息量多少来看，自然"文摘"所提供的信息量最大，即所提供关于文献特征的材料最丰富。因此，文摘杂志是主要的检索工具，是二次文献的主体。

　　检索工具编制过程中分析文献内容所达到的深度，即引得深度（或称标引深度）水平，也是决定检索工具质量的一个重要因素。引得深度就是指分派给一篇文献的索引词的数量，或者说每篇文献的"标目"数目，也就是每篇文献能够被查寻到的次数。如果一篇文献在检索工具中只有一个标目，那么它在检索工具中就只有一个位置。如果通过分析、互著、参见等方法，使它得到多次的反映，那么从各个角度检索到的可能性就增大。引得深度的提高，意味着文献被检索到的比率的提高。它可以说是检索工具编制工作的重要质量指标。因此现代一些检索工具，为了提高检索效率，都致力于引得深度的加深。往往把一篇文献分析成几个、十几个以至几十个主题，或者是把许多作者合著的文献在每个作者姓名之下重复反映。这样，就可以降低由于检索者检索文献时的角度不同而造成的埋没文献的可能性。

　　检索的迅速准确，是对检索工具的另一个基本要求。现代科学技术文献浩如烟海，检索工具也卷帙浩繁。如果检索工具不能保证检索过程的迅速，就会延误研究工作的进展，或者使检索工具本身失去现实意义。检索速度的提高，是一个迫切的要求。正是由于这个要求而推动了各种机械检索工具的出现以及各种计算机辅助编制的文摘索引的发展。其目的在于尽可能提高检索匹配的效率，提供更多的检索入口和文献的存取点。同时，检索速度的含义还包括尽可能缩短检索工具反映文献的时滞——即"时差"。所谓时差，就是一篇文献从其发表到被纳入检索工具，从而使用户有可能从检索工具中获得该文献的情报为止这一段时间的差距。检索的准确性，就是要求检索出来的文献要符合需要者的口径，降低漏检与误检。如果一种检索工具，由于文献特征的揭示不准确，或者排列的系统性不严密,提供的检索途径不充分,都有可能造成人们在使用它进行检索时遗漏那些不应遗漏的文献或者在检出所需文献的同时也带出许多不需要的,即不切题的文献。这种漏检与误检如果超出一定限度,就会降低检索工具的效能,失去人们对它的信赖。

为了说明与衡量检索效率,目前在文献检索理论中流行着几个概念或者说指标,即查全率(recall factor),查准率(pertinency factor),漏检率(omission factor),误检率(noise factor)。

如果一个检索工具所贮存(收录)的文献总量为 n,其中有关某一课题的文献量为 x,而在实际检索该课题的文献时,检索出的文献量为 m.那么,n、x、m 三者的关系可用下图来表示:

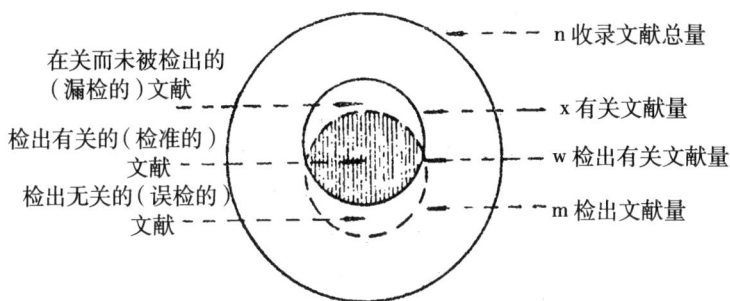

图 3—2

图中 x 与 m 交叉的部分即为检索工具中所存贮的有关某一课题的文献而同时又被检索出来的部分,即检出真正对准口径的有用的资料。这部分如用 w 来表示,那么,w 在 x 中所占的比例,即为查全率。W 在 m 中所占的比例,即为查准率。用数学式表示,即:

$$查全率 = \frac{w}{x} \qquad\qquad 查准率 = \frac{w}{m}$$

从检索要求来说,如果查全率达到 100%,即 x 与 m 完全吻合,或者说检索工具中所存贮的有关某一课题的文献全部被检出,这是最理想的。然而在实际上往往达不到这个指标,而总是有一定误差的。

第一种误差,是漏检率。漏检,即检索工具中已存贮的有关某一课题的文献而没有被检出。漏检率,其数学式是:

$$E_1 = 1 - \frac{w}{x}$$

第二种误差,是误检率。误检,即在检出切题文献的同时所带出的不切题的文献。误检率,其数学式是:

$$E_2 = 1 - \frac{w}{m}$$

如果漏检率与误检率都等于 0,则意味着查全率和查准率都等于 100%,这是最理想的,但在实际上往往达不到。

查全率与查准率彼此有反变的关系。在同一个情报检索系统中,查全率提高,查准率就会降低;反之亦然。其关系如图 3—3(纵坐标为查全率,横坐标为查准率)。

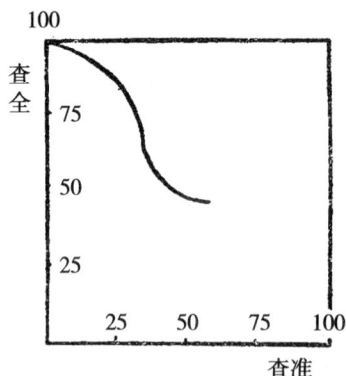

图 3—3

这个道理是容易理解的。因为影响查全率和查准率的因素,主要是标引的网罗性和检索词的专指性（当然还有检索策略的因素）。标引的网罗性是指标识文献主题的广度而言，也就是引得深度。如果对文献的主题分析得越深透，抽出的检索词越多，那么在检索时相关主题的文献都能被检索出来，因而查全率较高。但另一方面，检索出的文献并非全部适用，因而查准率就相应降低。反之，如果标引时只标中心主题，检出的文献必然比较适用，即查准率高，而漏检就会增多，从而降低了查全率；检索词的专指性是指检索词典的适用性及其揭示文献主题的深度。如果把检索词选得更狭窄、更具体、更专深的话，那么检索出来的文献就会更对口，因而查准率就显得越高。但命中的文献就会减少，即查全率就降低了。相反，如果把检索词定得笼统广泛一些，检出的文献就会增多（查全率提高），然而真正对口的文献所占的比例就会减少（查准率降低）。

因此在设计情报检索系统时，要选择出查全率与查准率之间的最优关系。

对于检索来说，漏检是影响检索质量的最主要的因素，因此必须把它减少到最低限度。误检会降低检索的效率，但不是影响检索质量的最主要因素。因此，克服漏检，这是必要条件；避免误检，这是充分条件。检索工具要力争必要条件，同时最好能满足充分条件。

总之，在存贮文献方面的广泛全面和在检索文献方面的迅速准确，是衡量科技文献检索工具职能高低的标志。

第三节　检索工具的类型

文献的类型是多种多样的，而人们检索文献的角度、深度和广度更是复杂多样。不同的检索要求，不可能由一种检索工具来解决。为着适应人们对文献查寻的多种多样的要求,而产生了多种多样的检索工具。

一般说来,检索工具可按其收录文献的对象和揭示方式来划分,有如下类型:

一、目录

目录是图书或其它单独出版的资料的系统化记载及内容的揭示。它是历史上出现最早的一种检索工具类型。

对于科技文献的检索来说,下列目录比较重要:

1. 国家书目

这是对一个国家出版的全部图书所作的登记统计性书目,可以反映一个国家的文化、科学和出版事业的水平。它对图书基本上不进行选择,因而是比较完备的。世界上许多国家都出版有国家书目。《全国总书目》与《全国新书目》就是我国的国家书目。《The British National Bibliography(BNB)》是英国国家书目。据统计,截至 1971 年,单是非洲就有 12 个国家出版了国家书目。通过国家书目,可以掌握一个国家的图书出版全貌,当然,其中包括了科技图书的出版情况。不过国家书目的编制,是以已经出版的图书为根据的,并且书目的加工出版时间较长。因此,它虽有完备和可靠的优点,但是却比较慢。

2. 出版社与书店目录

这是报道书刊出版情况的比较及时的材料。往往称之为“在版目录”(Books – in – print)。其中一些重要的出版社和书店目录,可以根据其经营出版的特色,获得有关门类的新书刊的出版情报。目前许多国外书店与出版商,免费赠送这种目录,也可以作为掌握国外文献的一个渠道。我国新华书店与图书进口公司所发行的新书与影印书的征订目录,报道国内外正在付印和现期发行的书刊。这类书目对于检索国内外科技新书,有比较重要的作用。

但它仅限于图书贸易的范围,不包括那些作为非卖品的、往往可以通过交换获得的图书。再是它对国外书刊的选择,有时是从发行量方面考虑,对于那些需要面较窄或稀见文种的书刊反映较少。

3. 馆藏目录

包括图书馆、情报部门的文献馆、资料室等等的藏书目录。由于它代表实有之书,并且多附有索书号,因此借阅和复制比较方便。某些图书馆和情报单位,或者由于其藏书规模较大,或者由于专业分工的特点,或者由于所处地理环境和历史形成的特色,它们的馆藏目录在检索有关方面的文献时,有较大的价值。馆藏目录较之出版社和书店目录的另一个优点,是它不仅包括从市场采购来的公开发行的资料,而且也包括用交换(馆际交换、国际交换)等方式而得到的非卖品资料(内部出版物和仅供交换的出版物),它不仅包括现期发行的新书刊,而且包括一定历史时期累积起来的全部资料。这些特点,对于全面广泛地检索文献是很重要的。

4. 联合目录

联合目录是汇总若干图书馆或其它收藏单位所藏文献的目录。它的作用是把分散在各处的藏书,从目录上联成一体,从而为充分发挥藏书潜力、开展馆际互借和复制、进行采购协调等工作创造了有利条件。从检索角度来说,它可以免去分别查阅各个馆藏目录的麻烦,扩大文献取得的范围。

5. 专题文献目录

这是根据生产、科研的迫切需要,围绕某些专门课题,不仅根据馆藏文献,而且网罗国内外的文摘、索引、目录中所著录的有关文献线索而编成的,报道一定时期内各种文字、各种类型文献的检索工具。它能够为有关科研工作提供较为丰富的资料。由于它选题较为专深,资料收录面广,对于那些对口径的读者来说,具有重要的作用。

二、索引

所谓索引,就是将书籍、期刊等文献中所刊载的论文题目、作者以及所讨论的或涉及到的学科主题、人名、地名、名词术语、分子式、所引用的参考文献等等,根据一定的需要,经过分析,分别摘录出来,注明其所在书刊中的页码,并按照一定的原则和方法排列起来的一种检索工具。借助于索引的指引,人们可以"按图索骥"地获得"隐藏"在文献中的各种资料的出处。因此,索引是揭示包含在出版物中的情报的钥匙。

索引和目录,有时容易混淆,其实二者是不同的。一般说来,目录所著录的,是一个完整的出版单位,例如一种图书、一种期刊、一种报纸、一篇科技报告、一份标准。而索引所著录的则是一个完整出版物的某一部分、某一观点、某一知识单元。例如揭示期刊中所刊载的论文的期刊论文索引,不同于期刊目录;揭示某一图书中的各方面内容的图书内容索引,不同于图书目录,相对地说来,索引揭示文献内容比目录更为深入和细致。这是它和目录比较的一个非常主要的不同点。因此,索引法的运用比目录广泛。在不少目录、文摘甚至索引的正文后面,往往还附有辅助索引。在这种情况下,索引和目录最易使人混淆。例如,把一批图书编成分类目录之后,再按书名字顺排列成一个辅助检索系统,便成为书名索引。或者将一批图书编成书名目录之后,再按分类顺序排列成一个辅助的检索系统,便成为分类索引。这时,表面看来,目录和索引所著录的单位是相同的。其实,它们还是有区别的。分类目录或书名目录,这本身就已经是一个完整的文献,它们后面所附的书名索引或分类索引,只是将目录中所包含的各条著录款目,重新加以组织,指明各条款目在目录中的位置,以起到辅助人们更好地使用目录的作用。如果失去了前者,后者就没有存在的可能。在具有顺排档和倒排档的检索系统里,"目录"指顺排档——引文本身;"索引"指倒排档——如主题索引、作者索引等各种索引。

索引和图书中的目次或者目次汇编也是不同的。目次汇编是按照书刊原来的结构排列的,而索引则是按照一定排检法重新加以组织的。

索引大体可分为篇目索引与内容索引两种。

篇目索引主要是揭示期刊、报纸、论丛、会议录等中所包含的论文,把这些论文一一分析著录出来,按分类或按主题、作者、篇名的字顺排列起来,以供查找各篇论文的工具。它是最简单的文献报道形式,著录项目只包括论文题目、作者、出处(所在期刊名称、卷期、页数等),一般无简介或摘要,因此它又称"题录"。题录可分刊物与卡片两种形式出版发行,前者称"题录刊物",后者称"题录卡片"。

题录仅仅描述文献的外表特征,它的编辑加工工作远比文摘简单。因此,它报道文献具有"快"与"全"的特点。从期刊论文发表,到包括摘录该论文的文摘杂志出版,二者之间的"时差"一般需半年至一年多的时间。而题录刊物的时差却可以大大缩短,有的平均只有七天,一般不超过两周。甚至某些题录刊物所报道的文献,不仅有当月发表的,而且还有下月准备发表的。如果单纯依赖文摘杂志,那么科技人员在全面掌握与使用有关文献方面,要落后半年或一年以上的时间。而题录刊物在缩短"时差"方面的优点,使它能够解决文摘杂志没有出版以前的检索问题。在报道文献的准确性方面,题录虽不及文摘,但它基本上能满足要求。因为这种索引的组织,不是仅仅根据论文篇名,而是经过一定水平的编者对论文进行了主题分析,作出适当的分类号或标题而排列起来的,它大体上能反映文摘的内容特征。题录刊物比文摘杂志篇幅小得多,成本低,因而可以扩大发行面。同时,题录的编辑工作较容易实现机械化(目前国外有许多题录是用电子计算机编辑的),从而更增加了题录"快"的特点。因此国外有人认为题录是情报工作的"尖端"。世界各国的情报机构和图书馆,近年来,在出版文摘杂志的同时,都还出版题录刊物,使两者相辅相成,互相配合,如美国《化学文摘》,尽管时差较短,可是在1960年又创刊了《化学题录》(Chemical Titles)。日本尽管有相当快的《科学技术文献速报》(文摘),但还是出版了一种题录刊物——活页目录快报。苏联也在文摘系统之外出版了"信号性目录杂志",以最快的速度报道重要期刊资料的标题。同样,我国在出版文摘杂志的同时,也编印题录索引。在题录与文摘并存的情况下,题录刊物的作用主要是作为当年文献的检索工具,而不是作为长期使用的检索工具。随着相应的文摘杂志的出版,它的作用便可被文摘杂志所取代。因为文摘有摘要,能更充分地揭示文献的内容,并且文摘杂志本身一般都附有各种辅助索引,这些辅助索引所提供的检索途径一般也比题录更为多样和方便。

内容索引是将图书、论文等文献中所包含的事物、人名、地名、学术名词等等内容要项摘录出来而编成的索引。它常常附于年鉴、手册和专著的后面,也可以单独成书。它是帮助查阅文献中所包含的各项知识的有效工具,是揭示文献内容的钥匙。内容索引比篇目索引更深入,更能提供文献中所包含的情报。

三、文摘

文摘是系统报道、积累和检索科技文献的主要工具,是二次文献的核心。文摘的编辑,是情报工作的中心环节,各国情报机构的主要力量是用来从事这项工作的。文摘的目的,在于把某一学科或某一专业的重要文献,以简练的形式作成摘要(根据文献的特点,有的可以作成简介或题录),使科学技术工作者能以较少的时间与精力,掌握有关文献的现状及其基本内容,了解本专业的发展水平和最新成就,从而吸取和利用别人已有的工作成果,避免重复劳动。

文摘可以节省科技人员的时间与精力。例如,关于石油炼制方面的文献,如果一年发表 12,000 多篇,研究人员以平均 30 分钟阅读一篇的速度计算,要用两年半的工作时间才能读完。如果把这些文献作成每条 100—200 字的文摘,那么每分钟就可阅读两条文摘。12,000 多条文摘,只要 12 天多的时间就可读完。也就是说,花 12 天多的时间就可掌握这一年发表的全部文献的概貌。在某些情况下,文摘可以代替阅读原始文献。例如从事边缘问题研究而不需要详细资料的人,阅读文摘便可以得到必要的情报。当然,它不能全部代替阅读原文,但是通过文摘来选读原文就比较准确和省事,避免科技工作者在寻找和选择资料上的大量时间消耗。文摘对于没有能力阅读外文和掌握语种不多的人,更是掌握国外文献的重要途径。

文摘按内容压缩程度分,可分为"指示性文摘"(indicative abstract)与"报道性文摘"(informative abstract)两种。所谓"指示性文摘"是对标题的补充说明,主要交待论文探讨问题的范围与目的,以使读者对论文内容不产生误解为原则。字数一般限制在 60—70 个字(西文则以 30 个词为限),它实际上就是"简介"。所谓"报道性文摘"则要作到基本上反映原文创造性部分的全部内容(当然完全不需要看原文那是不现实的),如讨论的范围与目的,采取的研究手段与方法,所得到的结果与结论,以及其它新的研究副产物等。同时也包括有关的数据、公式、图表和图解等,并指出该文献的引用书目和插图的数目,最后署上摘要人姓名。一般为 400—500 个字(西文则为 200 个词),必要时甚至可增到 1,000—2,000 个字(西文 500—1,000 个词)。

但在一般文摘杂志中,往往是指示性文摘、报道性文摘及题录三者并用的。对于重要文献及难懂语文的文献,用报道性文摘,对于比较次要的文献,则用题录或指示性文摘。

文摘按编写形式分,可分为文章式文摘与电报式文摘两种。

前者是一种以普通文字形式编写的文摘;后者是一种从文章中省略动词或助动词的形式编写的文摘。

为了节省篇幅,摘要中往往利用许多略语或符号代替经常重复的文字。

文摘既可查寻文献,又可简要地了解文献内容,具有多方面的职能,但是它的主要作用是解决查找的问题。只有在找得全、找得准的前提下,阅读摘要才更有意义。

文摘作为一种检索工具,必须具备全面、精简、便利和及时四个条件。

全面,这是检索的重要要求。摘储率的高低是衡量文摘杂志质量的一个尺度。所谓摘储率,就是文摘条数与本门学科实有的文献篇数的比例。摘储率越高,文摘所包含的信息量越多,漏检文献的可能性越小。文摘如果收集文献达不到基本全面,那么它就不能充分发挥作为主要检索工具类型的作用。因此近年来,世界各主要文摘杂志所摘录的期刊范围、文摘条数都有很大增长。如美国《化学文摘》,1961 年摘录期刊为 8,150 种,1971 年为 12,000 种,即十年间增加近 4,000 种。文摘量 1967 年为 243,982 条,1971 年达到 308,976 条,即四年中增加了 64,994 条。目前已达50 万条。

精简,就是摘要要一针见血,力求用较少文字,抓住文献内容关键。因此,近年来世界各国很注意摘要的准确性和编写的规格,拟订了有关标准(如 ISO 214 – 61《文摘和自编文摘》,ГОСТ7.9 –77《情报与书目文献体系、文摘与提要》),并大力培养文摘员。

便利,就是要求文摘杂志必须有完善的辅助索引,要求引得深度大,提供的检索途径多,使得从各个角度都有检索到有关文献的可能。因此,许多文摘杂志所附的索引越来越多。各种索引除各期文摘杂志本身所附之外,另编有卷、年度、五年、十年的累积本,为读者提供了很大的方便。

及时,这是一个关键性的问题,也是一般文摘杂志的致命弱点。从论文在杂志上发表,到摘录该论文的文摘杂志出版,这个周期相当长,一般要几个月的时间,有的可长达一年以上。这是因为文摘杂志篇幅巨大,它收集资料、撰写摘要、分类、编排、印刷、装订、发行等一系列的加工过程,所费时间很多,往往很难及时。特别是文摘杂志的辅助累积索引,由于编制工程浩大,更难满足"及时"的要求。为了提高文摘杂志的刊行速度,目前许多国外文摘采取了一系列的措施,如注意获得期刊论文的预印本,鼓励作者自写文摘,运用电子计算机进行编辑工作,采用新的印刷技术,缩短刊期等等。

为了提高文摘杂志编辑的计划性,有些国家(如苏、日、法等)采取了出版统一的文摘杂志的办法,使文摘的编辑工作从分散走向集中。这个统一的文摘杂志按学科和专业划分为许多分册,每个分册篇幅不很大,但各个分册加在一起,可以配套成龙,有助于解决综合性与专业性的矛盾,有助于使各种文摘统一规格,统一检索方法,实现了文摘编辑工作的计划化、集中化和科学化,减少了不必要的重复,提高了文摘杂志的质量。

通过文摘杂志类目设置的先后变化,可以大致看出学科分支的发展趋势;通过各类目收集材料数量的分析,可以大致了解各门类文献增长的速度;通过它对各种刊物所摘频度的比较,可以大致了解世界最重要的情报密度最高的期刊品种。

四、文献指南和书目之书目

文献指南较书目、索引、文摘等都出现得迟些,是文献工作中比较后起的一个分支。它最早出现在化学这个学科中,至四十年代逐渐扩展到科技其它领域。目前在物理、数学、生物、地学、医学、农业以及技术科学等各主要的学科,都有文献指南的问世。它的内容主要是介绍某一学科的主要期刊和其它类型的一次文献,介绍有关这些文献的各种检索工具和重要参考书,介绍文献检索的方法,以及介绍利用图书馆的一般方法等等。例如侯灿所著《医学科学文献工作》(1963年上海科学技术出版社出版),就是一种文献指南。美国的《参考书指南》(Guide to the Reference Books)是历史悠久并不断出新版的著名文献指南。

书目之书目,又称文献志的文献志,就是检索工具的目录,可以说是检索工具的检索工具。由于各种检索工具本身数量很大,种类繁多,内容复杂,它们反映文献的范围与检索手段各不相同,因此使用起来并不十分容易。只有把它们进行排比、组织、配合,才能组成一个基本网罗古今中外各个学科各种类型的文献的检索工具体系,成为检索工作中的强大武器。因此就需要编制书目之书目。这种检索工具的检索工具,就是将书目、索引、文摘等检索工具,按照其类型,或按照其取材的学科范围,或按照文种排列起来,并附上简介,指出所收录检索工具的内容、特点和使用方法。中国农业科学院情报资料室编的《农业文献检索工具书简介》等等,就是这种形式。著名的《世界书目之书目》(A World Bibliography of Bibliographies),也是这种形式。书目之书目的另一种组织形式,是检索工具的内容索引卡,就是从检索工具取材的学科、主题出发,在各学科主题的标目之下,注明在何种检索工具中可以查找到有关的文献。这种检索工具的内容索引卡,比前面所说的那种检索工具目录,更能充分揭示检索工具的内容,便于根据检索命题选取有关的检索工具。

各种类型的检索工具之间,是有着密切联系的。

文摘、索引和专题文献目录,其主要用处在于提供文献线索,即关于某一课题,世界上曾经发表了哪些文献。至于要根据这些线索去取得文献原件,那就需要了解这些文献收藏在什么地方,这样往往要靠馆藏目录和联合目录。前者的优点是一个"广"字,即能广辟文献来源,后者的优点是一个"实"字,即代表实有之书。

我们进行文献检索,既要讲广,又要讲实,即既要视野宽广,又要有实际利用的可能。因此这二者之间的关系,是互相配合的关系。馆藏目录与联合目录,现期索引与累积索引,专科性检索工具与综合性检索工具,它们之间可以说是部分与全体的关系。一般来说,有了联合目录,相应的馆藏目录可以被代替;有了累积索引,相应的现期索引可以被代替。因此我们要注意使用联合目录与累积索引,以便节省时间与精力。

第四节　检索工具的形式

一、书本式检索工具

1. 期刊式检索工具

这是在一个名称之下,定期连续刊行的一种检索工具。例如各种文摘杂志、索引刊物、连续的馆藏新书(资料)通报等等。这种形式的检索工具,及时反映新出版、新发表、新入藏的书刊资料,它随着新文献的不断出现而不断连续出版,保持与文献的平行发展关系。因此科技工作者为了掌握和跟上科学技术的进展,查阅期刊式检索工具是一种比较有效的手段。同时期刊式检索工具的另一个可贵之处,在于它的连贯性,它是一个长期性的、流水性的和累积性的系统刊物,各期之间按历史顺序衔接,彼此无中断或雷同之弊。如果将逐期联系起来,可以看出文献累积的系统性与完整性。特别是不少期刊式检索工具,每到一定时期(如半年、一年等)往往累积一次,对于回溯检索文献,有极大的便利。它们所具有的"新"、"快"、"系统"、"完整"、"便于回溯"以及在管理、服务工作中便于装订、保存和出借等等特点,使它成为主要的检索工具形式。目前世界检索刊物已达4,000多种,这就是一个有力的证明。

2. 单卷式检索工具

这种检索工具多数是以一定的专题为内容而编印的,选题一般具有独立的意义。它专业性强,收集的文献比较集中,往往累积反映了一个相当长时期(数年以至数十年)的文献,并以特定范围的读者作为对象。这种检索工具之所以称为"单卷式",是因为它不同于期刊式,而是像书那样单独出版的。有的只出一本,有的按需要数年出版一次,有的按编号不定期出版。在我国,单卷式检索工具往往是围绕一定生产和科研中的迫切课题而编制的。许多图书馆和情报单位为了配合科研、设计工作中的攻关项目,在累积资料卡片的基础上,常常出版单卷式检索工具。当某项生产、科研任务完成又转移到另一课题时,它们也就没有必要继续编印。这就是它们之所以采取单卷式而不采取期刊式的原因。

单卷式检索工具收录文献一般比较全面系统,排列组织比较切合专业研究的需要,因此,对于专题文献检索比较方便,使用价值较高。

3. 附录式检索工具

这种检索工具不独立出版,而附于有关书刊之后。有书附文献志、刊附文献志、篇附文献志等,分别附于图书、期刊、文章之末或其间。近年来,国外有的出版商为了降低图书成本,将这些附录式检索工具制成缩微胶卷或缩微卡片,装在书末的袋子里。

这种形式的检索工具,由于不具备独立的出版形式,并且篇幅有限,因此往往被人忽略,其实它的作用是不能忽略的。

附录式检索工具最常见的一种是"引用书目"。引用书目是图书或文章的作者在写作过程中所利用或引证的文献清单。除通俗读物外,一般学术研究著作,作者为了表示慎重,向读者举出自己引用的资料来源,以便读者进行复核或重新研究,都开列引用书目,附于其论著之后。引用书目的篇幅虽然不大,但由于作者对某课题有较深的了解,对大量有关文献已进行了精选,因此它所报道的文献能打到点子上,具有较大的价值。通过引用书目去检索文献,不能不是一个重要途径。

这里值得特别指出作为情报研究成果的"述评"(文献述评,如"成就"、"评论"、"年报"、"年度评论"、"进展"、"最新进展"等)所附的"参考文献目录"。述评是针对某一学科、专业或课题,搜集某一特定时期有关的全部一次文献,加以分析与综合,以查明其现有水平和发展趋向,并提出评价和建议的一种情报资料。它总结过去和当前已有的全部经验,指出目前的动态、尚未解决的问题和未来发展方向。述评的编写过程,是对大量有关文献进行查考与消化的过程,对于各种数据和技术经济指标,加以考虑比较,鉴定核实。它所附的"参考文献目录",往往是在全面搜集的大量文献中进行精选的,所以具有较大的价值。

还有一种附录式检索工具,是许多专业期刊中所附的文摘、索引、新书通报栏。另有一种是报纸、杂志的月度、年度或全卷的索引。它们或附于刊后,或单独出版。

二、卡片式检索工具

如果把每条款目写在或印在一张卡片上,然后按一定的方法把卡片一张张排列起来,成为成套的卡片,就称为卡片式检索工具。

卡片式检索工具有它的独特作用。它的编制,可以随作好,随出版,随排入,具有"流水作业"的性质,省去书本式检索工具出版前累积材料的时间。

另一方面,卡片式检索工具可以由使用者按自己的需要,灵活自由地排列组合,没有书本式检索工具那种呆板、固定的缺点。同时,它不需要另编累积索引,新卡片随时插入,本身就具有累积的意义。但是,卡片式检索工具有许多缺点,一是体积大,每条款目至少一张卡片,如有互见、分析,则卡片数目更多。当前科技文献数量猛烈增长,卡片式检索工具很难适应这个形势。二是书本式检索工具编排紧凑,使用方便,可以随身携带;而庞大体积的卡片式检索工具则难于做到这一点,必须让读者上门来查阅,因此它的作用的发挥受到局限。三是卡片式检索工具的成本远比书本式检索工具高,有人估计是10与1之比。四是卡片易于紊乱、丢失,给管理上增加困难。同时,排卡工作的劳动量是相当大的,这不能不是一个繁重的负担。

可见,卡片式与书本式,两者具有不同的特色和用途,它们之间是不能以一个代替另一个,以一个取消另一个的。卡片式适合图书馆与情报机构用来建立自己的文献检索系统,书本式适合于用来作为大量出版发行检索工具的形式。同时,书本式检索工具与卡片式检索工具是可以互相转化的。例如,当累积一定时期的卡片之后,可以把它变成累积的书本式检索工具,以缩小体积。另一方面,也可以用书本式检索工具进行剪贴,成为卡片式检索工具。比较理想的办法是书本式与卡片式两者并用。对于新的资料,用卡片,以作到及时反映,迅速报道,逐步累积;对于较旧的资料,可将卡片式转化成书本式,按年代断开。这既可以缩小体积,又可以使检索时避免巡视历年的全部款目,从而便于检索工作的进行。

现代由于可以用机器来编制书本式检索工具,所以从五十年代以来,书本式检索工具与卡片式检索工具比较起来,在许多国家占有优势的地位。新近发展起来的复制方法,促进了书本式检索工具数量的急剧增加。这是当前的一个值得注意的发展趋势。

穿孔卡(手检与机检的)、比孔卡、磁卡等也属于卡片式检索工具。与前面所说的一般卡片式检索工具比较起来,就离散这一形式而言是一致的。然而却有着本质的区别,主要在于后者为了适应机械的和电子的操作,有着自己一套特殊的编码,如孔位的组合,或二进制编码。它们是供机械或电子计算机"识别"的。

三、COM 式检索工具

所谓 COM 是指计算机输出缩微品（Computer output micro-fiche），有平片与胶卷二种形式。它与一般的缩微品不同的地方，在于被缩微的信息是计算机输出的，而不是根据普通印刷文本缩微的。COM 式目录，就是由计算机将存贮在计算机存贮器里的书目著录，按照人们指定的格式与排列系统进行输出，然后加以缩微而得到的胶卷或胶片式目录。COM 式目录生产速度很快,成本也较卡片式目录低许多倍,更可贵的是它可以在计算机可读目录的基础上,根据用户指定的书号选择有关书目著录,并可增加用户提供的书目著录,按照用户需要的款式（即可删除书目著录中的某些事项,也可添加用户需要的若干事项）、用户需要的排检系统（如分类系统、著者系统、主题系统等）输出用户所需要的目录。COM 式检索工具的另一优点是,它可以大大地缩小检索工具的体积。一张普通的 COM 平片,可包含 3 千多条书目著录,即能代替 3 千多张卡片。另一种超缩微的 COM 平片,可包含 3 万多条书目著录,即能代替 3 万多张卡片。但 COM 式检索工具有一缺点,即它不像卡片式检索工具那样可随时增添或删去卡片。COM 式检索工具如需增添或删除书目款目时,必须全套更新。这种更新是由计算机进行的,加之成本低廉,因此 COM 检索工具的定期更新在时间上和经济上也是可取的。目前在国外一些图书馆里,COM 式检索工具的使用越来越广泛。

四、计算机可读文献磁带和磁盘

这种形式的检索工具,与 COM 式检索工具一样,是随着电子计算机应用于图书情报工作而出现的。机读文献磁带是将书目著录按照一定的代码和一定的格式记录在磁带上,专供计算机"读"

的,只有借助于计算机才能对它进行检索。采用磁带作为书目著录的信息载体,不仅是由于磁带容易处理、价格低廉、重量轻、便于保存与运输,而且也是由于磁带具有高密度、记录速度快的特点。例如,一盘2,400呎的磁带,若记录密度为1,600bpi,那么可记录4,000万个字符,相当于每页6,000字的文献6,600页,而记录时间仅20—30分钟。目前国外大部分检索工具(如美国《化学文摘》、《工程索引》等等),都发行与书本式检索工具具有同一内容的文献磁带。现在市场上供应的二次情报资料磁带大约有数百种,而且这个数字正在迅速增加。本来,磁带版检索工具是生产印刷型书本式检索工具的副产品,但随着计算机检索的日益普及,从发展趋势来看,正副产品的位置可能颠倒过来,即机读文献磁带可能是更主要的检索工具,而印刷型书本式检索工具可能降为副产品。

计算机可读文献磁带的另一个优越性在于,它可以进行转录和款式转换、并可进行二种磁带之间的归并。这对于自动编纂联合目录是十分有利的,对于同时检索几种检索工具也是方便的。

计算机可读文献磁带可以是作为生产卡片式检索工具、书本式检索工具、COM式检索工具的"母本",即它可以实现多种形式的输出。

当然,文献磁带并非机读式检索工具的唯一形式。磁盘、磁鼓也是机读式检索工具。当前正在出现的"视像磁盘"(或译为电视唱片),可以成为更加有效、更加便宜的检索工具载体形式。

第四章　索引语言和检索词表

检索工具之所以成为检索工具,在于它是按照一定的排检方法组织起来的,能够提供一定的检索手段。这样,检索工具中所存贮的大量文献线索,才能多而不乱,一索即得,成为有效地沟通文献和读者的桥梁;否则,将成为胡乱的堆砌,无从查检,失去它本身存在的意义。

这里,决定检索工具中大量文献线索的排检序列的关键,是对文献特征进行标引而得到的文献标识。在一个检索工具或检索系统中,千千万万的文献著录款目是根据其标识,或按字顺或按逻辑次序(一般用号码或字母加以固定和表示)而编排起来的。标识是揭示文献内容特征或外表特征的"标签",是文献最简洁的代表,也是文献检索所据以进行的"存取点"。

事实上,检索的过程就是人们的情报提问与文献的检索标识相比较而决定其取舍的过程。情报提问与检索标识相一致,就算是命中了文献,查到了符合要求的资料。如果两者不相符合,那么就必须跳过这些标识,继续查寻,直到两者一致为止。这个过程,无论是手工检索还是机器检索都是如此。

为了使检索的过程,即文献标识和情报提问两者的对比进行得顺利,两者都需要用一定的语言来加以表达。只有借助于这种语言,文献的标引人员与检索人员才能有一个共同的约定,彼此才能沟通思想。也就是说,文献存贮时,文献的内外特征按照一定的语言来加以描述,而检索时情报提问也按照一定的语言来加以表达。这种把文献的存贮与检索联系起来、把标引人员与检索人员联系起来以便取得共同理解的语言,就叫做情报检索语言。

情报检索语言,这是一种专门的人工语言。其用途是作为描述文献特征、表达情报提问,使两者相互沟通的依据。

索引语言的典据性文本,就是检索词表。

不同的索引语言可以构成不同的检索标识和不同的索引系统。而各种不同的标识和索引系统,它所能实际达到的引得深度不同,所能提供的检索途径不同,所能满足的特性检索与族性检索的要求不同,所能体现的一元检索与多元检索的方式不同,检索过程所需时间不同,所要求的设备、经费、人力以及检索工具本身体积不同,也就是说,它具有不同的检索效率、经济性和对读者检索习惯的适应性。

不同的检索系统或检索工具,往往采用不同的索引语言。即使是同一检索系统或检索工具,也经常同时采用不止一种检索语言。因而在同一检索系统或检索工具中,同时具备几种不同的索引系统,能够提供若干种检索的途径。殊途而同归,不同的检索途径都指引检索者充分利用所存贮的同一文档。

第一节　索引语言及其逻辑

一、索引语言是情报检索语言的一个组成部分

情报检索系统是存在于文献的作者和试图从文献中寻找情报的读者之间复杂通讯系统的一部分。索引等文献检索工具是根据文献的特征进行情报加工的成果,它不是重复作者在

文献中所传达的思想概念,而是对包含这些思想概念的文献作进一步的传递。索引是沟通情报的产生者与使用者的桥梁。从这个意义上来说,它是一种科学通讯(或者说科学交流)的工具。

作为一种通讯工具,索引需要有一种用来描述文献特征、以此构成文献的检索标识、能将文献情报的产生者、加工者、检索者在文献特征的识别上彼此联系起来、以便取得共同理解、实现思想交流的语言。这种语言,就叫索引语言或标引语言。

索引语言是情报检索语言的一部分。情报检索语言是指建立与使用情报检索系统所需要的语言。它包括索引语言、检索提问语言和数据定义语言。索引语言是用于建立书目文档(或称书目数据库)的语言,是决定书目数据库质量的重要因素;检索提问语言是检索者用来表达自己情报需求以及确定如何查找的语言。具体来说,它用来确定同索引语言相对应的检索词,指出它们的逻辑关系及优先级别,并且在联机情报检索的条件下,还包括检索者同计算机检索系统进行交互的各种检索指令(询问语句)。检索提问语言是决定检索策略的构造质量与检索效果的重要因素;至于数据定义语言,是用来告诉计算机程序其它语言是怎样结构的。因此,数据定义语言是一种定义语言的语言,用来给计算机介绍数据描述语言的。

尽管索引语言只是检索语言的一部分,但它是检索语言中的核心部分。

二、索引语言的基本要求

索引语言是被人们有目的地创造出来的一种书面语言。它不是供人们普遍使用的,而是只用于非常专门形式的通讯,即索引的编者和检索者的互相通讯,在某种意义上也可以说是文献情报的使用者和文献资料之间的通讯。这种语言所起的特定作用,是随着文献集合的规模、性质及用户的不同水平的要求而有很大变化的。选择或设计一个索引语言，可能是设计情报检索系统最困难的步骤。这里主要的原因是，索引语言的编制者必须探索和掌握情报用户在面对他们不熟悉的通讯系统时所持的思想方法与行为特点。

索引语言是供检索者查寻文献用的，而检索者不可能都是经过这方面专门训练的。因此，索引语言应当接近于自然语言，应当包含便于检索者理解和掌握的词汇和句法。这是对索引语言的第一个要求。

索引越来越多地拥有机读版，也就是说，它们日益增多地是为计算机检索而编制的，因此索引语言应当便于计算机判断和处理。计算机的作用只局限于读出和比较各种代码，只能告诉检索者哪些代码是匹配的或接近的。一般来说，它不可能对索引语言中语义含混和逻辑错误负责。而这就要求索引语言应当比自然语言严格，今天甚至要比过去纯手工检索系统的语言更为严格。这是对索引语言的第二个要求。

索引语言必须考虑它对索引的检索速度与索引的编制成本的影响。如果一种索引语言以不惜降低检索速度和提高编制费用为代价而盲目地追求索引语言的表达性和专指性，那是片面的。检索速度实质上也是以检索者所花时间为代价的费用问题。因此索引语言应当联系经济性来确定它的适度，这是对索引语言的第三个要求。

在现代，某些索引是由计算机编制而供人们手工检索，或同时供手工与机器检索使用的。机编索引所用的语言，要受计算机索引编制程序的分析能力的限制。目前计算机能够自动地从文献文本中选取富有表达性的词汇或句子，以形成检索标识和文摘，但程序不能修改句子。因此索引语言应当同计算机程序分析能力联系起来考虑。这是对索引语言（主要是机编索引）的另一个要求。

语言是变化的，索引语言也是这样。一个经适当设计而编成的索引语言，应当具备随着文献使用的语言和用户使用的语言的改变而随之修改的准备措施。即索引语言应该是动态的，对新概念是敏感的，更新是及时的。这是对索引语言的又一要求。

索引语言的词汇必须具备文献的保障和用户的保障。索引语言的词汇，必须有相应的文献存在，是文献标引实际需要的；也必须是实际的用户据以表达自己的情报提问的，即检索者实际用来作为检索出发点的。如果索引语言中词汇，既无文献可以归入，又无用户使用，那么在原则上就不能成为索引语言的词汇。这正是索引语言词汇同各学科知识中的概念有所区别的地方，也正是索引语言不等于自然语言的特点之一。

三、索引语言性能的评价准则

与自然语言比较起来，索引语言所起的作用是专门的和有限的，可以根据四种属性对其优劣进行评价与比较。

1. 表达性。有时也称"专指度"。这是索引语言确认一个主题事物、区分不同主题事物、和在不同的明细度上表述一个主题事物的能力。这里是指语言的表达潜力，而不是指语言使用者的技巧。

2. 唯一性。指一个词只应有一种概念，一种概念只应由一个词来表达。即不能模棱两可、一词多义或多词一义。如果索引语言中的一个词有一种以上的含义，或者说一种意义可以用一种语言词汇中的一种以上的符号来表示，这就是语言的含糊性。含糊性主要由同义词和多义词引起的。同义词的产生与多义词的产生，彼此是无关的。

3. 简洁性。这是指表达一定情报含量所要求的一个索引词的长度与大小，例如分类号码的长短等。索引语言的简洁性关系到索引资料的物理存贮容量和传输（包括抄录）速度。简洁性也可称为语言的压缩性或致密性。

4. 经济性。这主要是指：a. 标引员在面对选择一个或多个索引词来表达文献主题内容时作出决策所花的时间代价；b. 检索者选择合适的检索词以表达自己情报需求所花的时间代价；c. 培训人们使用这种语言所要花的费用，词典的编制与维持费用，以及改正错误标引中不恰当索引词的费用。

四、索引语言的结构与种类

索引语言的两个主要组成部分是词汇和句法。词汇是语言中所使用的词的集合。索引语言的词汇是索引记录中用来表述文献内容的词的集合。分类号码的集合，就是分类法这种语言的词汇；主题标目的集合，是主题法语言的词汇，等等。句法是将词汇中的单元（即词）组成语言单元的一套规则。这种语言单元（也叫句法单元）的意义可能是基本词汇所不能表达的，因而它是扩展词汇表达能力的手段。例如，如果在基本词汇中已有"学校"和"工厂"这两个名词，又有"实验室"、"图书馆"这两个名词，我们可以借助句法组合成"工厂图书馆"和"学校实验室"。这种组成的概念是基本词汇所不能表达的。

词汇和句法的典据性文本，称为"词典"。它规定了词的正式定义和句法规则，要求标引者与检索者严格遵守。

索引语言中的一个词，或者说作为典据性词汇中的一个成员，称为一个"描述词"。它可以是一个单词、一个代码，也可以是一个较大的语言单元。

索引语言的种类，大致可分为句法语言与非句法语言两大范畴。

非句法语言包括：等级制分类法、主题标目、关键词系统等。

句法语言包括：加标识的叙词、组面词、短语、自然语言等。

在句法语言中,语言的基本元素(词或代码)在标引时可以组合成词或短语。各元素之间互相修饰或限定,组合的结果称为"上下文"。通过句法,能表述词汇中所没有的词的概念,即建立未作为描述词的语义概念。而非句法语言则不能做到这一点。在非句法语言中,某些概念在词汇中可能没有其相应的词,因而不能被表达出来。这是句法语言与非句法语言的基本区别。

例如,等级制分类法语言的词汇,是由一批固定数目的描述词(分类号)组成的。各描述词之间没有确定句法关系。只是在同一族系中,同一个等级上的描述词包括了它所上属的描述词的标记。例如杜威分类法中的"人造地球卫星"的分类号为 629.138. 82,它隐含了在等级上更高等级的描述词,如 629.13(航天)。在等级制分类法语言中,要扩充词汇是比较容易的,可以通过扩展描述词(分类号)右侧的数字而达到,但是要改变一个已经存在的描述词的含义是相当困难的。等级制分类法语言的难于改变,还表现在某等级上的复分,只能根据某个基准进行,以保证同级类目的相互排斥性。如果标引时人们企图按照别的基准进行概念的划分,那么就很难在这种语言中找到相应的描述词。也就是说,某些概念不能用单独的描述词来表达,或者难于同别的概念区分开来。等级制分类法语言的这个带根本性的缺陷,是它作为非句法语言的性质所规定的。

同样,主题标目也是非句法语言。它规定使用一定数目的主题(词),这一点正如等级制分类法中使用一定数目的类目那样。主题标目语言的词汇是由自然语言的词或短语所组成的。这些短语中的组成词可能不是主题标目词汇的单元。例如,如果"数据处理"是一个主题标目的话,那么"数据"和"处理"不一定分别也是合法的描述词。虽然主题标目是由自然语言中的词组成的,而单个的词不一定是索引语言中的描述词。也就是说,主题标目不是根据句法将索引语言中的有关描述词组合起来的。一个主题标目本身就是一个基本的描述词。但是与等级制分类法语言比较起来，主题标目代表了较松散的结构。

关键词语言允许在标引中使用事先未专门确定的概念，它可以选择相当多的词，以尽可能充分地表述文献内容的多个组面。但是，在一条关键词索引条目中，各个词不是互相修饰的，即使是索引的编者有意使它们如此。例如，在一条关键词索引条目中，"长江"和"泥沙"都是单独的词，但不一定意味着这篇文献内容是有关"长江泥沙"的。它可以是一篇讨论黄河泥沙和长江污染文献。"长江"和"泥沙"被抽出来，列入同一条关键词索引条目。关键词语言中各个词之间没有句法关系，它无法告诉我们这两个描述词之间的联系。实际上我们只能猜测这种关系。正是由于这一点，当我们看到在一条关键词条目中含有"图书馆"、"学校"时，我们不能断定这篇文献是讨论"图书馆学校"的，还是讨论"学校图书馆"的。如果作为一个自然语言短语，它们是易于区别的；而作为一组关键词，它们是不能区分的。这是因为各词出现的先后次序是没有规定的（如果我们说词的次序对含义来说是重要的时候，我们就进入了句法范畴）。在关键词语言中，出现假组配是不可避免的。因此关键词语言也是一种非句法语言。

句法语言中最简单的一种是加标识的叙词。在这里，每个词都有一定的标识。这种标识可以说是一种附属的叙词，它的作用是用来说明或限定主要的叙词，指明主要叙词是作为一个专门名词、还是作为一种属性或作为一种活动。例如，作为人名的叙词和作为装置的叙词可以通过加标识而进行区分，例如可以避免作为发明人狄塞尔（DIESEL）和作为产品柴油机（DIESEL）的混淆。

组面标引语言如组面分类法等也是一种句法语言。在这种语言中，标引中出现的任何描述词，都有明确确定的句法作用。或者说每种句法作用都有其附属的词汇。句法规则规定各组面的先后次序。这样就可以避免人们理解时的含混。

在自然语言中,一个句子中的各个元素都可以看作为组面,各起着不同的作用。一个句子的主语、谓语和宾语都是组面。当前由于计算机的帮助,自然语言的短语也逐步成为一种索引语言。轮排索引(上下文关键词索引)的出现,使自然语言短语的表达易于检索。显然,在一条上下文中,各词之间是有句法的。

最后一种索引语言是文献全文,即完全的自然语言。如果没有计算机的帮助,这种语言是不可能成为一种索引语言的。然而在机检的条件下,现在已实现了全文检索。检索者可以指定检索的提问应包含哪个或哪几个词,各词之间相隔多大距离的相邻度,并且可以指定这些词的先后次序能否倒置等等。目前法律文本的检索系统就是一个实例。

五、索引语言的逻辑

关于各种索引语言的逻辑,可以用几何图形来加以表示。假定一个平面上的每一个点或小区段代表一个主题。因此由一个词所代表的一个主题组在这个平面上是一个域。整个的平面,即主题的全部集合,叫做主题空间。在这种概念的基础上,索引语言是一种划分主题空间的手段。

等级制分类法语言的逻辑可用图4—1表示。

在等级制分类法语言中,选择箭头所指的像1.3.2这样的位于主题空间较下面界限的区的代码或叙词,那么就自动地选出了在此界限之上的空间的所有部分(阴影表示)。空间的横向各部分之间是互相排斥的。因此任何表述的主题将明确地落到一个区段,并且只有一个区段。这里方向是有意义的,但距离没有特别的意义。

主题标目语言较为简单,但不是这样整齐有序。可用图4—2的图形表示。

这里,主题空间也划分为互相排斥的区段。但与等级制语言

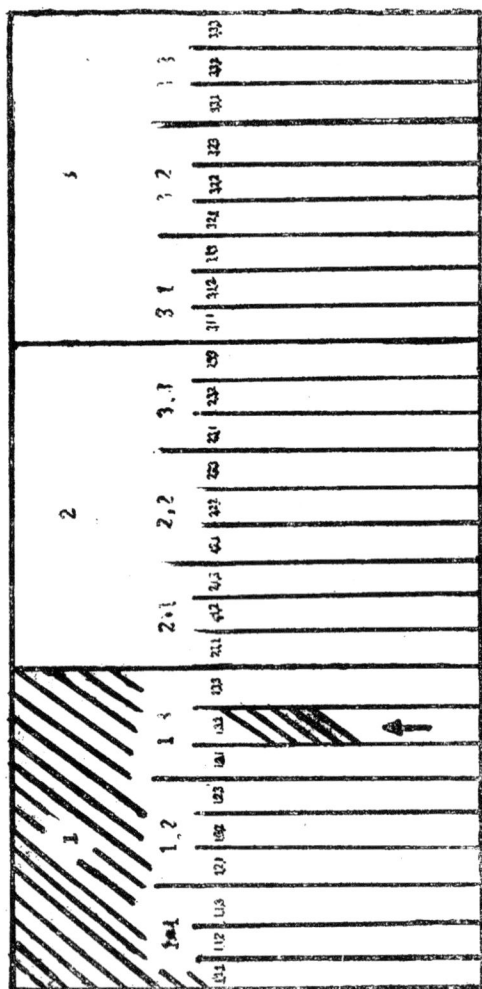

图 4—1

的图形比较起来,有两点不同:第一,主题标目语言并不致力于包括所有的主题空间,并不为每一个可能的主题都设立描述词。在下图中,阴影部分所代表未在语言中表示的可能的主题。第二,主题标目语言对空间的划分是可能的,但一般是在很浅的程度上进行划分的,并且也不以统一的深浅来划分。这里的方向是有意义的,但距离也没有什么意义。总之,一个主题标目语言不一定非要包括所有的整个主题空间,各区域位置仅反映字顺次序,并且也有一点级别。阴影部分所代表未被这种语言包括的可能的主题,即是主题空间中的空白。

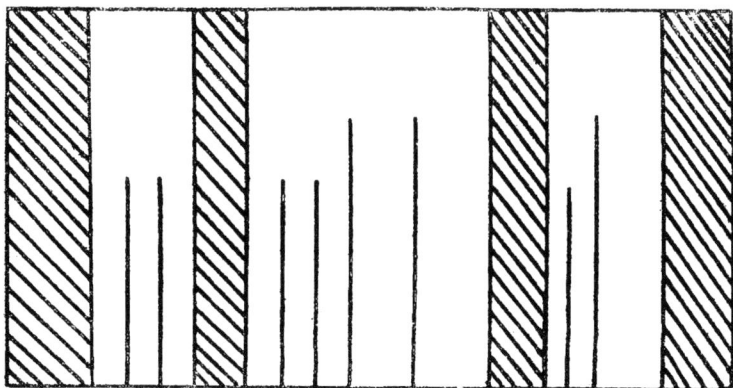

图 4—2

关键词系统,可用图 4—3(a)、(b)的图形来表示:

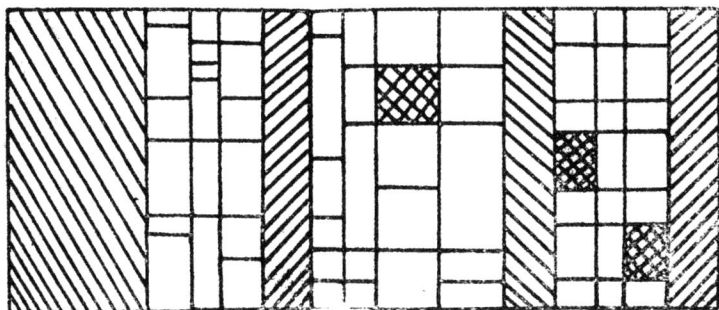

图 4—3(a)

63

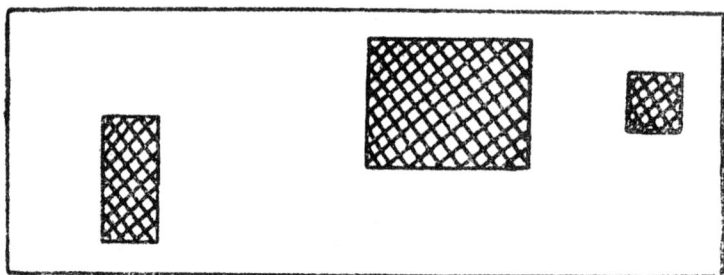

图4—3(b)

固定词汇的关键词系统,像主题标目语言一样,确定了某些(而不是全部)主题空间的划分。非阴影部分的每一个长方形代表了一个关键词所描述的主题集合。自由关键词系统没有对主题空间的事先的划分。因为事先既没有使用词的集合(词汇),也没有规定这些词的意义。标引者随着他所用的每一个关键词而划出了每个关键词在主题空间中的区段,并且每个关键词所占的区段的大小范围是随着该词的每一次使用而有所不同的。而且这里还有标引者和检索者把不同的意义赋予同一个词的危险。有人说,词义不能在使用之前就事先完全决定下来,并且这些关键词在使用中不会有二次使用是完全一致的含义。在图4—3(a)中,固定词汇关键词占据了主题空间的各个域。并不是所有空间都必须被经定义的关键词所包括。在图4—3(b)中,自由关键词语言在使用词之前并不划分主题空间。相反,由于这些词的意义是随着它的每次用法而可能有所改变的,标引者按其使用的字面勾划出主题空间的区段。在上述 a 与 b 的两个图形中,黑色的区表示一个可能的主题空间区段的集合,它们代表一篇文献。但是在这两个图形中,一个主题和另一个主题的位置摆法的方向或它们之间的距离是没有什么意义的。

为了清楚地看出先组式语言和由标引者组配的语言之间的区

别,我们必须了解代表一个概念的主题空间中的一个区段不一定是相联接的。它可以由二个或二个以上的互相并不交叠的小区段组成。但是先组式语言是这样一种语言,可以用来代表一篇文献的所有词的区段在使用前就已经被确定了的。而标引员组配的语言允许标引员使用小的、不相连接的"建筑块"来建立一个主题表述,这种主题表述是事先确定的元素组合之外的,它可以是用以前从来用过的构形来构造。

在前面的表示等级制分类法的图形中,在主题空间中选择一个点,就确切地决定了将代表文献的主题空间的区段。而在表示自由关键词的图形中,标引员可以自由地选择他想要的一组区段。这一组(如图中三个黑长方形)所代表的全部区段,在事先不需要作为一个区段来加以规定。但是它的组成元素(即个别的块)在某种程度上是事先就存在着的,尽管一个描述词所包括的主题空间的确切范围是依据这个描述词的每一次用法而有所不同的。

使用组面的句法语言,要用几何图形来表示,需要采用另一种表示方法,即文氏图。这种方法表示集合中的一定逻辑关系。例如:

在图4—4(a)中,左边的圆代表所有的中国影片,右边的圆代表所有的故事影片(中国的和外国的)。相交部分(阴影区)代表中国故事影片。a代表除故事片之外的中国影片(如纪录片、科教片等),c代表非中国(即外国)的故事片。在图4—4(b)中,如果我们增加第三个圆,代表彩色影片。我们就可得到下列几个区:a是中国的黑白片,并且是非故事片。b是外国的黑白故事片。c是外国的彩色非故事片。d是中国的彩色非故事片。e是中国黑白故事片。f是外国的彩色故事片。g是中国的彩色故事片。而a-b-c-d-e-f-g的整个区代表了所有的中国影片、故事片和彩色影片的和(或称"并")。

我们可以用两个圆代表"钢"和"制造"。这两个圆的相交部

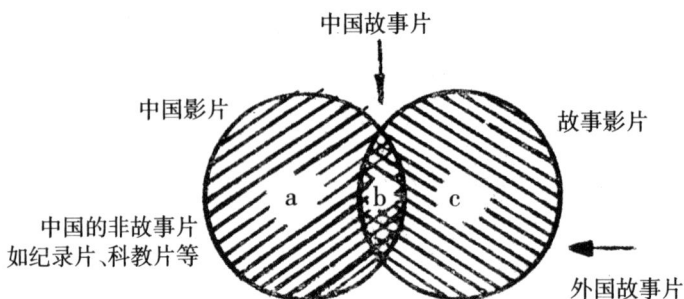

图 4—4（a）

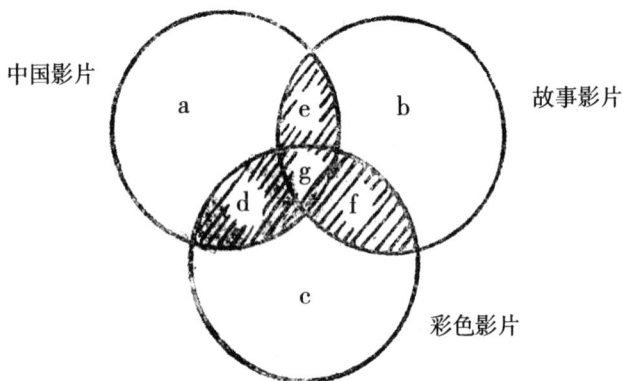

图 4—4（b）

分不能就等于自然语言所表达的"钢的制造"，虽然它包含了这种表述。相交部分包括了所有这两个字之间的意义的普遍性，例如包括制造某些物品中钢的用途（如钢工具在制造木制品中的应用）。在没有句法的关键词语言中，"钢""汽车"及"制造"的相交部分包括"钢在汽车制造中的用途"、"汽车在钢制造中的用途"，"汽车用钢的制造"。

重要的是要说明，当标引员写下一组关键词时，他并不指明它

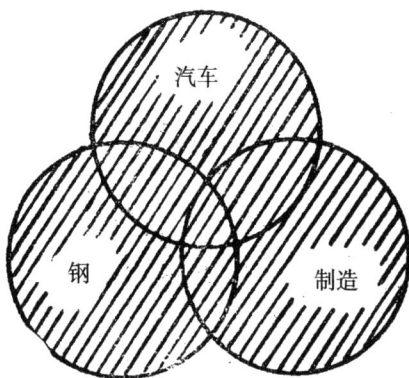

图4—5(a)

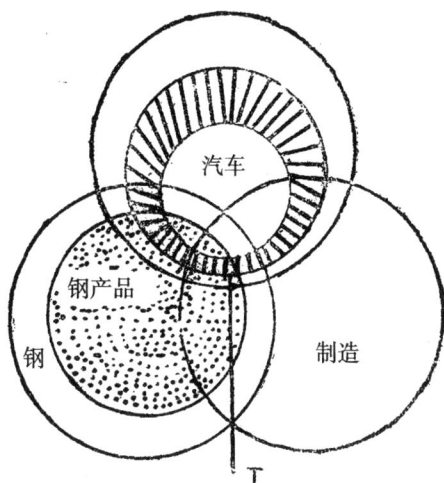

图4—5(b)

们的主题领域的相交部分。他只是简单地说该文献是有关 A 的，也有关 B 的，也有关 C 的，等等。一篇文献可以是有关"汽车"的，有关"制造"的。这两个字都将成为关键词。如果该文献是有关"汽车制造"的,那么也将产生这样两个关键词。按照文氏图,即关键词索引表达所说明的词的"并"。在前面的图形中,中国影片、故事影片和彩色影片的"并",是指 a、b、c、d、e、f、g 各区域之和。它包括每一个中国影片、故事影片或彩色影片。"并"的符号是 U,或者是 + 。

组面索引词是由组成描述词的"交"来表示的。见图 4—5(b)。

图 4—5(a)表示代表"钢"、"汽车"及"制造"这三个集合的"并"。这是表示关键索引含义的文氏图。如果同样的叙词构成一个句法单元"钢汽车的制造",则以图 4—5(b)的文氏图加以表示。它是由三个词的"交"来表示的。只有 T 域才是文献的主题。词的句法意味着缩小钢的用途(作为一种产品),要比它用于关键词索引所含的意义要狭窄;同时也缩小了汽车的用途(作为一种制品)。词:"钢汽车的制造"是小的、双阴影的域(用 T 表示)。这个插图中的逻辑可应用于各种形式的组面语言或句法语言,从加标识的叙词直到自然语言。对于比较复杂的句子,尽管在图上不容易表示,但是道理是同样的,照样可以加以模拟和推论。

第二节　索引语言中改善查全性和查准性的措施

通常,各种索引语言都具有一些有利于改善检索的查全性与查准性的措施。采用有利于改善查全性的措施,就会增加检出的文献量;而采用有利于改善查准性的措施,又将减少被检出的文献量。

提高查全性的措施,主要是:同义词的控制;词的关联;字形的控制;聚类法。

提高查准性的措施,主要是;组配;联号法;职号法;加权法。

一、有利于提高查全性的各项措施

1. 同义词控制法。是指当一个概念具有多个同义词时,为了保证标引与检索的一致性,避免文献的分散和漏检,指引词汇的使用者从其它的同义词找到一个被专门选中作为正式主题词的词的方法。同义词事实上包含完全等价的同义词和准同义词(即意义稍有出入,但大体上相同的词)。

完全等价的同义词,主要是:俗名与正式名称,简称与全称,旧称与新称,音译和意译等。

准同义词(或者说近义词)的数量要比完全等价的同义词多。准同义词的控制,是通过放宽词的定义的办法,选择一个词,以代替其它的准同义词。它一方面使有关文献得到相对的集中,避免漏检,有助于提高查全性能。另一方面,却混淆了某些准同义词之间在含义上的细微差别,因而降低了查准性。同时,它还减少了作为标引用词的数目,从而缩减了词表的规模,但却增加了每个标引词之下的文献登记数目,致使加重了检索者浏览筛选的负担。

2. 词的关联法。标引词的关联,最普通的形式是等级上的关联。概念的上位与下位的关系,在分类表或多级主题词表中用等级的形式加以表达。由于展示了这种等级上的关系,在标引与检索时,既能使用较泛指的词,又能使用较专指的词。对检索来说,从较专指的词上溯到较泛指的词,就能放宽检索策略,从而保证检出更多的文献。这里很明显,查全性得到改善了,而查准性却降低了。相反,如果从等级上较泛指的词下移到较专指的词,检索的命中范围缩小了,检出的文献量减少,然而这些文献的相关性(查准性)就提高了。

在词表中,某些词可以属于不止一个等级系列上的概念。例如"重水",其较泛指的概念可以是"水",又可以是"氢化合物"或

"氘化合物"。或者不相等的概念之间存在语义关联,例如同某个词有关的反义词,或者作为该主题概念的工具、材料、原因、结果、用途等的词。

在词表中,以"属"、"分"或 BT、NT 来表示概念等级上的关系。以"参"或 RT 来表示不在同一等级系列上的或不等价的词之间的关系。

3. 字形的控制法。即把具有同一词根的字组合在一起。当然这不是供标引用的措施,而是供检索用的辅助手段。在机检中,这通常是用截词检索来实现的。显然,这种措施可以改善查全性能,例如"反射"、"反射波"、"反射性"、"反射望远镜"、"反射器"等词,都具有同一字根——REFLECT,用 REFLECT$^{\#}$的截词符号进行检索,就能把有关"反射"的各类文献都检索出来。但是它也有损于查准性能,例如一个专门查找"反射望远镜"资料的人,如果用上述的截词方式进行检索,其结果将导致很高的误检率。

4. 聚类法。在对索引词之间进行统计缔合的基础上,将有关的索引词进行聚类,可以用来查出更多的文献,从而改善查全性。例如,在文献的索引记录中,如果"枯萎"这个词总是同"庄稼"、"作物活力"及"植物生长"这些词一起出现,而"锈菌"这个词也经常同这三个词一起出现的话,那么可以推测"锈菌"和"枯萎"之间存在某种关系,在检索时,这两个词可以相互代用,或一起使用,从而能查出更多的有用文献。

二、有利于提高查准性的各种措施

1. 组配。即两个或两个以上的概念的组合。有两种组配形式,即先组式与后组式。

先组式是指概念之间的组合是在词表编制阶段就已经订好的,组配后的复合概念成为供标引的完整索引词。例如:

心理声学(是心理学与声学的组配)

蒸发冷却(是蒸发与冷却的组配)

导弹控制(是导弹与控制的组配)

磁流体动力学(是磁场与流体与动力学的组配)

后组配是指在检索阶段把两个或两个以上的有关索引词进行组合。例如

"计算机"与"设计",是指计算机化的设计

"女性"与"人类",是指妇女

"珊瑚"与"礁",是指珊瑚礁

先组式有助于提高索引词的专指度,减少标引到每个索引词之下的文献数目,减少或避免假组配,从而有利于查准性。但是先组式的词在数量上总是有限的,因而不能适应各种角度与深度的复合概念的检索。后组式便于各种角度与深度的组配,既适应泛指度的检索,又适应专指度的检索,因而有利于查准性的提高。然而,它却有可能出现假组配与荒谬的词间关系,致使误检的增多。另外,后组式在检索时间上较不经济。

2. 联号法。这是一项有利于查准性的措施。联号明确地指明了在一篇文献记录中什么概念是同其它概念相联系的,并且防止了后组式中可能出现的互不相干的词虚假地组配起来。例如一篇文献的主题内容是"情报中心的情报检索与图书馆的文献提供",它包括"情报中心"、"情报检索"、"图书馆"及"文献提供"四个单元性概念。而后组式的组配允许这四个词以任何次序进行二个词或三个词或四个词的组配。这就有可能错误地组配成"情报中心的文献提供与图书馆的情报检索"。联号法正是在这种情况下被采用的,它将两个或两个以上紧密相连的词(如"情报中心"与"情报检索",或"图书馆"与"文献提供")在标引时赋予相同的联系符号(字母或数字),组配时,必须同时对比联系符号,只有联系符号相同,才算"命中"。

3. 职号法。有时,仅仅指明两个或两个以上的词是互相联结

的,这种做法还是不够的。因为即使两个相关的词组配在一起,还可能出现词间的荒谬关系。例如,为了检索"毒液对海蛇的影响",如果单纯把"毒液"与"海蛇"组配起来,则可以检出"海蛇的毒液"等无关文献。这种问题是连号法所不能解决的。如果在标引时使用职号法,以区别各概念所占的地位或所起的职能,就能避免词间的荒谬关系。如:

海蛇(M)   海蛇(R)

毒液(P)   毒液(A)

这里,M:制造者或生产者

R:接受者

P:产品

A:药剂

这样,在检索"毒液对海蛇的影响"时,就用毒液(A)与海蛇(R)进行组配。而要检索"海蛇的毒液",则用海蛇(M)与毒液(P)进行组配。

4.加权法。在情报检索中,加权法大致可分为两种,一是在标引时加权,一是在检索时加权。这里我们主要介绍标引时的加权法,因为这是索引语言本身提供的有助于提高查准性能的措施。而检索时的加权,是检索策略的一部分。

在标引时,可能会遇到这样的情况:两篇文献可能都涉及到同一主题。但是文献 A 的中心内容是论述该主题的,而文献 B 只是稍微涉及该主题,只是作为背景材料,或者是作为比较对象、或者作为一系列非重点论题之一而已。如果在标引时对这两篇文献不加区别,就会导致检索时同时命中这两篇文献,从而无法区别这两篇文献的重要性与切题程度。为了提高检索的查准性能,可以在标引时进行加权,即根据文献对某主题词的切题程度,或者说根据该主题词在该文献内容上的重要程度,而决定给予加权标引。文献 A 可标引在该主题之下,并且赋予其加权符号(如水污染*),而文献 B 则标引在无加权符号的该主题词之下（如水污染）。这种加权标引，事实上把同一主题词区分为二种不同重要程度或具有不同文献登录范围的词，从而提供了一种在检索时可供选择的方式，保证检索的查准性。

第三节　索引语言的典据性文本——检索词表

分类法、主题法等索引语言需要用正式的文字形式固定下来与表达出来，这就是分类表和主题词表。

分类表、主题词表（叙词表）等是对各学科领域名词、概念、复分体系进行规范化的记录，是将文献中的及使用人员所用的自然语言转换成规范化的"系统语言"的一种术语控制工具，是索引语言的具体体现，是约束文献的标引与检索，使之具有统一理解的典据性文本，是沟通文献检索系统的输入与输出的桥梁。这种典据性文本具有相对固定性与稳定性，但是从本质上来说，它必然要受文献上的和情报提问中的新出现名词概念的冲击，因而它必然地要随着新出现名词概念而不断更新，这就是分类表、主题词表（叙词表）的动态性。

分类表和主题词表（叙词表）的区别只是前者按学科体系的逻辑结构来组织，并一般具有标记符号；而后者则侧重于相对独立的概念，并且一般用字顺来加以组织。正是在这个意义上来说，它们都是检索词表。

检索词表的正式定义，根据《国际原子能机构核情报系统的标引手册》，可以表述为：检索词表（典）就是由能够全面反映某学科领域并由语义相关、概念等级相关的词汇所组成的一本规范化的、动态性的词表。

主题词表揭示与处理了文献上的与情报提问中的有可能出现

的各种同义词、近义词、反义词之间的语义关系,展示了同一族系中各主题词的语义等级结构,给出了不同族系中有关各词的语义相关网络,限定了较含糊主题词的含义或确定其意义与范围。一部主题词表往往包括字顺表、范畴表、词族表等各个部分,提供了从各种不同角度查找利用的方便。对于文献检索来说,主题词表是一种指明检索途径的"地图",是到达检索目的地的"向导"。

各种词表都提供了上一节所述的若干保证查全与查准性能的措施。这些措施在词表中有各种具体的体现方式。这里着重介绍词表中是如何采用这些措施的。

关于保证查全的措施方面:

1. 同义词的控制。即从"无效的"(不登录文献的)同义词引见到另一个有效的、登录文献的正式主题词。前者有的词表称为入口词或非正式关键词,后者称为优选词。这种引见的办法,一般是用符号 USE,或 Y(用),或 SEE。而作为反参照,即从后者引见至前者,则用 UF(use for),或"X"符号(如美国原子能词表)表示。

2. 词的关联。概念等级的关联方面,若表示一概念上溯到较泛指的概念,使用符号 BT(broader term),或 S(属),而作为反参照,即从一概念引见到较专指的概念,则使用符号 NT(Narrower term)或 F(分)。为了表示最泛指的概念,即一个词族中最高的概念,也就是"族首词",使用符号 TT (top term),或 Z(族)。至于为了表示非 BT/NT 关系或非同一概念族系中的两个或两个以上的概念的关系,则使用符号 RT (related term),或 C(参),或 SEE ALSO(参见)。一般来说,这种关系的反参照也同样使用这些符号。某些词表使用符号"XX"(美国原子能词表)。在美国工程索引词表中,编有"副标题索引",从副标题引见主标题,这种办法也是揭示词间关联的一种形式。例如,在美国《工程索引》中,"水果"不作为主标题(一级主题词),而是作为副标题(二级主题词)。"水果"的上属主标题究竟是什么呢? 通过这个索引就可查到是"食品"。从而将一级主题词与二级主题词"关联"起来。

词的关联的另一种手段是词族索引和范畴索引。词族索引,亦称族系索引,是把主表中具有种属关系、部分整体关系和包含关系的正式主题词,按其本质属性展开全显示的一种词族索引。它是在标引和检索工作中查词和选词的辅助工具,在机器检索中是自动扩检、进行族性检索的手段。范畴索引,亦称分类索引,是按照学科范畴并结合词汇分类的需要,把主表中的全部款目的主题词划分为若干个大类,以便从分类角度来查找与某一范畴内容有关的主题词。

3. 字形的控制。由于各种词表的主表是按字顺排列的,因而易于找到具有相同字根的词。如:weld strength(焊接强度)、weld tests(焊接试验)、weld ability(可焊性)、welded joint(焊接点)、welding machine(焊机)、welds(焊件)等。但是,对于采用直接式主题词款目的词表来说,复合概念或词组的字顺排列,不能做到这一点。如 Electric arc welding(电弧焊)、Spot welding(点焊)等,就不能同其他以 weld 开头的词排在一起了。当然,如果采用倒置式主题词款目形式的词来说(如工程索引词表),问题就不存在。例如 welding, electric arc(电弧焊);Welding, electric resistance(电阻焊)等,仍然把焊接的主题词相对集中在一起。还有一些词表,对等级结构允许有一定的控制措施,即允许同一字根的其他词能被发现。如:

Welding(焊接)

NT Arc welding(弧焊)

　　Electric welding(电焊)

　　Spot welding(点焊)

还有一些词表(如 TEST 词表),附有轮排索引表,它也能帮助发现具有相同字根的词。如:

Landing(着陆)

Aircraft Landing Areas(飞机着陆区)

Blind Landing(盲目着陆)

Crash Landing(突然紧急着陆)

Ditching(landing)（水上迫降）

Glide Path Landing Systems(下滑着陆系统)

⋮

Soft Spacecraft Landing(空间飞行器的软着陆)

关于保证查准措施方面：

1.组配。在若干词表中有大量先组式的词,如"直升飞机旋翼"。这种复合词,检索时不能用"直升飞机"与"旋翼"来组配。但是,词表中也有特别指明某些复合概念需由两个或两个以上的概念来组配进行标引与检索。这称为"组代"。其符号用 USE – A，– B。如直升飞机高度指示器,USE—高度指示器—直升飞机。

2.职能符号。它用来限定某些词的含义范围,在许多词表中,其办法是在该词之后加一外部区分词或限定符号。如：

Cast Products（for remelting）;铸件产品(供重熔)

Cast Products(for reworking);(供重加工)

或者：

Arresting(Process);制动(过程)

Condensation(Material);冷凝(材料)

Stabilizers(Agent);稳定剂(剂)

至于含义注释,事实上是这种职能符号的发展,它用括号内说明的形式确定词的具体内容范围。例如

Audio Frequencies;声频

(approximately 20 to 20,000 Hz);(约20至20,000赫兹)

Lithium Alloys;锂合金

(alloys in which lithium is a significant major constituent);(锂是其中主要组成部分的合金)

76

Lithium Containing Alloys;含锂合金

（alloys in which lithium is a significant minor constituent）；（锂是其中少量组成部分的合金）

词表对于检索系统的影响是很重要的。实际检索作业中的许多失误，往往与词表的缺陷有关。词表的质量，除了上面所说的改善查全性能与查准性能的措施之外，还有：

1. 词表中的词是否能达到足够的专指度。如果专指度不足，将迫使检索出较多的较泛的文献，从而降低查准率。当然，要保证词的专指度，这就要求词表有一定的网罗度，即词表应当具备一定的规模。

2. 词表中的词应当有适度的先组性，以避免检索时造成假组配和不正确的词间关系。使用副标题（二级主题词）也是有利于这种提高查准性的措施。词的适度的先组性，也有利于手工检索。

3. 词表应当具备较详细的注释，使标引者与检索者能准确地理解和使用。

4. 在计算机情报检索系统中，应具备词表显示的功能。这将能发挥词表对检索的指导作用。这种显示，应当能从各个角度提供词表中词的相互联系。

国内外的科技词表很多，有的是单学科的，有的是跨学科甚至是综合性的。它们在编排结构与专指度方面都彼此不同，各有特点。有关国内外主要科技词表的概况，见本书附录一。

第五章　各种类型索引及其检索方法

利用各种索引语言,对文献的外表特征和内容特征进行描述,其结果产生各种不同的文献标识。大量的文献标识,按照字顺的次序或逻辑的次序排列起来,就产生了系列化的、可供检索的文献描述体(书目文档)——这就是各种类型的索引。如下表所示:

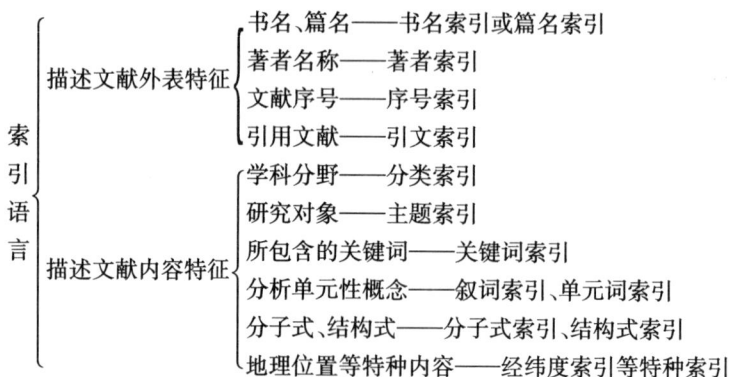

索引语言	描述文献外表特征	书名、篇名——书名索引或篇名索引
		著者名称——著者索引
		文献序号——序号索引
		引用文献——引文索引
	描述文献内容特征	学科分野——分类索引
		研究对象——主题索引
		所包含的关键词——关键词索引
		分析单元性概念——叙词索引、单元词索引
		分子式、结构式——分子式索引、结构式索引
		地理位置等特种内容——经纬度索引等特种索引

索引之所以有如此繁多的类型,一方面是因为存在多种索引语言,另一方面是因为有不同的排列方式与编制方法。具体来说,完全手工编制的索引和由计算计辅助编制的索引,在款式、排检方法、判读方式等方面是有所不同的。电子计算机应用于索引的编制工作,不仅提高了检索效率,而且导致许多新型索引的出现。

第一节　书名索引

　　书名索引是根据描述文献外表特征的语言（书目引证语言）而编制的一种索引系统。它把文献上记载的书名、刊名、篇名等作为文献存贮的标识和情报提问的出发点。属于这一索引系统的有书名目录（索引）、刊名目录（索引）及篇名索引等等。

　　我国古书目录最重要的检索途径就是书名。在我国图书馆目录体系中，对于现代图书，书名系统仍然占有较重要的地位。只要在记清书名的情况下，通过书名目录便能够十分准确地检索到该书，符合特性检索的要求。但是，就科技文献检索来说，书名或篇名，相对来说是比较不重要的。科技文献的篇名往往不易记忆，很少成为检索的出发点。加之按书名系统组织起来的检索工具基本上不能将内容主题相同的文献集中起来，不能满足族性检索的要求。因此，在现代文摘杂志和题录刊物中一般不采用书名（篇名）排检法。只是期刊常编制刊名目录或刊名索引。如某些文摘刊物中的"来源索引"，就是这种书名索引系统。

　　文献上题明的书名、刊名、篇名，这种"语言"本身就具有客观性与唯一性。因此一般来说，无论是文献标引还是进行提问检索，都以原文献上所题书名、刊名或篇名为准，它并不需要规范化。如果说有所规范，主要是外文文献的某些排检规则和缩写简称法。

　　书名索引系统的排检规则，往往对冠词、连词、介词等忽略不计。

　　至于外文刊名的简称法是一个较为重要的问题。无论是使用来源索引或识别文献著录事项的含义时，经常碰到从缩写或简称查全称的问题。

　　在文摘、索引等检索工具中，以及在各种科技文献中，当引用外文期刊时,为了节省篇幅,常不用刊名全称而用简称。如 CA 即代表 Chemical Abstracts。不熟悉刊名简称法的人,往往难于判断。其实,刊名的简称虽有多种表示法,但还是有一定规则的。下面是刊名简称法的一般规则:

1. 一般说来,刊名简称不应简得看不出其刊名,或认不出其语文。若分不出语文,或几种刊物同名时,则必须将国名、地名加注在简称刊名后的括号内。

简称时不能变更词的顺序。

2. 刊名只有一个词(冠词不计)的不用缩写,有两个词以上的才用缩写。

3. 刊名中的冠词、介词、连接词均省略。

4. 单词的缩写,主要是采用减少音节方法,并且一般都是在子音后,母音前切开,如 Engineering 缩写为 Eng.。但是也有例外,如 Science 缩写为 Sci.。对刊名中常用的词,也可只用首字母或头一两个字母表示,如 Journal 缩写为 J.(也可缩写为 Jour. 或 Journ.)。

此外,还有几种缩写的方法:(1)取一两个音节(带或不带下一音节的子音)并附词尾的一两个字母,如 Report 缩写为 Rept.。(2)只取头尾字母,如 Railway 缩写为 R y.。(3)全用子音,如 Association 缩写为 Assn.,Part 缩写为 Pt.。

名词的单数复数,一般不加考虑。但也可按各种文字的习惯作种种表示,如 Engineers 缩写为 Engrs.。

不同语文中同一意义的同根字,只要拼法许可时,可缩写为一式,不加区别。如 Academia,Academica,Academie,Academy 均可缩写为 Acad.。

复合词可视为几个单独的词进行缩写,德文中的复合词缩写后可在两词之间加圆点,也可不加(如 Gesellschaftsbiologie 可缩写为 Ges. biol. 或 Gesbiol.)。

5. 本国比较著名的期刊,缩写时常可只取每个词的首字母;国际性的检索工具,还是采取通常的简称法。如 Journal of American Medical Association 在美国可简称为 J. A. M. A. ,而在国际性的检索工具中仍简称为 J. Amer. Med. Ass. 。

6. 刊名太长时,一般把修饰词省去,如 Archiv für Wissenschaftliche und Praktische Tierheilkunde Berlin 可缩写为 Arch. Tierheilk. 。

7. 刊名中带人名的,姓和名都不能简略。

8. 简称刊名中对略去的词不作表示,缩写的词一般在词尾加".."号。

9. 刊名第一个词缩写时,首字母一律大写;刊名中间的名词缩写时,首字母要大写;中间的形容词缩写时,不大写;但国名和地名的形容词缩写时,首字母也要大写,如 Japanese 缩写为 Jap. 。德文、法文、意大利文的国名形容词不用大写,在美国,习惯上刊名中的形容词首字母也用大写。

10. 将一种语文的刊名用字译法译成另一种语文后,仍可使用简称。

简称刊名一时判断不了时,也可借助有关工具书查对,如美国 Gale Research Company 出版的 Periodical Title Abbreviations(期刊刊名缩写)以及《化学文摘服务社资料来源索引》等,均可参考。

国际标准"ISO833 - 1974 (E)文献工作——国际期刊刊名缩写词表"尽可能地反映了英语、法语、德语和俄语所采用的缩写形式,可参考使用。

书名索引系统的检索,以及著者索引系统的检索,还有一个所谓字译问题。在英美出版的文摘索引中,为了提高出版速度,对非拉丁语系语言的国外文献(期刊、会议录以及图书等)的刊名、书名以及著者姓名、机关团体名称等一律用字译方法将其转换成拉丁字母,然后将它与拉丁字母的书名、刊名、著者及机关团体名称统一排列。这样,从来源索引或书目著录中查到的书名、刊名、机关团体名及著者姓名,检索人员往往不知其原文种的名称而造成索取原始文献的困难。另一方面,要判断非拉丁系统语言的某书某刊是否被收录在来源索引中,或要查找俄、日、中等国著者的文献,容易由于拼音不准而造成漏检。因此掌握俄—英和日—英的字译方法是必要的。

广泛被承认的字译系统有:

汉字——罗马字	Wade - Giles 系统。
日文——罗马字	Hepburn 系统。
朝鲜文——罗马字	Mccune - Reischauer 系统。
现代希腊文——罗马字	Library of Congress 系统。
保加利亚、马其顿、西班牙	Trasliteration of Slavie
乌克兰、白俄罗斯文	Cyrillie Characters 系统。

俄文字母—英文字母的字译对照表:

俄文字母—英文字母字译对照表

俄文	英文	俄文	英文	俄文	英文	俄文	英文
Аа	a	Ии	i	Сс	s	Ъъ	,（在字末省略）
Бб	b	Йй	i	Тт	t		
Вв	v	Кк	k	Уу	u	Ыы	y
Гг	g	Лл	l	Фф	f	Ъъ	,（在字末省略）
Дд	d	Мм	m	Хх	k h		
Ее	e	Нн	n	Цц	t s	Ээ	e
Ёё	e	Оо	o	Чч	c h	Юю	y u
Жж	zh	Пп	p	Шш	s h	Яя	y a
Ээ	z	Рр	r	Щщ	s h c h		

借助于这个字译对照表,我们就可将俄文字母与英文字母进行对译。例如:

Smirnov, I. P. —Смирнов, И. П.（斯米尔诺夫,И. П.）

Tr. Gosudarst. Opt. Inst、Leningrad—Tp. Государст. опт. инст. Ленйнград, 即 Труды Государственног ооптического института（Ленинград）（国立光学研究所著作集（列宁格勒）)

对其他非英语的作者姓名,如德国作者姓名中的"ä"、"ö"和"ü",以及丹麦、挪威作者姓名中的"φ"等字母,则分别译成"ae"、"oe"、"ue"及"oe"等字母,例如:

Bähr, G. —Baehr, G.

Göbl, H. —Goebl,H.

Müller, G. —Mueller, G.

φrsted, S. —Oersted,S.

日文字母—拉丁字母的字译制度最常用的是黑本(Hepbu-rn, J. C.)式,其字译对照表见 84 页。

借助于这个字译对照表,我们就可将日文字母与拉丁字母(英文)进行对译。例如:

Sakurada Icihro—サクラダ イチロ—樱田—郎

Okada yoshimi—オカダ ヨシミ—冈田吉美

Kagaku No Ryoiki—カガク ノ リョウイキ—化学の领域

有些日本人的姓名比较特殊,有时日本人也读不出,遇到这种情况,可参考《日本化学总览》作者索引中的"难读著者名一览"。

但是,对不懂日语的人来说,仍然无法使用黑本式字译对照表。即使是懂得一些日文的人,由于同音、多义的词颇多,对有些日文刊名的拉丁化拼音也难以判读。

中国科学技术情报研究所 1977 年编印的《日本科技期刊指南》是一部有用的工具书。该《指南》收录了自然科学技术以及部分历史、地理、经济、军事、文化艺术等方面的日本期刊5,725种。该《指南》所附的索引,可以通过它查出拉丁拼音期刊刊名的日文原名以及中译名和英译名。

例如从来源索引中查到的 OSEN BOSHI TO NETSU KANRI 究竟是什么文献? 其日文原名是什么? 借助于该《指南》的刊名字顺索引,便可找到:

日文字母——拉丁字母字译对照表（黑本式）

	a	i	u	e	o	ya	yu	yo
a	ア a	イ i	ウ u	エ e	オ o			
ka	カ ka	キ ki	ク ku	ケ ke	コ ko	キャ kya	キュ kyu	キョ kyo
sa	サ sa	シ shi	ス su	セ se	ソ so	シャ sha	シュ shu	ショ sho
ta	タ ta	チ chi	ツ tsu	テ te	ト to	チャ cha	チュ chu	チョ cho
na	ナ na	ニ ni	ヌ nu	ネ ne	ノ no	ニャ nya	ニュ nyu	ニョ nyo
ha	ハ ha	ヒ hi	フ fu	ヘ he	ホ ho	ヒャ hya	ヒュ hyu	ヒョ hyo
ma	マ ma	ミ mi	ム mu	メ me	モ mo	ミャ mya	ミュ myu	ミョ myo
ya	ヤ ya	—	ユ yu	—	ヨ yo			
ra	ラ ra	リ ri	ル ru	レ re	ロ ro	リャ rya	リュ ryu	リョ ryo
wa	ワ wa	—	—	—	—			
n	ン n							
ga	ガ ga	ギ gi	グ gu	ゲ ge	ゴ go	ギャ gya	ギュ gyu	ギョ gyo
za	ザ za	ジ ji	ズ zu	ゼ ze	ゾ zo	ジャ ja	ジュ ju	ジョ jo
da	ダ da	ヂ ji	ヅ zu	デ de	ド do	ヂャ ja	ヂュ ju	ヂョ jo
ba	バ ba	ビ bi	ブ bu	ベ be	ボ bo	ビャ bya	ビュ byu	ビョ byo
pa	パ pa	ピ pi	プ pu	ペ pe	ポ po	ピャ pya	ピュ pyu	ピョ pyo

注：本表的详细使用说明及黑本式与训令式、日本式的不同之同见见《简明日汉辞典词典》（1975年商务版）第831—832页。

来源索引

OSEN BOSHI TO NETSU KANRI ·····················

《日本科技期刊指南》刊名字顺索引 ← ·············

OSEN BOSHI TO NETSU KANRI

3654 ·················

《日本科技期刊指南》正文 ← ···············
715   3654

防止污染与热管理

污染防止と热管理 OSEN BOSHI TO NETSU KANRI
（Contamination Prevention and Heat Engineering）关东热管理
协会 Kanto Netsu Kanri（Kyokai Kanto Assoc. for Heat Engineering）
1952 创刊,月刊

《俄文音译日文、拉丁文音译俄文科技期刊与连续出版物名
称对照手册》,北京图书馆科技参考组编,1980 年书目文献出版社
出版。该手册收集的日、俄文科技期刊与连续出版物主要为现刊,
约计5,800种。附有"日文假名——俄文字母对译表"。这个工具
书对解决俄文工具书中日文期刊的识别以及英文工具书中俄文期
刊的识别问题,有很大帮助。

第二节　著者索引

著者索引,是指采用文献上署名的著者、译者、编者的姓名或

机关团体名称作为存贮文献和检索文献的标识和依据的索引系统。"著者",也是描述文献外表特征的一种"语言"。借助于这种检索语言而建立起来的检索工具,有著者目录、著者索引、专利权人索引等等。

对于科技文献检索来说,著者途径较书名途径重要。因为现代从事科学技术研究工作的人或机构,一般是各有其专的。同一人或同一机构撰写发表的文章,在内容主题上常常限于某一科学、某一专业的范围之内,因而在同一著者的标目之下,往往集中内容相近或内容之间有着逻辑联系的文章,在一定程度上,具有满足族性检索的意义。科技人员有时记得某人或某研究机构发表过一篇文章,希望了解该人或该机构最近有何论著发表,经常以著者作为检索的出发点。著者系统同书名系统一样,是按照字顺排列的。在已知著者的条件下,也能比较准确地回答某人或某机构的文献是否被收入检索工具。这和分类、标题系统由于检索工具的编制人员与使用人员判断文献内容的分类归属和标题选择的角度不同而可能造成的漏检比较起来,是有它的优点的。因此,在现代文摘、题录中,经常有著者索引、机构索引、专利权人索引、合同户索引,作为分类、标题系统的补充。当然,在不少的国家里,为了推崇权威,尊重著者劳动,也重视将著者系统作为一个重要的检索途径。但是,著者系统所能满足的族性检索的要求,是极其有限的。它最多只能提供同一著者同一机构发表的内容相近的文献。而科学技术研究工作所要搜集的资料,决不以某人或某机构的文献为限。而且在围绕某一课题检索资料时,一般也没有找全某一作者、某一机构全部文献的必要。在现代世界科技人员数目大大增加的情况下,更降低了从著者途径来集中内容相近资料的可能性。所以,从著者途径来检索资料,固然比书名系统重要一些,但是仍不能作为一种主要的途径。

著者系统与书名系统,虽然都是按字顺排列,但对于检索来说,著者系统的检索远比书名系统复杂。这是因为著者姓名是一个复杂的问题。世界各国文种繁多,风俗习惯各异,对于姓名的写法、用法五花八门。以姓氏而论,有单姓、复姓、父母姓连写等等;有的姓在名前,有的姓在名后。名字的花样更多,有单名(没有姓和名的区别,只是一个字)、多名、教名、父名等等,有的姓名可以长达十余字,甚至数十字。有的在姓名之前还冠有荣誉称号等等。检索时,如何抉择才算正确,有时不容易分辨,因而可能造成漏检。一般说来,著者索引与著者目录,在编制时都订出了许多取舍规则。因此也要求检索者了解这些编目规则,才能进行准确的检索。

有些称号或附加的姓作为第一个名字来处理。例如:

姓	第一个名字
Sampson(桑普森)	Mrs.(夫人)
Kovacs(科瓦克斯)	Klein(小)

等级制度家族的称号排在无称号的姓名后面。如:

Jons,W. M.	(琼斯,W. M.)
Jons,W. M. Ⅱ	(琼斯,W. M.二世)
Jons,W. M. Ⅲ	(琼斯,W. M.三世)
Jons,W. M. Jr	(小琼斯,W. M.)

宗教上的称呼,作为整个姓名的一部分来对待,称呼连同姓名作为一个整体,不予以倒置。例如:

Brother James Kelley	(詹姆斯·凯利修士)
Brother John Francis	(约翰·弗朗西斯修士)
Sister Marguerite Rose	(玛格丽特·罗斯修女)
Sister Mary Rose	(玛丽·罗斯修女)

团体著者,也如个人著者一样按字顺排列。如:

Watts,A. B.	(瓦茨,A. B.)
Watts, Blake, Be-arne,and Co. Ltd	(瓦茨,布莱克,巴恩斯有限公司)

Watts, Betty M. （瓦茨, 贝蒂 M.）

姓名中包含有前缀"Mc"或"M'"的, 作为"Mac"开头的字按字顺排列; 前缀"Mac"也同样处理。姓名中间的大写字母不影响其在索引中的排列位置。如:

McCormack, T. J. （麦科马克, T. J.）

M' dougal, J. T. （麦多加, J. T.）

MacGavran, S. M. （麦加夫兰, S. M.）

著者姓名包含有"De"、"Della"、"Des"、"Du" "La"、"Le"、"Van"、"Vanden"、"Von"、"Vonder"等前缀的, 也作为一个整体按字顺排列。空格的变化和大写都不影响其在索引中的位置。如:

De Lefeore, Alfred （德莱弗奥尔, 阿尔弗雷德）

De Long, A. G. （德朗, A. G.）

Vanden Bergh, G. M. （范登伯格, G. M.）

Van Kampf, R. （范肯普夫, R.）

Von Gustorf, G. L. （冯古斯托夫, G. L.）

母音和音节的省略符号及所有格符号, 在字顺排列次序中不加考虑。

著者姓名中的缩写和略语以其字母按照一般字顺排列（除"St."、"圣"外, "St."一律按"Saint"排）。例如:

Aeby, Jack W. （艾彼, 杰克 W.）

A. E. C. Societe de Chimie Organique at Biologique（阿·伊·西有机化学与生物学学会）

AEG – Elotherm G. m. b. H. （阿也格也罗特尔姆有限联合公司）

Aegerter, Simon（阿捷尔特, 西蒙）

A. E. I. – John – Thompson Nuclear Energy Co. , Ltd. （阿·伊·爱·约翰·汤普森核子能有限公司）

Aepli, Otto T. （阿扑里, 欧托 T.）

第三节　文献序号索引

　　文献序号索引,是根据文献的外表特征之一——序号而编的索引。许多科技文献都有序号,例如专利说明书有专利号,科技报告有报告号、合同号,技术标准有标准号,图书有国际标准书号(ISBN),期刊有国际标准刊号(ISSN),等等。

　　文献序号,对于识别一定的文献来说,具有明确、简短、唯一性的特点。而一系列序号本身可以体现其相对的排序性。因此文献序号可以用来作为文献的检索标识,编成各种序号索引,如专利号索引,报告号索引,标准号索引等等。

　　专利号是由专利国别代号(字母)和顺序号构成的。如US4,001,094(美国专利),FR301,894(法国专利)。有的国家出版几种不同性质的专利说明书时,往往国别代号本身有所不同,如DS 表示西德展出专利,DT 表示西德公开专利;或者在国别代号后面加上表示专利性质的字母或缩写。当然,不同的检索工具,它们所采用的代号不一定相同。

　　报告号的构成较为复杂,其中包括出版、发行机构的代号,主题分类号,出版形式代号,编写出版日期代号,密级代号以及顺序编号等等。一件报告往往有几个编号,如登记号、合同号等。

　　标准号的构成较为标准化,即由标准化机构代号(如 ISO——国际标准,GB——中华人民共和国国家标准)、顺序号及颁布或生效年份三个组成部分构成。如"ISO2709—1973:文献工作——磁带上文献目录信息互换格式","GB2260—80:中华人民共和国行政区划代码"。有的标准是作为推荐标准时,往往还在标准号中加上表示其标准性质的代码。如"ISO/ R843—1968:希腊—拉丁字母音译的国际规划(推荐标准)"。

国际标准书号(ISBN)由下列四段的十个数码组成:第一段——地域编号(指国家、地理、语言及其它适当的地域);第二段——出版社编号;第三段——书名编号;第四段——校验码。整个书号前冠以 ISBN 字样。如"ISBN 0 571 08989 5","ISBN 0 - 86729 -005 - 6"。

国际标准刊号(国际标准连续出版物编号,ISSN)是由国际连续出版物数据系统(ISDS)进行登记与管理的,它由 8 位数字组成,它们是 0—9 的阿拉伯数字,只在末位或校验位情况下,有时使用 X。其表示形式为 ISSN 1234 - 5679,校验字符总是居于最右边(较低的序列)。ISSN 的编号以国际标准 ISO—3297 为依据,其目的是确保连续出版物的唯一的和明确的识别。

在符号索引中,各序号一律按代码字顺—数字的次序排列,因而检索是很方便的。当然,序号索引的检索,以检索者必须事先已知有关的文献序号为前提。结果只检出该序号文献的本身,毫无族性检索的可能,因为各篇文献即使序号相联,但内容上一般是没有什么联系的。在特性检索这一点上,它比书名索引或著者索引更为突出。

第四节　引文索引

科技文献所附参考文献或引用文献,也是文献的外表特征之一。利用这种引文作为检索语言而编制的索引系统,称为引文索引系统。

引文索引是近二十年来出现的新型索引。它从文献之间相互引证的关系这一角度,提供了一种新的检索途径。引文索引被人认为是一种有前途的索引方法。美国费城科学情报研究社自 1961 年起按年代编辑的《科学引文索引》(Science citation Index),就是引文索引的一个代表。此外,美国物理学研究所、普林斯登大学、Itee 公司、苏联阿塞拜疆科技情报所等也编制了这类专业索引。

所谓引文索引(citation index)就是从被引论文去检索引用论文的索引。它的组织是这样的:被引论文按作者排列,在被引论文之下按年代列举引用过这篇文章的全部论文。这种索引的职能,是回答某某作者写的某篇论文,曾经被哪些人的哪些文章所引证,这些文章见之于何种期刊何卷何期。这种索引的意义,就在于它揭示了科学技术论文之间引证与被引证的关系,从这一角度,揭示了科技文献内容与主题之间的相互联系。

各篇科学论文之间不是完全孤立的。一篇论文在写作过程中,一般都需要参考其它一些有关论文,有的作为理论根据,有的作为比较对象,有的取其数据,有的补其不足,有的借以说明自己的新创造,有的用来对某一课题研究作历史的回顾。更有一些评论性的文章,以评论其它论文作为自己的任务。因此,科学论文发表时,它后面往往列有引用书目或参考文献。论文之间的这种相互引证与被引证的关系,使论文彼此联系而构成一个"论文网"。引文索引正是揭示这种"论文网"的一种工具。通过引文索引,可以把绝大多数文献较紧密地联系起来。事实上,引文索引把引用同一旧文献的所有新出版物全部组合在一起,旧文献成了检索新文献的标目。利用这种索引,可以以某一篇较早发表的论文为起点,检索到引用这篇论文的最新论文,从而提供读者一种不同于分类、主题及其它方法的检索途径。人们可以通过它追索某一观点或某一发现的发展过程,可以了解这些观点和发现有否被人应用过? 有否被人修正过? 有否被人实行过? 有否被人向前推进? 它在一定程度上揭示了科学和技术的发展过程。同时它可以帮助科技工作者了解自己著作的被引用率与持续时间,估计这些著作的影响。这种提供科技情报尤其是跨学科情报的方法,受到了科技工作者的欢迎。引文索引还可以用"循环法"不断扩大检索范围。所谓"循环法",就是从一篇较早的论文开始,查寻所有引用此篇论文的文章。再以这些引用论文作为新的检索起点,寻找引用这些论文的文章。如此循环,就像滚雪球一样,可以掌握越来越多的文献。由于被引论文与引用论文之间,彼此总有点"血缘"关系(当然不一定都是本质联系),因此可以把有关的文献基本掌握起来。查找按分类法或标题法编排的检索工具,要求检索者对分类体系或主题表有一个基本的了解,否则就可能造成很大的漏检与误检。而利用引文索引,检索起来比较简单,即使不熟悉该课题内容,只需知道一篇已有的论文,即可进行查寻工作,便于不熟知作者和不了解学科内容的读者使用。因此,引文索引被视为获得补充情报的工具。

引文索引的引得深度要比一般索引大。一般索引因标引员受经济因素的限制,其引得深度每篇文献平均为 3—4 个词;而引文索引则因文献著者所用参考文献条数不限,而使得每篇文献平均可提供十几条被引文献作为检索的标目。同时,引文索引较易适应计算机的处理,减少了索引编制出版的时滞。

当然,引文索引也有缺点,主要是它没有说明引文与原文之间的关系。有些引文作者引用某一论文,只是为了说明一下经过情况,与被引论文本身关系不大;或者把它作为一般参考文献,实际上并无用途;或者是作者为了表示自己的博学,旁征博引,借以抬高自己而已。因此利用引文索引可能检索出一些稍有关系而无关重要的文献。这些都不符合读者的检索要求,但在检索中读者却不能了解。特别是通过循环法检索出的文献,误检率是比较大的。有人认为其中有关文献和无关文献所占的比例为 2:5。因此,需要结合参看文献的篇名、作者及刊名,或浏览文摘杂志,把那些无关文献筛掉。

引文索引的另一个缺点是,由于必须多次重复地反映同一篇文献而使索引的篇幅过大。如一篇论文引用了五十篇文献,那么它至少在索引中要重复著录五十次。同时有时它不仅作为引用论文的身份出现,而且也作为被引论文的身份出现。索引的篇幅过大(如1964年《科学引文索引》著录有三百万条)就使得索引的编制工作量极大和索引的价格高昂。另外,现代科技论文往往是几个作者合著的,而引文索引只反映排在最前面的一个作者,这也有失真实。当然,如果要反映所有合著者,那索引篇幅将会扩大到不堪设想的程度,这在实际上几乎是不可能的。

美国费城科学情报研究社编辑出版的《科学引文索引》是1961年创刊的,到1965年为止共出版了三卷;1965年起改为季刊,有年度累积本,并有五年累积本(如1965—1969)。它主要摘录科技期刊和专利,将这些被选用的期刊上所刊载的每篇文献及其文后所附的参考文献一一著录,并按照一定的格式编排起来,该索引是一个综合的文献检索系统,包括三个独立而又相关的索引,即"引证索引"、"来源索引"以及"轮排主题索引"。

1. 引证索引

这种索引用来查找某一作者历年来所发表著作的出处,以及引用它的著作的文献出处(引文限于当年或当月发表的,而被引文献却可追溯到若干年前,这是因为新发表的文献可以引证若干年前的旧资料,因此被引文献是不仅仅限于当年的)。由于文献类型与作者情况的不同,引证索引又分为作者引证索引(Citation Index, Arranged by Author)、匿名引证索引(Citation Index, Anonymous)及专利引证索引(Citation Index, Patent)三种。凡属以个人名义发表的论文均编入作者引证索引;无署名的论文编入匿名引证索引;有关专利文献资料即编入专利引证索引。为了增加检索途径,从1965年起又增加了机构引证索引。现分别介绍如下:

(1)作者引证索引

该索引是按照被引文献的第一个作者姓名字顺排列的,同一作者所发表的各篇文献按时间前后顺序排列,其形式如下:

被引论文作者	引文作者	被引论文发表年份	出版物名称	引文发表年份	卷	页
SANDON I R········		• 06 •	J AM CHEM SOC···		31	1359
	KONIKOFF JJ		AEROSP MED	64	35	703
	········	12-	J AM CHEM SOC····		37	1312
	PASTERNAK R		J CHEM PHYS	64	37	2064
	········	12-	PHYS REV···		37	403
	FORMAN R		J APPL PHYS	64	35	1653
	········	13-	J AM CHEM SOC····		38	107
	BECKER JA		J APPL PHYS	64	35	413
	LAFFERTY JM		J APPL PHYS	E64	35	426
	········	13-	PHYS REV ····		5	331
	JAFFE LD		NUCLEONICS	N64	7	95
	PANISH MB		J CHEM PHYS	64	37	1917
	SCHWARZ H		REV SCI INS	64	35	196
	········	13-	PHYS REV ····		5	333
	STRICKLER H		P SOC EXP M	64	110	311
	········	13-	PHYS REV ····		5	452
	FOX R		REV SCI INS	L64	35	79
	HENSLEY EB		J APPL PHYS	64	35	303
	SARSON LM······	• 60 •	FED PROC···		22	66
	JOHNSTON CL		J CLIN INV	A64	43	745
	········	60	J CLIN INVEST···		42	1017
	KOPPEL JL		SURG GYN OB	64	115	317
	········	62-	THROMB DIATH HAEM	S 7		49
	HJORT PF		THROMB DIAT	64	9	582
	········	63-	N ENG J MED ···		627	859
	SARS N LM		N ENG J MED	C64	268	1095
	SASSI UR······	• 51 •	PRIVATE COMM NICATIO □			

左侧注释：

被引论文的著录：
I. R. Sandon 1913
年发表在《物理评
论》第5卷第331页
上的一篇论文——→

引用论文的著录：
H. Schwarz 1964——→
年发表在《科学研
究院评论》第35卷
第196页上的一篇
论文（此文引用了
上述论文）

同一作者
的各篇被一→
引论文
——→

说明:①最早发表的被引论文,发表年份的前后用星号(*)标出;
　　②引用论文发表年份之前的字母是著作形式代号,其含义

如下：

A 摘要	M 会议录
B 评论	N 技术札记
C 勘误	P 专利
D 讨论	R 述评和书目
E 编辑部文章	□ 非期刊来源
I 关于个人的材料(献辞、讣告等)	无代号论文、报告、科学技术总结等
L 通讯	

（2）匿名引证索引

被引文献，凡没有注明作者的，都列入匿名引证索引，按文献发表年代顺序排列。发表年代不详的文献，一律按篇名或报告代号排在匿名索引的最前面。

（3）专利引证索引

按照被引用专利的号码顺序排列，其形式如下：

被引专利	被引专利	被引专利	被引专利
号　码	公布年份	发 明 者	国　别
1017880········· ●57● CALOW··········GERM APPL			
WARSEWAHR	3121350 US P64		

被引专利的著录——→1029445········· ●58● ··················GERM

GRAHAM HS　　3119642 US P64

引用文献的著录——→YAMAZAKIT　　JAP J EXP M 64 34 25

（包括：引文作　1097292········· ●14● SAVAGE··········US

者、刊载引文的　DYSON WN　　PROYSOCC A 64 277 123

出版物名称、　JONES JB　　25103 US RE P64

年、卷、页）　PFLEIDER K　　3120061 US P64

1110026········· ●14● ZARS··········US

WILSON WJ　　3118234 US P64

（4）机构引证索引

按机构(包括公司、研究所等)名称字顺排列。通过这个索引可以了解在特定时间内某一机构有哪些人、在什么刊物上发表过文章。其形式如下：

机构名称	作　者	出版物名称	年	卷	页

BAYL U MED DENT DEP PATH DALLAS

| | LARSH JE | J PARASITOL | 65 | 51 | 45 |
| | PEREZCVAS | CANCER | 65 | 18 | 73 |

BAYL U SCH MED HOUSTON

| | SPJUT HJ | ANN SURG | 65 | 161 | 309 |

2. 来源索引

从上述几种引证索引可以查到引文的作者、出处及发表年份。但此引文的题目究竟是什么？要解决这个问题，就需要查"来源索引"了。

来源索引还向检索者提供其它新的信息，如合著者姓名、文种、参考文献数、期刊的期数等，以便帮助检索者决定取舍。借助于来源索引，检索者可进一步去查找一次文献或文摘刊物。

来源索引不分资料类型（期刊或专刊），统一按作者字顺排列。没有作者署名的文献按出版物名称排在来源索引的最前面。

来源索引的格式如下：

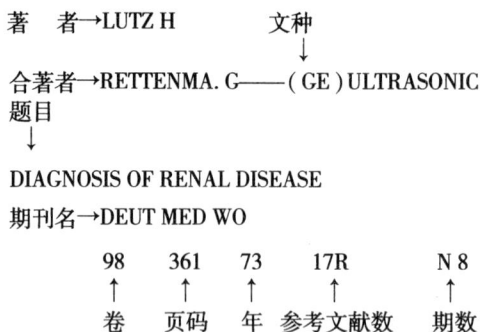

　　著　者→LUTZ H　　　文种
　　　　　　　　　　　　　　↓
　　合著者→RETTENMA. G──（GE）ULTRASONIC
　　题目
　　　↓
　　DIAGNOSIS OF RENAL DISEASE
　　期刊名→DEUT MED WO

98	361	73	17R	N 8
↑	↑	↑	↑	↑
卷	页码	年	参考文献数	期数

来源索引也可单独当著者索引，用来查找某著者在某一时期的著作。

3. 轮排主题索引（Permuterm Subject Index）

不了解自己感兴趣的学科有哪些早期著作的检索者,可以借助这个索引查找到已发表的著作。这个索引,确切地说应当是词语索引(concordance),而不是主题索引。它是由计算机对来源索引包括的所有著作题目中的词(除停用词表中的词以外)进行轮排而产生的。一个题目中如果有 N 个被选的词,就作成 N—1 个词偶。因此轮排主题索引是文献题目中的双词轮排索引。其格式如下:

ALPHA–FETOPROTEIN

按著者姓名转查来源索引。 {
  IMMUNOLOGI–SIZARET P

  IMMUNORAD –ELGORT DA

  INDUCEDI   –SONTAG JM

  LIVER   –ADAMSON RH

  MOUSE   –MIZEJEWS GJ
} 在该索引标引期间,所有题目中使用了 ALPHA–FETOPROTE-IN 和 LIVER 两个词的文献著者。

ADAMSON RH

CORREA P SMITH CF YANCEY ST DALGARD DW

INDUCTION OF TUMORS IN MONKEYS BY CHEMICAL

CARCINOGENS–CORRELATION

OF SERUM ALPHA –FETORROTEIN

P AM ASS CA 14 42 73 NOR MAR
} 来源索引中其题目中包含"ALPHA –FETOP-ROTEIN"和"I LVER"两词的文献。

引文索引检索法可以归结为如下流程图(见图5—1)。

引文索引的研制与利用,促使了一门新的科学——文献计量学或计量书目学的产生。

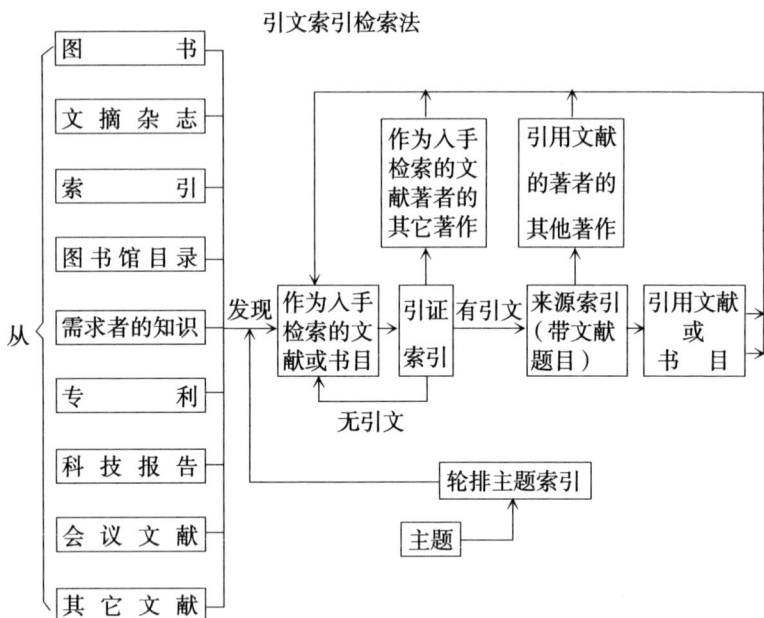

引文索引检索法

从 ｛ 图　　书 / 文摘杂志 / 索　　引 / 图书馆目录 / 需求者的知识 / 专　　利 / 科技报告 / 会议文献 / 其它文献

发现 → 作为入手检索的文献或书目 → 引证索引 — 有引文 → 来源索引（带文献题目） → 引用文献或书目

作为入手检索的文献著者的其它著作

引用文献的著者的其他著作

无引文

轮排主题索引

主题

图5—1

第五节　等级制分类索引

　　前面几节,我们介绍了基于描述文献外表特征的语言而建立起来的书名、著者、引文等索引系统。以科技文献的上述外表特征作为检索途径所组成的检索工具,其最大优点在于它能确认一篇文献,加之它的排列以字顺或数码为序,比较机械、划一,不易产生错检和漏检,因而适用于查对一篇已知篇名、著者或序号的文献,以判断该文献的有或无,是或非。

文献的外表特征适宜于用来查对文献,文献的内容特征则适宜于用来查寻文献的线索。在科技文献检索中,文献的内容特征无疑是主要的检索途径。因为对科学技术研究工作来说,文献检索是根据课题的需要,为避免研究工作重复浪费而进行的。它的主要检索要求是获得与课题有关、对课题有用的所有资料,而不管这些资料是用什么文字写成,在什么国家发表,以何种类型出现,以及由哪个个人或机构编著的。而要达到这个目的,就必须借助于各种基于描述文献内容特征的语言所建立起来的索引系统。

描述文献内容特征的语言,可分为先组式语言和后组式语言两个分支。

等级制分类法,就是一种先组式检索语言。

建立等级制分类法的基础是概念的划分,这种划分是以一定的特征作为基准而进行的。划分的基准是可以改变的。但在整个分类体系中的某一节点上,其划分的基准只能是一个。用这种方式建立起来的分类体系,使得其中每一个类目都占有相对于其它类目的确定的与固定下来的位置。

等级制分类法的结构,一般来说是服从于形式逻辑法则的。即:在某一分类节点上按一个基准进行划分;划分之后所得到的各下位类应该互相排斥;下位类可按同样的方式进行进一步细分;各级类目的划分是一步步相连续的;任何一个下位类有其一个、也只有一个上位类。同一上位类之下的若干并列下位类之间是相互有一定联系的,即在某一特征上它们都属于同一上位类。也就是说,在更广泛的意义上来说,它们是同"类"。

等级制图书资料分类法是按照一定的阶级立场和观点,以科学分类为基础,结合图书资料的内容和特点,运用概念划分的方法,将知识(图书)分门别类组成的分类表。例如,将自然科学知识划分为数理科学和化学、天文学和地球科学、生物科学、医学、农业和林业、工业技术、交通运输等等大类,每一大类又按一定标准划分为若干类,每一类又划分为若干小类、子目、细目,逐级展开,层层隶属,构成一个许多概念(学科分支)之间有逻辑联系的分类体系,用以组织文献检索工具。它的结构如下所示:

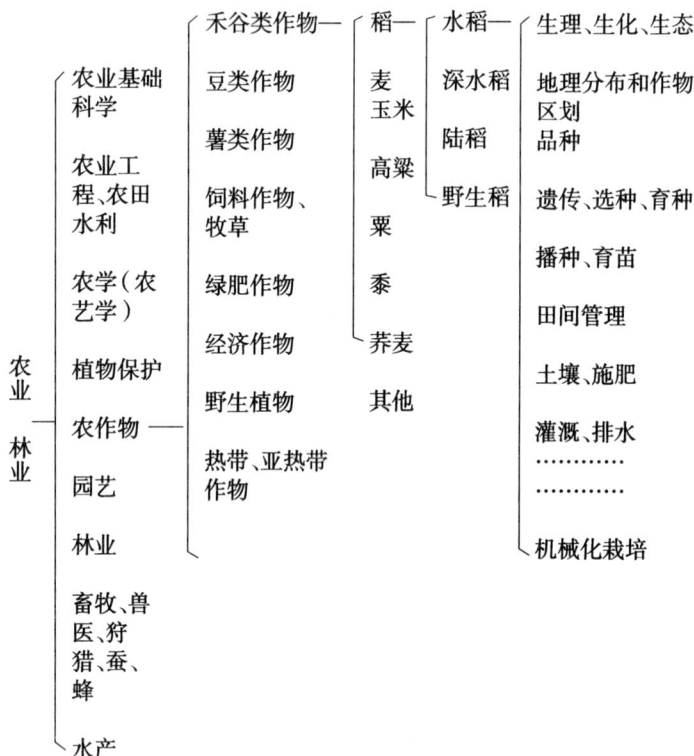

```
                          ┌禾谷类作物─  稻─  ┌水稻─ ┌生理、生化、生态
       ┌农业基础           │
       │科学               │豆类作物     麦    深水稻  地理分布和作物
       │                   │            玉米         区划
       │农业工             │薯类作物     高粱   陆稻   品种
       │程、农田           │            粟
       │水利               │饲料作物、   黍    └野生稻  遗传、选种、育种
       │                   │牧草
       │农学(农           │            荞麦          播种、育苗
       │艺学)             │绿肥作物
农业─  │植物保护          ─│            其他          田间管理
林业   │                   │经济作物
       │农作物 ──────────  │                          土壤、施肥
       │                   │野生植物
       │园艺               │                          灌溉、排水
       │                   │热带、亚热带                …………
       │林业               └作物                        …………
       │
       │畜牧、兽           └                          └机械化栽培
       │医、狩
       │猎、蚕、
       │蜂
       └水产
```

可见,对于检索来说,以概念体系为中心的分类法,比较能体现学科的系统性,反映事物的派生、隶属与平行的关系,便于从学科专业的角度来查寻资料,便于使用者"鸟瞰全貌"、"触类旁通",便于随时放宽或缩小检索的范围。加之分类法一般都用一定的分类标记(分类号)来表达,比较简单明了,各种不同文字的检索工具可以相互沟通,或统一编排。对于外文检索工具,即使不懂其文

字,只要掌握其所采用的分类法,也可以借助类号进行检索。

分类法虽然比较具有学科的系统性,但它所能反映的这种学科系统性,只是在一定的限度之内。现代科学由于边缘学科、杂交学科的出现,各门学科互相渗透,互相结合,日益使直线序列的分类法难以反映多元性的知识空间,因而不能确切地代表科学体系。仅仅靠分类法来体现学科之间千丝万缕的联系,满足不同课题的研究工作者从不同角度查寻资料的要求,是相当困难的。同时,新学科的不断出现和发展,使得各学科之间全新的关系随之产生,因而很快使原分类法过时。这样,在利用以旧分类法编制的检索工具时,因新观点、新角度与旧分类框框不符,而产生使用上的不便。其次,从分类途径检索,必须了解科学的分门别类的体系,否则不容易找到确当的类目。在进行某个具体课题的检索时,为了判断该课题的归属,需要逐步考虑从大类到小类,从上位类到下位类的层层展开的关系,以逐步缩小检索的范围,因此检索时的思路比较复杂。同时,分类标记(分类号)表示类目不很直接,在编制按分类排列的检索工具时,编辑人员必须把语言或文字形式构成的概念转换为号码;检索时,又要由使用者在号码中找出相当语言或文字形式的概念。在这种转换的过程中,彼此的差异会引起错误。再者,归类时可能由于分类深浅程度掌握不一,同一性质的文献,有时可能分入上位类,有时可能分入下位类。这样,在检索时,如果仅仅查阅下位类,就可能漏检那些分入上位类的文献;如果同时查阅上位类,则放大了检索范围,可能误检出那些与课题本身口径不完全吻合的文献。当然,在检索时可以根据其篇名与摘要等进行甄别和筛选,但这样做就会延长检索的时间,从而降低了检索效率。

从文献检索的角度来看,等级制分类法在文献的标引和检索之前就事先列举出各种类目(即列举式分类法),它不大能使文献得到多方面的标引,它不可能预见到情报检索提问中涉及的任何特征的组合,因而使有些检索课题找不到十分贴切的类目。同时等级制分类法的深度划分不足,而由于这一点,它不可能为所有狭窄的主题设立相应类目。因此严格来说,等级制分类法不十分适合狭窄主题和跨学科主题的文献检索。这个缺点,虽然可以采用某些办法来补救,但从根本上来说,这个缺点是作为等级制分类法本质属性的一种表现,是难于克服的。

尽管等级制分类法有种种局限,但仍不失为一种重要的检索语言。借助于这种语言而编成的各种分类索引系统,有着广泛的利用。长期以来,图书馆就利用它来作为整理揭示藏书、帮助人们检索的基本手段。

我国自编的检索工具,当前大多数是采用分类法编排的。我国图书馆与情报单位所用的分类法,主要是《中国图书资料分类法》、《中国图书馆图书分类法》、《中国科学院图书馆图书分类法》及《中小型图书馆图书分类表》等几种。国外文摘索引所采用的分类法主要是《国际十进分类法》、美国《国会图书馆图书分类法》等等,特别是以《国际十进分类法》较为多见。

专利和标准文献的检索,主要是利用分类途径进行的。国际专利分类法正在日益取代各国原先自编的分类法,而成为世界范围内统一的专利分类法。标准资料的分类法,品种也很多。专利和标准的分类法,与一般图书资料分类法比较,有其独特的立类基准和类目名称的命名方法。

许多等级制分类法并不是完全严格的等级制。它采用了若干变通的办法以增加分类的灵活性,但从整体上来说,是一种等级展开、列举类目的等级制结构。

第六节 字顺主题索引

所谓主题(标题),是指表征文献内容特征的、经过规范化了的名词术语(包括词组和短语)。字顺主题索引,就是将文献根据其作为标识的主题按字顺排列起来的检索系统。例如主题目录、主题索引,或称标题目录、标题索引等。检索时,就像查字典一样,按字顺即可找到一定的标题,不必太多考虑学科体系,而直截了当地获得某一主题的文献。比如查"轴承"方面的文献,直接查"轴承"这个标题即可,不必像使用分类法那样,要先考虑"轴承"属"机械",再考虑是"机械零件",再在"机械零件"类下找"旋转机件",最后才查到"轴承",这样绕一个大圈子。

主题词是一种重要的情报检索语言。如果把字顺主题索引系统中的每一个主题(标题),看作是一批文献所赖以归属的"类"的话,那么从这个意义上来说,主题法(标题法)也可称为字顺主题分类法。有些情报学著作中就是这样称呼的。它和等级制分类法一样,也是列举式的检索语言。

主题法与等级制分类法比较起来,是从不同的角度来揭示文献内容的方式。

主题法只注意于揭示文献中所论述、研究的对象,以对象作为主题。各个主题是相互独立的,它们之间的排列是按字顺,即基本是形式上的顺序,因而便于确定某个主题在整个系统中的特定位置。系统性是分类法的主要特征,而直接性是主题法的主要特征。

主题法是以语言为中心,建立在文字基础之上的。它直接用文字作标题,表达概念较为准确、灵活。不论主题的专门化程度怎么高,都能直接表示出来。不论一种事物、一门学科怎么新,总有它的"名",也就总能作为主题。

主题不受级位的限制,相对地能使某些专深的概念得到突出,减少漏检的可能。同时,把一个新的标题纳入主题系统,只需考虑字顺,不必过细推敲这个新主题在总的知识体系中的位置。主题的增减调整,要比类目的增减调整灵活、方便、及时得多。主题系统还能将与研究课题有关而分散在各个学科中的资料集中起来,例如在"铁"这个主题之下,既有作为化学元素的"铁"的资料,又有作为冶金中的"铁"的资料,又有作为材料研究中的"铁"的资料。这种根据课题而不问学科分野来集中资料的方式,适合于现代科学技术研究的需要与检索要求。在现代科技的研究发展工作中,往往需要某一课题的各个方面(基础理论、设计、制造、应用、维修、检验及经济指标等)的资料。因此,主题系统便于科技人员各取所需,各攻其专,进行综合研究。

主题法中也包含分类法的因素,这表现在两个方面。

第一,是某些复合标题词素的倒置法。例如,"内燃机车"、"蒸汽机车"和"电力机车",采用标题倒置法即为:

机车,内燃的

机车,蒸汽的

机车,电力的

经倒置后,各种机车的资料便都集中在"机车"这个标题之下,从而在一定程度上满足了族性检索的要求。

第二,是把一些在内容上有"血缘"关系的词加以组合,使其构成多级主题(标题),从而取代等级分类法的部分职能。

字顺主题索引的结构形式,大致包含四个元素:一级主题词(主标题)、二级主题词(副标题)、说明语及文献地址(出处)。

一级主题词——这是用来称呼主题的经过规范的自然语言的词、词组或短语。它收入主题词表,处于控制之下。

二级主题词——它也是经过规范的词、词组或短语,用来明确与限定一级主题词的内容的某一"方面"。因此,在某种意义上它

可称为一级主题词的"下位类"。例如，

一级主题词→STEEL（钢）

二级主题词→
- Additives（添加物）
- Aging（时效）
- Chromium Content（铬含量）
- Continuous Casting（连铸）
- Corrosion（腐蚀）
- Defects（缺陷）
- …………

二级主题词也收入主题词表，也处于控制之下。同属一级主题词之下的各二级主题词，也按字顺排列。这种一、二级主题词的组合，包含了层层展开的分类因素。但它既无类号，又不按逻辑次序排列，因此毕竟不同于分类系统。

说明语——这是利用自然语言，详细说明与规定一级主题和二级主题的内容与方面。在某种意义上，可说是三级主题词。但它通常不收入主题词表。有时，文献的题目或文献的著录款目本身用来作为说明语。各说明语之间的排列，一般也是按字顺的。

主题法要求对词汇进行规范化、更新与控制，即编制主题词表。主题词表，从结构上看，就是按照情报检索查全和查准的要求，通过明确概念（即主题）之间的相互关系的方法，组织和展示主题词，作为标引、存贮和检索文献的共同依据。从功能上看，它是不同的文献处理人员和不同的读者之间沟通思想的桥梁；是自然语言（文献所用语言）和系统语言（检索系统的规范化语言）之间的媒介；同时也是人和系统（人机）之间联系的工具。

在科学技术领域内，存在着数量不少的同义词、多义词、近义词、反义词、简称词、旧称词、俗称词、复合词等，因此，必须对同义词进行统一，对多义词进行注释，对近义词进行合并，对反义词进行联系，对简称词进行补全，对旧称词进行引见，对俗称词进行更正,对复合词进行倒置,并制定参见系统,一句话,对学科名词进行规范化、管理和控制,并用明文规定下来,编成主题表,这是主题法的一项重要工作内容。标题表(主题表)的作用,在于让标引人员和读者按表中规范化的词语进行标引和检索,使双方具有共同语言,达到最大的查全率和查准率。没有这项必要的工作,主题系统必然会造成混乱,降低检索效率。

有的主题词之间还存在内容涵义方面的等级关系,如属种关系(如"计算机"与"数字计算机")、整体与部分关系(如"中国"与"湖北")、包含关系(如"海洋学"与"海洋气象学")。为了提高检索的效率,就有必要对这些有关的主题词通过参照系统加以联系。赋予它们以内容逻辑上的关系,指引检索人员准确、迅速地查到有关资料。

目前世界文摘索引刊物所采用的主题标引法有两种:一是单级标题,二是多级标题。

单级标题是只有一级标题,在标题之下,著录文献内容说明语(有的没有此项)、文摘号或篇名出处。例如《医学期刊提要索引》(江苏新医学院编)基本上就是单级标题(个别部分也有多级标题),其形式见下页。

这种单级标题索引,使用起来比较简单。只要按照字顺(上例是按汉语拼音排列)即可找到所需要的标题,在标题下即可找到所需要的文献。例如,要查找"小儿急性肾炎"方面的资料,即可根据"肾"的汉语拼音,在"S"之下查到"肾炎"这个标题,在其下著录了 3 篇文献:

A

阿－斯二氏综合症

参见:336[注:336 是本索引收录文献的顺序编号。该篇文献题为《应用自制宽频心脏起搏器经导管电极抢救锑剂中毒所致阿-斯综合症》,排在"心脏起搏器"标题之下,在此作参见。]

B

白血球

参见:201

百日咳

001　百日咳的中医治疗
　　　周跃庭
　　　赤脚医生杂志(1):38,1974

002　百日咳的激素疗法
　　　梁雅珍译
　　　国外医学参考资料 儿科学分册
　　　　　1(1):32－33,1974

败血症

　　　………

[注:顺序号、文献篇名、出处略。下同]

扁桃体外科手术

　　　……

C

肠梗阻

　　　……

超声波治疗

　　　……

创伤与损伤

　　　……

D

大脑皮质

　　　……

胆道疾病

　　　……

动脉硬化

　　　……

　　　……

[注:以上都是单级标题。]

Z

中毒

　　　苯中毒

　　　　……

　　　农药中毒

　　　　……

　　　铅中毒

　　　　……

[注:"中毒"是多级标题。]

肾炎

279　中西医结合治疗小儿急性肾炎166例临床观察
　　　武汉市第三医院儿科
　　　新医药学杂志(1):25-26,1974

280　慢性肾炎急性发作合并肾功能衰竭一例治疗体会
　　　田绍忠
　　　新医药学杂志(1):46,1974

281　复方荠菜花汤加减治疗肾炎
　　　浙江省绍兴县药材公司中草药服务部
　　　新医药学杂志(1):51-53,1974

　　从上述三篇文献中可以看出,第一篇文献(279)是符合检索命题的。

　　多级标题是采用一级标题、二级标题以及说明语三者组合的方式。也就是说,对于一篇文献,确定其主题后,再把这个主题按内容性质、范围和相互关系,用一级、二级甚至三级标题来标引。把一级标题按字母顺序排列起来,再依次把二级或三级标题也按字母顺序排列在上级标题之下,形成较为详细的多级标题系统。

　　这种多级标题索引在目前使用很广。我国《农业文摘》主题索引,就是一种多级标题索引。在这个索引中,将一级标题称为主标题,将二级标题称为副标题,标题词后为说明语。将主标题、副标题及说明语三者联系起来理解,便获得一个完整的主题概念。各级标题均按首字的汉语拼音次序排列,而说明语则按内容适当集中排列。例如:

```
          主标题      副标题        说明语              文摘号
（A）阿尔巴尼亚

（B）蓖麻          ┌病害

（C）蚕豆           │播种

  ⋮               │成熟

（M）马铃薯────┤发芽

  ⋮               │ ⋮

                  │退化
                  │           ┌打破方法,赤霉酸处理   5.1.108▲
                  │休眠────┤  ················
                  │遗传        └与结薯性的关系        3.1.114
                  └ ⋮
```

　　如果读者要检索关于"马铃薯休眠的打破方法"课题的文献,先从主标题中找到"马铃薯",再在这个主标题之下找到"休眠"副标题,然后在此副标题之下查找"打破方法"的说明语。至于"赤霉酸处理"也是说明语,进一步说明用此处理方法来打破马铃薯的休眠。说明语后的号码即为文摘号。

　　"马铃薯休眠打破方法"这个主题,也可以从另一个途径检索,即把"休眠"作为主标题来检索:

```
          主标题        说明语              文摘号
（A）阿尔巴尼亚

（B）蓖麻
   ⋮
（C）蚕豆
   ⋮
                  ┌打破方法,马铃薯      5.1.108▲

（M）马铃薯       │有机养分的影响,水稻  1.1.83
   ⋮             │   ⋮
（X）休眠────┤对马铃薯结薯性的影响  3.1.114
   ⋮             └对大麦萌发的影响     1.1.107
```

109

这里,在"休眠"这个主标题之下,没有副标题,而直接跟着说明语。把主标题与说明语联系起来,即为"马铃薯休眠的打破方法",文摘号为5.1.108,此文摘号与前例找到的文摘号一致。

在国外现行的排检方法中,主题法是最基本的方法,几乎各种文摘刊物都有主题索引(标题索引)。在检索国外文献时,主题索引是最常用的。外文主题索引的形式、结构及使用方法,与中文的相同,所不同的只是文字区别而已。

在外文主题索引中,作为主题标目的主题词(索引词)主要是"事物"与"过程"两种类型。前者如 Aluminum and Alloys(铝与合金)、Bridges(桥梁)、Lightening(闪电)、Electric conductivity(导电性)等等。后者如 Data processing(数据处理)、Absorption(吸收)、Solar radiation(太阳能辐射)等等。

主题词从文法上来说,有下列形式:

1. 单个的名词:Acetone(丙酮)

2. 单个的动名词:Boring(钻探、钻眼)

3. 修饰的名词:Optical properties(光学性质)

4. 修饰的动名词:Amplitude modulation(调辐)

5. 短语:Flow of fluids(流体的流动)

6. 复合名词:Electron beams(电子束)

7. 复合名词加动名词:Coal mines and mining(煤矿和采矿)

8. 名词加倒置的形容词:Electrodes,electrochemical(电极,电化学的)

9. 并列的名词:Rockets and Missiles(火箭与导弹)

下面是外文单级标题索引的一般结构形式,它由标题、说明语及文献代号三者构成:

…………

PETROLENES(asphaltic)   石油烯(沥青的)

  anal,of,from bitumens,34267k   分析,沥青中的

110

PETROLEUM	石油
anal. of,	分析
67432j	
by elements scanning calori –	用元素扫描量热法
metry, 78539p	
gas – solid chromatog. in, 9848h	气—固色谱,在
of Belorussia, 22547n	……中白俄罗斯的
chem. industry of,	化学工业
21564y	
corrosion prevention in, 89538m	在……中的防腐蚀
protein from, 67429v	……的蛋白
removal of,	消除
from waste water, 17593c	从废水中
…………	
PETROLEUM PROSPECTING	石油勘探
in Africa, western, 18639u	在西非
nuclear methods for, 17539t	核方法
…………	
PETROLEUM RECOVERY	石油回收
75291b	
from bitumens, by hydrocra –	从沥青中,用加氢
cking, 100446g	裂化法
…………	
PETROLEUM REFINING	石油精炼
air and water pollution by, 13365x	由……引起的空气
	与水污染
…………	

在使用主题索引检索文献时,要将标题和说明语联系起来读,才能得到一个完整的概念。这个概念不一定就是文献的篇名,而

是表征文献主要内容的词语。现将上表中各篇文献的主题概念列后：

沥青中石油烯的分析	34267k
石油的分析	67432j
用元素扫描量热法进行石油分析	78536p
油分析中的气——固色谱	9848h
白俄罗斯的石油	22547n
石油化学工业	21564y
石油化学工业中的防腐蚀	89538m
石油蛋白	67429v
从废水中消除石油	17593c
西非的石油勘探	18639u
用于石油勘探的核方法	17539t
石油回收	75291b
用加氢裂化法从沥青中回收石油	10046g
石油精炼所引起的空气与水的污染	13365x

外文多级主题索引，其形式结构也与中文相同，由一级主题、二级主题及文献篇名、出处或文摘号等组成，其式样如下（文摘号略）：

PIPE JOINTS	**管接头**
Flanges See also Gaskets	法兰 参见 密封垫
Testing	试验
Thickness Measurement	厚度测量
PIPE, STEEL See also Pipe - lines—C onstruction	**管,钢的** 参见 管 线——结构
Cathodic Protection	阴极保护
Testing See Steel, Testing—	试验 见 钢试验

Fracture	——破裂
PIPELINES	**管线**
Construction See also Petroleum	结构 参见 石油管线——
Pipelines—offshore	近海的
Design	设计
Heating	加热
Offshore	近海的
Plastics applications	塑料应用
Pumping stations See Water pipelines	泵站 见 水管线
Testing	试验
PIPELINES, STEEL	**管线,钢的**
Stresses	应力
Testing	试验
Welding	焊接
PISTON RINGS	**活塞环**
Wear	磨损

　　利用多级主题索引检索文献时,应将一级主题、二级主题联系起来读,才能得到一个完整的概念。例如一级主题 Pipelines(管线),二级主题 Plastics applications(塑料应用),其完整的概念是"塑料在管线中的应用";一级主题 Pipe, steel(钢管),二级主题 Cathodic protection(阴极保护),其完整概念是"钢管的阴极保护";一级主题 Piston rings(活塞环),二级主题 Wearc(磨损),其完整概念是"活塞环的磨损"。

　　多级主题与单级主题相比较,其优点主要有二:(1)使同一性质内容的不同侧面的文献相对集中;(2)避免由于同一标题之下的文献数量过多而不便检索。

一级主题与二级主题,即主标题与副标题之间的关系大体可概括如下:

1. 副标题是主标题的某一部分:

Automobiles(汽车)——axles(轴)

2. 副标题是主标题的某一应用方面:

Dyes and Dyeing(染料与染色)——synthetic fibers(合成纤维)

3. 副标题是主标题所研究的某一事物:

Geology(地质学)——caves(洞穴)

4. 副标题是主标题的某一研究方法:

Stresses(应力)——analysis(分析)

5. 副标题是主标题的某一性质:

Textiles(纺织品)——air permeability(透气性)

6. 副标题是主标题的某一现象:

Plastics(塑料)——discoloration(褪色)

7. 副标题是主标题的某一环境:

Sewers(下水道)——frozen ground(冻土)

8. 副标题是主标题有关文献的某一类型:

Engineers(工程师)——biographies(传记)

9. 副标题是主标题的某一地理位置:

Airports(机场)——-Netherland(荷兰)

10. 副标题是主标题的某一制造者:

Automobiles(汽车)——General motors Co.
(通用发动机公司)

11. 副标题是主标题的某一作业:

Electron tubes(电子管)——cooling(冷却)

在主题表或标题索引的各个标目(包括一级标题和二级标

题)之间,往往有许多"见"（See）、"参见"（See also）和标题内容范围的注释,用来将有关标目联系起来,引导检索者准确地选择标目进行检索。它们之所以必要,是因为在主题索引中,各个标目一般是按字顺排列的,前后的标目之间没有内容实质上的联系。显然,这样除了便于排检之外,不能说明其他问题。而在实际上,各个事物、各个名词概念之间,经常以错综复杂的关系互相联系着。同义词、多义词、近义词、反义词等等的存在,就是这种复杂联系的体现。在主题索引中,用来体现词语概念之间复杂联系,并指导读者正确选择检索途径的手段,就是这种"见"、"参见"及说明主题内容范围的注释。

在主题索引中,对同义词,采用其中一个作为标准的主题（在其下著录文献）,而其它的仅作"见"条（在其下不著录文献）。换句话说,"见"是指引检索者从不作为正式主题的词语,去查作为主题的词语。如:

马达　见　电动机（从俗名见正式名称）

伦琴射线　见　X射线（从不太通用的名词见较通用的名词）

连续浇铸　见　浇铸（从较窄概念上升到较广的概念）

冷处理　见　热处理（从一名词见其反义词,这个反义词是用作主题的词）

利废　见　废物利用（从简称见全称）

R. f. amplifiers See Radiofrequency amplifiers

（射频放大器,从缩写名称见全称）

两个或两个以上的主题之间存在联系（近义词是其中之一）,而可供参考时,在各自主题下列出"参见"。换句话说,"参见"是指引检索者从一个主题去参看与其有关的其他主题（在这些标题下都著录有文献）,以提供更多的检索途径。如:

污水处理　参见　水净化

水净化　　参见　　污水处理

回火　　参见　　热处理

热处理　　参见　　回火

所谓标题内容范围注释,就是在一些标题词概念不十分明确的情况下,在该标题下所作的简略说明。例如:

金属

　　把金属作为一类物质来研究的文献,著录在此标目之下。

　　研究各类金属的文献,著录在下列标目之下:**碱金属、碱土金属、铂金属、稀土金属、过渡金属**

　　对于个别金属作专门研究的文献,著录在各该金属名称的标目之下。

通过这个标题内容范围的注释,对于有关金属的文献,检索时就有了明确的概念,了解了各有关标目的区别和联系,从而有助于提高检索的准确度。

利用外文主题索引检索文献,首先要把检索命题搞明确,然后掌握相应的外文字,到索引中去寻找有关的标题词。例如:要查找国外炼油厂用于自动控制的数学模型的资料。那么,这个检索命题是有关二个方面的:石油工业(Petroleum industry)和数学模型(Mathematical models)。从 Petroleum industry 或 Mathematical models 二个标题入手,都可以找到这方面的资料。又如,要查找"抗地震建筑"的资料,由于它主要是一个建筑方面的问题,可以从Buildings(建筑)入手去查找;然后在 Buildings 这个标题下,可以找到 Earthquake—resistance(抗地震)这个副标题,从而查找到所需要的资料。又如,要查找关于抗腐蚀的资料,"抗腐蚀"英文是Anticorrosion,但不能从这个字入手去查,而应该从 Corrosion(腐蚀)这个字入手去查,这样可以找到 Corrosion inhibitor(缓蚀剂)、Corrosion resistance(耐腐蚀)、Corrosion Prevention(防腐蚀)等资料。

当然,在实际检索中,往往并不是这样一帆风顺、如愿以偿的。有时有这样的情况,检索者要查的事物名称,不一定在主题索引中恰好作为标题出现。例如有关"医院空气中细菌的计算方法"的资料,在《科技文献索引——医学》的主题索引中,就不能查"医院"或"细菌"这些标题,而应当查"空气污染"这个标题;关于"煤气中毒"的文献,不能查"煤气",而要查"一氧化碳"。这就是说,在检索时,必须选准主题词。若一条途径查不到时,可考虑从同义词或近义词下手,或者从该事物的上位概念词或下位概念词去试查。例如:"活性污泥"是处理废水的一种微生物学方法。因为这个概念比较细小,文献不多,过去美国《化学文摘》主题索引中没有设立"活性污泥"这个标题。这时,就可以查比较广泛的概念,即上位概念——"废水处理"或"水净化"等标题。相反,如果要查找某种工厂废水引起的污染危害问题的资料,由于"污染"这个题目太大,文献太多,往往在主题索引中不设这个标题,而设立比较细小专门的标题,如"空气污染"、"水污染"、"土壤污染"、"热污染"等等,这时就应查下位概念的标题——"水污染"。一般来说,编制得法的主题索引,往往在索引前列出或单独出版标题表,或编制"索引指南",同时在索引中有大量的参照,以引导检索者准确地选择标题,降低漏检。

总的来说,利用主题索引来检索文献,比较直接、灵活,要"查到"资料比较容易,但要"查全"资料却比较困难。因为主题索引对文献主题的分析和标引比较灵活,不容易全面掌握。同时,利用主题索引要求检索者具备较高的外文水平和专业知识。

作为一种检索语言的主题法,其主要缺点是:

1. 像等级制分类法一样,它是列举式的检索语言。它不允许检索者将有关主题词进行自由组配来表达情报提问。

2. 在一种主题检索系统中,只采用一种自然语言。因此不同文种的检索系统,难以使用同一种主题表。

3. 主题词的取舍,在很大程度上依赖于学科性质和专业范围。因此不同学科专业的主题词表,在选词的标准与角度上很难一致,同时也使初搞检索的人不易掌握。

4. 主题词表的编制与日常管理(包括更新)是一件复杂艰巨的工作。编制主题目录或主题索引,也要求较高的专业水平与熟练劳动。

第七节　关键词索引

所谓关键词,是指文献的题目、摘要乃至正文部分出现的具有实质意义的语词。它是文献的著者所选用的词汇。对同一事物概念,不同的著者所选用的词汇不尽相同。即使是同一著者,在他的不同著作中用词也会有所出入。因此,出现于文献中的关键词是一种未经规范化的自然语言词汇。

例如,下列文献用黑体字印的即为关键词:

(1)**风**　与　**高层建筑**

(2)**地震**　对　**高层建筑**　**地基**　的　**振动效应**

(3)**低碳钢**　的　**晶间腐蚀**

(4)**宇宙飞行器**　的　**密封**　**材料**

(5)**铁路**　**客车**　**滚动轴承**　的　**寿命计算**　与　**防锈**
润滑

(6)**汽车**　**排气**　中　**铅**　的　**消除**

关键词索引,就是将文献中的一些主要关键词抽出,然后将每个关键词分别作为检索标识,以字顺排列,并引见文献出处,以便从关键词入手来检索文献的一种工具。

关键词,是一种在索引法中使用相当广泛的检索语言。关键词索引是计算机编制的最早的检索工具之一。

关键词索引,按其款目是否保留非关键词以及不同的排检方法,大致可分为:1.纯关键词索引;2.题内关键词索引;3.题外关键词索引;4.标字索引等数种。

一、纯关键词索引

所谓纯关键词索引,是指在索引条目中不包含非关键词,而纯粹由关键词构成的索引。

例如,《汽车排气中铅的消除》这篇文献(假定其文献代号为001),即可以排列成四种形式:

汽车 排气 铅 消除(001)

排气 铅 消除 汽车(001)

铅 消除 汽车 排气(001)

消除 汽车 排气 铅(001)

所以,检索者从"汽车"、"排气"、"铅"、"消除"四个关键词中的任何一个关键词入手,都可以检索到这篇文献。这样,引得深度即为4。

外文的关键词索引,其原理、形式与上述所举中文例子相同。例如,一篇文献题为"Removing lead in automobile exhausts"(汽车排气中铅的消除)。那末,它也可以分解为 removing(消除)、lead(铅)、automobile(汽车)、exhausts(排气)等关键词。同时,考虑到汽车排气主要与空气污染有关,因此还可以附加 air(空气)、pollution(污染)二个关键词。这样,这篇文献(假定其代号为001)在关键词索引中就有六种排列法:

Air pollution automobile lead removing exhausts 001

Automobile air Pollution lead removing exhausts 001

Exhausts air pollution automobile lead removing 001

Lead automobile air pollution removing exhausts 001

Pollution air automobile lead removing exhausts 001

Removing air automobile lead exhausts pollution 001

这就是说,从这六个关键词中的任何一个关键词入手,都可以查到这篇文献。如果从"空气"这个关键词去查,那末就到字母"A"开头的地方去找;如果从"铅"这个关键词去查,就到字母"L"开头的地方去找。

目前.美国《化学文摘》每期中就有这种关键词索引,称为"Keyword index",由关键词条目及文摘号组成,关键词条目一律按字顺排列。假如我们要查找关于"利用薄层色谱的方法来测定水中痕量物质"方面的资料,则可从色谱(Chromatography)入手试查:

Chloromethane liq mixt viscosity	168760m
Chlorophenol taste odor water	168473 v
Chromatog thin layer drug acid	168666 k
Chromatog thin layer thyme	168672 j
▲ Chromatog thin layer water analysis	168452 n
Chromatog UV detn antipyretic	168692 r
Chrome side leather	166188 g

索引内"C"开头的词很多,"Chromatog"(色谱)开头的也有4条,而关于"Chromatog thin layer"(薄层色谱)的也有3条,但是这3条中涉及"Water analysis"(水分析)的只有1条。根据文摘号找到原文题目是《Application of thin – layer chromatography to the detection of trace materials in water》(薄层色谱在监测水中痕量物质方面的应用)。核对了原文题目,即可知道这篇文献是符合检索命题的。

当然,从别的关键词入手,也同样可以检索到这篇文献。例如从"水"(Water)这个关键词去查,在索引中有下列条目:

Water ammonia corbon dioxide compression	166635 a
Water analysis arsenic antimony	172314m

Water analysis radionuclide	172212 b
▲ Water analysis thin layer chromatog	168452 n
Water anomalous thermal expansion	168804 d
Water aq soln activation	169480 g

从以上这几个条目中可以看到,既有"水"这个关键词,又有"分析"、"薄层"、"色谱"等关键词的只有一条,其文摘号为168452 n。在这条关键词条目中虽然没有"痕量"、"物质"这些关键词,但由于没有更切题的条目,因此还是可以根据文摘号去查看原文题目。查的结果,证明这篇文献就是我们刚才从"色谱"入手查到的那篇,即符合检索要求的文献。

如果从"薄层色谱"的"薄"(thin)入手去查,也可以检索到这篇文献。

这种关键词索引的优点在于编制简单,不进行语词的规范化,不需要查阅主题表,因而编制速度很快。但是它的缺点也在这里:由于没有进行语词的规范化、选择和控制,因此索引的质量是比较粗糙的。利用这种索引来检索,漏检率较高。另外,各个关键词之间是并列的关系,中间没有连词、介词等,它们之间没有文法关系,因此在使用索引时,有时不能确切地判断文献的主题内容。如"学校"、"图书馆"两个关键词拼在一起,可以理解为"学校图书馆",也可以理解为"图书馆学校"。这篇文献究竟谈的是"学校图书馆",还是"图书馆学校",则需要根据文献代号(或文摘号)去查原文的题目才能断定,这样就比较费事。因此,这种关键词索引往往只是作为现期文摘杂志中的一种辅助工具,等到主题索引出版后,它的作用就减弱了。

二、题内关键词索引

在上一节中,我们谈到的那种纯关键词索引的一个缺点,就是在一条关键词条目中,各个关键词之间是没有文法关系的。为了克服这一缺点，因此就产生了另一种关键词索引——上下文关键词索引或称题内关键词索引（Keyword in context index，简称 KWIC index）。

上下文关键词索引的特点，就是在列出关键词的同时，也保留了非关键词，使关键词与非关键词组成一条短语，即一条上下文，以便明确各个关键词的含义。例如《在海洋环境中铀的化学变化》这篇文献，如果只抽出"海洋"、"环境"、"铀"、"化学变化"等几个关键词排列起来，那末这一组关键词就不很明确。因为既可把它理解为"海洋环境中铀的化学变化"，也可理解为"铀对海洋环境化学变化的影响"。而如果把"在"、"中"、"的"这三个非关键词予以保留，使关键词与非关键词组成一条上下文，那末，各个关键词之间，谁是主格，谁是宾格；谁是主动，谁是被动；谁是主体，谁是附加条件等等，都可以一目了然。在上下文关键词索引中，每个关键词都作为检索词，而非关键词（包括冠词、介词、连接词等）则不作为检索词。

上下文关键词索引是近二十多年来出现的一种借助电子计算机编制而成的检索工具。目前有些文摘索引，如美国《化学题录》（Chemical Titles）、《生物学文摘》主题索引（B. A. S. I. C.），以及某些专题书目如《激光书目》（Laser Bibliogaphy）等等，都采用这种索引方法。

现从美国《化学题录》1974 年第 1 期中取出四个片断，说明上下文关键词索引的编排形式。其中前三个片段取自上下文关键词索引部分，后一个片段取自题录部分（见图 5—2）。

题录部分有 * 号的那一条题录说明，这是一篇题为 Oxidation of iodides by silica - alumina catalysts（用硅铝催化剂使碘化物氧化）的论文，作者是 B. D. Flockhart、K. Y. Liew、R. C. Pink 三人，刊载于 Journal of Catalysis 1974 年第 32 卷第 1 期第 10—19 页，《化学题录》给予的编号是：

JCTLA 5 - 0032 - 0010

（期刊代号）（卷号）（起始页码）

从论文题目中，可以分析出三个关键词：① oxidation——氧化；②iodides——碘化物；③silica - alumina catalysts——硅铝催化剂。其他的词 of 和 by 不作为关键词。

图 5—2

电子计算机采取轮排的方法，将该文题目排入索引，并使每一个关键词都有机会排在一定的位置上（中栏的开头）作为标目，以便检索。该文有三个关键词,所以排在三处(见标有 * 号的三条),提供了三条检索途径。

上下文关键词索引的排法是:关键词居中,上下文排在其两侧。关键词后的词排不下时,可往前栏的空白处接着排;关键词前的词排不下时,可往中栏的空白处接着排。后栏则排文献编号。由于目前的上下文关键词索引每行只有 60 格(包括字母和空格),在标题比较长时,排不下的词就被舍去,所以每行两端可能只有词的片段。但是,两端的词虽可能残缺不全,对于了解题目也无大妨碍。在索引中,文献题目的最后一个词用" · = "表示,排不下而舍去的词和字母用" + "表示。

三、题外关键词索引

题外关键词索引(Keyword out of context,简称 KWOC 索引)是为改进 KWIC 索引的易读性而产生的。其形式是将作为标识的关键词抽出列于首位,其后是索引款目(为文献题目)本身。这种排列形式,较为适应一般读者的习惯。

四、双重上下文关键词索引

双重上下文关键词索引(D – KWIC Index),是上下文关键词索引的变种。它主要是为了改善 KWIC 索引的易读性与显明性,在编排形式上,这种索引采用题外关键词索引与上下文关键词索引的结合形式。先抽出上下文中的重点关键词(第一关键词),使之提行,然后再将剩下的部分,按关键词(第二关键词)轮排。在轮排的条目中,用 * 或 + 号代替第一关键词。

例如篇名为 The Evaluation of File Management Software Packages(文档管理软件包的评价)的文献,抽词及排列形式为:

第一关键词→File Management

↗ Evaluation of * Software Packages/The

第二关键词→Packages/The Evaluation of ∗ Software

　　　　＼Software Packages/The Evaluation of ∗

五、标字索引

标字索引（Catchword index）的形式是,将文献题中每一个关键词分别排在首位,作为检索的标目,题目中的其它名字(包括其它关键词和非关键词)则按一定的方式排列。例如有这样一篇文献,其题目是:

Mechanized acquistion procedures in the University of Maryland Library(马里兰州大学图书馆的机械化采购程序)

这里,in, the, of 是非关键词。其它六个是关键词。

这六个关键词分别排在首位作为"标字",那么就形成了六条索引款目:

Mechanized　acquisition　procedures　in　the　University　of Maryland Library

Acquisition, Mechanized, procedures in the University of Maryland Library

Procedures, Mechanized acquisition, in the University of Maryland Library

University of Maryland Library, Mechanized acquisition procedures in

Maryland, University of, Library, Mechanized acquisition procedures in

Library, of Maryland, in the University, Mechanized acquisition procedures in

这种轮排的形式特点是,除了把每个关键词分别列在首位以外,把彼此密切相联的词采用逗号的形式加以调整,以便读者阅读和理解。但是这种形式需要由人花脑筋来"编辑"。这是一种智力上的负担,影响索引编制的速度。

另一种较为简单的标字索引是,在把每个关键词排在首位之后,其它字一律按题目中字的原来次序排列:

Mechanized acquisition procedures in the University of Maryland Library

Acquisition procedures in the University of Maryland Library, Mechanized

Procedures in the University of Maryland Library, Mechanized acquisition

University of Maryland Library, Mechanized acquisition procedures in the

Maryland Library, Mechanized acquisition procedures in the University of

Library, Mechanized acquisition procedures in the University of Maryland

同前一种形式比较,这种形式排列简单,不需人来编辑,可由计算机来执行,因此编制速度快。但易读性差,逻辑不够显明。另外,当各索引款目完全按字顺纳入索引之后,相近的资料不能集中。例如同样是讨论"马里兰州大学图书馆"或"机械化采购"的一批资料,由于字顺的关系可能造成分散。因为这些款目的中间可能插入其它资料。

标字索引、题内关键词索引、题外关键词索引三种形式,其每条款目的最后,都附有"地址",即有关文献的代号(在文摘中一般是文摘号),以便使检索者找到有关文献的书目著录或文摘条目。

为了进一步说明这三种索引的结构形式和使用方法,不妨举一个例子。假设有下列六篇文献,其题目及文献代号分别是:

Manual of library classification   01

（图书馆分类法手册）

这六篇文献,按照上述各种索引编排,在"图书馆"这个关键词之下,成为这种形式:

1. 标字索引(不经编辑的简单排列)

Library administration,Public   06

Library classification,Introduction to   03

Library classification,Manual of   01

Library classification,A modern outline of   04

Library classification on the march   02

Library of Canada,The National   05

2. 标字索引(经编辑的)

Library classification, Introduction to   03

Library classification,Manual of   01

Library classification,A modern outline of   04

Library classification on the march   02

Library, National, of Canada   05

Library, public,administration   06

3. 题内关键词索引

4. 题外关键词索引

关键词索引与主题索引比较,它们之间最大的不同在于:主题索引中的标目——主题词是由标引员根据一定的词表选出的控制词汇,即经过规范化的词汇,它可以不同于文献作者在文献题目或正文中所用的词汇。同时,主题词表有一定专指度的限制,不是每一个概念都能找到相对应的主题词,有时细小的概念需要上溯到较广的概念,才能有相应的主题词;有时较泛的概念又需细分到较专的概念,才能有相应的主题词。因此主题词的"人为性"比较大。而关键词索引中的标目——关键词,是文献中现成的词汇,这是文献作者所用的"语言",是一种"自然"语言。正因为如此,关键词能够达到任意的专指度和泛指度。例如,主题词表不可能为数以万计的昆虫名称(如赤眼蜂)一一列出主题词,但是关键词索引却可达到完全的专指性,一篇文献题目中有"赤眼蜂"这个关键词,就可以直接按"赤眼蜂"这个关键词找到该文献。在科学技术蓬勃发展、新概念新名称层出不穷的今天,主题词表的控制已面临许多困难,很难做到及时更新。而关键词索引避免了这种"人为性"的困难,可以"直呼其名"地进行高专指度的检索,这是一大优点。另外,由于关键词是文献作者所用的词汇,是科学技术工作者(包括文献作者和文献检索者)用以表达思想、进行交流的语言,是他们习惯使用、也是乐于接受的语言。相反,要广大科技工作者都掌握主题词表的选词原则、参照结构及使用方法,这不是一件轻而易举的事。科技情报的最终用户是科技工作者本身,因此索引的方法最好能适应他们的习惯,这样才能便于他们所接受。这是关键词索引之所以获得发展的第二个优点。第三,由于关键词索引主要是以文献题目为基础的,因此当检索者在已知文献题目(或题目的片断)的条件下,可以起查对文献的作用。也就是说,关键词索引具有书名(篇名)目录(索引)的功能,甚至超过了它的功能,因为仅仅记得题目的片断,即可利用关键词索引进行查对,而书名目录(索引)则无法完成这个任务。因此关键词索引不仅是从内容主题入手进行情报检索的工具,而且也是核对已知题目的文献的工具。第四个优点,也是最大的优点就是编制速度快,因而能够提供及时的情报。由于关键词索引的编制依赖于文献中已有的词汇,它不需要由人做许多智力性的加工工作。识别关键词(即确定题目中的各词汇谁是关键词,谁是非关键词)的工作是由计算机自动执行的。

以文献题目为基础的关键词索引,其标引的网罗度或引得深度取决于文献题目中包含有多少个关键词。有五个关键词,就可以从五个途径检索到它;只有一个关键词,就只能从一个途径进行检索。另外,标引的专指性也取决于文献题目用词的专指程度。因此,如果文献的题目过于笼统、含糊的话,那么在标引时就不能达到理想的网罗度与专指度。专利说明书的题目往往如此,措词含糊笼统,题目大而内容窄,因而依靠关键词索引进行检索，往往达不到必要的查准率和查全率。这是以文献题目为基础的关键词索引的一个缺点。补救的办法有三个，一是在题目过于含糊简单的情况下，由标引人员增加指定几个关键词。这种经改进的索引称为充分的关键词索引（riched keyword index）。第二个办法是呼吁文献的作者在确定其题目时应考虑到关键词索引编制的要求，尽可能地在题目中包含较多的、较专指的关键词。第三种办法是由检索工具的编者为题目含糊的文献重新拟题，例如英国德温特检索工具就为专利文献重新拟题。

停用词表的编制，也是影响关键词索引质量的一个重要问题。

在关键词索引中，有可能把讨论不同事物概念的文献集中在一起。

关键词索引的一个真正比较严重的缺点是同义词与近义词的问题。但是，在计算机化的情报检索中，关键词索引所存在的这个问题已开始找到了解决办法。这就是根据检索者每次检索的实践，由计算机记录各有关的同义词与近义词，经过一定使用实践，由计算机将这些同义词与近义词打印出来或向检索者进行显示，以便供以后的检索者参考。

关键词索引的另一个比较重要的缺点是，人们对其检索时，需要扫描（浏览）的索引款目较多。因此，关键词索引比较适用于数量不太多的文献；而对规模很大的文献集合（藏书）来说，在同一关键词标目之下往往有大量的款目，这对检索时间而言是效率不高的。正因为如此，关键词索引一般被检索刊物用来作为期索引，而很少用来作为卷度或多卷度的累积索引。

第八节 前后关联(PRECIS)索引

PRECIS 是 Preserved Context Index System 的缩写,意思是上下文前后关联索引或保留上下文的索引系统。这是英国国家书目服务处为满足英国马尔克作主题索引的要求,在六十年代研制出来的一种索引方法。从那以来,PRECIS 得到不断发展和完善,并被广泛应用于英国国家书目(BNB)、教育社会学文摘(Sociology of Education Abstracts),以及园艺、乳酪科学、管理、图书馆与情报科学等学科领域的文摘。英国、加拿大、丹麦、法国、印度及马来西亚等国的许多图书馆和情报资料单位都采用它来编制索引。

PRECIS 索引是先组式情报检索语言系统,比普通主题更适合于自动化的文献检索。它实际上是改进了的 KWOC 和 KWIC 索引。KWIC 索引的缺点是:两端的字可能被截断而残缺不全,编制形式不够醒目,易读性较差。KWOC 索引易造成误解。而 PRECIS 索引正是针对这些缺点而改进的,但是保留了作为上下文关键词索引的本质特点。

PRECIS 索引主要采用上下文相关的原理,通过作为款目词的关键词的轮排,而提供用户从不同的关键词进行检索的可能。它的可取之处,在于轮排的形式较为符合逻辑,字句完整,醒目,易读性强。

PRECIS 索引的编制程式是这样的:

例如有一篇关于英国棉纺工业人员培训方面的文献,标引人员抽出四个关键词(或词组),使其组成一个语句:

$$\underset{A}{British} , \underset{B}{Cotton\ industries} , \underset{C}{Personnel} , \underset{D}{Training}$$

语句中的 A、B、C、D 四个单元,既有其独立的一面,又有彼此联系、相互制约的一面。其先后次序可以描述为:

A—B—C—D

如果给机器指定这四个检索词都作为款目词,那么,计算机就自动排出下列四种形式(图 5—3):

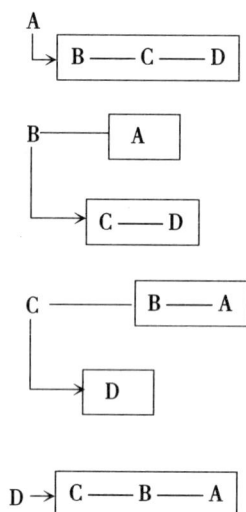

图 5—3

按照这个模式,上述"英国棉纺工业人员培训"这篇文献,在索引中有四条款目:

British

    Cotton industries. Personnel. Training

Cotton industries. British

    Personnel. Training

Personnel. Cotton industries. British

Training

Training. Personnel. Cotton industries. British

这四条款目,按每条款目词的字顺分别排列在索引中的适当位置。

这就是 PRECIS 索引的结构和款式。显而易见,这种索引一般来说包括二层结构的四大部分:

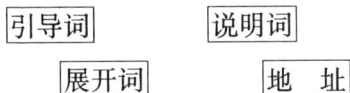

引导词	说明词
展开词	地 址

引导词即为款目词,作为检索标目。在一条上下文语句中,款目词前面的词作为说明词。若有几个说明词,就按原来的次序倒排。款目词后面的词作为展开词,若有几个展开词时,其排列次序仍以原次序为准。

之所以采取这种结构排列方法,是为了避免可能引起的误解。一般来说,在一条语句中四个单元(有时可能只有三个单元),总是先把概念较广泛的词放在前面,而把概念较窄的词放在后面。例如"英国——棉纺工业——人员——培训"就是如此。这就是说,说明词的词义,一般要比引导词的词义广泛。而展开词的词义一般比引导词的词义狭窄。借助于这种结构形式,就使整个语句符合逻辑,意义表达准确,有助于消除误解。

例如有一篇主题为"thermoplastics as an insulation material for the prevention of heat loss in houses"(作为隔离材料的热塑性塑料用于防止房屋热的损耗)的文献,抽出关键词后,可以是下列一条语句:

Insulation. Houses. Heat loss. Thermoplastics.

这四个关键词组成的一条语句,可以误解为"the insulation of houses where heat loss occurs through the use of thermoplastics"(房屋的隔离材料通过使用热塑性塑料而产生热的损耗)。但是,借

133

助于 PRECIS 的表达方式,则可避免这样的误解:

Houses

    Heat loss. Insulation. . Thermoplastics

Heat loss. Houses

    Insulation. Thermoplastics

Insulation. Heat loss. Houses

    Thermoplastics

Thermoplastics. Insulation. Heat loss. Houses

为了保证写出正确的语句,以保证其后的合乎逻辑的编排,PRECS 索引的标引,必须根据语法规则进行二个方面的分析工作:

1. 对语句中的各词进行句法分析。

2. 对有关词进行语义分析。

所谓句法分析,是采用上下文相关原理,确定各个词在语句中的位置及其各种作用,从而分别标以职能符号(role operafor)。

所谓语义分析是对同义词或相关词的处理,以构成索引的参照系统。

PRECIS 词表是开放式的,允许需要采用的词在任何时候加入索引中去,但词表中的词是控制词。当然,这种控制是不如主题词那样严格的。从这里也可以看出,PRECIS 词表既不等同于自由关键词的集合,也不完全等同于先组式的主题词表。

了解了 PRECIS 索引的编制原理,检索就很简单了。试以英国国家书目的主题索引(这种索引是采用 PRECIS 编制的)为例,如果我们要检索有关机械噪音的控制措施方面的会议文献,可分别从机械(machinery)、噪音(noise)和控制措施(control measures)三个词去检索。例如从噪音入手,可查到如下一条:

Noise. Machinery

    Control measures—Conference proceedings 620. 2′3

这里，引导词是"噪音"，说明词是"机械"。根据前面介绍过的规则，说明词的概念范围比引导词的要广泛一些，因此可判断这是"机械噪音"。展开词是在概念范围上窄于引导词的，因此可以判别"控制措施"是从属于噪音的。将引导词、说明词及展开词三者加在一起，即为"机械噪音的控制"。至于"——Conference proceedings"，是附属成分，说明文献的类型为"会议录"。这种前面加上破折号（——）的附属成分始终排在最后，不可能作为引导词使用，因此如果要从"会议录"入手去查，是不行的。

然后根据文献的地址——620.2′3 这个分类号，从书目部分就可找到该文献的书名、著者、出版等事项。此书书名为"Indus - trial noise and its reduction；edited proceedings of the seminar"（工业噪音的减除，经编辑的讨论会会议录）。

第九节　挂接索引

挂接索引（Articulated Index），又称题外关键词相关索引，是六十年代随着自然语言索引系统的迅速发展而出现的一种新型索引。

这种索引的编制，要求对原文献的题目事先经过预处理。即把它们安排成由虚词（介词、连词等）与名词或等效名词所组成的名词性短语形式。凡需作为索引标目的名词都必须是规范化的，即从一定的词表中选取的。在这种名词性短语中，凡有虚词的地方都称为关节点。使之成为下列形式：

——□——□——□——

这里，——为名词或等效名词，□为关节点（即虚词）。其中每个名词都是候用的款目词，可用来作为索引的标目。

例如一条文献代号为 101 的经加工的名词短语为：

Teaching of Computers in Welsh schools 101

若要把"Teaching"、"Computers"、"Welsh Schools"三个名词都作为索引的标目，那么就写成：

〈Teaching〉of〈Computers〉in〈Welsh Schools〉101

其中 Teaching 为第一关键词（K_1），Computers 为第二关键词（K_2），Welsh Schools 为第三关键词（K_3）（注意 K_3 的形式与 K_1，K_2 不一样）。然后交给计算机去自动挂接排列，可得到下列四种形式：

Computers

 teaching of, in Welsh Schools 101

Schools, Welsh

 teaching of Computers in 101

Teaching

 of computers in Welsh Schools 101

Welsh Schools

 teaching of Computers in 101

这里，重要的是赋于计算机一定的程序，使其识别在括号〈　〉内的名词，并将它提行作为索引标识，而在该名词处自加上逗点，断开成前后两个部分，然后进行挂接。

挂接索引是一种机器自动编排的主题索引。

当然，实际的情况比较复杂。当某个标识之下有数条说明语（即有数篇文献）时，机器能把说明语中相同的部分集中，以节省篇幅。例如：

Computers

 analog and digital,

1

analog – digital,   2

    for nuclear spectroscopy,   3

    for simulation,   4

  Carnac, for chemistry,   5

上述这篇文献,其主题内容可回复成:

1. analog and digital computers

2. analog – digital computers

3. analog – digital computers for nuclear spectroscopy

4. analog – digital computers for simulation

5. Carnac computers for chemistry

第十节　概念组配索引

　　叙词及单元词是后组式情报检索语言。它的主要作用是用来建立概念组配索引。

　　概念组配索引法是从五十年代起发展起来的一种检索方法,到今天已获得比较广泛的应用,并且推动了检索工具由传统的方法向机械化与自动化过渡,因此它是一种重要的检索方法。

　　概念组配索引法的基本理论出发点,是认为各种完整的、复杂的概念,都可以通过更为一般的、单元性概念的组合或组配来构成。所谓概念单元,是指不可再分的意义。如果将它再进一步解析,它在专业或学科领域内便不可能具有独立的、一定的意义。这种检索法是将文献的主题解析为一些单独的概念单元,在检索时可根据各种检索命题的需要,把有关的概念单元自由地组配成各种检索方案。也就是说,在文献标引时,把文献的主题"分析"成各个概念单元,而在检索时,把有关的

概念单元通过逻辑积方式"综合"成一定的检索提问。例如
"铁路桥梁设计"这个主题可以解析为"铁路"、"桥梁"、"设
计"三个概念单元。这三个概念单元的关系可用下列图解来
表示：

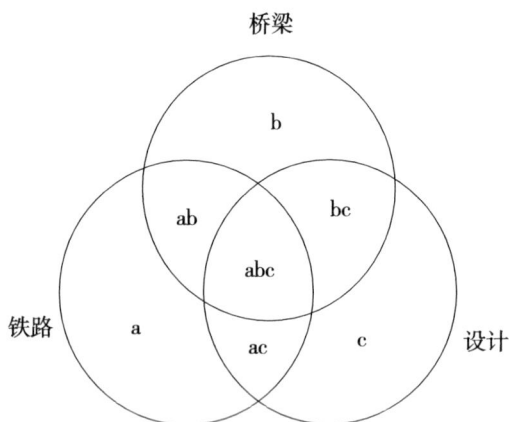

图 5—4

圆 a 代表铁路,圆 b 代表桥梁,圆 c 代表设计。圆 a 与圆 b 的
重叠部分 ab 代表铁路桥梁,圆 b 与圆 c 的重叠部分 bc 代表桥梁
设计,圆 a 与圆 c 的重叠部分 ac 代表铁路设计,而圆 a、圆 b、圆 c
互相交叉的重叠部分 abc(逻辑积)即代表铁路桥梁设计。也就是
说,"铁路桥梁设计"这个主题包含"铁路"、"桥梁"、"设计"三个
概念单元,只有把这三者组合起来,才能表示这个主题。

表示概念单元的词有单元词(Uniterm)与叙词(Descriptor)两
种。因此,以概念组配法编成的检索工具,也有单元词索引与叙词
索引两种。

单元词是表达概念单元的、简单而有独立意义的词。它是在
文献的篇名、目次、结论或其它重要部分出现的最关键性的技术名
词、词组和代号的单个词。单元词不能再复分。所有单元词在系

统中占有同等地位,不像分类系统那样有隶属关系,也不像传统的标题那样有固定的组合关系。单元词是建筑在词语的基础之上的。它的产生主要决定于词语的字面。因此将主题词解析到怎样的程度才算是达到了"单元",在各种语言中的答案往往是不同的。外文的"单元词"不能直接化为汉文的"单元词"。例如"温度计"的英文名 Thermometer 是一个单字,不可能再分,但是在汉文中则可考虑解析为"温度"与"计量"。单元词的组配就是词语的组配。数字、字母、专用名称也可构成单元词。而叙词虽然也必须用具体的字面来表示,但它的产生主要决定于其所代表的主题的意义,决定于专业研究中可能出现的检索要求。叙词只有在精细地研究文献所涉及的某学科后才能选出来,实际上它是主题词的一种变形。因此各个不同的单位可能采用不同的叙词系统。而单元词系统则一致性较大,因为单元词作为其基础的词语比较地具有普遍意义。更明确地说,单元词主要是拆词;叙词则主要是拆义,用来适应专业单位业务的各个方面可能要求的检索途径,而文献主题的标引方法要在一定程度上"迁就"这些途径。叙词的人为性比较大,甚至每个叙词都可赋予不同于习惯用法的意义,因此需要用涵义注释来逐个规定。叙词是控制语言,它是有词表的,而单元词是非控制语言,无词表。这是它们之间最本质的区别。

现在我们举例说明叙词索引或单元词索引的标引与检索。

假定有下列几篇文献,其主题与文献代号为:

炼油厂含氰含酚废水的活性炭处理法　　　　　　　　①

印染厂含酚废水的活性污泥处理法　　　　　　　　　②

电镀厂含氰废水的活性炭处理法　　　　　　　　　　③

含氰含酚废水的活性污泥处理法　　　　　　　　　　④

炼油厂含氰含酚废水的活性污泥处理法　　　　　　　⑤

活性炭的制备　　　　　　　　　　　　　　　　　　⑥

我们先将上述六篇文献分析出"炼油厂"、"氰"、"酚"、"废水处理"、"活性炭"、"印染厂"、"活性污泥"、"电镀厂"、"制备"等九个叙词或单元词,然后为每个叙词或单元词作一卡片,以该词为标识,在其下记上文献代号,就成为:

炼油厂 ① ⑤	氰 ①③④⑤	酚 ①②④⑤
废水处理 ①②③④⑤	印染厂 ②	电镀厂 ③
活性炭 ①③⑥	活性污泥 ②④⑤	制备 ⑥

图 5—5

检索时,根据检索提问,可以选取有关的概念单元卡片进行组配。所谓组配,如果是逻辑积的关系,就是对比号码并找出相同的号码。相同的号码,意味着该号文献同时具备所组配的几个概念单元,即为命中文献。

例如我们要检索用活性炭进行废水处理的文献,就可把"活性炭"和"废水处理"两张卡片来对比号码,发现①③两篇文献是符合检索命题的,即为命中文献。而其它号码的文献均不符合检索命题,即为无关文献。

如果我们检索的命题更专深一点,如查找"用活性炭处理电镀厂的含氰废水"的文献,那就将"活性炭"、"电镀厂"、"氰"、"废水处理"四张卡片来组配,发现命中文献仅为文献③一篇。

如果我们把检索命题放宽,只要是废水处理的资料都要,那么,"废水处理"这张卡片就不需与其它卡片组配,该卡片上①②③④⑤五篇文献均为命中文献。

如果我们改变检索的角度,例如检索"活性炭的制备",那么

140

经组配便可命中文献⑥。

由此可见,概念组配索引法与主题法虽然在某种程度上有所类似,但却有本质的差别:

首先,概念组配索引对文献情报的存储方式与其他索引法有着很大不同,现用图5—6来表示这种区别。

传统的索引法

标识→A B C D E F G H I J

A	B	C	D	E	F	G	H	I	J
①	①	①							
	②		②	②	②				
③		③			③				
	④					④	④	④	
⑤			⑤					⑤	⑤
		⑥		⑥		⑥	⑥		
⑦					⑦			⑦	⑦
	⑧		⑧	⑧				⑧	
			⑨			⑨		⑨	⑨
			⑩	⑩			⑩		

概念组配索引法

概念单元卡

标识	文献代号					
A	1	3	5	7		
B	1 2	4		8		
C	1	3	6			
D	2	5	8	9	10	
E	2	6	8	10		
F	2 3	7				
G	4	6	9			
H	4	6	10			
I	4 5	7	8	9		
J	5	7	9			

每篇文献作为一个存储单元制题录卡(或简介卡、文摘卡),分别排在相应的标识(类号,标题或关键词)下。对一篇文献用多少个标识来标引,就应制多少张卡片。

将一篇文献的主题分解为若干概念单元(单元词或叙词),每个概念单元作为一个存储单元,分别以其文献代号登记在概念单元卡上。每张卡片可以登记大量文献代号。

图5—6

从图5—6可以看出:传统的索引是把标识(分类号、标题、关键词)记在文献卡片上,由于文献卡片是按标识排列的,所以在一张文献卡片上只能记一个标识,也就是说,对一篇文献给出多少个标识,就要制多少张文献卡片。例如对上列10篇文献共使用了

37 个标识,所以必须制 37 张文献卡。而概念组配索引法则相反,是把文献代号记到概念单元(标识)卡上。采用这种反记法能在一张卡片上记录大量文献代号。所以卡片数量与概念单元(标识)数量相等。例如对上列 10 篇文献作分析,假定分析出的概念单位也是 37 个,但是有些概念单元是相同的,可以记在一张卡片上,所以只要用 10 张概念单元卡就行了。这种根据"反记法"而建立的书目文档,也称倒排档。

"反记法"是概念组配索引法的一个重要特点。采用这种反记法,简化了对文献的著录和标引,节省了编制检索工具所需的人力、物力和时间,从而就有可能使用更多的标识来标引文献,达到极高的引得深度。例如有的检索工具采用这种概念组配法,把一篇论文解析成二百多个概念单元,把一份专利解析成 450 多个概念单元。在一般情况下,一篇文献的主题平均可解析为 10—20 个概念单元。这个引得深度是其它索引法在实际上所难以达到的。这个重要的特点,可以保证文献中所包含的大大小小的情报,在检索时不至于被漏检,或者可以保证漏检率的降低,从而适应现代科技研究对文献检索的基本要求。加大引得深度,有助于提高有用情报的查全率,这是一个明显的规律。但是过多地增加标引词,却会造成误检率的增高。在概念组配检索系统中,卡片或其它情报载体的数量与单元词或叙词数相等,因此对每篇文献分析出来的概念单元数目不受限制,可以无限扩张。只是每张卡片所能登录的文献代号数目,即文献数量,受卡片面积的限制。检索工具的体积只是略微地和间接地受文献数量的影响。而在其它检索系统中,加大引得深度,即增加标识,就要相应地增大检索工具的体积。例如,如果要把文献的引得深度用分析、互著的办法由 1 增加到 8,就必须由 1 个标识增加到 8 个标识,由 1 张卡片增加到 8 张卡片。也就是说,检索工具的体积必须增加到 8 倍。至于要把某些文献的引得深度增大至三、四百,那更是不可设想的事。然而在概念组配检索系统中,引得深度的增大基本上不影响检索工具体积的增大。因为尽管复杂概念很多,但基本的概念单元却并不多。

这个道理在现实生活中是很常见的。A、B、C、D 等二十六个字母,可以组配成千言万语;1、2、3、4、5、6、7、i 八个音符,可以组合成千歌万曲。不管科学技术怎样发展,学科之间的关系如何错综复杂,不管表示概念的词汇怎样层出不穷,但科学技术领域里的基本词汇的变化是很小的。由于叙词是供组配的,因此,叙词表中所收录的词(包括词组),在数量方面要比列举式分类法的类目和先组式的主题表中的主题词要少得多。例如国际十进分类法中的第五至第六大类(数学、自然科学、实用科学、医学、技术),包含有将近 10 万个细目,相当于先组式的 7 万个一级主题词和二级主题词。而在叙词式检索语言中,只需要 5,000—7,000 个叙词(词和词组)就够了。例如美国武装部队技术情报局(ASTIA)的主题表第四版有 7 万多个主题,但经过概念单元的处理,却只有 7 千个叙词。后来经再次处理,减至 6 千多个。有人试验过,利用概念组配索引法来编制检索工具,开始是文献篇数少而概念单元多。例如 500 篇文献时,所用的概念单元高达 1,300—1,400 个;但文献增至 3,000 篇时,概念单元数大致与文献篇数相等,此后文献篇数增加,而概念单元的增加就不多了。例如 ASTIA 用 7,000 个叙词,编了 10 多万件资料。

其次,由于它是后组式的索引,因此,在检索时,可以通过不同概念的组配,达到任意的专指度(特性检索,如“炼油厂的含氰含酚废水用活性污泥法进行处理”)和泛指度(族性检索,如“废水处理”)。它的组配非常灵活,能够适应各种各样的检索角度,因此检索范围可根据实际检索提问和文献的多寡而随意伸缩和变换。先组式的主题索引,对于概念的组成因素(例如事物、材料、部件、现象、动作、地区、时间、体裁等)在数目方面和排列方面都有一定的限定,检索时必须按其事先已给定的组合关系进行查寻。而概念单元组配法是后组式的。它可以按在文献标引时所没有预先限定的任何深度与次序的逻辑组合进行检索。

利用单元词卡或叙词卡检索时，只能得出文献代号，因此还必须另编一套文摘卡、题录卡或文献代号（流水号）目录，借以从代号了解文献的篇名、著者及内容摘要等等事项。因此这种检索过程，必须有两道工序。在这一点上，它不如其他检索系统直接。

概念组配索引法也存在着一些问题。

首先是词义问题。同标题法、关键词法一样，单元词法也存在同义词、近义词、多义词等等。由于它们共存于同一系统中，当用作文献标引的词与使用者用来检索的词不一致时，就会影响检索，特别是可能造成漏检。这个问题的解决办法是编制一部标准的叙词表或单元词表，以控制词汇。借助于参见系统可以减少由于同义词所产生的漏检。

其次是句法问题。概念组配系统有时不能反映出被组配的概念之间的逻辑关系。在概念间可以互换的情况下，会发生混乱，造成误检。如"泵"与"润滑系统"可组配成"泵的润滑系统"及"润滑系统中的泵"，二者就不能区分开来。特别是在用单元词来组配复合标题，而并没有考虑到成组的单元词间关系的对偶性的情况下，就可能造成检索时的偶然组合（假联系），因而产生误检。

例如一篇论述广东的香蕉和新疆的哈密瓜的文献（代号0081），它可以分析成四个概念单元，登记在四张卡片上：

广东	香蕉	新疆	哈密瓜
0081	0081	0081	0081

很明显，如果把"广东"与"哈密瓜"两张卡片进行组配，或者把"新疆"与"香蕉"两张卡片进行组配，都可以找到共同的文献号——0081。这是概念单元间偶然的寄生性组合产生的误检情况。再例如，一篇论述颜料的掺和，晶体的压碎，粉末的包装，纤维

144

的洗涤,煤的输送,铁矿石的进给的文献,把这 12 个概念单元组配起来,就可能产生 5/6 的假联系,如粉末的掺和,铁矿石的输送,纤维的包装,煤的压碎,颜料的进给等等。由于上述这些原因,使概念组配检索系统的误检率较高。为了克服这个缺点,必须进行句法控制。

为了解决错误组配的问题,可以用关连符号(Links)作为辅助的手段,以适应单元词组配时单元词间关系的对偶要求。例如一篇题为《中国的大米出口和机械进口问题》的文献(设文献代号为001)可用关连符号作如下标引:

中国　　A,B　001

大米　　A　　001

出口　　A　　001

机械　　B　　001

进口　　B　　001

这样,在进行组配检索时,除了对比文献代号外,还需对比关连符号(A,B)是否相同,若两者都相同,才算检索到符合检索命题的文献。因此,利用这种关连符号,就不可能产生“大米进口”或“机械出口”的错误组配,从而保证了查准率。

但是,关连符号也不是万能的,有时也可能造成漏检。例如有一篇文献(设文献代号为002),题目是“铜管的镀锡”。用关连符号标引的结果是:

铜　A　　002

管　A　　002

镀　B　　002

锡　B　　002

如果要检索“管子的镀锡”,或“管子的电镀或化学镀”的文献,就不可能命中 002 这篇文献。这就是说,关连符号的本身一方面具有防止乱组配的功能,另一方面也有造成漏检的可能。

组配索引的检索,还有另一个问题。例如,某一化合物,在甲篇文献中是作为化工原料来讨论的;在乙篇文献中它可能是作为产品来讨论的;在丙篇文献中,它又可能是作为催化剂来讨论的;在丁篇文献中,它则可能是作为在某种领域的用途来讨论的。也就是说,同一化合物,它在甲、乙、丙、丁这四篇文献中的"职能"是不同的。如果不加以区分,则检索"如何生产这种化合物"的人,可能会查出如何以这种化合物作为原料或催化剂去生产另一种产品的文献。这种误检是组配检索法中的另一种错误的组配所造成的。为了解决这个问题,就使用"职能符号"来作为辅助标引的手段。

职能符号是表示概念所能起的作用或方面的一种符号,它相当于表达概念间逻辑关系的符号。实际上就是将同一单词所表达的概念再标明"作用"和"方面"来进一步区分一下。为此,先要编制一张"职能符号表"(这里只是举一个例子,实际上职能符号很多),例如图5—7:

职能 概念单元 意义 职能符号	机械设备	材料	过程方法	现象
a	理论	理论	理论	理论
b	性能	性能	性质	性质
c	用途,用于…的	用途,用于…的	应用,用于…的	应用
d	部件,所用的…			
e	生产设备	生产设备		
f	检验设备	试验设备	试验设备	实验、观测设备

图 5—7

运用这种职能符号表,则题为"润滑系统的泵"的文献代号应分别登录在"润滑系统 d"和"泵 c"之下。题为《泵的润滑系统》的文献代号则分别登录在"润滑系统 c"和"泵 d"之下。这样,如果在检索时不仅按概念单元,而且也按职能符号对比,就可以分清这两篇内容不同的文献。

　　根据组配法建立叙词的检索系统,必须要编制词表。

　　为了提高检索效率,叙词应当规范化。在这一点上,与先组式的主题索引所需要的主题词表是一样的。对同义词、多义词、反义词、近义词、上位词以及下位词等等都需要用一定的参照系统加以联系鉴别和规范。分别用"用"(USE)、"代"(UF)、"属"(BT)、"分"(NT)、"参"(RT)等记号将词表中的各个叙词构成一个有机的整体。

　　另一方面,建立采用叙词与单元词组配检索系统,需要有机械化与自动化的装置。手工检索的比号法显得麻烦,无法适应于复杂的组配检索。

第六章　文献检索方式

第一节　检索方式的概念及其种类

文献检索系统,是指为着一定的目的而建立的、存贮有经加工了的文献信息、拥有一定的存贮与检索技术装备,并能提供文献检索服务功能的一种相对独立的服务实体。

这就是说,任何一个文献检索系统,都有其明确的目标,即服务对象、专业范围;其次,必须搜集、加工、存贮一定数量的文献信息,这是检索系统所不可缺少的情报资源;第三,必须拥有实现存贮与检索的技术装备与技术手段,即各种记录文献信息的载体和用以进行文献标识同检索提问相对比匹配的机具;第四,必须拥有检索服务的功能,即保证达到一定的查全率和查准率的检索方法与手段。总之,目标、资源、技术装备及检索功能这四个方面是构成检索系统的要素。

在这里,技术装备(即信息载体与检索机具)和匹配手段具有相当重要的地位。技术装备的每一次革新,都有力地推动着检索方式的改变,赋予文献检索系统以新的面貌。例如在手工式检索设备基础上出现的机械检索装置,引起了整个文献检索的革命,它不仅极大地提高了检索的效率,而且给检索的理论带来了一系列新的概念。在某种意义上来说,文献检索的发展史,是以其所采用的技术设备与手段来划分阶段的。

前面说过,在各种不同的检索语言的基础上产生了各种不同的文献标识,从而产生了各种不同的索引及其相适应的检索方法。但是文献的标识和文献的地址(文献代号)或文献著录款目都必须记录在一定的物质载体上,例如记录在册页式的书本上,图书馆的卡片上,穿孔卡片上,缩微平片或缩微胶卷上,磁带、磁盘、磁鼓上,等等,并在这些不同载体上进行情报提问与文献标识的对比,即检索工作。这种在不同的载体上进行的存贮与检索的过程,有的还须借助于一定的装置和技术手段,例如探针、选卡机、计算机等等。因此,从信息载体和技术手段这一角度,可以划分出书本式检索系统、普通卡片式检索系统、手检穿孔卡片检索系统、机检穿孔卡片检索系统、缩微品检索系统以及电子计算机检索系统等等各种检索系统。其发展的历史顺序是:

本世纪四十年代以前:先组式索引,完全手工式的检索,检索工具是书本式、卡片式的形式。

四十年代:出现了后组式索引,手工式检索。

五十年代:穿孔卡片系统;缩微胶卷检索系统。

六十年代:通过磁带、以脱机批处理方式操作的、以计算机为
　　　　　基础的系统经改进的缩微胶卷检索系统。

七十年代:联机检索系统。

当然,这些时期的划分是粗线条式的。例如,第一个以计算机为基础的检索系统产生于五十年代后期,但在六十年代才开始对情报服务产生重大的冲击。联机检索系统的实验至少应当追溯到1964年,但它被得到广泛承认与应用的,是在七十年代。

书本式的检索工具是历史上最早出现的,一册书目或索引,可以说是最简单的检索系统。它所要求的技术装置与手段仅仅是纸张和集页为册的装订。继之而出现的普通图书馆卡片式检索系统,它不仅要求卡片这种离散式的信息载体,而且需要有规则地存贮卡片的卡片盒和目录柜。书本式和卡片式检索工具,其检索过

程,是依靠人工的手翻、眼看、脑子作出判断进行的。因此它是纯粹的手工检索方式。手检穿孔卡片检索系统,另外还要求有相应的穿孔器具和探针。至于机检穿孔卡片检索系统,除了穿孔卡片之外,还必须具备选卡机为前提。电子计算机检索系统所要求的技术装置与手段是电子计算机以及各种磁带、磁盘等存贮设备。这是比以前任何技术装置与手段复杂得多的工具。至于当前的网络化检索系统,除计算机及其存贮器之外,还需要现代的通讯线路与手段。由此可见,实现文献存贮与检索的技术装置与手段,是一步步地从简单向复杂发展的,各种检索系统也随之从低级向高级发展。人们对技术装置与手段的依赖性越大,检索效率也相应地越高。

第二节　边缘穿孔卡检索方式

边缘穿孔卡片,是四周带有规则孔眼的卡片。有关文献特征的文字记载(题录或文摘)写在卡片中间部分。四周的孔眼,则根据检索标目而进行不同方式的轧开。以轧孔的位置及各种排列组合,来代表文献的主题、著者姓名、出版年月、文献类型等等各种标识。在检索时,用穿针插进表示某种检索标识的孔眼,并向上提起轻轻抖动。这样,非检索对象的文献卡片(该标目未轧孔)仍留在穿针上,而检索对象的卡片则会落下来,从而查寻到符合检索命题的文献。

图6—1是一种手检穿孔卡片的式样。手检穿孔卡片由于边缘需要轧孔,尺寸一般较普通卡片为大。常见的有 126.5×201.5 毫米(5×8 吋)、101.5×151.5 毫米(4×6 吋)、76.5×126.5 毫米(3×5 吋)等几种。其式样很多,可随具体需要进行设计。

手检穿孔卡片检索时,每次最多穿检100—200张卡片,所以

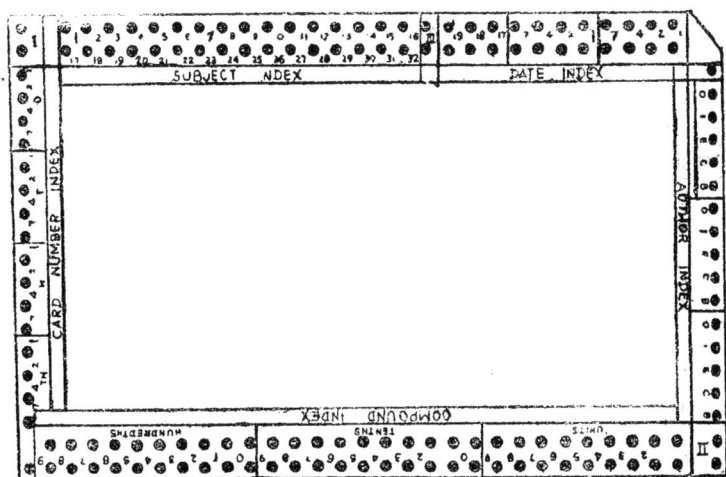

图6—1

1,000张卡片要分成几次操作,但整个操作过程只要几分钟就可完成。图6—2即为穿孔卡片检索操作的情况。

这种手检穿孔卡片,其优点如下:

1. 一篇文献的各种标识(分类号、标题、关键词、著者、发表年份、文献类型等等),可以在同一张穿孔卡片上用若干组轧孔来表示,达到多元检索。而不像普通卡片那样,一个标识需要一张卡片(一元检索),因而一套穿孔卡片就可以代替几套普通卡片,检索工具的体积要比普通卡片小得多,费用也比普通卡片低。

2. 它在一般的情况下不需要排片。普通卡片每张卡片都必须排列在特定的位置,否则就不能进行检索,卡片位置的错乱将造成漏检。而穿孔卡片的先后次序可以完全不顾,只要求卡片不颠倒、不反放即可。为了易于发现卡片的颠倒或反放,一般切去卡片的右上角(或左上角),这样,只要把全部卡片的缺角对齐,整套卡片就不会有一张颠倒或反放的了。整理卡片时,凡是颠倒与反放的卡片,可以通过检查切角发现和纠正。对齐卡角也不必一张张检

151

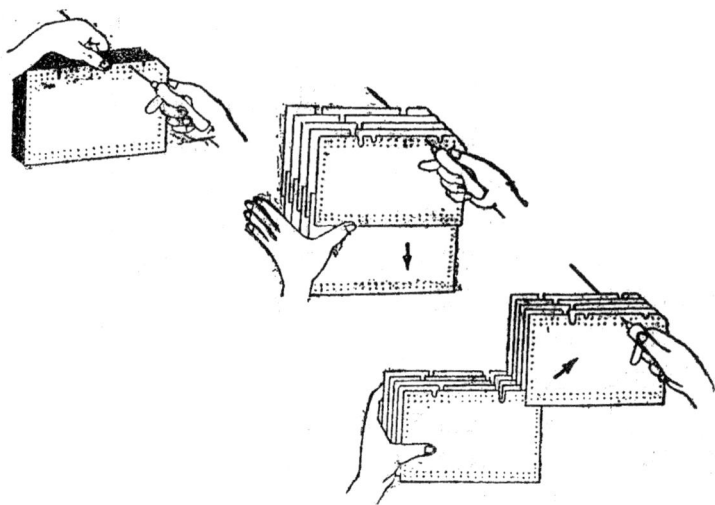

图 6—2

查,只需用穿针依次穿进三个完整角的小孔,每穿一次都会落下一批颠倒或反放的卡片。穿完三次,卡片便分成四堆,再把四堆的缺角对齐,卡片便整理完成。因此,穿孔卡片检索系统与普通卡片比较,省去了大量的排卡时间,并且不存在由于卡片前后位置错乱而造成的对检索结果的影响。

3.边缘穿孔卡片也可像普通卡片一样,进行顺序排列,例如按分类号或按主题词字顺排列。并且还可以使其从一种排列次序迅速地变换成另一种排列次序,例如从分类排列的次序变换成按著者排列的次序,这是普通卡片不容易做到的。

顺序排列的具体方法极简单:只需在特定的穿孔区(例如代表文献主题的区域)的小孔中,自右至左,依次穿孔。每穿一孔都会有一批卡片落下,把落下的卡片放在整叠卡片的后面,每次都这样做,直至把这个区域的全部小孔都穿完,所有的卡片便会按 1、2、3、4…或 A、B、C、D…的次序排列起来。如果卡片数量太多,一

152

次不便排列,可分成几批,分批排列,然后汇总。

4. 手检穿孔卡片检索时,是由穿针的机械作用来代替人们对卡片标识的审视的,因此避免了人们翻阅一张张卡片的繁重劳动,并且还可以利用一些专用的穿检装置,实现检索的半机械化。传统的检索系统向机械化自动化检索系统的过渡,正是由手检穿孔卡片作为起点的。

手检穿孔卡片既以边缘轧孔表达概念,自然孔数愈多,表达的事项就愈多。为此要求孔径小,即在单位面积内能容纳更多的孔数,同时要求孔形便于轧孔。因此,手检穿孔卡片大都采用单排孔和双排孔两种。

手检穿孔卡片既以孔眼的轧开及不同的组合方式来表示文献特征(检索标识),因此,必须有一套代码(Code)系统。也就是对卡片上孔的轧开和组合方式,赋予一定的规则,并且给定各种各样的意义。代码实际上就是编码的方法。

手检穿孔卡片的编码法很多。例如有一孔一意法(直接代码法)、一列1247法、一列1247 S F法、二列1247法、二列12369法、二列12345法、一列三角标示法、二列三角标示法、四角标示法、三列三角标示法、中拔轧孔法,等等。在一套具体的穿孔卡片检索系统中,往往同时采用不同的代码法来表示不同类型的标识。如文献的分类号采用1247 S F法,著者姓名采用二列三角标示法,文献发表年代采用一列三角标示法。

1. 一孔一意法(又称直接代码法)

卡片上每一个孔只赋予一个意义,表示一个项目。如图6—3表示"3"和"7"。

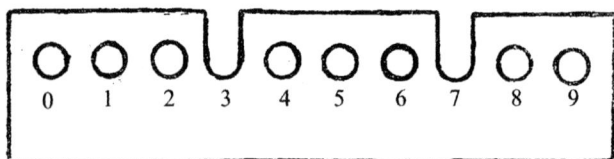

图 6—3

2. 一列 1247 法

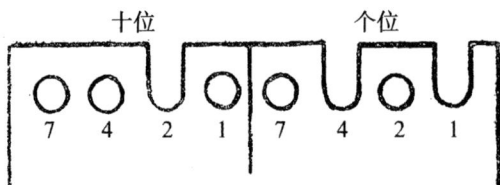

图 6—4

这种编码法是把四个孔当作一组,分别代表 1、2、4、7 四个数字(图 6—4)。而其它数字可由二个数字相加而成,因此在每一组中,以代表 0—9 十个数字:

1 = 1

2 = 2

3 = 2 + 1

4 = 4

5 = 4 + 1

6 = 4 + 2

7 = 7

8 = 7 + 1

9 = 7 + 2

Q = (不轧孔)

3. 二列 1247 法

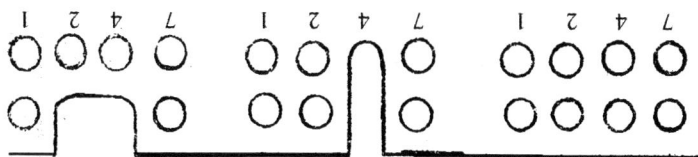

图 6—5

这种编码法为二排孔,每排四个孔,也用 1247 的数字(图 6—5)。1、2、4、7 四个数,每个数轧深孔,如图中即代表"4"。而 3568 则轧两个浅孔。如图右即表示"6"。0 则轧"7"、"4"二个浅孔。

4. 二列 12369 法(图 6—6)

图 6—6

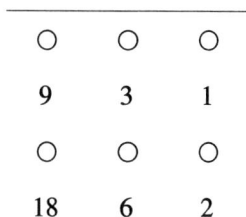

图 6—7

则:

1 = 1

2 = 2

3 = 3

4 = 3 + 1

5 = 3 + 2

6 = 6

7 = 6 + 1

8 = 6 + 2

155

$9 = 9$

$0 =$（不轧孔）

对于十进分类法来说，0—9 已经够用，但若类目超过十个，则将图 6—7 中"9"下的空位编上"18"，可以扩大为 0—26，在一个组中可以分 26 个类目（见图 6—7）。

$10 = 9 + 1$

$11 = 9 + 2$

$12 = 9 + 3$

$13 = 9 + 3 + 1$

$14 = 9 + 3 + 2$

$\vdots$

$18 = 18$

$19 = 18 + 1$

$20 = 18 + 2$

$26 = 18 + 6 + 2$

5. 二列 12345 法（图 6—8、图 6—9）

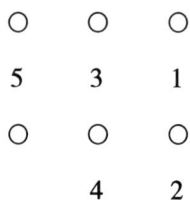 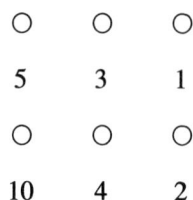

图 6—8　　　　　　　　图 6—9

这种编码法只需三个孔的位置即可组成一组，因而节约了卡片面积。其规则如下：

$1 = 1$

$2 = 2$

$3 = 3$

$4 = 4$

$5 = 5$

$6 = 5 + 1$

$7 = 5 + 2$

$8 = 5 + 3$

$9 = 5 + 4$

$0 = (不轧孔)$

6. 其它的完全选择性编码法(图6—10)

(1)一列1247 S F法

这是在一列1247法的基础上,增加SF(Single Figure)(单孔)孔而成的,SF孔在这里是补偿孔。一般来说,在不完全选择性代码法中,设置适当的补偿孔就可以变成完全选择性代码法。一列1247 S F法的轧孔规则是:

$1 = 1 + SF$

$2 = 2 + SF$

$3 = 2 + 1$

$4 = 4 + SF$

$5 = 4 + 1$

$6 = 4 + 2$

$7 = 7 + SF$

$8 = 7 + 1$

$9 = 7 + 2$

$0 = 7 + 4$

在德国的穿孔卡片中,不用 SF 的记号,而用 Ez（Einzahl）的记号。

157

图 6—10

7. 补偿孔的另一种形式是,它与一孔一意法相结合,从而使一定的孔数表示更多的概念。如图 6—11:

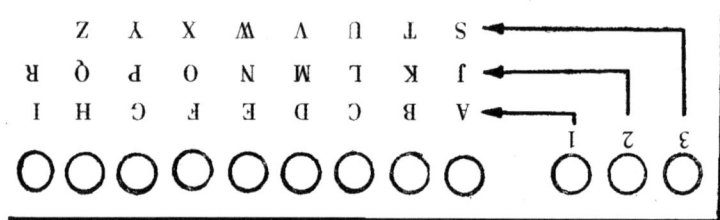

图 6—11

这里,1、2、3 三个孔为补偿孔。当要表示 A—I 这一排的某个字母时,除轧开该字母所在的孔之外,还须轧开 1 号补偿孔。当要表示 J—R 这一排的某个字母时,除轧开该字母所在的孔之外,还须轧开 2 号补偿孔,以此类推。因此,由于采用了这个办法,使原来需要 27 个孔才能表示的 A—Z 等字母,只需 10 个孔就足够了。

8. 一列三角标示法

图 6—12 即为一列三角标示法。它是把一列孔作为底边,在此底边上划成倒三角形。每个孔之间作斜平行线,因而形成了许多菱形。每个菱形代表一个项目,也可代表一个数字或一个具体概念(如中国、朝鲜、越南、日本……),其标示项目的方法如下:从某项目的菱形出发,沿左右两斜线向卡片边缘引伸,在到头的两个孔轧口,就表示此菱形的事项。

158

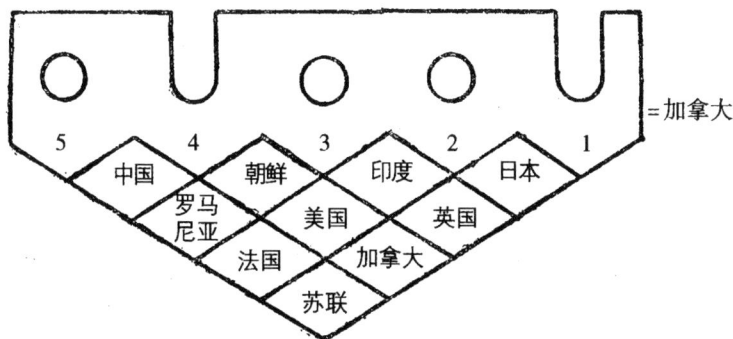

图6—12

9.二列三角标示法

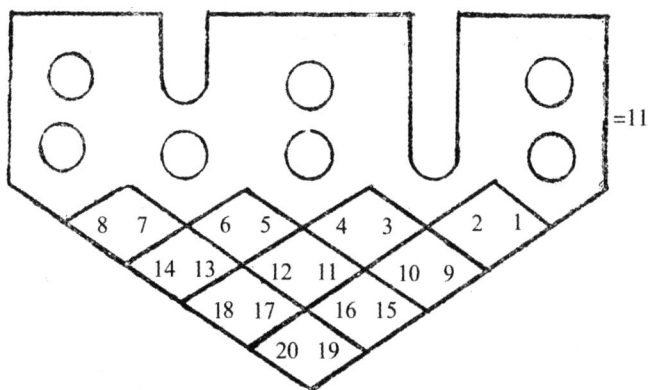

图6—13

图6—13即为二列三角标示法。它与一列三角标示法不同的地方,是倒三角形底边为二列孔,每个菱形中写两个事项(数字、概念)。当要表示每个事项,则该对着菱形的二边孔,靠近该事项的那边轧深孔,另一边轧浅孔。例如,图6—13中的轧孔为"11"。

159

10. 四角标示法

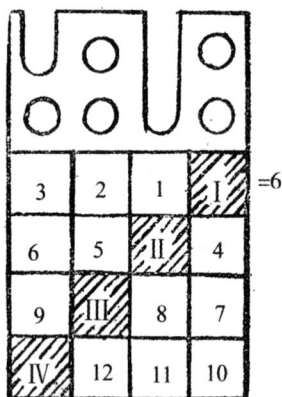

图 6—14

图 6—14 即为四角标示法。

其轧孔原理基本上与三角标示法相同。这种方法把某数之上的上位孔浅轧,同时在与该数平列的罗马数字的方格(有时用空格粗框框表示)之上的孔深轧。

11. 三列孔三角标示法(图 6—15)

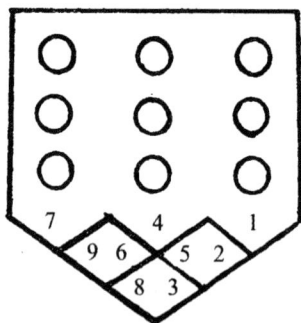

图 6—15

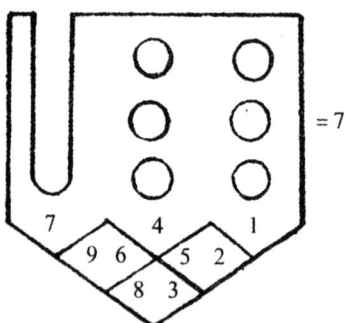

图 6—16

此法与图 6—13 的二列三角标示法差不多,格中的数,以轧到

160

第二排的一个孔（深孔）及第一排的一个孔（浅孔）来表示。方格之上的 1、4、7 三个数，各以轧到第三排的孔（最深孔）表示。如图 6—16 表示的是 7，图 6—17 表示 5，图 6—18 表示 3。

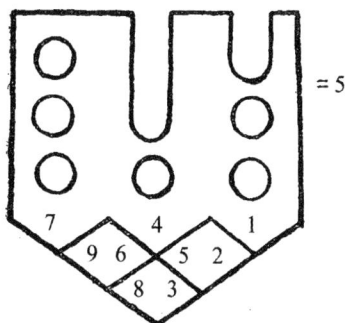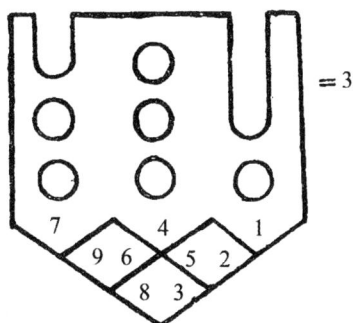

图 6—17　　　　　　　　　图 6—18

用上述各种代码法，可以表示相当多的分类项目（概念）。但是，有时孔数有限，为了多表示一些项目即在一区内重叠表示，可采用"中拔轧孔法"（Slot, Intermidiate punch）。

图 6—19 中，F 即为"中拔轧孔"。中拔轧孔在插进穿针时，卡片只能落下一定距离，而不能完全落下来。因此操作必须分二个阶段。在第一次操作后，用手扶住半落下来的卡片，再用另一根穿针，插进未落下来的卡片的角孔，轻轻提起。这样，中拔轧孔的卡片即可全部落下。

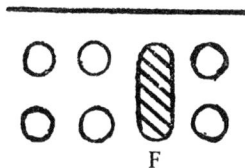

图 6—19

中拔轧孔，常与开口轧孔法并用，以便在一区内表示更多的项目。如图 6—20。

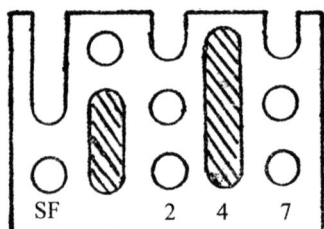

图6—20

总之,在具体的一张穿孔卡片上,往往采用不同的代码法来表示不同的标识。如文献的分类号,采用1247 S F法,著者姓名采用二列三角表示法,文献发表年代采用一列三角表示法。

手检穿孔卡片也有它的局限性。由于检索时每次只能穿检100—200张卡片,千万张卡片必须分多次操作,检索所需时间较多,所以,它一般只能适用于处理几万件的文献。如果文献数量庞大,检索手续就会过于麻烦。专业范围比较狭窄的情报资料单位,由于文献数量有限,对检索的要求很高,检索工具的使用又不十分频繁,使用手检穿孔卡片比较合适。而文献数量多,涉及的专业广,文献检索比较频繁的综合性图书馆和情报资料单位就不宜采用手检穿孔卡片来处理大量文献。同时,手检穿孔卡片受到孔数的限制,因此它在多元检索上也要受到一定局限,例如对文献的某些特征只能作较粗的标引,一张卡片也不能完全容纳对检索有用的全部文献特征。另外,手检穿孔卡片在使用过程中,孔眼容易撕裂损坏,如不及时修补,则会造成检索的混乱。这也给卡片管理增加工作量。

第三节　重叠比孔卡检索方式

重叠比孔卡检索方式,是适应叙词与单元词的概念组配索引

162

的检索而产生发展起来的。在第五章第十节中，我们介绍了实现组配检索的比号法，即对比叙词、单元词索引款目中的相同号码。这是完全以手工方式进行的。当需要组配的叙词、单元词较多时，必须进行多次（n－1）的对比。而重叠比孔卡是实现组配检索的另一种匹配方式。它的原理是通过对比孔位，以代替比号，因而又称比孔法。

重叠比孔法（国外称 peek－a－boo 方式），就是在每张概念单元卡的中间，划分成几百个甚至上万个小方格，如图6—21。

每一个小方格的编号就表示一篇文献的代号。例如要记录0001 号文献，就在第 0001 小方格打一个小孔，要记录 0999 号文献，就在第 0999 小方格打一个小孔，以代替列表的方法。当然，要容纳多少文献，就必须有多少孔位。如第一张卡片孔位不够时，可用第二张卡片继续记载。在组配时，只须把有关概念单元卡重叠起来，对着光源观察，凡是各卡片上穿孔一致的地方就能透过光线，透光的孔位表示在各张卡片上都有记录的文献代号，也就是符合检索命题的文献（见图6—22）。

重叠比孔卡片检索法比表式比号检索法要方便得多，效率也高得多。利用重叠比孔卡片来查找有三个概念单元的文献，一次手续即得，而表式比号法则必须比较两次。特别是在号码较多的情况下，逐个比号是很费时间的。当然，比孔法需要轧钻孔眼的设备，容量也有一定限制。

国外有的在重叠比孔卡上的每一个小孔上放置一张文摘卡的缩微胶片，透光时，文献卡胶片被放大投像，进而可以复制出来。

在单元词或叙词的比孔卡中，如果某篇文献要剔除或撤消时，也不必抽出有关的各张卡片一一进行修改，而只需另制一张记载剔除文献的卡片。在该卡片上，凡被剔除的文献，在其相应的孔位上贴上一小块带有颜色的透光薄膜。在比孔时，把这一张卡片一起重叠透光，凡发现小孔透出的光是带有颜色的，则表示该文献已

163

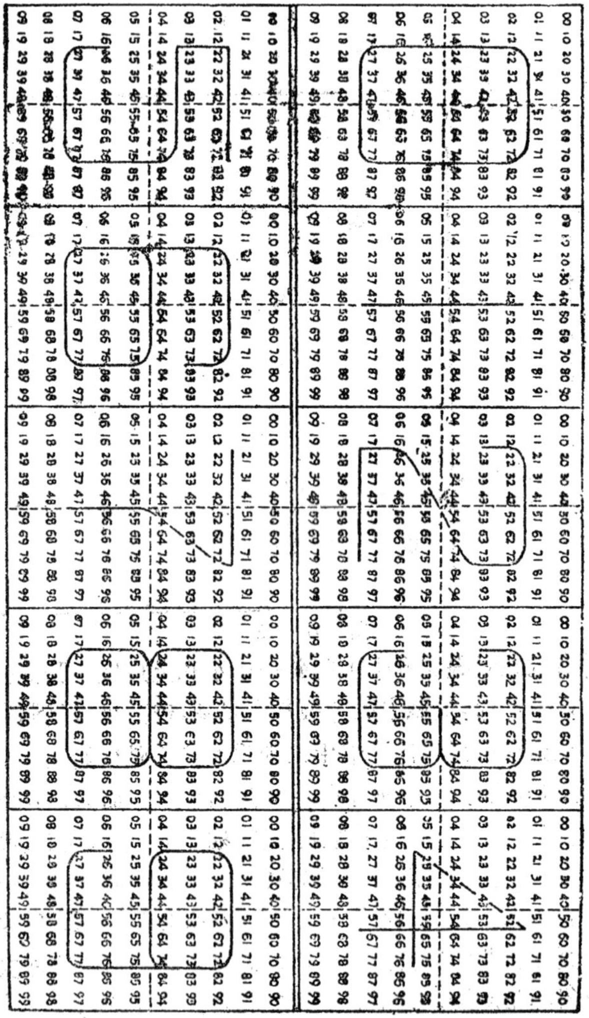

图 9—2

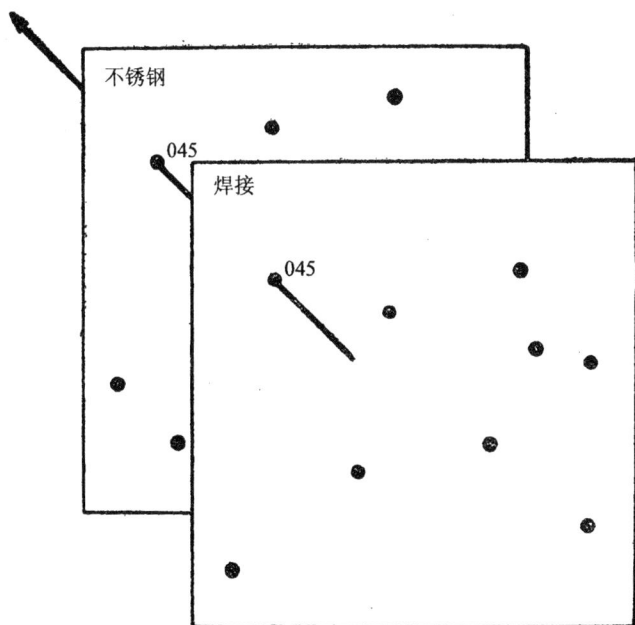

图6—22

经剔除。此法非常简便。而表式比号法则对于剔除文献的处理，显得非常麻烦。这也是重叠比孔法的一个优点。

这种手工操作的半机械的检索工具，比机械化、自动化检索系统成本便宜，而检索速度也快。但是，当文献存储量较大，以及咨询提问次数较多时，这种方法便显得不适用。在我国目前的条件下，专业图书资料单位是可以采用这种检索方式的。即使是大型综合性图书馆和情报资料单位，对于某一类藏书，也可采用重叠比孔卡的检索方式。例如，字典、辞典、大全、手册、年鉴之类的工具书，由于涉及多文种的对照，以及数据必须联系相应的年代、国家、地域、数据编纂单位等，检索角度多样，深度较大，并且要求有关项目的结合，采用这种检索方式比较有利。

第四节 机电检索方式

机械检索系统包括机电检索系统、光电检索系统和电子计算机检索系统。

机械检索最初是从简单的穿孔卡片逐步发展起来的。继手检穿孔卡片之后，出现了机检穿孔卡片和选卡机。这就形成了机电检索系统。在检索时，先把检索机调定在要找的几个触头上，输进一叠卡片，机器里边有检视元件，它或者是一排探针，或者是一排电刷。卡片经过检视元件时，探针下压，遇到孔位相符的卡片，可穿过卡片上的孔眼，作用于传动机构，自动的把这张卡片分选出来，放到相应的受卡盒中。若以电刷为检视元件时，电刷可以穿过孔眼与接触轮接触，接通相应电路，打开受卡盒门，而使卡片进入受卡盒中。这就是机检穿孔卡片的简单原理。Ball 系统即属于这种机电检索系统。

机检穿孔卡片主要有 45 纵行、80 纵行和 90 纵行等几种。图 6—23 即为一种 80 纵行的机检穿孔卡片，图中轧孔为英文字母和数字表示方法。

这种检索方式，有一个明显的特点，就是要把情报提问具体化，把检索机调定在要找的几个触头上。这也就是说，必须把情报提问在检索实行之前，变成相对固定的检索策略，并且用触头的位置（表示代码）体现出来，交给机器去执行。而执行的过程，是一个可以脱离人的意识的机械处理过程。这一点是同脱机系统的计算机检索一致的。这要求检索者在拟订检索策略时必须付出相当多的劳动，"三思而行"。

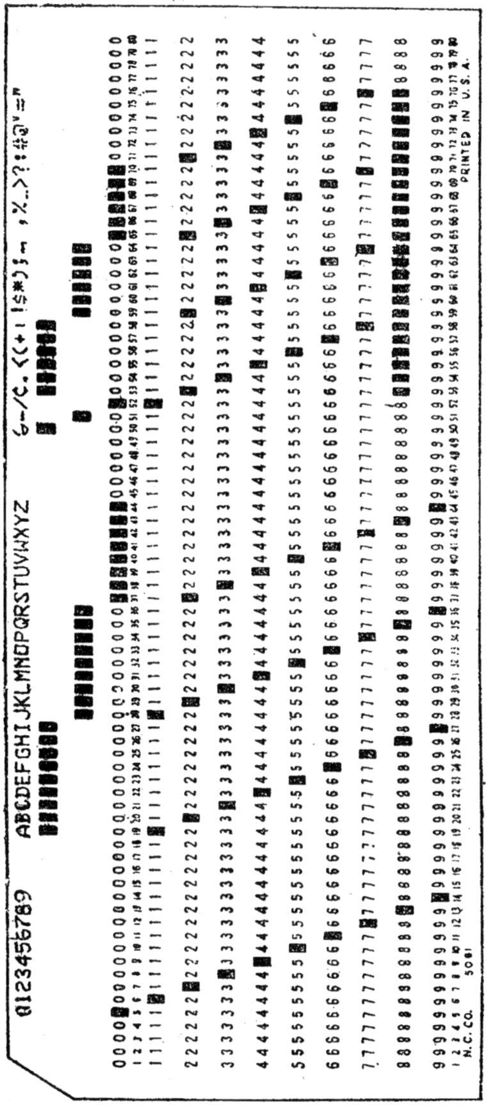

图 6—23

167

第五节　缩微胶卷(片)检索方式

缩微胶卷或胶片是应用照相术把文献的画面缩摄在胶片或其它载体上而成的。它主要有如下三种形式：

1. 连续式的。这实际是缩微胶卷，即在一卷胶卷上连续缩摄了一系列图像或画面格。它们是绕在轴上的。

2. 离散式的。即"各成单位"的形式。这种缩微品的每个物理单位是各自独立的，每张胶片本身是一篇单独的文献。离散式的缩微件例如有开窗卡(aperture card)，是一种每格带有插入胶片作为卡片"窗户"的标准数据处理卡片，另一种是所谓缩印资料卡(minicard)。

3. 混合式的。在这种缩微品中，画面按横行与纵列的二维阵列排列。其中可分不透明的缩微卡片(microopaque)，另一种是透明的缩微平片。其标准尺寸是每张平片约 4×6 吋，能存贮 98 个画面格。

缩微品不仅是一种文献缩微存贮的形式，而且可以用来建立缩微胶卷或胶片式的检索系统，从而出现了一种所谓缩微胶卷(片)的检索方式。这种检索方式，有其一套独特的匹配方法。

缩微胶卷(片)的检索系统，大致可以分为两大种：

寻址系统。缩微品按文献号码排列，当要求某一特定号码的文献时，系统就找出与该号码相对应的画面，并将其投影放大，显示在阅读屏幕上，或者将其放大复印出来。这种检索较为简单，因而可以叫做文献提供系统。

另一种系统是，在缩微品上，各画面本身加以编码，以代表该文献所包含的主题内容。这些编码，可以用某些装置(例如光电装置等)进行扫描，以便检索到与代表主题要求的某个检索策略相匹配的文献。这种系统是既具有检索功能又具备文献提供能力的系统。

以上两种系统的匹配方法,都因缩微品不同形式而所有不同。

一、胶卷检索方式。它有下列几种:

1.画面号码方式(Coma number)。如图所示:

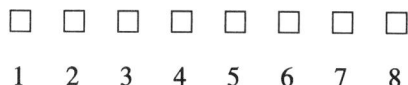

即在每个画面之下摄有对应画面内容文献的号码,一面转动胶卷,一面利用阅读器查看号码。检索速度因靠肉眼察看画面号码而受到限制。

2.速查目标方式(Flash target)。这种方式是将目标摄录在情报内容发生变更位置上,即文献的开头画面之前,作为目标画面。画面中也有文献号码。按号码查找所需文献。其优点是比较醒目。其示意图是:

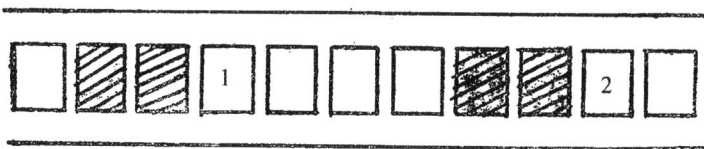

图6—24 速查目标方式

3.缺口方式(Notch)。这种方式是在胶卷的一边切有小缺口。当阅读器扫描胶卷而通过缺口位置时,则有电信号读出,通过光闪动来指示所查位置。当然,阅读器必需备有这种电路特殊装置。现在这种方式已趋淘汰。

4.线码方式(Line code)。即在画面与画面之间的空白部摄录横线。这种横线每隔10个画面由下而上移动少许。当胶卷高

图 6—25　缺口方式

速行走时,就可以一条连续线由下而上慢慢地移动。如果按照阅读器侧面的刻度读出该横线位置的话,就可知道画面位置。

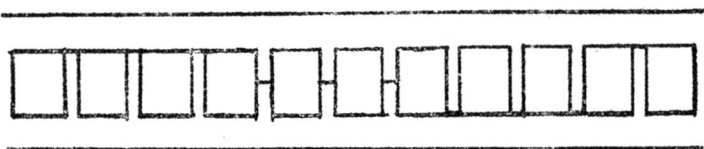

图 6—26　线码方式

阅读器的刻度分为 20 等分,下半部分为 0—9,上半部分为 10—90。如果使用两条线表示检索代码,最多可以表示 99 个类。

5. 光标志方式(Blip)。即各画面之下摄录计数标志。查找画面时通过光电读出装置算出该标志,胶卷便停在所需画面号码的位置上。这种方式也叫画面控制(Image control)方式。

图 6—27　光标志方式

6. 二进制码方式。即在每个画面的旁边,用二进制码(用不同排列组合的黑白点或粗细不同的线条加以表示)代表文献的内容。在检索时,把代表情报提问的检索策略输到机器,一种称为快速选择器的机器里,然后由机器将其转换成与上述同一形式的二

170

进制码。当"编上了程序的"光电原件观察到特定的代码图像之前,胶卷以较高的速度通过。当带有这种特定图像的画面被发现时,该画面被停止下来,或被放大复制出来。显然,用这种方法检索编有二进制代码的缩微胶卷,在概念上是和检索编有二进制代码的磁带是相同的。

二、缩微胶片检索方式。它可分为:

1.胶片条检索方式。胶片条就是将胶卷按适当的长度切断装在胶片册子中。因此查找指定的画面,要比胶卷容易。这种方式的代表设备有 Recordak 胶片条阅读器。这种设备之所以方便,不在于检索而在于胶片条装入阅读器很方便。

2.缩微平片检索方式。它又可按处理的对象分为:

(1)成组检索方式。其典型设备是平片档案库。一个托盘可存贮几百到几千张平片。一台设备配有几个托盘。按下指示电钮,其中一个托盘便转到控制台前。

(2)单页平片检索方式。在平片下端刻有代表检索代码的缺口。检索时用控制键指示,按照代码取出单页平片。

(3)平片画面检索方式。即由机器存取平片中的任何一个画面。

例如 Image 系统公司生产的 MENTOR,它在一个旋转器中最多可存贮 780 张平片(多至 182、520 页),并在大约三秒钟之内提供对任何画面的存取。该系统可以通过在键盘上打入所要求的文献号而进行存取。

缩微胶卷(片)检索系统有一个突出的优点,就是查到了文献线索,也就获得了一次文献本身。即文献的检索与文献的提供是结合在一起的。但是,它的缺点是容量毕竟有限,检索速度也不是很高。因此这种检索方式较适合于文献量相对较少的专业图书资料情报单位。

缩微胶卷（片）检索方式，其中有些是通过光电原理而实现匹配的，因此，它也可称为光电检索方式。

光电检索系统有一系列优点：胶卷、胶片比穿孔卡片坚固耐磨；缩微存贮，面积体积均小，1 立方米体积可存贮 Filmorex 胶片近 100 万张；所有制造、操作、摄影等，均可简单地、自动地进行，人参加工序少，产生错误的可能性也小，价格也较低，胶卷上还可存贮原文。可以认为此种光电检索系统综合地解决了情报的缩微存储、快速检索及快速复制问题。

第六节 电子计算机检索方式

在计算机化的情报检索系统中，从情报提问与文献标识的对比这一观点来看，计算机只是起着一种高速而巨大的匹配器作用。因此计算机检索是继机电的、光电的检索方式之后出现的新的检索方式。

在计算机检索系统中，必须包括书目数据库、计算机硬件及计算机软件三个必要的部分，缺一不可。

书目数据库就是把一系列文献款目变成二进制代码的形式，以便让计算机可以"阅读"、理解和运算。从内容来看，它同印刷型检索工具基本上是等同的。但是为了便于计算机的判断和处理，必须在款目中增加指示符、分隔符、结束符之类的标志，而且要记明各个著录项目以及整个款目的长度与地址。有时，为了提高检索的效能，计算机还需对书目数据库作进一步加工，排成各种倒排文档——即各种索引文档。一个计算机检索系统往往包含若干种文档。

计算机硬件就是指的计算机及外部设备。它是进行信息存贮、运算、输入、输出的实体。

计算机软件是控制计算机各种作业的一系列指令。如果没有这些指令,计算机是不能运行的。检索软件事先就周密地考虑了各种可能出现的情况,并确定各种对策,从而命令计算机一步步地完成检索的目标。

在计算机检索系统中进行检索,必须把情报提问转化成一定的检索逻辑表达式,输入计算机,当然,其代码的形式也必须是计算机可以识别的二进制代码。

但是检索的结果,即命中的文献款目,由计算机将二进制代码还原成普通的文字进行输出,以便检索者进行阅读。

计算机检索系统的建立,需要具备计算机硬件以及程序设计、语言算法等方面的知识。这是一个复杂的技术过程。但是对于情报的检索者来说,不必懂得这些。检索者的任务只是向系统输入提问,审查输出的检索结果。

有关计算机检索方式,我们将在第十四章"计算机情报检索基础知识"中详细讨论。

第七章　国内外主要科技文献检索
刊物及其检索方法

第一节　科技文摘索引刊物发展简况

　　文摘索引的编制,是对文献进行书目控制的手段。特别是以刊物形式出现的文摘索引(即检索刊物),随着新的文献情报流的产生而不断地出版,保持与文献的平行发展关系,具有连续性、累积性、顺序性及完整性的特点。它们起着通报、检索的作用,有时甚至有替代一次文献的职能,因而成为科学交流的基本工具。科技文摘索引的编制,长期以来一直是科技情报工作的中心环节,是其它各种科技情报传播手段的基础。

　　作为学术界建立通讯联系纽带的科技杂志,在其出现之后,就立即产生了书目控制的问题。西方从十七世纪开始,学术界就一直关心从迅速增长的期刊卷册中如何迅速地寻找和获得有关内容的问题。

　　为了解决这个问题,当时发展了两种书目工具,一是依附于杂志的,作为期刊的一部分的书目工具,另一是独立的书目工具。文摘与索引的编制服务,作为独立的书目工具的两种主要类型,开始得到独立的演变,这种演变反映了用户通讯的不断变化的需求。

　　法国科学院 1665 年 1 月 5 日创办的 Journal des Scavans(科学

家周刊），一般被认为是第一种包含书目工具的出版物。

十八世纪下半叶，出现了一些专科性质的文摘编制服务，它包括地理学、化学、数学等学科。十九世纪，在全世界范围内，这种专科文摘的数量稳定地增长。

在"最新的"正在进行的基础上编制期刊的索引，是为了满足更有效地控制和更迅速地获得不断增长的科技文献的要求而开始进行的。开始了新的面向学科的项目，包括1823年创办的Repertorium der Technischen Journal Literatur，1864年创办的Zoological Record，1879年创办的Index Medicus，Quarterly Classified Record of the Current Medical Literature of the World。

同这些各种专科的二次出版物诞生相平衡的是，对于综合性的无所不包的书目控制的巨大推动，也是十九世纪的特点。英国皇家学会于1867年创办了Catalog of Scientific Papers（科学论文目录），于1901年开始出版International Catalog of Scientific Literature（国际科学文献目录）。

1900年以后，专科的文摘与索引服务继续以国际合作的方式出现。其中重要的有：Geo Logsches Zentralblatt（1901），Chemical Abstracts（1907），Biological Abstracts（1926）以及Bibliography of North American Geology（1931）。据估计，1900年每46种一次杂志有一种文摘服务。而到1930年，在美国每24种一次杂志就有一种文摘服务。

Vener Clapp描述了三十年代国际书目出版的特点：在文摘服务之间，没有组织、没有相互联系和没有协调；相反，各文摘之间的重复、交叉、空白和非控制情况不断增长。

第二次世界大战及战后的一段时期中，科技界和科技情报服务面临许多新的变化。

面向任务的和跨学科的科学的出现，对二次情报服务的发展来说是重要的影响因素。战争促进了面向任务的研究。此后，面向任务的科学坚定地朝着解决复杂的社会问题,而不是追求单纯学术性知识的方向发展。而且解决问题的途径也变成多学科了。

为满足这种新的科学任务的情报需求,建立了新的二次服务。这种服务大多数是由掌握研究与发展工作的政府创办或主持的。美国原子能委员会(AEC)于 1947 年创办了 Nuclear Science Abstracts(核子科学文摘),这是第一个这样的服务,并成为随后出现的面向任务系统的模式。它提供了对于各种形式的国际核科学文献的控制。NASA 于 1963 年创办了 Scientific and Technical Aerospace Reports,包括报告文献,而由 AIAA(美国航空与星际航行研究所)出版的 International Aerospace Abstracts,主要收录公开文献。

生态与环境保护问题,在六十年代后期成为社会普遍关心的问题。

因此,建立了一个新的商业企业——环境情报中心公司,该公司 1971 年起出版 Environment Abstracts(环境文摘)和 Environment Index(环境索引)。美国空气污染情报中心于 1970 年创办了 Air Pollution Abstracts(空气污染文摘)。

能源研究是跨学科的和面向任务的领域中最年轻的一个。在 1974 年阿拉伯石油禁运之后,能源危机日趋突出。

美国原来的 Nuclear Science Abstracts(核子科学文摘)于 1976 年 6 月 30 日停刊,代之于 Energy Research Abstracts(能源研究文摘)。这个新的文摘同《核子科学文摘》在时间上是彼此衔接的。这种加宽检索工具学科范围的变化,明显地说明了社会需要决定情报政策,决定检索工具的变化方向。

跨学科研究的发展,使美国出现了另一种索引——《科学引文索引》。《科学引文索引》的创始人 Eugene Garfield 1958 年就提出要建立一种"统一的科学索引"(Unified index to Science)。1964 年起出版 Science Citation Index(科学引文索引)年刊,为二次情报服务提供了一个崭新的检索工具。

在跨学科研究蓬勃发展的同时,也开始了学科的微分化,科学专业不断增多。因此从五、六十年代开始,出现了一系列以细小学科为对象的专门化的文摘索引刊物。例如,美国坎布里奇的科学文摘公司从五十年代末开始,出版了半导体(后改为固体)、海洋学、信息处理及计算机方面的专业化文摘,1981 年共达九种。

有一些商业组织从五十年代开始出版只包括某一特定类型文献的文摘索引刊物。例如:Inter Dok 公司 1965 年创办 Directory of Published Proceedings,Series SEMTC Science/Engine - ering/Medi- cine/Technology(已发表的会议录名录——科学/工程/医学/技术)。事实证明这种专门化的检索工具是有生命力的。

大型的面向学科的文摘索引刊物,如 Chemical Abstracts(美国化学文摘)等,一般是由各自的专业学会、协会创办的,这是一个传统。这些大型学科文摘,多数是十九世纪末、二十世纪初创办的。因为受社会的、政治的及经济的各种因素的影响,也发生了某些变化。例如,原先各自独立、互相竞争的冶金方面的文摘(英、美各一个),于 1968 年合并成 Metal Abstracts and Index(金属文摘及索引)。这种合并,是文摘索引刊物的国际合作方面的范例。

竞争的存在,使那些影响较小的文摘索引刊物失去生存的可能。例如,美国《化学文摘》成为世界化学文献领域中二次情报的统治力量。结果,使 British Abstracts(英国文摘)在 1953 年,德国 Chemishes Zentralblatt(化学文摘)在 1969 年停刊。

但在物理学文献方面,情况有所不同。从 1898 年起,英国电气工程学会出版 Physics Abstracts(物理学文摘)。它一直是物理这个领域中权威性的文摘刊物。美国物理学会没有编辑出版文摘刊物,它将精力集中于出版一次情报源,主要是杂志。

国家情报政策对文摘索引的发展起指导作用,新技术(主要是电子计算机)的应用也对文摘索引的发展起了巨大的推动作用。从五十年代开始,文摘索引的编辑出版单位逐渐地采用新的技术。起初,这些新技术只是被用来生产印刷型的检索刊物,使编印效果提高。自动化技术成为文摘索引业彼此竞争的一个有力工具。但是,计算机技术的日趋成熟,促使了一个新兴的工业部门——包括机读文献磁带的生产、联机情报检索服务为中心的情报工业的出现。在新技术的应用过程中,涌现了一些计算机辅助编制的新型索引。例如文内关键词索引(KWIC)形式的 Chemical Titles(化学题录)于 1961 年问世。首批提供机读版检索工具的,有 Chemical – Biological Activ ities——CBAC(化学生物活性)。至七十年代末,各学科的机读版检索工具约为 300 种。其中大约 130 种是属于科技方面的,并可进行联机检索。除了机读磁带之外,通过计算机控制的照相排版设备而生产印刷版检索刊物,于六十年代后期出现。同时还出现了以胶卷(片)为载体的缩微胶卷(片)式的检索刊物。

新技术的应用,使得检索刊物的编制,迫切需要解决协调、合作和标准化的问题。因而文摘索引编辑单位开始建立自己的组织,如美国国家科学文摘索引工作联合会(NFSAIS)和美国情报工业协会。前者成立于 1958 年,后者成立于 1968 年。在国际范围内,也成立了类似的文摘索引工作组织。这一类组织的出现,清楚地标志着情报工作发展的新趋势。

科技情报计划的国际化,始于六十年代后期,七十年代则大大加快了发展步伐。成熟的技术非常有利于这种发展。例如,国际核情报系统(INIS)作为国际原子能界的中心情报处理者,是很成功的。

如要想掌握科技文献检索工具全面系统的情况,可参阅国际文献联合会 1969 年出版的《世界文摘服务》,同时也可参阅中国科学技术情报研究所编印的《国外科技文献检索工具书简介》(1974 年 3 月科学技术文献出版社版)。《简介》介绍了用英、德、法、俄、日五种文字出版的期刊式检索工具 1,138 种。

第二节　我国科技文献检索刊物体系

　　一般来说,每个国家都应该有自己的较完整的检索工具体系。即根据自己的需要、用本民族的语言文字、有选择有重点地报道国内外文献,并按照自己的分类法和主题表来组织这些文献线索,提供检索的手段。这个自己的检索工具体系,是衡量一个国家科技情报工作水平的尺度之一。有了这个检索工具体系,才能使情报工作获得一个坚实的基础,提高文献情报的使用率。

　　为了适应我国四个现代化的需要,建立一套适合我国国情的、为广大读者所信赖的、标准化的、既适合手工检索、又适合自动检索要求的全学科综合性科技文献检索刊物体系,应当是我国科技情报事业发展的一个重要目标。这是因为我国的工农业生产、科技研究和国防建设有自己的特点,而国外的检索刊物,在选题范围、内容、形式等方面,都不一定适合我国的需要。同时存在语言文字的隔阂。有了我国自己的检索刊物体系,就便于广大科技工作者阅读、浏览和检索,使图书馆和情报资料中心的收藏得到及时的报道和充分的利用。当然,国外的检索刊物我们也需要参考利用,但这是不能代替我国自己的检索刊物体系的。

　　我国的科技文摘刊物,经历了一个从无到有、从翻译到自编的发展过程。中国科学技术情报研究所于 1956 年起翻译出版苏联《机械制造文摘》和《冶金文摘》。到 1961 年,翻译出版的苏联文摘增加 50 种(分册),约占苏联出版的文摘杂志的二分之一。铁道科学研究院也翻译英、美、德、日、荷等国的文摘,出版了《铁道文摘》。但是照本翻译出版国外文摘,在报道速度方面,显得很不及时,选题也不尽切合我国的需要。1961 年以后,我国的文摘刊物逐步向"以自编为主"过渡,出现了"自编本"和自编与翻译"混合本"的文摘刊物。

为了报道我国自己的文献,中国科学技术情报研究所还出版了国内公开期刊论文文摘,如《中国机械文摘》、《中国化学化工文摘》等等。

我国的科技文献索引,1958 年左右创刊,原名《期刊论文索引》,1962 年 7 月改名《科技文献索引》,分期刊部分和特种文献部分分别出版,择用的国外期刊达六千余种。从 1965 年起,两者合并出版,仍分期刊和特种文献两部分编排。期刊论文在前,特种文献在后,共有三十多个分册。

1966 年中国科技情报所出版了二十七种文摘的年度主题索引。但除了有年度累积主题索引外,一般只能借助目录表按分类进行检索。

至 1966 年 6 月,中国科技情报所(包括其重庆分所)和全国各地区、各专业部委情报单位共出版了检索刊物 59 种共 112 个单行本,其中文摘刊物 30 种 83 个单行本,年报道量 35 万余条;题录 29 种 29 个单行本,年报道量 40 余万条(文摘与题录在报道内容上有一定的重复)。此外,专题性的文摘、题录数量也相当之多。

十年动乱期间,许多情报刊物停刊,中断了文献情报的及时报道和系统积累,对我国科技情报工作带来很大损失。1973 年后,编制文摘和题录的工作有所恢复。1977 年提出了"全面规划、统筹安排、专业归口、多方协作"的方针,要求迅速建立和健全我国科技文献检索刊物体系。1978 年 9 月成立了检索类出版物分组委员会(简称检索分委会)。1979 年 10 月该分委会与中国情报学会编译报道组一起提出了《关于建立健全我国科技文献检索刊物体系方案(草案)》,经 1980 年全国编委会第七次年会讨论通过,交各方面执行。其成效较为明显。我国的科技检索刊物,1977 年为 137 种,1983 年为 147 种(国外文献检索刊物 90 种,国内文献检索刊物 32 种,专利检索刊物 25 种),种数和报道量(95 万条)都超过了历史最高水平。检索刊物体系初具规模。

我国目前科技文献检索刊物大致有下列几个骨干系列和几种主要的目录、索引及文摘：

1.《国外科技资料馆藏目录》，是报道中国科技情报所收藏的各国政府报告、会议资料、学位论文、研究机构与学术团体著作集等国外科技情报资料（通称"特种文献"或"特刊"）的一种题录式检索工具书。计有数学、力学；物理学；地球科学、天文学；生物学；农业、林业、水产；矿业、冶金；机械制造、动力工程与电工；无线电电子学与自动化技术；化学化工、石油；轻工、纺织；环境污染与保护；交通运输、航空航天等分册。刊期为月刊、双月刊及季刊不等。

2.《国外资料目录》，以题录形式报道国外科技期刊、特种文献、技术研究报告、会议文集等文献资料。有测绘学；气象学；核科学技术（原名核子能）；建筑材料；水利水电；铁路；电力等分册，以及《国外标准资料报道》、《美国政府研究报告通报》。

3.《中文科技资料目录》，是报道国内期刊、会议文集和专题资料等的一种题录式检索工具书。计有：水利水电；建筑材料；船舶工程；综合科技；基础科学等二十多个分册。

4.科技文摘刊物，有《计量测试文摘》、《分析仪器文摘》、《石油与天然气文摘》、《农业机械文摘》、《管理科学文摘》、《日用化学文摘》、《中国环境科学文摘》、《地震文摘》、《台湾科技书刊通报》、《国内学术会议文献通报》、《科学技术译文通报》、《科学技术研究成果公报》、《对外科技交流通报》、《工业经济文摘》等四十多个专业分册。

5.《专利文献通报》，是系统报道美、英、法、西德、日、苏等国专利说明书的摘要、简介和题录。计有农业、乳品、烟草；生活日用品、食品、轻化学工业及废水处理等分册。1981年前，《专利文献通报》的前身为《专利目录》19个分册和《国外专利文摘》3个分册，以及《日本公开专利文摘》14个分册。

6. 图书馆系统编制了若干综合性或科技文献检索工具。如中国版本图书馆的《全国新书目》、《全国总书目》，上海图书馆的《全国报刊索引》，天津市人民图书馆的《国外制碱工业资料文摘》等等，此外在收藏方面有特色的图书馆所编馆藏目录与联合目录，也是科技文献的重要检索工具。

我国检索刊物逐渐重视报道国内的科技文献；有了各种类型的检索刊物，如图书、期刊、资料、特刊等大体都具备了；开始编制年度和多年度的主题索引；有的检索刊物还采用了字顺标题法；检索刊物收集和反映的材料逐步做到从馆藏过渡到国藏；主要的学科和专业的检索刊物基本具备。参见附表三《八十年代以来我国科技检索刊物一览表》。

但是，从目前我国检索刊物的整个情况来看，普遍存在着不少问题。如缺乏统一的规划和组织，头绪太多，学科零乱，门类不全，报道量少，内容重复，著录格式不标准，标引方法不统一，检索手段不完善，使用不方便，报道迟缓，出版周期太长等。无论从数量上、质量上和速度上都远远不能适应我国国民经济和科学技术发展的要求。从战略观点看，它将越来越影响我国整个科技情报工作向深度与广度发展。

为了克服上述问题，建立完善的检索刊物体系，看来有必要采取统一规划，全国协调，分工负责，制定有关著录、标引、文摘撰写等标准规则等等办法，来推进检索刊物体系的完善。此外，还需注意下列几个原则：

1. 检索刊物的编制可实行自编和翻译国外的文摘相结合的办法。我国目前尚不能取代的重要的国外科技文献检索工具，应充分使用，并把它们视为对我国现有检索刊物体系的补充。

2. 应注意检索刊物的体系性。以学科为主，在分册划分上可适当考虑专业，但要保持学科的完整性与系统性，交叉学科应允许有部分合理的重复反映。

3.检索刊物收录的文献类型应趋向一体化。即应包括:图书、期刊、会议资料、科研与学术报告、考察报告、学位论文、专利说明书、标准资料等。但国内文献与国外文献可分开编辑,密级资料可单独出版,专利文献的检索工具也可自成系统。

4.检索刊物报道形式,目前宜采用题录、简介、文摘相结合。

5.著录与标引格式和规则,应考虑与国际标准的相适应问题,并应考虑便于计算机的存贮与检索。

我国的检索刊物,检索和著录事项的判读较为容易。大多数检索刊物采用《中国图书资料分类法》,进行分类排列。全国科技情报检索刊物编辑出版工作协调小组颁发了统一的著录规则和著录格式,1984年7月公布了国家标准GB 3782.1-83《文献著录总则》,GB 3793-83《检索期刊条目著录规则》。有的刊物有主题索引(一般按汉语主题词表排)和分类索引。

第三节　美国《化学文摘》

一、概况

美国《化学文摘》(Chemical Abstracts,简称 CA) ,1907年创刊,由美国化学会化学文摘社(Chemical Abstracts Service of the American Chemical Society,简称 CAS)编辑。起初为半月刊,1961年第55卷起改为双周刊,从1967年第66卷起又改为周刊。原为一年一卷,从1962年起改为半年一卷。1983年已出至第98和99卷。由于它收录文献范围较广,报道速度较快,辅助索引体系完善,累积回溯工作较好,以及编辑过程实现了自动化,因而成为世界较重要的一种文摘杂志。特别是六十年代末以来,美国《化学文摘》兼并了世界另一个著名的化学文摘——已有140年历史的德国《化学文摘》，更提高了自己的地位。

CA 所收录的文献，主要是世界各国化学化工方面的文献，包括(1)期刊论文；(2)会议录；(3)技术报告；(4)保存的文献(如手稿等)；(5)学位论文；(6)新版图书；(7)专利文献等。但有关化工的经济与市场、化工制造商的产品目录等涉及经济方面的文献却不予收摘(如要检索这方面的文献资料，可查"Chemical Industry Notes"《化学工业札记》)。

CA 摘录的文献范围非常广泛，摘及的期刊达 14,000 多种，涉及 150 多个国家和地区，包括 56 种语种，收录 26 个国家及两个国际组织(世界知识产权组织和欧洲专利组织)的有关专利说明书。据称 98% 的世界化学化工文献，均被 CA 所收录。

历年来，CA 的文摘量不断增加。进入七十年代以来，CA 的文摘量以每年 8—10% 的速度递增。目前，年文摘量已超过 50 万条，CA 的文摘总数已超过 800 万条。

由于化学化工涉及工业、农业、医药卫生等许多部门，因而其用途广泛。CA 可以说是利用率最高的检索工具。

二、文摘的分类与排列

CA 内容分类有数次变化。创刊时分为 30 大类，到 1962 年细分为 73 大类，1963 年又调整为 74 大类，自 1967 年到现在分为五大部分，80 大类。从 1971 年第 74 卷起，将五大部分改为交替出版，即逢单各期专载生物化学、有机化学两大部分，包括第 1—34 大类；逢双各期专载大分子化学、应用化学和化学工程、物理化学和分析化学三大部分，包括第 35—80 大类。

在每一类之下，文摘的排列次序是：先排期刊论文、会议录、汇刊、技术报告、保存文献以及学位论文；其次排新书通报；最后是专利。这三个部分之间，用四个短横加以分隔。

此外，CA 从 1983 年开始，将 CA 周刊 80 个类的全部内容划分出版五个部集（CA Section Groupings），即：《CA 生物化学集》（包括 20 个类），《CA 有机化学集》（包括 14 个类），《CA 大分子化学集》（包括 12 个类），《CA 应用化学和化学工程集》（包括 18 个类），《CA 物理化学、无机化学及分析化学集》（包括 16 个类）。这些部集为双周刊，每年出 26 期。每期都有关键词索引。

三、文献著录格式

CA 对文献的著录格式，以期刊论文为例：

①98：155580m②High resolution solid state carbon – 13 NMR spectra of carbons bonded to nitrogen in a sample spining at the magic angle. ③Naito，A．；Ganapathy，S．；McDowell，C．A．④（Dep. Chem.，Univ．British Columbia，Vancouver，BC Can．V6T 1Y6）．⑤J．Chem．Phys．⑥1981，⑦74（10），⑧5393—7⑨（Eng.）⑩The……

①文摘号，用黑体字印刷。每条文摘有一个文摘号。文摘号每卷从 1 号开始，同卷中各期连续编号。号码后面的英文字母是计算机编排时所用的核对字母，这和 CA 以前文摘号中所用来表示文摘排印位置的字母是不相同的。

②文献标题，用黑体字印刷。非英文文献的标题，一律译成英文著录。

③作者姓名，姓在前，名在后。合著者姓名用分号（；）隔开。一篇文献，著者如有十人，则分别列出；如超过十人则列出前九人姓名，并加"et al"（等人）。中国、日本和苏联等国著者均用字译法译成英文著录。

④著者工作单位或通讯地址，置于括号中，一般用缩写字表示。

⑤刊载该文献的期刊名称，用斜体字印刷，使用刊名简称。简称是以国际标准 ISO833 – 1974 为根据的。关于期刊简称与全称的对照表，见 CAS 的另一个出版物《化学文摘服务社资料来源索

引》(Chemical Abstracts Service Source Index,简称 CASSI)及其补篇《化学文摘服务社资料来源索引季刊》(Chemical Abstracts Service Source Index Quaterly,简称 CASSIQ)。

CA 所摘用的新增期刊和改名期刊的一览表,刊入偶数期文摘的著者索引之后。

⑥出版年,用黑体字印刷。

⑦期刊的卷数和期数,期数用括号括起。有的期刊有卷无期,有的有期无卷,皆以原编号为准。凡无括号的都代表卷数,括号内的都代表期数。

⑧文献在期刊中的起讫页码。

⑨原文献的文种。

下面是文种的缩写和全称对照表:

缩写	全称	中译	缩写	全称	中译
Bulg	Bulgarian	保加利亚文	Neth	Netherlandish	荷兰文
Ch	Chinese	中文	Norweg	Norwegian	挪威文
Croat	Croatian	克罗地亚文	Pol	polish	波兰文
Dan	Danish	丹麦文	Port	Portuguese	葡萄牙文
Eng	English	英文	Rom	Romanian	罗马尼亚文
Fr	French	法文	Russ	Russian	俄文
Ger	German	德文	Slo	Slovak	斯洛伐克文
Hung	Hungarian	匈牙利文	Span	Spanish	西班牙文
Ital	Italian	意大利文	Swed	Swedish	瑞典文
Japan	Japanese	日文	Ukrain	Ukrainian	乌克兰文

其他文种不用缩写,皆以全称注明。

⑩摘要。CA 的摘要,主要是通报性的,着重指出下列方面:

（1）所报导的著作的研究目的和范围;（2）新的化学反应、化合物、材料、工艺、程序、工具、资源和理论;（3）新创立的知识的新应用;（4）观察结果和作者的解释与结论。摘要中所用的名词术语,以原文作者在文内所用的为准。文摘中有时有化学结构式。但 CA 对某些文献只有题录,而无摘要。这主要是出自版权的考虑,仅翻译其它文摘杂志的著录。

CA 对会议录、图书的著录格式与对期刊论文的著录格式大同小异。所不同的是,对会议录,则注明会议日期;对图书,则还著录了书价和书评出处。

例如,有这样一条款目,其出处项为:

Soloukhin, R. I. ; Editor（Akad. Nauk Beloruss. SSR, Inst. Teplo—Massobmena;Minsk,Beloruss. SSR）·1979. 145 pp（Russ）rub 0.80.其意思是该文献为一本图书,该书由 Soloukhin, R. I.编,此人是白俄罗斯科学院明斯克的热—质量交换研究所的,该书 1979 年出版,共 145 页,文种为俄文,书价为 0.80 卢布。

专利文献的著录较有特色,其格式为:

①98：3757m ②Continuous azeotropic processing of vegetable and protein material. ③Barns, Roy W. ④U. S. 4,353,837⑤（Cl. 260—412,4；B01D3/36）,⑥12 Oct 1982,⑦US Appl. 550,157,⑧14 Feb 1975;⑨17PP. ⑩Cont – in – Part of……

①文摘号,98：3757m。

②专利标题,蔬菜与蛋白质物质的连续共沸处理。CA 用的标题与专利说明书原件中的标题不大一样,CA 将其扩大或改写。

③发明人姓名,或获得专利的许可权的个人或机构。

④专利号,前半部是专利所属国家名称的缩写,后面是专利号码;CA 对专利国别和专利种类一律用缩写。现列表于后见 188 页。

专利国别与品种缩写对照表

专利国别全称	CA 文摘中的缩写	国际标准化组织的国家代码
澳大利亚(已审查的申请说明书)	Pat. Specif. (Aust.)	AU
澳大利亚(次要专利)	Pat. Specif. (Petty) (Aust.)	AU
奥地利	Austrian	AT
比利时	Belg.	BE
巴西	Braz. pedido PI	BR
加拿大	Can.	CA
捷克斯洛伐克	Czech	CS
丹麦	Dan.	DK
欧洲专利组织	Eur. Pat. Appl.	EP
芬兰	Finn.	FF
法国(末审查的申请说明书)	Fr. Demande	FR
法国(专利)	Fr.	FR
德意志民主共和国	Ger. (East)	DD
德意志联邦共和国(未审查的申请说明书)	Ger. Offen	DE
德意志联邦共和国(已审查的申请说明书及专利)	Ger	DE
匈牙利(未审查的申请说明书)	Hung. Halasztott	HU
匈牙利(已审查的申请说明书)	Hung. Teljcs	HU
印度	India	IN
以色列	Israeli	IL
日本(未审查的申请说明书)	Jpn. Kokai Tokkyo Koho	JP
日本(已审查的申请说明书)	Jpn. Tokkyo Koho	JP
荷兰	Neth. Appl.	NL
挪威	Norw.	NO
波兰	Pol.	PL

188

专利国别全称	CA 文摘中的缩写	国际标准化组织的国家代码
罗马尼亚	Rom.	RO
南非	S. Africa	ZA
西班牙	Span.	ES
瑞典	Swed.	SE
瑞士（未审查的申请说明书）	Auslegeschrift（Switz.）	CH
瑞士（专利）	Patentschrift（Switz.）	CH
苏联	U. S. S. R.	SU
英国（未审查的申请说明书）	Brit . UK Pat. Appl.	GB
英国（已审查的申请说明书）	Brit.	GB
美国（未审查的申请说明书）	U. S. Pat. Appl.	US
美国（专利）	U. S.	US
美国（防卫性公告）	Def. Publ . , U. S . Pat. Off. T	Us
世界知识产权组织	PCT Int. App1.	WO

⑤专利分类号,置于括号中。对美国专利,同时注明了美国专利局的分类号和国际专利分类号,中间用分号隔开。加拿大专利只注明加拿大专利局的分类号。澳大利亚、奥地利、英国、捷克、丹麦、芬兰、法国、德国（东、西德）、匈牙利、意大利、日本、荷兰、挪威、波兰、罗马尼亚、瑞典、瑞士以及苏联的专利,则注明国际专利分类号。

⑥专利公布或出版日期。

⑦专利申请号。起头用"Appi."（申请）的字样。

⑧专利申请日期。

⑨页数。

⑩摘要。

CA 的文摘部分,在每个大类最后有参照项,分为"For papers of related lnterest see also Section"(参见各大类有关资料)和"For patents of related interest see also Section"(参见各大类有关专利)两部分。

参照分两种:一种是类目之间的永久性参照,著录事项为大类号和类名两项;另一种是有关具体文献的参照,著录事项为大类号、文摘号和文献题目三项。其格式如下:

For papers of related interest see also Section:

22 Physical Organic Chemistry.

23 3022w Formation of carcinogenic nitroso
  compounds from nitrite and some types of
  agricultural chemicals.
  …………

四、辅助索引

CA 的辅助索引系统相当完善,所能提供的检索途径较多,因此检索较为方便。

CA 每期文摘附有四种索引:1.关键词索引;2.专利号索引;3.专利对照索引;4.著者索引。

CA 的卷度索引有九种:1.化学物质索引;2.普通主题索引;3.著者索引;4.分子式索引;5.环系索引;6.杂环索引;7.专利号索引;8.专利对照索引;9.登记号索引。

此外,CA 还编有《索引指南》、《索引指南增补》、各种十年和五年累积索引、《期刊一览表》和《化学文摘服务社资料来源索引》等。现分别介绍如下:

(一)关键词索引

这种索引始于 1963 年,关键词短语(关键词加说明关键词的短语)是从文献的题目或摘要中选出来的。每条文摘有时取一个关键词,有时取几个关键词。对于同一条文摘,一般均不把同义词作为附加的关键词予以反映。关键词短语按字顺排列,附以文摘号。读者从这个索引中,找到与检索命题有关的关键词后,便可根据文摘号去阅读文摘,以判断该文献是否切合自己的需要。

查阅说明:

1. 被 CA 列为同义词的词,不作关键词用。如 ethylene oxide (乙烯化氧)与 oxirane(环氧乙烷)是同义词,两者是一种东西,关键词索引中只有前者而无后者。

2. 关键词索引中大量采用缩写字,但缩写字尾部的圆点均省略。如 purification(精制)写作"purifn"而不写作"purifn."。对于"a. c."等中间夹有标点的缩写词均不采用。

3. 对于复杂的有机化合物,一般只以其母体结构单位作关键词,但一些熟知的化合物的全称也作关键词。如:isopropyl phe-nanthrene(异丙基菲)。

4. 有机化合物的取代基位置及立体异构现象,在关键词索引中从略。如 2 - butanol(2 - T 醇),只用 butanol 作关键词。

5. 同类化学物质,用其中最简单的作关键词。如 phenol (酚),它既可以表示酚,也可以表示含酚一类的物质。

6. 化合物分子式不作关键词用。

7. 除 CA 文摘上一般通用的缩写词外,关键词索引中还有其自己的专用缩写词。现列表如下:

缩 写	全 称	中译
aliph	aliphatic	脂肪族的
arom	aromatic	芳香族的
degrdn	degradation	降解
fermn	fermentation	发酵
metab	metabolism	新陈代谢

petrog	petrography	岩石学
photo	photography	照相术
polarog	polarography	极谱学
prodn	production	生产
props	properties	性质
purifn	purification	精制
thermodn	thermodynamics	热力学

查阅举例:

查找有关"防火塑料"的资料。

这里有"防火"、"塑料"两个关键词。"防火"英文是 fire – resistance,"塑料"英文是 plastic。先从"防火"这个关键词查找,可以找到 Fire resistance plastic 87102z;再从"塑料"这个关键词查找,同样可以找到 Plastic fire resistance87102z.。据此文摘号便可在本期文摘中找到有关"防火塑料"的资料。

(二)化学物质索引(Chemical Substance Index)

随着化学化工文献数量的日益增长,使 CA 的主题索引变得相当庞大,查找不便。为了适应年增 25 万种新化合物这一形势的需要,从 1972 年第 76 卷起,将经过化学文摘服务社登记制度的整理并具有 CAS 登记号的化学物质从主题索引中分出,单编一册,称"化学物质索引"(见下页图);主题索引的其余部分称"普通主题索引"。凡经国际理论与应用化学联合会(化学命名的权威机构)确定名称的元素、化合物及其衍生物,以及特定金属合金、矿物、聚合物、抗菌素、酶、激素、蛋白质、醅、基本粒子、用字母数字表示的名称和商品名称等都纳入化学物质索引,而将名称未固定和概念比较笼统的标题纳入普通主题索引。

⑩
↓
①→Benzoic acid (65-85- 0)

B 1246g, R 28695b←————④

Benzoic acid (65-85-0),analysis←————

③ ————→chromatog. of, 75444t

detn. of, in food, 41804d

Benzoic acid(65-85-0),biological studies←——— ②

————→catalase inhibition by,in soils,129546y

formation of , from toluene by

Micrococcus rhodochrous, 87310j

Benzoic acid(65-85-0), preparation←———

from fluorene,by oxidn., 3174g

sepn.of, from manufg wastes, P4776s

Benzoic acid (65-85-0).properties

adsorption of

by caribon black 36110m

by mercury. 22350c

Benzoic acid, esters

butyl ester (136-60-7) plasticizers, for

vinyl chloride polymers, P 80259r

Benzoic acid

⑤—┌——→——, 4-acetyl-(586-89-0), 56669d

└——→——, 3-(1, 5-dimethylhexyl oxy)-

⑥———→(+) – (32619 – 44 – 6), 110364m

Chromite (mineral) ←⑦(1308 – 31 – 2)

flotation of, anionic, 57912s

Naphthalene (91 – 20 – 3)

8a 1

5　4

⑨

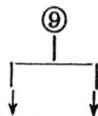

1．Naphtbaolnol（a - naphthol, 1-naphthol）

（90 - , 15 - 3）

图例说明：

①索引标题,用黑体字印刷。

②副标题,用黑体字印刷,位于标题后(如该标题后有 CAS 登记号,则位于登记号之后),用逗号分开,对标题起补充作用,使它能说明一个完整概念。如上例"苯甲酸"标题的完整概念为"苯甲酸分析"、"苯甲酸生物研究"等等。

③说明语,位于标题之下,对标题起说明解释作用,使之能表示一个具体内容。如上例"苯甲酸分析"项下的一条为"苯甲酸层析法";"苯甲酸生物研究"项下的一条为"用苯甲酸抑制土壤中的过氧化氢酶"。

④CA 文摘号,文摘号前的大写字母表示：

B—for books(文献来源于图书)

P—for patents(文献来源于专利的实验部分)

R—for reviews(原始文献为综述)

⑤取代基,用黑体字印刷,位于标题之下,逗号前之横线"——"代表母体化合物(上例为"苯甲酸"),逗号后是取代基。

⑥立体化学符号,位于取代基之后。氨基酸和碳水化合物的立体化学符号位于母体化合物之前,如 L—Cystine(L—胱氨酸)。

⑦多义词说明,用黑体字印刷,置于标题后圆括号中。英文中

有的字虽然组成字母相同,但代表的意义完全不同(参看"普通主题索引"部分)。为了使读者正确理解索引标题,在这类字后特缀以说明,以防混误。如上例在 Chromite（铬铁矿）之后,特缀以 mineral（矿物）。多义词在 CA 索引中为数虽不多,但也不能不引起注意。

⑧结构图解,说明化合物环的分子骨架和碳原子编号顺序。

⑨同义词,用斜体字印刷,置于圆括号中,一个或数个不等(本例为两个同义词)。

⑩CAS 登记号,用斜体字印刷,置于方括号中。

在本索引中,同一化学物质标题下资料很多时,就分为下列各类(即普通副标题)排列。普通副标题有:

1. analysis	分析	5. properties	性质
2. biological studies	生物学研究	6. reactions	反应
3. occurrence	现象	7. uses and miscel-	用途及其它
4. preparation	制备	laneous	

1. analysis(分析)——索引标题所指物质的检测分析(包括生物检定)方法;为分析目的而进行的分离,其它分离(如为制备目的而进行的分离)列入" preparation"或" uses and miscellaneous"(制备或用途及杂项)。

2. biological studies(生物学研究)——索引标题所指物质对动物、植物、细菌、病毒等的作用;营养、代谢和毒性方面的课题;除草、杀虫和医药方面的应用;生物氧化和还原;生物体系内发生的现象以及研究发酵过程时出现的偶然离析的现象(并非发酵物的制备)。

3. occurrence(现象)——发生在生物体系内的天然现象。

4. preparation(制备)——所需物质的合成、回收、精制或分离;凡不属于制备方法的,可编入" uses and miscellaneous"。

5. properties(性质)——化学和物理性质,包括原子结构和晶体结构方面的课题;不属提纯的结晶过程;溶解度和溶剂效应(包括以标题所指物质为溶剂的光谱研究);电离度和反应性等。

6. reactions(反应)——化学键连接和断开方面的课题,原子序数或原子质量的改变,腐蚀、中和、结构互变和异构作用。

7. uses and miscellaneous(用途及其它)——物质的非生物用途和应用,如作为催化剂或磷光体,把它(作为物质)加以清除,以及对有它存在时的反应进行研究。

按化学功能基分的副标题(用于句含某些功能基的母体化合物标题)。

1. acetals	缩醛	9. hydrazones	腙
2. anhydrides	酐	10. lactones	内酯
3. anhydrosulfides	无水硫化物	11. mercaptals	缩硫醛
4. compounds	化合物	12. marcap toles	缩硫醇
5. derivatives(general)	衍生物(一般的)	13. oxides	氧化物
6. esters	酯	14. oximes	肟
7. ethers	醚	15. polymers	聚合物
8. hydrazides	酰肼	16. seraiacrbazones	缩氨脲

从第 9 次累积索引(1972—1976 年)开始,改变化学物质的索引名称,主要变动包括:

1. 简化索引名称规则;

2. 把绝大部分化学物质的俗名或按作者姓名定名的名称改去;

3. 废除对某几类化学物质的特殊定名。

1976 年以后,《化学文摘》的化学物质索引部分,也按上述原则改变编排方式。

改变作索引词头的各种取代基(原子团)的新旧名称对照表载于《国外书讯》1974 年第 11 期 21—23 页。

查阅举例：

查找有关"硝酸甲酯的结构"的资料。

先考虑标题"硝酸"（Nitric acid）和副标题"酯"（esters）。再考虑副标题属于化学功能基部分。查阅 1972 年第 76 卷《化学物质索引》得：

> Nitric acid, esters
> ·················

> methyl ester〔598 – 58 – 3〕
> microwave spectrum and structure of,
> 8569g

根据索引提供的文摘号查 1972 年第 76 卷第 2 期，查得：

> 8569g Microwave spectrum, structure, and
> dipole moment of methyl nitrate. ·······
> （硝酸甲酯的微波谱、结构及偶极矩）

（三）普通主题索引（General Subject Index）

内容主要由化学物质类属（classes of chemical substances）和概念性主题（conceptual subject）两种内容组成。

化学物质类属包括：1. 空气、大气和水；2. 合金和水泥；3. 生化物质；4. 化学元素及化合物（指名称未确定者）；5. 矿物；6. 核子和粒子物质；7. 聚合物、弹性体和塑料。

概念性主题包括：1. 分析；2. 生物化学和生物学；3. 化学和物理性能；4. 化学史、教育和文献工作；5. 工业化学和化学工程；6. 反应。

普通主题索引与化学物质索引两者是密切相关、互相辅助的。例如，某个化合物的类别（基或根），如 carboxylic acid（– COOH，羧酸）就得在普通主题索引中查找；而某个专门化合物，如 acetic acid（CH_3COOH，醋酸、乙酸），就得在化学物质索引中查找。某一化合物的分析要在化学物质索引中查找，而各种分析方法则要在普通主题索引中查找。又如一篇"锗电导研究"的文献,却在二种索引中都可找到。

著录格式(见图7—1):

```
①————→            ②
        ↓          ↓
     Amines, properties
③——→dipole moments of, 66218p←——④
     fluoro, heat capacity of,
         104668h
        Mold(fungus)←——⑤
        detn of, in cottage cheese
          41889g
        Pine(pinus)←———⑥
         air pollution by sulfurdioride
           in relaotin to, 1847858
    Stomach, metabolism
        acidsecretion by
            indiabetes, 40448m
            ingastritis, 138220F
```

图7—1

①索引标题,用黑体印刷;

②副标题,用黑体印刷,位于标题后,用逗号分开;

③说明语,位于标题之下;

④CA文摘号;

⑤多义词说明,用黑体字印刷,置于标题后的圆括号中;

⑥同义词,用斜体字印刷,置于标题后的圆括号中。

整个索引按标题的字母顺序排列。副标题除化学物质索引中所列二十二项(不计"衍生物(一般的)"),另加五项:

1. composition   成分

2. disease or disoraer 疾病或失调

3. metabolism 代谢

4. neoplasm 瘤

5. toxic chemical and 化学中毒和
   physical damage 物理伤害

查阅举例:

查找有关"活性炭净化水"的资料。

"活性炭"英文是 active carbon,"净化"是 purification,"水"是 water。

在第 79 卷"普通主题索引"中查 water purification,查得:

    water purification

      by active carbon,P127847t

根据文摘号在第 79 卷第 22 期找到该有关专利的文摘。

有关普通主题索引所用的主题标目,在 CA76—85 卷的累积索引指南附录 1 中,以概括等级的次序予以列出。这可以视为主题词表。在 66 个概念范畴之下,依次列出一级主题、二级主题等词,同一字顺中,皆以字顺排列。这个主题词表,大大加强了 CA 普通主题索引的检索功能。

(四)索引指南(Index Guide)

"索引指南"是 1968 年第 69 卷起开始出版的。初期为隔卷出一次,第 75 卷起改为随卷出版,即一年出二次,属主题索引第一部分。

"索引指南"是对名词进行规范化的一种索引,它将文献中所用的化学物质名称和普通词汇,引导至 CA 卷索引所用的控制词汇,它按名词字顺,分主次标题编排,有"见"和"参见"。已被命名的化合物名称均注明有登记号。出版这种索引的目的在于统一主题索引中标目的名称,指导读者更好地利用 CA 的主题索引。

"索引指南"一般可以解决以下几个方面的问题:

1.某一化合物的俗名,在主题索引中查不到,可通过"索引指南"查出 CA 所采用的正确名称,起到从不作为标题的同义词引见作为标题的名词的作用。同样,某些商品名称,也可以在"索引指南"中找到 CA 所用的化学名称。

例如:"$CH_3 - CO - CH_2 - CH_3$"这种化合物,在期刊上常叫作"甲乙酮"、"甲基丙酮"等,而 CA 选用的名称则为"2—丁酮"(2—Butanone)。如果查化学物质索引就只有 2—丁酮,而在"索引指南"中却可以查到它的别称:

Ketone

——,ethyl methyl,　　　see　　　2—Butanone

甲乙酮　　　见　　　　2—丁酮

"索引指南"的这一实用价值,在 1972 年以后就显得更为突出,因为从那时起.在化学物质索引中基本上只采用以化学结构为原则的命名法,大量废除了 1972 年以前主题索引采用的商品名、俗名和习惯名。

2.可以从商品名、俗名、习惯名查找某些化合物的登记号。

3.可以查找某些较复杂化合物的分子结构图。

4.提供某些主题之间的相关参照。例如:在"特性函数"的标题下列出了与其有关的五个方面:

Eigenfunctions　　　　　　特性函数

　　see also　　　　　　　参见

Atomic orbitals　　　　　　原子轨函数

Electron configuration　　　电子排列

Molecular orbitals　　　　　分子轨函数

Perturbation theory　　　　干扰理论

Quantum mechanics　　　　量子力学

除上述内容外,CA"索引指南"自 1992 年 76 卷起,还增加了如下三项内容:

1．CA 的编排与用法；

2．普通主题索引中一些标题内容的注释；

3．CA 索引名称的选择准则。

查阅举例：

查找有关"金霉素"（aureomycin）的资料。

查 1972 年第 76 卷 CA 化学物质索引"A"字部分，无 Aureo - mycin 这一标题。再查"索引指南""A"字部分，见：

Aureomycin

  See 2 - Naphtha cenecarboxamide.

   7 - chloro - 4 - (dimethylamino) - 1 , 4 , 4a , 5 ,

   5a , 6 , 11 , 12a - octahydro - 3 , 6 , 10 , 12 , 12a -

   pentahydroxy - 6 - methyl - 1 , 11 - dioxo -

   〔57 - 62 - 5〕

按"索引指南"指出的金霉素化学名称查化学物质索引的"N"字部分，即查得所有关于金霉素资料的文摘号。同样，按"索引指南"指出的金霉素的 CAS 登记号〔57 - 62 - 5〕去查登记号索引，查得金霉素分子式为"$C_{22}H_{23}C1N_2O_8$"，再按分子式去查分子式索引，也能得到有关金霉素资料的文摘号。

从上例可以看出，"索引指南"和登记号索引、分子式索引、化学物质索引、普通主题索引都有紧密的联系，而且往往是配合使用的。

从 1972 年 12 月 31 日起 CAS 新出了《索引指南增补》（ Index Guide Supplement），它的主要作用是对"索引指南"的内容不断进行校正、修改和补充。所以读者在查看"索引指南"之前，最好先查看最新出版的《索引指南增补》。

《索引指南增补》主要包括三方面内容：

1．新条目的添加：

（1）近期文献中见到的已知化合物的新商品名；

（2）结构已经确定的新生物碱；

（3）近期流行的新名称。

2. 老条目的删减：

（1）文献中报导的化学结构尚有争议的天然产物；

（2）已为普通主题索引列为索引标题的。

3. 对条目的补充修改：

（1）由通称改为专用名称；

（2）副标题的补充；

（3）由特指参见（See）改为泛指参见（See also）；

（4）化学物质索引中化学名称的纠正；

（5）天然产物立体化学符号的更改；

（6）拼音标题的修改；

（7）事物概念的改动。

《1977 索引指南》还增添了"普通主题标目等级表"，即把一万多个主题标目按专业归并为 66 个主题类，共分九级，各按字顺排列，另编了等级索引（Hierarchy index），以检索任何等级的主题标目；根据其后的主题类号码找出该主题类表，帮助检索者选取主题标目，并有利于准确地进行扩检。

（五）专利号索引（Numberical Patent Index）和专利对照索引（Patent Concordance），以及近年来新的专利索引（Patent Index）

专利号索引从 1935 年开始编制，它把 CA 所收录的 26 个国家（开始时为 5 国）的专利先按照国名字顺排列，同一国的专利再按专利号顺序排列，专利号之后列出文摘号。因此，当知道专利国别和专利号后，就能从该索引中查得文摘号，使用比较简单方便。自 1958 年第 52 卷起，CA 各期都有该期的专利号索引，编排方式与卷的专利号索引相同。

"专利对照索引"是从 1963 年第 58 卷开始编制的，有期索引和卷索引二种。

在资本主义国家里,一项创造发明,往往同时在几个国家申请并获得专利权,而 CA 所报道的专利文献中,有相当一部分是重复的,CA 就不再重复报道,而只是把它收编在"专利对照索引"中。在这个索引中,先按国家排列,次以号码排列,在每一专利号后注明与此相当的另一国家的专利,并注明 CA 过去所报道的文摘号。

编制这个专利对照索引,既可以节约文摘杂志的篇幅,又能给读者提供取得该专利文献的多种途径。当某国专利缺藏时,可用内容相同的其他国家的专利来代替。

专利索引(Patent Index):这是 CA1981 年第 94 卷出现的新的索引,它取代过去的"专利号索引"和"专利对照索引"。这个新的"专利索引"实际上把原来的两种索引结合在一起,而且其功能有所发展。

专利索引包括如下三种款目:1. 新作摘要的某一发明的专利文献;2. 当一项发明有一个以上的专利文献时,将其引见到第一次被作摘要的专利文献;3. 在该发明的第一次被作摘要的文献之下,列出全部同该项发明有关的专利文献。款目按专利国别代码的字顺排列。同一国别之下,按专利号码排列。

专利索引的格式是:

　　JP(Japan)

①→　54/012643 A2(56/007346 B4)
　　　　　〔79 12643〕,92:180658g

②→　54/012643 B4, see US 3986977A

③→　54/012653 A2〔79 12653〕,90:11514h
　　　　　AT 337140 B(Related)
　　　　　FR 2270206 Al(B1)
　　　　　JP 54/072654 A2(Related)
　　　　　　〔79 72654〕,90:11515j
　　　　　JP 54/072655 A2(Related)

〔79 72655〕,92:180658g

NL 75/05204 A(Nonpriority)

US 4173268 A(Related),

92:27346w

US 4173972A

(Continuation – in – part;

Related),92:108691y

WO 79/00274 Al(Designated

States:BR,SE;Designated

Regional States:EP(DE,GB);

Elected States:BR;Elected

Regional States:EP(DE);

Related)

格式说明:

①这是日本专利(特许),其号码是 54/012643 A2。"54"指昭和 54 年,A2 指"公开特许"。凡专利号之后的"字母"或"字母数字"的代码(如 A2),是 CAS 编订的说明专利类型的代码。重要的一些代码的含义见附表。括号内的数字及专利类型代码(如 56/007346 B4)指 CA 第一次摘录的文献(即 54/012643 A2)的另一个申请阶段公布的文献,即从昭和 54 年的公开特许变成了昭和 56 年的特许。如果不同申请阶段的号码是相同的,则只给出不同的专利类型代码。方括号〔7912643〕,这是指公元 1979 年(昭和年份加 25 即成)的公开特许号 12643。其后的"92:180658g",是 CA 的文摘号。黑体字表示它在本期 CA 中是新款目。

②日本特许昭和 54 年第 012643 号,见(see)至美国专利 US3986977 号。这就指明了若要查找该号日本特许,可根据该美国专利号找到 CA 文摘号,并可找到该项专利的族系情报。

③日本公告特许昭和 54 年 012653 号,相当于 1979 年的

12653 号,其文摘在 CA90 卷 11514h。以下的各行是指明同该专利文献(第一次被 CA 摘录报道的)"相关"或"等同"的所有专利文献。这个专利族系中的成员法国专利 FR2270206A1（ B1 ）,其优先项是同第一次被摘录的日本公开特许 JP 54/012653 号相等同的。法国专利的括号中的(B1),是指后来公布的,但是与 A1 的专利号相同。荷兰专利 NL 75/05204A 是一件无优先项的等同专利,用括号内的(Nonpriority)字样表明。

这里的黑体字也是表明此条著录在本期 CA 中是一条新款目。至于其它的奥地利专利（AT 337140B ）、日本公开特许（JP54/072654A2)和美国(US 4173972A)以及世界知识产权组织专利（WO 79/00274）等都是同 JP 54/012653A2 这件专利相关的,并用括号内的(Related)这样来表示。这种"相关"关系是很复杂的,为优先项号不同等等。这些专利之间在技术内容上可能产生了相当大的变化,因而 CA 有必要为它们分别做文摘,并有相应的 CA 文摘号。US 4173972A 是 US 4173268A 的"接续"。WO 79/00274A1 是一种国际性的专利文献,因而指明了各个可适用的国家。对于地区性的专利文献,其可适用的国家,用两个字母的地区文献代码并接着是国别代码给以指明,国别代码指在括号内。至于 Designated States(被指定的国家)、Elected Regional States(被选定的地区国家)等字样,都是"可适用的国家"的意思。

附:专利类型代号表

AT(奥地利)	B 专利
	E 在奥地利有效的欧洲专利
AU(澳大利亚)	B1 专利说明书(先前无未审查说明书的)
	B2 专利说明书(在未审查说明书之后公布的)
	B3 专利说明书(次要专利)

BE（比利时）	A1 发明专利
	A4 改进专利
	A7 引进专利
CA（加拿大）	Al 专利说明书
	A2 专利说明书（部分）
	A 未指定为 Al 或 A2 的专利说明书
	B 再公告专利说明书
CS（捷克）	B 或 B1 发明者证书
	P 或 B2 发明专利证书
DE（西德）	A 公开专利说明书
	B 展出专利说明书
	C 正式专利（批准专利）说明书
GB（英国）	A 专利说明书（1949 年专利法，文献号小于 2,000,000）
	A 专利说明书（1977 年专利法，文献号大于 2,000,000）
	B 补正专利说明书（1949 年专利法，文献号小于 2,000,000）
	B 专利说明书（1979 年专利法，文献号大于 2,000,000）
JP（日本）	A2 公开特许
	B4 特许
HU（匈牙利）	P 专利说明书
	A 公开专利说明书
	O 专利（经全面审查者）
SU（苏联）	D 或 A3 发明专利证书
	T 或 Al 发明者证书

（六）著者索引（Author Index）

有期索引、卷索引、十年和五年索引累积本。

这种索引将个人著者、团体著者、发明人、专利权受让人等混合按字顺排列，其著录、排列和字译方法可参看本书第四章。

每期著者索引的著录事项包括：1. 著者名；2. 文摘号（及文献类型代号）。

卷著者索引的著录事项包括：1. 著者名；2. 著作篇名；3. 文摘号（及文献类型代号）。

十年和五年著者索引的著录事项包括：1. 著者名；2. 著作篇名；3. CA 卷号；4. 文摘号（及文献类型代号）。

合著者在每期的著者索引中，从各个著者下都可查出文摘号；在卷的和多年累积的著者索引中，只能在第一个著者下查得文摘号，其他合著者则被引见第一个著者。

外国女著者的姓名，CA 索引中将其婚前婚后的姓名都予列出，例如：

Petrora A. I. See Alvanora A. I.

（七）分子式索引（Formula Index）

本索引始于 1920 年，随卷出版，是化学物质索引和普通主题索引的辅助工具。本索引将全卷所报导的各种化合物的分子式按化学符号的字顺排列起来（改写成 Hill 分子式），分子式的下面列出一个或几个索引中所用的化合物的名称，名称后注明该化合物的 CAS 登记号及文摘号，根据文摘号即可查阅文摘内容。这种索引可以补主题索引之不足（如查未命名的化合物），对化合物英文名称不熟悉的读者，其作用更大。

著录格式（见图 7—2）：

①→ $C_{11}H_{18}N$

②→ Eenzenemethanaminium, ③→ N-ethyl-N, N-dimethyl.

iodide 〔7375-17-9〕, P39849z

④→ salt with 4-methylbenzenesulfonic

acid 〔22703-25-9〕, 79425q

⑦→ -,N,N,N,-αtetramethyl-

(±)-, carbonate(1:1), 〔25695-13-0〕, ←⑤

p71171h, 98516r

1H-isoindolium, 2, 3, 3a,4-tetrahydro-2, 2, 5-

trimethyl- 〔30481-19-7〕, 53389t ←⑥

Pyridinium, 1-hexyl-

chloride 〔6220-15-1〕, 82373p

$C_{11}H_{18}N_2$

⑧→ Compd., b₁292-3°, 1520p

图 7—2

①分子式标题,用黑体字印刷,按化学符号及其右下角数字顺序排列;

②化合物中的母体,相当于化学物质索引中的标题;

③取代基字首,和化学物质索引同;

④说明语,列出的为一些与母体相结合的化合物;

⑤CAS 登记号;

⑥文摘号;

⑦横线"—"代表母体化合物;

⑧尚无系统命名的化合物表示法。当原始论文中介绍的化合物只有分子式而无具体的化学名称时,则在分子式下用"Compd."(化合物)表示,后面列出原文中的理化数据(如沸点、折光指数、熔点等)。

分子式标题中元素符号的排列规则如下:

1. 无机化合物按元素符号字顺排列,不按寻常分子式排列,如 H_2SO_4 按 H_2O_4S 排列;查 HCl 应排成 ClH 方能查到;

2. 有机化合物分子式中元素符号的排列第一位是 C,第二位是 H,其他元素符号则按字顺排列,如 CH_2O, CH_2O_2, CH_2O_2S, CH_2O_3, CH_3 ……;

3. 寻常分子式中相同的元素都要加在一起。例如 H_2N-CH_2-COOH(甘氨酸),其分子式标题是 $C_2H_5NO_2$;

4. 结晶水不列入分子式中,通常用轻体字在分子式后注出;

5. 同分异构体在分子式下将化合物名称按字顺一一列出。

在分子式索引中有两种参见。一种用于化学元素、简单无机化合物、已知成分的矿物、普通有机化合物等。使用这种参见的目的是为了节省篇幅,指引读者去查化学物质索引或主题索引。例如:

$C_3H_6O_2$

Acetic acid

methyl ester〔79 - 20 - 9〕,See Chemical

Substance Index

另一种是天然产品,同一个名称,可能代表两种不同分子式的化合物,引进参见以资鉴别。例如:

$C_{28}H_{38}O_7$

Bongkrekic acid〔11076 - 19 - 0〕,See Chemical

Substance Index and $C_{29}H_{40}O_7$

查阅举例:

已知氨基苄青霉素分子式为 $C_{16}H_{19}N_3O_4S$,查其钠盐方面的有关资料。

查 1973 年第 79 卷分子式索引,查得:

$C_{16}H_{19}N_3O_4S$

4 - Thia - 1 - azabicyclo〔3.2.0〕heptane - 2 -

carboxylic acid, 6 – 〔(aminophenylacetyl)
amino〕– 3,3 – dimethyl – 7 – oxomonosodium
salt,〔2S –〔2a,5a,6β(S*)〕〕
〔69 – 52 – 3〕,671a, 9939b, 13377j……

在该卷中共有 671a 等 12 条文摘。

(八)环系索引(Index of Ring Systems)

本索引始于 1916 年。1968 年第 68 卷之前是附在全卷主题
索引之前,份量不大。第 68 卷之后经常附在全卷分子式索引之
后。环系索引是 CA 中环状化合物的名称索引,它本身不提供文
摘号。所以,环系索引也可以说是化学物质索引的一个隶属部分。
本索引将全卷所报导过的环状有机化合物,根据环的数目进行编
排,在各环系下列出一系列母体化合物名称,据此转化学物质索
引,查得文摘号后,再查阅文摘,简便迅速。

环系索引的著录格式及编排法如下(图 7—3):

①

3 – RING SYSTEMS

②→5,6,6

   $C_4N – C_6 – C_6$←③

④→14 – Azadispiro 〔5.1.5.2〕pentadecane

  Benz 〔cd〕indole

  1H – Benz〔e〕indole

  1H – Benz 〔g〕indole

  1H – Benz 〔e〕isoindole

  4,7 – Ethanoisoindole

  1,4 – Methano – 1H – 3 – benzazepine

  Spiro 〔cyclohexane – 1,3´–〔3H〕indole〕

图 7—3

①组成化合物之环数,称环系,用黑体字印刷,按环数排列,如
"1—环系""2—环系"、"3—环系"……。

②组成每个环之原子数,用黑体字印刷。一个数字代表一个环,数字大小代表环架上原子多少。小环在前,大环在后。本例"5,6,6"表示一个5原子环和两个6原子环。

③代表环架上主要元素成分。本例"$C_4N - C_6 - C_6$"表示,其中一个环由4个碳原子和1个氮原子组成,另两个环各由6个碳原子组成。

④环状化合物名称,相当于化学物质索引中之标题(母体化合物),按字顺排列。关于环的计算,说明如下:

a. 环数的决定:环数取决于将环状转变成直链状时,所需剪断链键的最少根数。例如要将下列环状转变成直链状,必须剪断其a,b,c3根链键,所以是3环系(见图7—4)。

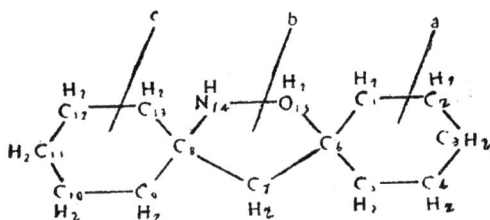

图7—4

b. 重叠环的计算:根据上述原则,环数只取决于将环状转变成直链状时所需剪断链键的最少根数,而与环之间是否重叠无关。所以,下例在三个环中间又重叠了两个环,为5圆环。

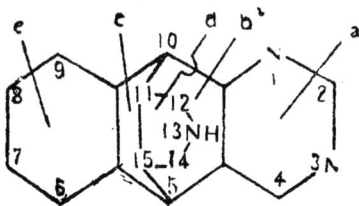

图7—5

c.组成每个环之原子数的计算:两环或两环以上的环状化合物,在计算环的大小时,分开单计,允许公用原子重复计算。氢原子和取代基不计。

d.杂原子环将碳原子置于前(如 C_4N);原子数相等的环中含杂原子最多的环排在最前面(如 $CN_4 - C_2N_3 - C_4N_2$)。

e.有的化合物虽系环状,但环与环之间无公共原子的,则不列入环系索引。如:Biphenyl:

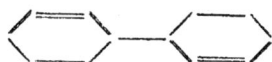

图 7—6

查阅举例:

已知某环状化合物的结构如下图,怎样查找?

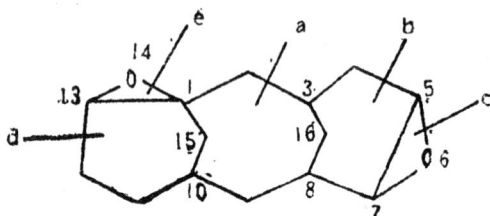

图 7—7

1.将该化合物的环状转变成直链状,需剪断链键的最少根数为 5 根,故为 5 环,应查"5 – Ring Systems";

2.组成每个环之原子数如下:中间环为 8,左边环为 6,右边环为 6,左上角环为 3,右下角环为 3,故应查"3,3,6,6,8";

3.各环架上的元素成分为:"$C_2O - C_2O - C_6 - C_6 - C_8$",从环系索引中可查得:

5 – Ring Systems

3,3,6,6,8

…………

212

$$C_2O - C_2O - C_6 - C_6 - C_8$$

6,14 – Dioxapentacyclo $[8.4.1.1^{3 \cdot 8}.0^{1 \cdot 13}.0^{5 \cdot 7}]$ $\bigcirc$

hexadecane

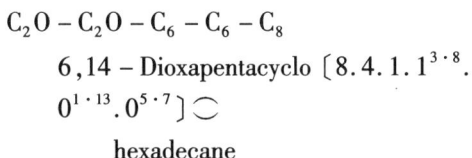

根据查出的该化合物名称去查化学物质索引,即可查得 CAS 登记号和文摘号。

1977 年,CAS 出版一本"母体化合物手册"(Parent Compound Handbook),代替以往的"环系索引"及其增刊,它包括有约 37,000 "环状母体"(ring parents)的情报资料。这些环状母体是基于《化学文摘》中的基本结构单元(没有取代基环状结构图)的化学物质的大多数索引名称。该手册附有多种索引,每年出版一次,作为查阅手册的一种快速指南。但该手册于 1983 年底停止,1984 年将被 1984 年环系索引所取代。

(九)杂原子索引(HAIC Index)

杂原子索引从 1967 年第 66 卷起开始编制。本索引中所包括的一般为带杂原子的环状化合物,是分子式索引的一种辅助工具。不提供文摘号。

杂环化合物名称复杂,很多杂环化合物(酸的金属盐、共聚物、分子加成化合物)在分子式索引的标题上也表达不完全,从而造成了查阅的困难。本索引将全卷报道过的,除了仅含碳、氢的化合物和聚合物之外的,带有一个以上杂原子或离子型基团的化合物,将其所含的杂原子突出,采用类似 KWIC 方式,基本按照分子式索引的方式进行编排,帮助读者迅速查明同卷分子式索引中有否所需的杂原子化合物,再决定有无必要转查分子式索引。

杂原子索引的形式见下页。

1. 在杂原子索引中,分子式内元素符号的排列顺序与分子式索引标题中元素符号的排列规则相同。

2. 杂原子索引分左、中、右三栏,中栏排列杂原子,使之突出。

如果化合物含有数种杂原子,则每种杂原子都要在中栏出现一次。这种编排法与上下文关键词索引的编排法一样,杂原子相当于关键词。所以,含有数种杂原子的化合物,从任何一种杂原子出发都能找到它。在中栏,按杂原子符号的字顺排;杂原子符号相同,则按原子数排;当原子数也相同时,则根据右栏的符号来决定次序;如果右栏符号也相同,则再根据左栏的符号来决定次序。

左栏	中栏	右栏
B		I
C_2H_{12} B_{10}		Bi I_3
C_8H_{16} B_{10}		
C_2H_{11} B_{10} Br		N
Bi	$C_2HCl_3O_2 . C_9H_7$	N
	C_2H_7	N $. C_6H_3N_3O_7$
	$C_3H_7Br_2$	N $. ClH$
Bi I_3	CH	N Se
Bi_2 Se_3	$C_2H_7N. C_6H_3$	N_3 O_2
Br		O
$C_2H_{11}B_{10}$ Br		
C_3H_7 Br	C_2HCl_3	O_2 $. C_9H_7N$
C_3H_7 Br_2 $N. ClH$	C_8H_3	O_2 Se
	$C_2H_7N. C_6H_3N_3$	O_7
Cl		Se
C_2H Cl_3 $O_2 . C_9H_7N$		
	CHN	Se
F	C_2H_6	Se
	C_3H_6	Se
C_2H_2 F_2	C_6H_6	Se
$(C_2H_2$ F_2 $)n$	$C_8H_8O_2$	Se
	Bi_2	Se_3

3.碳和氢不作为杂原子,其它元素都是杂原子。但是,某些杂原子在下列情况下(例如 Br)作为离子时,不作为杂原子处理。某

214

些常见的简单杂原子化合物的分子式,也不编入杂原子索引。

Br	(离子)	C1HO$_4$	(盐)
BrH	(盐)	C1O$_4$	(离子)
CH$_2$O$_4$S	(离子)	HI	(盐)
Cl	(离子)	HNO$_2$	(盐)
C1H	(盐)	HNO$_3$	(盐)
H$_8$N	(氨合物	H$_4$N	(离子)
	或盐)	I	(离子)
H$_3$O$_3$P	(盐)	K	(盐)
H$_3$O$_3$P	(盐)	NO$_2$	(离子)
HO	(离子)	H$_2$O	(水合物)
HO$_2$P	(离子)	H$_2$O$_3$P	(离子)
HO$_3$S	(离子)	H$_2$O$_3$S	(盐)
HO$_4$P	(离子)	H$_2$O$_4$P	(离子)
HO$_4$S	(离子)	H$_2$O$_4$S	(盐)
NO$_3$	(离子)	O$_4$P	(离子)
Na	(盐)	O$_4$S	(离子)
O$_3$P	(离子)		
O$_3$S	(离子)		

4.点分式:在一个分子式的中间,如有一黑点将其分成两段者,叫"点分式"(如 C$_2$HC1$_3$O$_2$・C$_9$H$_2$N)。点分式用于表示离子配位化合物、分子加成化合物、以单体为基础的聚合物,以及酸的金属盐、某些金属的氢化物、醇类、酰胺类、胺类、酚类、硒醇类、碲醇类、硫醇类化合物。

5.均聚物、二聚物、三聚物等,如果在原始文献中没有标明全结构,则用圆括号来表示。括号内是相应的单体,括号右下角分别标有"x"、"2"、"3"等;有全结构的均聚物用"n"表示。

查阅举例:

查找有关 $C_{14}H_{18}AgN_2 \cdot ClO_4$ 的资料。

如先查分子式索引,只能查到 $C_{14}H_{18}AgN_2 \cdot$ 而查不到 $C_{14}H_{18}AgN_2 \cdot ClO_4$。因为按分子式索引的编排原则,离子配位化合物的离子部分不纳入分子式标题中,这样就不易断定分子式索引中有否此化合物。

查杂原子索引证明分子式索引中必定有此化合物。随后排除离子配位化合物离子部分的因素,在分子式索引的"$C_{14}H_{18}AgN_2$"标题下仔细查看说明语,即查得如下有关资料:

$C_{14}H_{18}AgN_2$

    Silnes(1 + 7 , bis C_3 – ethyl pyricine)

    Perchlorate 〔31319 – 64 – 9〕,82644c

       ⋯, bis(3.5 – lutidine) – perchlorate

       〔31319 – 65 – O〕,82644c

"ClO_4"在分子式中虽没有表达,但却在说明语中以文字形式出现(perch – lorate)。

(十)登记号索引

本索引是从 1969 年第 71 卷起新增加的。由于化学化工的不断发展,化合物种类愈来愈多,结构愈来愈复杂,名称愈来愈混乱,一个制备或提取得到的化合物究竟是否为新化合物也难以确定。化合物的登记号(CAS 登记号)就是为解决这些问题而产生的。

CAS 的登记号是由计算机产生的,用来标识已定义的化学物质的统一的号码系统。每一化学物质只有一个登记号,它是从第62 卷(1965 年)开始采用的。它特别适用计算机操作。

此号并无化学的意义,但简单明了,计算机可以校验,作为简单不变的认别标签。现已成为国际上通用的在出版物与计算机文档中识别化学物质的符号。

CAS 登记号由三段组成,中间用短横隔开,自左至右,第一段有 2 位至 6 位数字不等,第二段总是二位数字,第三段总是一位数字,其基本形式为"……×－××－×"。这里删节号表示这部分数字位数不等。在文摘和其他索引中,CAS 登记号始终用斜体号码印刷,并置于方括号中。这种特殊的形式很容易识别。

到 1977 年末,CAS 已登记 400 多万个化学物质。平均每周新增 3 万个。登记号索引的作用有二:

1. 从 CAS 登记号查出某化合物在 CA 索引中采用的名称,据此转查化学物质索引;

2. 从 CAS 登记号查某些天然化合物、化工商品、以惯用名称呼的化合物等的分子式,据此转查分子式索引。

本索引完全按号码顺序排列,在 CAS 登记号后列出化合物名称及分子式,但是不直接提供文摘号。

查阅举例:

已知聚氯乙烯登记号是〔9002－86－2〕,查找其有关资料。

从登记号索引查得:

9002－86－2 Ethylene, Chloro－, polymers(C_2H_3Cl)x.

再以 C_2H_3Cl 转查分子式索引,或以 Ethylene, Chloro－, polymers 转查化学物质索引,均可查到有关资料的文摘号。

(十一)《化学文摘服务社资料来源索引》(Chemical Abstracts Service Source Index,简称 CASSI)

从 1970 年起编制,并于每年增出季刊补充本(CASSI Quarterly),第四季所刊包括前三季内容。目前已出版 1907—1979 年的累积本《CASSI 1907—1979》。《CASSI》主要介绍 CA 摘录刊物的全称、简称、刊载论文文种、初刊和现期卷号年份、价格、出版社名称、世界各大图书馆统一编目及馆藏情况等。此外,为了帮助读者对照查考的需要,还特地刊登了 CA 上常见刊名 1,000 条。除一般刊物外,《CASSI》对各国专利文献的出版情况,也作了扼要的介绍。

CA 的各种索引关系及检索途径示意图：

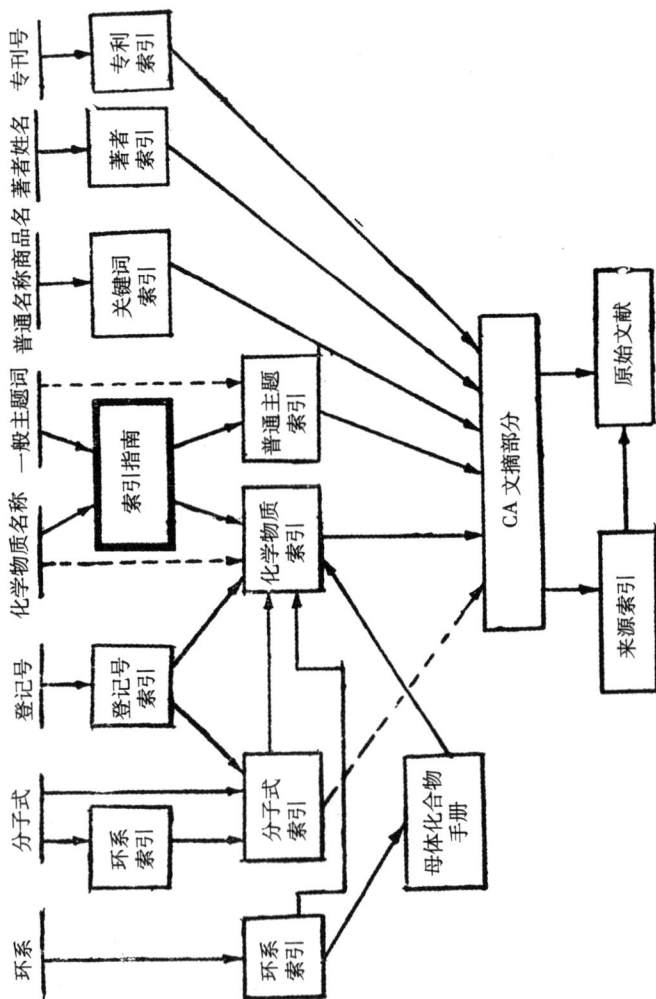

图 7—8 CA 的检索途径示意图

218

美国《化学文摘》的各种索引很注意定期地累积。从 1907 至 1956 年，十年累积一次。从 1957 年开始，五年累积一次。见下表：

累积索引	包括年代	卷号	著者	普通主题	化学物质	分子式	专利号	专利对照	专利	环系索引	索引指南
第一次	1907—1916	1—10	×	×							×	
第二次	1917—1926	11—20	×	×							×	
第三次	1927—1936	21—30	×	×		+					×	
第四次	1937—1946	31—40	×	×		+	△				×	
第五次	1947—1956	41—50	×	×		×	×				×	
第六次	1957—1961	51—55*	×	×		×	×				×	
第七次	1962—1966	56—65	×	×		×	×				×	
第八次	1967—1971	66—75	×	×		×	×	×			×	×
第九次	1972—1976	76—85	×	‥	×	×	×	×			×	×
第十次	1977—1981	86—95	×	×	×	×	‥	‥	×		×	×

说明：
*，从 1957 年开始，原十年累积期改为五年累积期
‥，从第九个累积期开始，主题索引分为普通主题索引和化学物质索引
…，1981 起，专利号索引与专利对照索引合并为专利索引
+，27 年的累积分子式索引（1920—1946 年）
△，10 年的累积专利号索引（1937—1946 年）

219

五、检索示例

CA 的各种索引应灵活运用,根据检索课题查阅相应的索引,并注意各种索引的配合使用。

〔例〕:为了研究微量元素铜对棉花生长的影响,需要查找关于用铜盐作为肥料以提高棉花产量的文献。苏联 И. Н. 菲尼钦科 (И. Н. Вениченко)曾作过这方面的研究,并于 1973 年发表过文章。请查出这篇文章。

这篇文章可以从以下途径来查找:

1. 通过著者索引查:

由于已知论文著者是 И. Н. 菲尼钦科,所以从著者索引查比较省事。另外,已知该文发表于 1973 年,因此应从 CA 第 78、79 及 80 卷的著者索引中去查。

但是,И. Н. Вениченко 是俄文姓名,要查 CA 的著者索引,必须先按俄英字译法译成英文:

И. Н. Вениченко—I. N. Venichenko

在著者索引中,姓排在前,名排在后,因此要以 Venichenko, I. N. 的形式去查。

在第 79 卷的著者索引中,按字顺查到:"Venichenko, I. N. See Zadorozhnii, G. P. "这就是说,Venichenko, I. N. 是个合著者,在他的姓名之下没有著录文摘号,而必须转查 Zadorozhnii, G. P. 这个著者姓名。再查 Zadorozhnii, G. P. 查到:

Zadorozhnii, G. P.

——; Venichenko, I. N.

Use of copper salts as fertilizers under

cotton, 145213n

这条著录的意思是:Zadorozhnii, G. P. 与 Venichenko, I. N. 合著的一篇论文,题为 Use of copper salts as fertilizers under cotton(作

为棉花肥料的铜盐的作用),其文摘号为 145213n。按此文摘号查阅 CA 第 79 卷第 25 期,找到下列文摘:

145213n Use of copper salts as fertili-
zers under cotton. Zadorozhnii, G. P.;
Venichenko, I. N. (USSR). Agrokhi-
miya 1973, (9). 109-18 (Russ). On
continuously……

145213n 作为棉花肥料的铜盐的作用。沙达罗日尼,Г. П.;菲尼钦科,И. Н. (苏联).《农业化学》1973,(9),

109-18(俄文). 内容摘要……

这篇论文发表在 Agrokhimiya 1973 年第 9 期第 109—118 页上。但 Agrokhimia 究竟是哪一种俄文杂志?这又需要通过俄英字译法把它译成俄文:

Agrokhimiya——Агрохимия(农业化学)

这样,就可以从馆藏中把刊载该论文的那期杂志取出来。

2. 通过普通主题索引查:

从主题下手查,应首先进行主题分析。这个课题可以从"棉花"入手查找。棉花英文是 cotton。在 CA 第 79 卷普通主题索引中可查到:

Cotton

Copper effection, on sierozem soils by
seed and soil treatment, 145213n.

棉花

铜的影响,在黄土中,通过种子与土壤处理,145213n

文摘号 145213n,即为从著者索引中找到的同一篇文献。

3. 通过化学物质索引查:

从"铜"(copper)的角度检索,就需查化学物质索引。在第 79

221

卷的化学物质索引中,在"Copper"(铜)的标题下有许多副标题,包括大量的文献。根据所要查找的论文内容,应从"biological studies"(生物学研究)副标题下查找,发现:

Copper, biological studies

    Cotton response to,on sierozem soils,

        by seed and soil treatment,145213n

铜,生物学研究

    棉花的反应,在黄土中,通过种子与土壤的处理145213n

这样,从化学物质索引中找到了这篇文献。

4.通过关键词索引查:

这种查法比较费事,一年的文献,就需查52本。但是,在主题索引出版之前,这种方法还是可取的。查关键词索引时,可以从"棉花"这一关键词入手查:

    Cotton   copper   sierozem soil   145213n

    棉花   铜   黄土

也可以从"铜"这个关键词入手查:

    Copper   cotton   sierozem soil   145213n

    铜   棉花   黄土

5.通过分类途径查:

美国《化学文摘》共分80个大类,首先应确定所要查的那篇论文是属于哪个大类。关于铜盐作肥料以提高棉花产量的课题,应从单期"Biochemistry section"(生物化学部分)的第19大类"Fertilizers, soils, and plant nutrition"(肥料、土壤和植物营养)中去找。在这一类中,逐条浏览,也可以找到那篇论文。但是,这种方法是较为费事的。

一般来说,查阅CA应注意以下几点:

1)由近及远,因为新的文献可能包括旧的资料在内;

2)著者索引、分子式索引及专利号索引比主题索引(普通主

222

题索引和化学物质索引)容易查,所以,如知道某个著者专门从事某项研究工作时,则从著者索引入手有可能较快查得资料;如果已掌握所要查的化合物的分子式或有关的专利号,则可利用分子式索引、专利号索引直接查找;

3)如已知道某种化合物的 CAS 登记号,可以先查登记号索引,从而得到其正确命名及分子式,再进而查化学物质索引和分子式索引;

4)如果不知查哪个标题为好时,最好先查《索引指南》;

5)尽量利用累积索引,以节约查阅时间。

从 1976 年起提供了一种新型情报服务的出版物——《化学文摘选辑》(CA selects),该选辑对应于 CA 的某一主题的全部文摘。另外,与生物学文摘合作,发行 BIOSIS/CAS SELECTS 23 种。

第四节　美国《生物学文摘》

美国《生物学文摘》(Biological Abstract,简称 BA),是目前世界上有关生物学及其相邻学科的重要文摘之一,是检索生物、农学、医学等"生命科学"方面文献资料的工具。它由美国生物科学情报社(Bioscience Information Service—BIOSIS)编辑出版。

一、概况

BA 创刊于 1926 年。1972 年起为半月刊,每年 2 卷,1983 年出至 75、76 卷。近年来,它摘录、报道世界一百多个国家和地区的8,000 多种期刊,每年文摘总量达 14 万条以上。BA 所搜罗与反映的资料,主要是:1. 有关生物学、农学和生物医学的理论,以及来自试验室、临床和现场的原始材料;2. 生物学研究的新方法与新技术;3. 有关评论;4. 有关生物学、农学和医学的情报理论与方法,等等。取材主要是期刊论文、论文集、图书等。BA 的文摘质量较高,报道速度较快。

二、著录项目

BA 对文献特征的描述,即著录项目大体上与 CA 相同,其格式为:

> 文摘号、著者姓名(著者所在单位,地址)
> 文献出处:刊名、卷数、期数、页数、年份、〔文种〕
> 文献题目(黑体)——摘要

例如:

23171. O'TOOLE,J . C . * and V. S. TOMAR.

(Int,Ric Res、Inst, P. O. Box 933,Manila,

Philip.)AGRIC METEOROL26(4):285 – 296,1982

T ranspiration,leaf temperature and water

potential of rice(Oryza S ativa)and barnyard

grass(Echinochloa crus galli)in flooded fields

——Few studies are……

23171. 奥吐尔,J . C . * 和 V.S. 托马(国际水稻研究所,邮政信箱 933,马尼拉、菲律宾)农业气象学 26 卷 4 期;285—296 页,1982 年。

这里第一位著者姓名的右上角加了一个星号(*),是表示后面括号内的著者所在单位与地址,只是他的单位与地址,并非指第二著者的。如果没有加星号,则意味着合著者应是属于同一单位的。

对于以年为主编号的期刊(无卷号),则卷以 0 代之。如:"0 (7):20—4.1981〔vecd. 1982〕",其意思是 1981 年第 7 期,该文献于 1982 年为 BIOSIS 收到。

三、文摘的排列

BA 是按照二级(个别是三级主题)主题法排列的。一级主题词有 84 个。

一级主题词之下,又分若干个二级主题词。一级主题词与二级主题词共约 625 个。同级主题词之间,一律按字顺排列。主题词与主题词之间,列有大量的"见"与"参见",把有关主题互相联系起来。因此,BA 的整个文摘部分,本身就是一个主题目录。例如,要查找"水稻"的资料,首先必须确定其一、二级主题词。

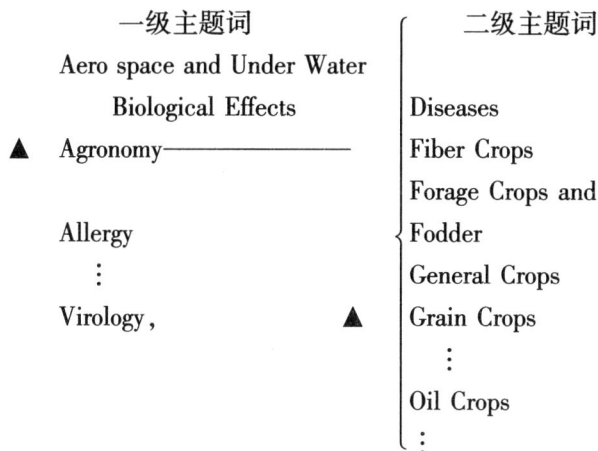

一级主题词	二级主题词
Aero space and Under Water Biological Effects	Diseases
▲ Agronomy————————	Fiber Crops
	Forage Crops and
Allergy	Fodder
⋮	General Crops
Virology, ▲	Grain Crops
	⋮
	Oil Crops
	⋮

这就是说,"水稻"方面的资料,要到"农学——谷类作物"的主题下找。同样道理,"土壤污染"方面的资料,要到"公共卫生——环境卫生"的主题下找。

这种多级主题法,有时查起来不大方便。例如"土壤污染",读者不一定想到要从"公共卫生"这个一级主题词下查找。为了克服这种缺点,提供找准主题的方便,BA 另编有"主题指南"(Subject Guide),附于各期文摘之前。该"指南"主要是把有关的名词(这些名词,包括一级主题词、二级主题词以及某些三级主题词)按照字顺排列起来,在每个名词后面注明其在本期文摘中的起始文摘号。例如:

AGRONOMY

  Diseases ⋯⋯⋯⋯⋯⋯⋯⋯⋯⋯⋯⋯⋯⋯⋯ 4650

  Fiber crops ⋯⋯⋯⋯⋯⋯⋯⋯⋯⋯⋯⋯⋯⋯ 4613

    ⋮

Air pollution ⋯⋯⋯⋯⋯⋯⋯⋯⋯⋯⋯⋯⋯⋯⋯⋯⋯ 5099

▲ Pollution, Air, Water and Soil(See also Ecology)

⋯⋯⋯⋯⋯⋯⋯⋯⋯⋯⋯⋯⋯⋯⋯⋯⋯⋯⋯⋯⋯⋯ 5099

    ⋮

PUBLIC HEALTH

    ⋮

  Envionmerital Health Occupational Health

⋯⋯⋯⋯⋯⋯⋯⋯⋯⋯⋯⋯⋯⋯⋯⋯⋯⋯⋯⋯ 5127

  ▲Pollution, Air, Water and Soil ⋯⋯⋯⋯⋯⋯ 5099

    ⋮

SOILS

  Crop Studies ⋯⋯⋯⋯⋯⋯⋯⋯⋯⋯⋯⋯⋯⋯⋯ 5013

    ⋮

▲ Pollution ⋯⋯⋯⋯⋯⋯⋯⋯⋯⋯⋯⋯⋯⋯⋯⋯⋯⋯ 5099

  这里,主题指南说明从"污染"(Pollution)去查,可以找到文摘起始号为5099,从"土壤"(Sois)去查,也可以找到文摘起始号为5099,从"公共卫生——环境卫生"去查,也可以找到同样的文摘起始号。翻开本期文摘5099号,就可以找到"土壤污染"所在的主题词。这个主题词是:"公共卫生——环境卫生——空气、水和土壤污染"。"土壤污染"属于第三级主题。善于利用"主题指南",可以使我们更好地掌握BA的主题结构,找出自己所需要的主题词。

四、辅助索引

《生物学文摘》的辅助索引,采用了多种新的索引方法,如上下文关键词索引、概念组配索引、生物分类索引、属类索引等,索引体系比较完备。现将各种索引的编制情况列表如下:

索引种类	期索引	卷索引
著者索引	自创刊号起编制	自第 1 卷起编制
主题索引	无	第 1—33 卷有此索引
BASIC(上下文关键词索引),1980 年起改称主题索引	自第 36 卷第 20 期起编制,第 45 卷起单独出版	自第 34 卷起编制
生物分类索引	自第 42 卷起编制	第 1—33 卷和第 43 卷至现在有此索引
生物属类索引	自第 57 卷起编制	自第 57 卷起编制
组配索引(CROSS 索引)1980 年起改称概念索引	自第 45 卷第 7 期起编制	自第 47 卷起编制
地区索引	无	第 2—30 卷有此索引

1. 概念组配索引——CONCEPT INDEX(概念索引),原称 CROSS INDEX(交叉索引),它的形式是二级主题索引。每个主题之下列出若干文摘号。例:

概念标题	ECOLOGY—(ENVIRONMENTAL BIOLOGY)				
副标题	ECOLOGY —ANIMAL				
文摘号	23330	23545	24002	24121	24332
	24339	24676	24688	24901	24987

这个主题索引所采用的主题表,称为"交叉索引使用的主题字顺表"(Alphabetical Lsting of Subject Heading that appear in CROSS INDEX),实际上,这个主题表就是 BA 整个文摘排列所依据的那个主题表,共84个一级主题,数百个二级主题。

概念索引既可以单独使用,又可以作为概念组配检索之用。

单独使用时,它就是一般检索工具中所常见的主题索引。由于它的主题排列与 BA 文摘正文的排列一致,因此,它的每个主题下的文摘号基本上是连贯的。但是,它对于那些多主题的文献,进行了充分的主题分析,使它在索引中的各个有关主题之下都得到反映,而按主题排列的文摘正文部分却做不到这一点,对一篇多主题的文献只按其重点排在一个主题之下。例如一篇题为"小麦、高粱和大豆的纯粹二氧化碳交换"的文献,文摘正文部分只把它排在"农学——谷类作物"之下,而没有排在"农学——油料作物"之下。主题索引则把这篇文献既在"农学——谷类作物"之下反映,又在"农学——油料作物"之下反映。因此,通过主题索引来检索有关资料,比按文摘正文部分检索,要全面一些。

概念索引作为组配检索时,主要是将有关的两个或两个以上的主题,对比出其相同的文摘号,从而检索到较为复杂概念的文献。

检索示例:

查找有关"消化系统肿瘤的中草药治疗"的文献。

我们可首先在"组配索引所用主题字顺表"中,选出以下三个合适的主题：

Digestive system—pathology

（消化系统—病理学）

Pharmacognosy and Pharmaceutical botany

（生药学和药用植物学）

Neoplasms and neoplastic agents—therapeutic

agents, therapy（肿瘤和抗肿瘤药—治疗剂、疗法）

然后在该索引中,查出以上三个主题,将这三个主题下的文摘号分别列出如下：

	0	1	2	3	4	5	6	7	8	9

DIGESTIVE SYSTEM –PATHOLOGY

| 12640 | | | | 12634 | | 12636 | | 12628 | |
| 12960 | 13581 | | | 12654 | | | | 12818 | |

PHARMACOGNOSY AND PHARMACEUTICAL BOTANY

| 12960 | 13581 | 12962 | | | 12965 | 12636 | | 12968 | 11829 |

NEOPLASMS AND NEOPLASTIC AGENTS – THERAPEUTIC AGENTS, THERAPY

| 12960 | 13581 | | 12963 | | | 12636 | | | 12939 |

图 7—9

然后,从文摘号最少的主题开始(即下面那个主题),将每个纵行的文摘号进行对照,找出三个主题下都有的文摘号,即12960, 13581 和12636。按照这三个文摘号就可找到涉及"消化系统肿瘤的中草药治疗"的三篇文摘和论文。

2.主题索引（Subject Index ）,原称上下文关键词索引——BASIC（Biological Abstracts Subject in Context）。BASIC 在编制和排列上的特点：

（1）文献篇名的含义不完全时，另加入适当的词，通常包括生物体（普通名称或专有名称）、药物（如农药、致癌物质等）、化学药名、疾病名称、仪器、研究方法、地理位置等。

（2）全部采用大写字体。为避免混乱，凡希腊字母、数学根号、化学符号、元素、原子团和化合物的名称，均拼成全词；分子式尽量改用化合物名称。如将"β—glucuronidase"改写成"beta glucuronidase"，将"NaCl"写成"Sodium Chloride"。常用的化学药品、药物，词太长的则用缩写（全称可查该索引前面的"Title abbreviations"〔缩写表〕）。分子式不能确定名称的就用元素名称，后边的括号内注明原子数。如"$C_3 H_2$"改写成"Carbon（3）Hydrogen（2）"。同位素的质量数，在元素名称后用短横线连接，如将"I^{131}"写成"Iodine－131"。

（3）为强调相关的词，常将组合词拆成几个短词，编入索引。如将"hypoglycemia"（血糖过低症）拆成"hypo""glycemia"。这样，按字顺检索时，在"h"下有"hypo"（次、低），在"g"下有"glycemia"（血糖），从而提供了更多的检索途径。相反，一般写作两个或多个词的生物名称和专有名称，则当一个词编入索引，词中间加一短横联系起来。如将"Escherichia Coli"改写成"Escherichi－Coli"，以避免混乱。

（4）采用美国的拼写方法。如肿瘤，用 TUMOR，而不用 TUMOUR。缩写字只能使用 BIOSIS 选定的那些缩写。

（5）在上下文关键词索引中，检索词的排列一律按字顺。检索词字母后面带数字的，先按字母顺序排。字母相同时，按后面的第一个数字大小排。第一位数字相同时，按第二个数字排。如：A，A—1，A—12，A—2，AB，AB—1……，另外，以数字开头的检索词（如:24—D）排在字母"Z"字开头的检索词之后。

上下文关键词索引的特点是检索的直接性。它不需进行主题分析，也不需了解生物体的生物分类与属名，而直接按事物的名称查找资料。虽然不容易查全资料,但在开始进行检索工作而处于无头绪的情况下,可通过这个索引先查出几篇文献来,作为一个突破口,然后再用其它方法配合检索。例如,某读者想查找"赤眼蜂"(trichogramina)的资料,可用 BASIC 试查,从 60 卷 6 期查到:

HALOCROCIS – MEDINALIS BY TRICHO – GRAMMATID EGG PARASITES TRICHO 30687

根据 30687 这个文摘号,去查 60 卷 6 期生物学文摘的摘要部分,可查到这个文献是一篇中文文章。其著者与题目是:"广东省水稻害虫生物防治研究工作队:利用赤眼蜂防治稻纵卷叶螟"。

这篇文献在 BA 中的主题词是'"经济昆虫学(包括螯肢门)——生物控制"。在这个主题词下,列有许多参见主题词:"经济昆虫学——综合防治","一般虫害控制(包括植物与动物),杀虫剂,除草剂",等等。然后再根据这些主题词进一步检索,就能查到更多的资料。

3. 生物分类索引——Biosystematic Index。这个索引,是帮助读者从生物体入手,根据生物分类系统,去检索涉及该生物体的有关文献。它包括三个部分:

(1)生物分类类目。它是按生物分类系统(即:界、门、纲、目、科等生物分类单位)从低等到高等次序排列。大类(门)用黑体写。大类下的小类(纲、目、科)按字母顺序排列。

该索引前面刊载有生物分类范畴简表(Maior Taxonomic Categories),分为两部分。前部分是字顺表(Alphabetic listing),后部分为序列表(Sequentia listing)。这些分类范畴一般都是亚门或重要的纲以上的分类单位(等级)。前者按范畴名称的字顺排列,名称后标出序列号码,如 D11,B2,B11,A3 等等。后者(序列表)先将这些范畴分为四大界:微生物界、植物界、古生物界和动物界。各界之上再按生物进化顺序排列,并各编上序列号码(与前面的字顺排列表中的序列号码同)。整个生物分类索引就是以这个序列表的结构为骨架,然后再一直细分至目或科为止。但是在索引中未标上序列号码。

(2)主题缩写。它反映文献的主要内容。由于计算机编制印刷的空间要求,主题均采用缩写。例如:"CHEMO BAC"即为"Chemotherapy—Antibacterial Agents"(化学治疗——抗菌剂)的缩写;"METH MISC"即为"Methods, Materials and Apparatus—Miscellaneous"(方法、材料与设备——杂项)的缩写。主题缩写与全称的对照表称为"Explanations of Abbreviations used in Biosystematic Index and Generic Index"(生物分类索引与属类索引所用缩写的注释)。这个对照表附于每期生物分类索引的前面。

BA 的生物分类索引即由生物分类类目,主题缩写,以及文摘号构成。例如,有关"蕨类植物的药用"问题,其索引的格式是大类目(蕨类植物门——PTERIDOPHYTA)——小类目(蕨属,Filices)——文摘号。其具体形式是:

大类目→PTERIDOPHYTA   主题缩写

小类目→Articulatae   pl grow sub   4627 ⎫
       Filices   flor distrib   14890 ⎪
       Filices   pharmac bot   15402 ⎬文摘号
       Filices   pharm musc   13109 ⎪
       Lycopsida   pterido syst   14897 ⎭

从上面可以看出,涉及"蕨类植物"的共有三篇文献。而这三篇文献中,涉及药用的只有二篇。即:15402,13109。因为根据主题缩写:

pharmac bot = pharmacognosy and pharmaceutical
           botany(生药学和药用植物)

pharm musc = pharmacology - muscle system(药物学——肌肉

232

系统)

然后,根据文摘号去查阅文摘,即可查到该二篇文献的题目、出处与摘要。

4.属类索引——Generic Index。这种索引是 1974 年才开始有的,按生物属类名称字顺排列。索引分为三栏。左栏为生物属类名称;中栏为主题缩写(与生物分类索引中的缩写同);右栏为文摘号。文摘号后有的还有各种符号,如 G 是表示新属,H 表示新亚属,·S 表示新种,·V 表示新亚种或变种,·F 表示新形式,·N表示新名称,·C 表示新结合,等等。只要知道某生物的属类名称,即可进行检索。利用属类索引比利用生物分类索引,检索更直接、更迅速、更贴切。例如,要查找"家鸡"(Chickenhen)方面的资料,家鸡的属名叫"Gallus – Bankiva"。根据这个属名即可检索:

属　名	主题缩写	文摘号
GALLUS—BANKIVA	TEMP REGUL	23016

文摘号 23016 的这篇文献,就是关于家鸡的温度调节方面的文献。

五、各种检索方法的灵活应用与配合

上面介绍的 BA 的各种索引,提供读者从主题、概念组配、关键词、生物分类以及属名等来检索文献的途径。这些索引,各有优缺点。例如,主题途径虽然较为重要,但 BA 所采用的主题不多,每个主题词之下文献太多,一一查看,较为费时;概念组配途径虽能检索出一些专指度较高(即概念较为复杂)的文献,但比号时前后翻对,颇为不便;关键词途径的优点是易查、直接,但不容易查全资料;生物分类与属名途径,虽然较为科学,但须以读者了解和掌握生物分类及属名为前提,同时这二种途径,仅局限于查找涉及具体生物体的文献。

因此,以上这些检索途径,应根据课题的要求而灵活运用。当

检索一种很具体细小的事物,并且这事物有确定的名称(如赤眼蜂)时,利用上下文关键词索引较为简捷;当检索某些较广泛概念(如生物防治)的资料,主题索引(即 CROSS INDEX 单独使用时)较为对口;当检索某些包括概念较多(如土壤、肥料对水稻的营养与产量的关系)的资料时,可试查交叉索引(CROSS INDEX 作比号用);当检索已知其生物分类或属名的生物体时,当然宜用生物分类索引和属类索引。

另一方面,也须注意必要时将上述索引配合使用。事实上,单靠一种途径检索资料,往往漏检较多。而采用多种途径的配合,较能查全资料,打好检索资料的"歼灭战"。

六、BA 的补充——美国 BA/RRM(原《生物研究索引》)

美国《生物研究索引》(BioResearch Index),1964 年创办,月刊,每年为一卷。1980 年起改名为"BA/RRM",其全称是 Biological Abstracts/Reports. Reviews. Meetings.(生物学文摘/报告、评论、会议部分)。近年来改为半月刊。它收录美国《生物学文摘》未摘录的生物学研究报告,作为对《生物学文摘》的补充。它索及的文献每年约 10 万篇,包括研究通讯、会议文献、学位论文、评论期刊、图书、商业期刊与自然史期刊、学术机构报告与政府报告、书目、文摘、致编辑部书信式的研究论文及札记等。其中会议资料占多数。

这个检索工具与《生物学文摘》不同的是,它不是文摘,而只是题录。书目(Bibliography)著录事项仅包括:题录号、著者、文献篇名、关键词、补充关键词、页数。在一组题录之上,有该组文献的出处(期刊或图书)的刊名(书名)、卷期、年代。如:

※　※　※　※　※　※　※　※　※　※　※　※　※　※

SOL ENERGY

　　15（1）1973

※　※　※　※　※　※　※　※　※　※　※　※　※　※

8782　　GLASER P F

　　　　PROCEEDINGS OF A CONFERENCE

　　　　OF THE INTER NATIONAL SOLAR

　　　　ENERGY SOCIETY GREENBELT

　　　　MARYLAND USA MAY 1971／

　　　　SYMPOSIUM

　　　　PAGE 3 – 117

8783　　MCCREE K J

　　　　THE MEASUREMENT OF PHOTOSYN –

　　　　THETCALLY ACTTVE RADIATION／

　　　　CROP ECOLOGY INSTRUMENS

　　　　CALCULATION

　　　　PAGE 83 – 87

　　　　　　⋮

如果译成中文,其形式为:

※　※　※　※　※　※　※　※　※　※　※　※　※　※

太阳能

第 15 卷第 1 期　　1973

※　※　※　※　※　※　※　※　※　※　※　※　※　※

8782　　格拉泽　P F

　　　　国际太阳能学会会议录　格林贝托　马里兰　美国

　　　　五月　　一九七一年／

　　　　论丛

页　3—117

8783　麦克里　K　J
　　光合作用活性辐射的测量/
　　农作物　　生态学　　仪器　　计算
　　页　　83—87
　　　　⋮

　　在文献篇名后(即斜线后)的词即为补充关键词。例如上面例子中的"论丛"、"农作物"、"生态学"、"仪器"、"计算"等等。这些补充关键词是在文献篇名不十分确切详细的情况下,由索引编者另外附加上去的。在上下文关键词索引中参加轮回排列,以增加引得深度。

　　为了查寻某一个具体期刊或资料在书目中的题录号,编有"索及出版物一览表"(List of publication idexed)。这个一览表按期刊和图书的代号排列。每种期刊的代号为五个字母组成,例如《太阳能》杂志的代号为"SRENA",《临床化学》的代号为"CL-CHA"。每种图书的代号由五个数字组成。若已知某一期刊或图书的代号,就可以很快地找到该出版物在书目中的起始题录号,从而了解该出版物中各篇文献的题目与作者。例如:

CLCHA	CLIN CHEM
08788	20(8).1974
13544	20(10).1974
⋮	⋮
SRENA	SOL ENERGY
08782	15(1).1973

CLCHA	临床化学
08788(起始号)	第20卷8期　1974年
13544(起始号)	第20卷10期　1974年

《生物研究索引》的辅助索引和《生物学文摘》完全相同。

七、BIOSIS/CAS 选辑

1981 年 7 月起,美国生物学文摘科学情报社与美国化学文摘社联会出版了一套《BIOSIS/CAS 选辑》(BIOSIS/CAS Selects)。每两周出版一次。有下列 14 个专题选辑:

1. 变态反应与抗变态反应(Allergy and Antiallergy)

2. 发酵食品生物化学(Biochemistry of Fermented Foods)

3. 生物钟(Biological Clocks)

4. 癌免疫学(Cancer Immunology)

5. 内啡肽(Endorphins)

6. 老年病药理学(Geriatric Pharmacology)

7. 组织化学与细胞化学(Histochemistry and Cytochemistry)

8. 免疫化学方法(Immunochemical Methods)

9. 干扰素(Interferon)

10. 哺乳动物出生缺陷(Mammalian Birth Defects)

11. 小儿药理学(Pediatric Pharmacology)

12. 植物遗传学(Plant Genetics)

13. 精神分裂症(Schizophrenia)

14. 移植(Transplantation)

《BIOSIS/CAS 选辑》的材料选自 BA、BA/RRM 以及 CA 中的有关文摘。它是跨文摘(数据库)服务的一个良好的尝试,对于生物与化学界有很大帮助。

第五节 英国《科学文摘》

有关物理学、电气与电子学、计算机和控制方面文献资料的检索工具，较重要的就是英国的《科学文摘》。

一、概况

《科学文摘》（Science Abstracts）是由英国电气工程师学会（The Institution of Electrical Engineers）和电气与电子工程师学会公司（The Institute of Electrical & Electronics Engineers Inc.）主编发行，1898年创刊。自1903年第6卷起改用现名，并分为A辑《物理文摘》和B辑《电工文摘》。1966年起，英国电气工程师学会对该文摘作了进一步的调整，与英国电气与电子学工程师学会公司电子学与无线电工程师学会和国际自动控制联合会等单位联合出版C辑《控制文摘》（Control Abstracts），并将原来的B辑改名为《电气与电子学文摘》（Electrical and Electronics Absracts），1969年又将C辑改名为《计算机与控制文摘》（Coputr and Control Abstracts）。

《科学文摘》所报道的内容主要是由英国电气工程师学会下设的情报服务处（Information Service in Physics, Electro－Technology, Computer and Control, 简称INSPEC）搜集的文献资料，其来源包括世界各种文字的期刊、科技报告、会议资料、专利及图片等。

现分三个分册：

第一分册：物理文摘（Serie A——Physics Abstracts, 简称PA）。1903年从《科学文摘》分出单独出版。原为月刊，1956年68卷以后改为半月刊。主要报道的资料有下列方面：基本粒子物理和场；核物理；原子和分子物理；现象学的经典领域；流体，等离子体和电气放电;凝聚态物质:结构,热性能与机械性能;凝聚态物质:电子结构,电性能,磁性能和光学性能;与其它科学交叉的物理学;地球物理,天文学和天体物理等。

第二分册:电气与电子学文摘(Series B——Electical & Electronics Abstracts,简称 EEA) , 1903 年从《科学文摘》分出单独出版,名为《电气工程文摘》, 1966 年起改为现名。月刊。内容包括:普通电子学,线路和电子学,电子器件和材料,电磁学和通讯,仪器和专门应用,动力系统和应用等。

第三分册:计算机与控制文摘(Series C——Computer & Control Abstracts,简称 CCA)。1966 年出刊,名为《控制文摘》,1969 年第 4 卷起改为现名。月刊。内容包括:系统和控制理论,控制技术,计算机程序和应用,计算机系统和设备等。

二、文摘的编排和著录

《科学文摘》三个分册的文摘都是分类排列的。因此每期文摘本身就是一个资料分类索引。它提供读者从分类途径来检索资料的手段。

1960 年以前,《科学文摘》按“国际十进分类法”编排,1961 年起改按自编的分类法编排。自 1977 年(第 80 卷)起,改用由 INSPEC、美国物理学会、英国物理学会、欧洲物理学会以及国际科协理事会文摘局共同协作编成的新分类表,共分四级。前三级类号采用四位数字表示(前两位数字与后两位数字之间用圆点隔开),第五位类号采用字母表示。例如,在《物理文摘》中:

70.00　　聚凝态物质电子结构,电、磁及光学性质
74.00　　　　超导
74.20　　　　　　理论
74.20F　　　　　　　BCS　理论及其应用

三个分册在每卷第一期前面都附有自己的分类详表。在每期

前也附有本期的"分类简表与目次"（Classification and Contents）。前者罗列了所有的类目；后者只列出本期文摘实有的类目。根据前者可确定某问题的分类号，根据后者可确定本期文摘中有无该类资料，及其所在页次。

因此，英国《科学文摘》首先可以从分类途径来进行检索。例如，欲检索"太阳能"的资料，可以从分类表中查到作为能源的太阳能的分类号是 86.10K，根据这个类号在每期文摘中都可进行检索。例如，从《物理文摘》82 卷第 1113 期中就可找到这篇文献：

43741 Power from the sun. J. S. C. Mckee（Dept. of phys., Univ. of Manitoba, Winnipeg, Manitoba, Canada）.

Phys. Bull.（GB）, vol. 29, no. 12, p. 565—6（Dec. 1978）Examines recent progress in the development of the sun as an energy resoure…（no refs.）

从这条款目中，我们可以了解这篇文献的题目是《来自太阳的能量》，是由加拿大的 Manitoba 大学的 J. S. C. Mckee 撰写的，发表于英国的《物理通报》第 29 卷第 12 期（1978 年 12 月）。该文的主要内容是考查了作为能源的太阳能研究方面的最新进展。该文末附参考文献书目。

在一些类目的最后，还著录了用黑体字印的若干篇文献的题目与文摘号。意思是这些文献排列在其它类目之下，但与本类有联系，在此作一参见，以引导读者扩大检索线索，避免漏检有关资料。这种参见著录的形式如：

Total solar radiation in Mexico using sunshine hours and meteorogical data……See Entry 44237

这样，我们可根据 44237 这个文摘号，找到该文献的详细著录。

三、各种辅助索引的使用

单靠分类的途径从文摘正文部分去检索资料,有时还显得不足。因此,《科学文摘》三个分册都编有九种辅助索引,应注意使用。

1. 主题指南(Subject Guide):它事实上是该检索工具的分类表中所包含的各主题的字顺索引。附于每期文摘之后,其作用在于帮助读者在不能确定所查课题的分类号的情况下,从关键词(主题词)查到分类号。例如,关于"疲劳"方面的文献,在《物理文摘》中究竟分在何类? 这可以利用"主题指南"查出线索。

Fatigue 46.30N, 62.20M, 81.40N

这就是说,有关"疲劳"的,涉及三个类号。根据这三个类号查对分类表:

46.30N(力学)断裂力学,疲劳和开裂

62.20M(固体的机械性能)疲劳,脆性,破碎和开裂

81.40N(材料科学)疲劳、发脆及破碎

2. 主题索引(Subject Index):这是半年度的累积索引。《科学文摘》三个分册的主题索引,其形式与用法和美国《化学文摘》主题索引相同。即由主题词、说明语以及文摘号三者组成,主题词之间常有"见"和"参见",指明相关主题词之间的联系和区别。主题索引提供了一种直接按事物名称而不问其学科体系的检索途径。以《物理学文摘》第81卷主题索引为例,如果要查"纤维增强的复合材料的疲劳"方面的文献,如果不知以什么词作为主题词来检索,则可先用纤维(fibres)这个词去试查。结果:

fibres
  See also carbon fibres; composite materials; fibre rein-
  forced composites; glass fibres; optical fibres

从这条"见"中,可以了解,与"纤维"有关的还有下列主题词:

碳纤维;复合材料;纤维增强的复合材料;玻璃纤维;光导纤维。因此宜选"纤维增强的复合材料"这个主题词去检索为宜:

　　fibre reinforced composites(主题词)

　　　　fatigue(说明语)　　　　0—68767(文摘号)

　　另外,也可从"疲劳"这个主题词去检索,查到的是同一篇文献:

　　fatigue(主题词)

　　　　fibre reinforced composites(说明语)

　　　　0—68767(文摘号)

　　《科学文摘》的主题索引,其所选用的主题词,以及各词之间的关系,都是以 INSPEC 词表为根据的。掌握这个词表,是顺利地进行主题索引检索的关键。

　　3. 著者索引(Author Index):附于每期文摘之后,并有半年度累积本。它按著者字顺排列,作者在于从已知著者姓名出发,检索该著者的所有著作。例如,《通讯用光导纤维》一文的作者 D. Gloge,他的其他著作,可能也属于"纤维光学"范围。从 77 卷 915 期《电气与电子学文摘》的著者索引中试查:

　　　　Gloge,D. ……6789

　　　　+ Gloge,D. ……6792

　　这里,D. Gloge 有二个文摘号,6789 这个文摘号,正是《通讯用光导纤维》一文。6792 这个文摘号,其文献名称是《Measurements of material dispersion in an optical fibre》(光学纤维中材料弥散的测量)。这里,Gloge,D. 之前冠以" + "号,是指此人在这篇文章中只是一个参加写作的合著者,他的姓名在文章中不是放在第一位。如果 Gloge,D.是这篇文章的主要著者(即在文章中列于首位),那么在著者索引中就以"Gloge,D + "表示。如果一篇文献只有一个著者,就不加符号,如"Gloge,D."。

　　对于以机关团体名义发表的著作,另编有"团体著者索引"

242

（Corporate Author Index），可从机关团体的名称着手查找资料。

4.会议索引（Conference Index）：附于每期文摘之后，并有半年度累积本。这个索引以会议名称排列，注明会议的地点、时间、主办单位，并在其下著录会议的所有文献的文摘号。例如：

> Laser engineering and applications, Washington, D. C., USA, 30 May—1 June 1973, (IEEE; Optical Soc. America), 6382 (Introductoy abstract), 63301—1, 6383—4…6789—92, …

如果我们从"激光工程及其应用"这个会议名称出发，从"会议索引"中也可以找到文摘号6789的《通讯用光导纤维》一文，同时还可以找到该会议的全部资料。有的文摘号后面括有（Introductory abstract）字样的，是表示该篇文献的摘要，对这次会议的内容有全面的介绍，或者该文献的本身就是这次会议的论文汇刊。这个"会议索引"，对于查找会议资料，颇为方便。这是《科学文摘》的一个特色。

5. 参考书目索引（Bibliography Index ）：附于每期文摘之后，并有半年度累积本。《科学文摘》对附有40篇以上参考文献目录的资料，抽出单独编排，而成为"参考书目索引"。它包括参考书目的主题词（关键词），参考文献数量，以及文摘号。例如：

> Infrared detectors,（85 refs. ）……6325

如果某读者研究"红外监测器"（Infrared detectors），他可以从文摘号为6325的一篇文献所附参考书目中找到85篇有关资料。这个索引对于科技情报工作人员和图书馆工作人员，尤其有用。这也是《科学文摘》的一个特色。

6.图书索引（Book Index）：附于每期文摘之后，并有半年度累积本。它把收入文摘内的图书，单独抽出编成索引，著录书名、著者、出版社及文摘号，以书名字顺排列，便于读者迅速查寻有关图书。

7. 专利索引（Patent Index）：附于每期文摘之后，并有半年度累积本，它是将收入文摘的英、美两国专利文献，单独抽出编成索引，按专利国别和专利号排列，便于读者检索专利文献。

8. 报告索引（Report Index）：附于每期文摘之后，并有半年度累积本。它是将收入文摘的科技报告，单独抽出编成索引，以报告提出单位名称排列，并注明报告号、报告名称及文摘号。

9. 摘用杂志目录及补篇。摘用杂志目录收在半年度的著者索引中。补篇附于每期文摘之后，反映新收入的杂志。这个目录的作用，一方面是可借以了解世界有关物理、电气与电子学、计算机与控制等学科领域中的杂志情况，另一方面，当对文摘中著录的杂志名称缩写不甚明白时，可通过这个目录查出该杂志的全称。

《科学文摘》还编有多年度累积索引。如第一、二分册有1950—1954，1955—1959，1960—1964，1965—1968年的累积索引。第三分册有1966—1968年的著者累积索引和主题累积索引。1974年起该文摘三个分册的1969—1972四年累积索引（每分册分著者索引和主题索引两个部分）已发行。

第六节　国际核情报系统《原子能索引》

美国原子能委员会在1948年创办的《核科学文摘》（Nuclear Science Abstracts），二十多年来一直是原子能方面的主要检索工具。但这个文摘随着美国原子能委员会被撤消，而于1976年6月停刊。

1969年2月，国际原子能局（International Atomic Energy Agency，简称IAEA）组织了一个国际核情报系统（INIS），有54个IAEA成员国和13个国际组织参加。这些成员国和组织的任务是收集本国范围内的核科学技术及其和平利用的情报资料，进行选择，然后按统一的标准加工标引、作出文摘,送给国际原子能局总部,最后由总部将来自各国的书目数据进行归并,建立一个国际原子能资料库。INIS 收集的原子能科技资料约占世界有关核科学技术资料的 95% 以上。在此基础上,出版了"INIS Atomindex"(国际核情报系统原子能索引)同时发行内容相同的文献磁带。

印刷版《INIS Atomindex》(原子能索引)是 1970 年 4 月创刊的,当时只登文献题录,1976 年 1 月开始改为文摘,虽刊名不变,但实际上已成为一种文摘性刊物了。半月刊,每期平均收录文摘约 8,000 条,年收录量约 70,000 条,现在每半年出一次累积索引。

《原子能索引》每期文摘部分按学科内容分类编排。附有五种索引:①作者、②团体、③主题、④会议、⑤报告、标准和专利等索引。

《原子能索引》采用的分类法和 NSA 大同小异,但更完整和科学化,它把原子能文献分成六大类:A—物理,B—化学、材料和地球科学,C—生命科学,D—同位素、同位素与辐射的反应,E—工程和工艺,F—核能其它问题。各大类又分若干小类,小类下分若干第三级类目。例如,

A00—物理学

A10—普通物理

A11—理论物理

A12—原子与分子物理

A13—固体与流体物理

A14—等离子体物理和热核反应

A15—天体物理和宇宙学、宇宙辐射

A16—直接能量转换

A17—低温物理

A20—高能物理

A21—基本粒子(理论)

A22—基本粒子(试验)

⋮

INIS 对其分类法有严格规定,如 B16 燃料加工和后处理,属于此类内容为:核燃料化学;铀、铀矿的化学处理;从矿物到燃料中间产品的化学处理(包括还原成金属,但不包括同位素分离);反应堆燃料的化学处理和后处理,包括分析控制,化学分离和溶剂研究等等。对于交叉学科文献的分类也有相应说明,如燃料元件的设计、制造和性能,未指明堆型,查 E23;各类燃料元件的辐照性能,查 B25;反应堆燃料查 E23,但燃料的化学分离,查 B16;燃料的腐蚀和侵蚀研究,查 B15,但燃料材料试验查 E17 等等。有些文献属于综合论述,包括面较广,对这类文献则给出参见类号。因此只要我们掌握了《原子能索引》的分类规律,就能从各类项目中查找出所需要的文献。

利用主题索引查找文献是最常用的一种检索方法,使用这种方法的关键在于熟练运用主题词。和其它检索刊物一样,INIS 也有它自己规范化的主题词表(INIS:Thesaurus)。

在 INIS 主题词表中用了两种主题词:正式主题词和非正式主题词。前者就是在索引中正式使用的主题词,在此主题词下著录文献,如"核武器","反应堆","燃料元件"等等。非正式主题词是指 INIS 未采用作主题词而读者在检索中可能当作主题词来用的那些词,如"原子弹","原子武器","热核武器","核反应堆","反应堆燃料元件","核燃料元件"等等。在 1977 年第 13 次修订版的 INIS 主题词表中,正式主题词有 15,025 个,非正式主题词为 4,404 个。

关于主题词的选择,与其它文摘索引的使用方法大同小异。这里只对某些特殊领域内的主题词的使用方法作一扼要介绍:

1.元素和同位素

每个元素的元素名、元素名加同位素,该元素的每个质量数都是主题词,如 Uranium, Uranium Isotopes, Uranium－226—Uranium－240.(氢同位素除外,氢 1 用 Hydrogen,氢 2 用 Deuterium,氢 3 用 Tritium)。

2. 无机化合物和络合物

每个元素名加"化合物"、"络化物"即成主题词,如 Uranium Compounds, Uranium Complexes。另外,大量的阴离子都作主题词,因而每个元素名加阴离子(对核科学领域比较重要的化合物)也都是主题词,如 Uranium Borides,Uranium Fluorides, Uranium Nitrates,Uranium Sulfides 等等,但一些在核科学领域中特别重要的化合物,则用专用主题词,如二氧化铀、八氧化三铀、六氟化铀、二氧化碳等等。

无机络合物则分解成两部分检索,如:

$Na_3[Fe(CN)_6]$(铁氰化钠)用 Sodium Compound(钠化合物)和 Ferricyanides(铁氰化物)检索。

3. 有机化合物

大量的有机化合物名都有专用的主题词供检索,如甲烷(Methane)、乙酰丙酮(Acetyacetone)等。如果某有机化合物没有专用的主题词,则按规定化学组成的较通用的主题词来检索。如:Difluoroethanal(二氟乙烷)——用 Aldehydes(乙醛)及 Organic fluorinel Compounds(有机氟化物)检索。

另外,"Radicals"这个主题词是用来检索对辐射化学和热原子化学特别重要的非成对电子的原子团,而不能用于说明化合物。而"Isomers"这个主题词只能用于几何同分异构体(顺——反)和立体异构体(光学异构体),而不能用于表示分支脂族化合物。"Organometallic Compounds"这个词只能用在金属原子直接结合到碳原子上的这种化合物,等等。

4. 分析化学

为了区别分析材料中欲测定的物质或元素,需用"副标题",如欲查找"石墨中镝和钬的测定"这类文献,可在"定量化学分析"这个主题词的副标题"镝,石墨"或"钬,石墨"下检索到。

5. 离子和同素异形体(现象)

溶液中的离子和气态离子被认为是化合物,按化合物检索(包括其带电形式),如:"钍离子"用"钍化合物"和"阳离子"两个主题词检索。

对于纯元素和多晶体化合物的同素异形体,用"同素异形体"(Allotropy)这个主题词检索。因此,rhombic sulfur 用"S ulfur"及"Allotropy"检索。另外,有几种同素异形体,就用本身名字检索,如钚 $-\alpha$、钚 $-\beta$ 等等。

6. 合金的检索

每个金属元素的名字加"合金"(Alloy)即成主题词,如"铝合金"、"镁合金"、"锆合金"等。

如果知道合金中的主要成分大于50%。可用(金属)基合金检索,因此,如查找"Nb—21Ti—12V—9Cr"合金,就可用"铌基合金"(Niobium Base Alloy)检索,同时还可以用"钛合金"、"钒合金"和"铬合金"三个主题词检索。

对性能有影响的小量的金属或非金属(<1%),或为了冶金目的(如脱氧、沉淀、硬化或稳定化)有意加到合金中的小量金属或非金属,则用(金属或非金属)添掺剂(additions)检索,如"钛添掺剂"、"磷添掺剂"等等。

合金中的非金属元素用形成的化合物名检索,如钴—硼合金就用"钴基合金"和"硼化钴"两个主题词来检索,镁—镍—硅合金就用"镁基合金"、"镍合金"、"硅化物"三个主题词检索。

化学计量混合物用"金属互化物"(Intermetallic Compounds)检索,因此,镓锑化合物就用"镓合金"、"锑合金"和"金属互化物"三个主题词检索。

7. 核反应及粒子的相互作用

所有核反应都可在"核反应"这个主题词下著录。粒子—粒子,或粒子—射线的相互作用,用"相互作用"(Interactions)这个主题词检索,而入射粒子都用"束"(Beams)检索,如"原子束"、"离子束"等等。

入射光子引起的核反应,则用"光束"这个主题词并结合使用下列主题词之一进行检索(以表明光子的能量):γ 射线、X 射线、红外线、紫外线、可见光。

反粒子则用适当的"粒子"及"反粒子"主题词检索,如反西格玛负粒子(Σ^-)用"负西格玛"(Sigma minus)及"反西格玛"(Antisigma)检索,同样,Beam of Pion Plus 可用"Pion Beams"及"Pions Plus"检索。

除入射粒子外,如知道还可通过靶核、反应产物及剩余核来检索。如 $^{14}N(\alpha,P)^{17}O$ 反应:可用"核反应"、"氮 14"、"ν—束"、"质子"、"氧 17"五个主题词进行检索。$\gamma + {}^{14}N \rightarrow + \alpha + {}^{10}B$ 反应:可用"光核反应"、"光子束"、"Gamma 射线"、"氮 14"、"Alpha 粒子"及"硼 10"六个主题词来检索,等等。

《INIS Atomindex》的主题索引的形式是:

⋮

主题词

    修饰语(起二级主题词作用)

文献题目(分类号)　　文摘号

例如:

RADIATION ACCIDENTS:

    Environmental impacts

The environmental impact of radioactive

  releases from accidents in nuclear

  power reactors. (E33, E35)　　　463641

最后谈一谈主题索引和分类索引的关系问题。这两者本质上是不同的,但相互有联系。通常利用主题索引查找文献所用的主题词和分类系统中的类名并不一致,这正是主题索引独到之处。有时主题词与类名相同,如"加速器"、"辐射化学"、"腐蚀"、"核物理"等,这些既是分类类名,本身又是主题词。在这种情况下,主题索引和分类索引两者有何区别呢?

以 1978 年第 13 期的"原子能索引"为例。在"核物理"分类类目下共著录 250 余篇文献,而在"核物理"主题词下只列有 4 篇文章。这是因为,在分类系统中,"核物理"代表一门学科,涉及面较广,包括:辐射物理(包括除中子以外的各种粒子、X 射线和 γ 射线被各种介质吸收,减弱和散射)、核理论(包括核反应理论、核模型、核性质和核结构理论、核物质、裂变、放射性衰变、核共振、Moessbauer 效应)、核性质和核反应(包括核反应、核性质和结构、放射性衰变、核共振等在各种核中的实验研究,高能入射粒子束的直接核反应,用加速的并联带电离子生产超重核等),有关这方面的文献分别在许多主题词(如"粒子"、"粒子束"、"核理论"、"核模型"、"核结构"、"核反应"等等)下著录,而"核物理"作为主题词只著录内容非常宽、非常综合性的文献,如年度评论、教科书、手册等。

《INIS Atmindex》中的会议索引,是检索核科技会议的重要工具。会议索引按会议举行的日期排列。每条索引款目包括会议地点、会议名称、文摘号等。例如:

79 Jan 29, Miami Beach, FI, USA. 1.

topical meeting on fusion reactor materials. 462315

79 Nov 18, Melbourne, Australia, 9. world conference on

nondestructive testing. 463557, 463616.

半年度的累积索引中,还包括按会议地点排列的会议索引。因此也可从会议地点进行检索。

第七节 美国《工程索引》

美国《工程索引》（The Engineering Index，简称 Ei），1884 年创刊，由美国工程索引公司编辑出版。

Ei 名为索引，实际上是简介性的检索工具。它的一个特点是，不像其它多数文摘（如 CA）那样是单学科的，而是跨学科的，具有一定的综合性。对于一些新兴的"热门"学科能及时予以反映。它报导工程技术各个领域、各有关学科及管理方面的出版物。近年来，有关环境保护、电子计算机、人机工程、激光、摄影、宇宙航空、核子能工程等"热门"学科的份量有所增加。

Ei 所索及的原始资料（期刊、会议录等）不算很多（每年约 3,500 种），但大多经过精选，只摘录那些有一定学术价值的论文。

从文献类型来看，Ei 所收录的期刊论文和会议文献较全，但是不收录专利文献。科技报告、学位论文和政府出版物也很少收录。要查找这些类型的文献，还必须借助于其它检索工具。

从出版物文种来说，Ei 收录了 48 个国家 15 种文字的出版物。其中以英、法文的资料占多数，英文资料占 50% 以上。因此 Ei 反映了英语国家，尤其是美国的公开技术资料情况。

Ei 为了适应各种不同的需要，以年度、月度等不同刊期同时发行。除书本式外，还以卡片、缩微胶卷、供电子计算机阅读的磁带等多种形式发行。在我国，主要利用《工程索引》月报（The Engineering Index，Monthly）和《工程索引》年卷本（The Engineering Index，Annual）。月报与年卷本的内容相同。每年年终将"月报"汇集一起，累积编排，即成为"年卷本"。年卷本不仅是辅助索引的累积本，而且对文摘本身也进行了累积。所以有了年卷本后，该年的月报便没有什么作用了。但是某文献在月刊本中的文摘号并不等同于它在年刊中的文摘号。月报报道迅速,年卷本检索方便,各有好处。另外,《工程索引》有磁带版——COMPENDEX,我国也已进口使用。

Ei 中对每篇文献的著录款目,包括索引号、篇名、摘要、参考文献数目、著者名称及文献出处等,排于主题词(即主标题与副标题)之下。主标题全用大写黑体字印刷,副标题也用黑体字印刷,但只第一个字母用大写。款目本文用正体小号字印刷,并向右缩进一个字母,其格如下:

FOOD PRODUCTS[①] see also FOOD PROCE

SSING PLANTS[②] Refrigeration[③]

036980[④] REFRIGERATION:TRANSPORT

OF PERISHABLEFOODS[⑤]. Refinements,systems and control in refrigerated transport technology that improve both quality and life span of perishable food products are discussed.[⑥] 8refs[⑦] Ciricillo,S. F.[⑧] (Ranco, Columbus, Ohio)[⑨] ASHRAE J V21 n12 Dec1979 P27 – 30.[⑩]

① 主标题

② 参见主题

③ 副标题

④ 文摘号

⑤ 文献题目

⑥ 摘要

⑦ 参考文献数目

⑧ 著者姓名

⑨ 著者所在单位或地址

⑩ 文献出处——期刊名称、卷期、年月、起讫页码

Ei 中的各条文摘,是按典型的主题法排列的。它一般由两级

主题所组成。主题词(标题)可以是事物的名称(原料、部件、机器、仪表、设备等),也可以是方式、过程的名词(作用、性能、检测、工艺、处理方法、操作方法等)。Ei 二级主题的组成一般采用"事物—方式、过程"(Thing—Process breakdown)的原则,即以"事物"(Thing)为主,作为主标题;而以事物有关的方式、过程(Process)为辅,作为副标题。如在 ADHESIVES(胶合剂)这个主标题下,就有 Analysis(分析)、Drying(干燥)、Hotmelt(热溶)、Testing(试验)等等副标题。但有时也采用"方式、过程—事物"(Process—thing breakdown)的原则,将方式、过程作为主标题,而以事物作为副标题,不过为数很少。如在 AIR CONDITIONING(空调)这个主标题下,有 Aircraft(飞机)、Automobile(汽车)等副标题。

Ei 所用的主题词,是根据"工程用主题标目"(Subject Headings for Engineering,简称 SHE)选用的。随着科学技术的发展,Ei 也采用 SHE 中找不到的称为"自由词汇"标题。

SHE 是用以控制各学科及跨学科工程及有关联学科的文献标引与检索的字顺词表。它包含有 12,000 条主标题(MH),以及大量的副标题(SH)。主标题的选用形式有四种:

1. 复合式直叙标题,如 INTERNAL COMBUSTION ENGINES(内燃机)。

2. 倒叙式标题,如 DAM, EARTH(土坝)。

3. 特指标题,如 ANEMOMETERS(风速计)。

4. 反映概念联系的标题,如 ROCKETS AND MISSILES(火箭与导弹)。

SHE 中有大约三十五个没有检索意义的词条,每个词条之后加一斜线(/),并有"REFERENCE LIST"或"LIST"字样。在词条下列出一系列主标题和必要的副标题。例如:

SHIPS/REFERENCE LIST

For reference only. Do not use above

term for indexing. Terms listed below
are, or refer to main headings coded
671 and/or 672. See their alphabetical
entries before using them⋯⋯
AIRCRAFT CARRIERS
Cable Ships see SHIPS – Cable Laying/Ap –
plication
NAVAL VESSELS
Ore Carriers see. SHIP – Ore carriers

这里的意思是,关于"船/参考表",只是供选择有关的主题词之用,本身不作为标引用。其下列出了"航空母舰"、"船—电缆铺设用"、"军舰"、"船—矿砂船"等各种具体船的名词,这些词都是同编号为 671 与 672 的主题词"SHIP"有关的。因此,要检索"军舰",不必去找 SHIP(船)。

SHE 中另一个有用的工具是"副标题索引"(Subheading Index)。它是从副标题引见到它所从属的主标题,必须到主标题下查找需要的资料。例如:

Fruits←副标题
　　FOOD←主标题
　⋮

Fuel Tanks:←副标题
　　AIRCRAFT
　　AUTOMOBILES
　　EARTHMOVING MACHINERY
　　ROCKETSAND MISSILES
　　　　　　　　　　　　　　}主标题

这样,可以帮助检索者和标引者考虑选择更符合自己需要的"主标题——副标题",而且有利于扩检。

Ei 在主标题与主标题之间,副标题与副标题之间,都有大量的"见"(See)和"参见"(See also)。充分利用"见"和"参见",可以比较全面地检索到有关文献。

但 Ei 的"参见"太多,有时一个标题之下有十几个甚至几十个参见标题。找到了参见标题之后,在该标题之下也往往列有同等数目的参见标题。如果检索者缺乏检索经验,也会感到无所适从。

Ei 也可以从著者姓名入手检索。Ei 月刊和年卷本都有著者索引。

Ei 中除了一般的著者索引之外,在年卷本中还编有著者所在单位索引(Author Affiliation Index)。这种索引是按著者所属单位名称排列,引见 Ei 中的有关文摘号。这个索引的作用在于提供各国有关工程学研究方面的组织机构(包括公司、大学、研究所等)的人员发表文献的状况,因而也在一定程度上揭示了这些组织机构的研究课题与进展动态。Ei 的这个索引不仅能使我们了解世界上有关工程学研究的主要组织机构,而且便于我们选择主要的"对手企业"或"对手单位",注视他们的技术进展,建立起有关他们的"技术档案",从而为找出差距、实现赶超创造有利条件。"著者所在单位索引"的形式如下:

⋮

Chinese Univ of Hong Kong　　　066974　067019

⋮

IBM, syst commun Div,Kingsrton,　　**NY067314**

这二条款目的意思是说,香港中文大学有某工作人员发表了二篇文献,文摘号分别是 066974, 067019;而 IBM 公司系统通讯部(设在纽约州金斯敦)的工作人员发表了一篇文献,其文摘号为067314。借助于这二条款目,我们就可以了解香港中文大学和

IBM 公司系统通讯部的一部分研究工作情况。

"著者所在单位索引"的作用是"个人著者索引"和"团体著者索引"所不能代替的。因为查个人著者索引的前提是必须掌握著者姓名,而检索者往往举不出著者姓名,即使知道少数人的姓名也会造成较大的漏检。而团体著者索引并不反映以个人名义发表的文献,因此利用团体著者索引虽能查到一些资料,但漏检率是非常高的。因此 Ei 的这种索引,对于只知世界主要研究机构而不知具体著者姓名的检索者来说,是很重要的检索工具。

Ei 款目中的文献出处,一般采用缩写。如"Q Colo Sch Mines","R Telev Soc J"等等。当不容易判别它的全称时,可查"Publication Indexed for Engineering—PIE"(工程索引索及出版物目录),它列出期刊、会议录等的名称缩写与全称对照。根据这个目录,可以查出"Q Colo Sch Mines"的全称是"Quarterly of the Colorado School of mines"(科罗拉多矿业学校季刊),"R Telev Soc J"的全称是"Royal Television Society Journal"(皇家电视学会杂志)。

Ei 的摘要也用了不少的缩合字、简称及符号,要查其全称或所代表的意义,可查"Explanation of Initials"(首母解释)、"Abbreviations, Units and Acronyms"(简称、单位与缩合字)。这两个工具都附在 Ei 年卷本之前。另在月刊中也有 Acronyms, Initials and Abbreviations of Organization Names(组织机构名称缩写简称)。

查阅举例:

1. 查找关于"造纸厂废水的生物处理方法"的文献。

可先查造纸厂。根据"paper"(纸)去试查,在 Ei 中可查到"PAPER AND PULP MILLS"(纸与纸浆工厂)这个主标题。然后在这个主标题下查有关废水处理的副标题——可查到"Wastes"(废物)这个副标题。在这个副标题之下再看一篇篇文献的题目,便可发现:

051874 FOUR BIOLOGIGAL SYSTEMS

FOR TREATING INTEGRATED
PAPER MILL EFFLUENT. Oxygen
activated sludge, rotating biological
surface, plastic medium trickling fil –
ter, and aerated stabilization basin···
········· 11 refs. TAPPI v57 n5 May
1974 p111—115

这篇文献题为"处理综合造纸厂废水的四种生物系统"。摘要中指出了这四种生物系统：活性污泥、循环的生物液面、塑料填充物的滴滤器和曝气稳定塘。这篇论文引用了11篇参考文献，它发表在《TAPPI》(Technical Association of the Pulp and Paper Indus-try——纸浆与纸工业技术协会志)第57卷第5期(1974年5月)第111—115页上。

2. 查找关于"从炉渣中回收铁"的文献。

可以从"渣"(slags)去查，在Ei中设有这个主标题，其下有一个副标题"Iron recovery"(铁回收)。但在这个副标题之下，没有著录文献，而指出"See Blast furnaces"(见高炉)。这个主标题下，有许多副标题，如"加料"、"加料设备"、"冷却"、"除尘"、"损裂"、"燃料"、"保护涂层"、"温度测量"、"废热利用"、"磨损"等等，但就是没有"铁回收"、"渣"之类的副标题。这时，我们还可以在"高炉"这个主标题之下(即没有区分副标题的)逐一细看，结果发现：

007901   ELECTROMAGNETIC EX –
TRACTION OF PIG IRONFROM
MOLTEN BLAST FURNACE SLAG
··
··
··
Magnetohydrodynamics v8 n2 Apr—Jun

1972 p270 –272

这篇文献题为《熔融的高炉渣中生铁的电磁提取》。从题目看来，正是符合检索命题的文献。该文载于 Magnetohydrody – namics（磁流体力学）第 8 卷第 2 期（1972 年 4—6 月）第 270—272 页。

另外，Ei 每半年还编有《工程索引文献库所包括的会议出版物目录》（Conference Publications Covered in The Engineering Index Database）。在这个目录中，每个条目的最后以工程索引期数加六位数字（括在括号内）的形式，指明了有关会议出版物的书评的文献号。若无数字者，是指该会议出版物中的个别论文被收入工程索引的所在期数。这个会议出版物目录不仅可以借以了解工程技术领域中学术会议及其出版物的情况，并且可以找到有关书评。例如：

  * Adv Astronaut Sci v36 Pt 1—2，Proc

of the AAS（Amer Astronaut Soc）

Annu Meet，23 rd，1977，Publ 1978.

（Jan –000099）

  * SAE Spec Publ 434，Relationship Between Engine

Oil Viscosity and Engine Perform – pt 4：Pap Presented

at SAE Int Fuels and Lubr Meet，1978.（May）

这里，前一种是美国星际航行学会年会的出版物，其书评见工程索引该年度（即本目录指明的年度）的期数与文摘号。后一种是有关发动机油的粘度与发动机性能之间的关系方面的美国自动车工程师学会（SAE）国际燃料与润滑油会议的资料，其中个别文章被工程索引该年度的第五期所索及。

第八节 英国《近期工艺索引》

一、概况

英国《近期工艺索引》(Current Technology Index—CTI) 1962年创刊,由 The Library Association 编辑出版,月刊。

该刊以英国400种工艺杂志为情报源,报道内容侧重于与工程学、化学有关的制造加工技术领域;自然科学与应用科学中的各种器械;特殊的化学物质;以及有关自然科学、统计学方面的管理技术;不包括农业与医学。

CTI 原名为《英国工艺索引》(British Technology Index—BTI),报道内容、编制体例均无更动,每期约收录2—3千条款目,是查找英国最新发表的技术论文的重要检索工具。

二、CTI 编排体例

CTI 正文部分按字顺主题编排。每条索引款目之下著录若干条文献题录。它所采用的主题款目是根据 E. J. Coates 所倡导的事物——部件——材料——活动——性质这一组面公式为基准选择编排的。具体做法是,选择文献中表示专门事物的名词或作用于特殊事物的方式方法的词语作为款目词。即将表达文献主题最具体的词语选作款目词。比如,对于论述关于"具有分布参数的控制系统"(Control Systems with distributed parameter)的文献,CTI 选择标目的款目词是"Control Systems",其索引款目排列顺序是"CONTROL SYSTEMS, Distributed Parameter"。又如,"动力站的锅炉"(Boilers of Power Station),CTI 选择标目的款目词是"Boilers"。其索引款目排列顺序是"BOILERS: Power Station"。

对"具体性"款目词在索引款目中的顺序有时也可以调整。比如,上述索引款目可调整为:"POWER STATION:Boilers"这样的排列顺序。但对于多数具有若干个成分的索引款目,则基本遵循"自左向右逐步减少具体性增加抽象性"的排列顺序。比如:PIPELINES;Plastics,Reinforced:Glass Fiber。

CTI 另采用一套标点符号(或称关系符号)显示复合标目中各成分之间的特定顺序。这些符号是冒号(:)、分号(;)、单逗号(,)、连字符号(—)、双逗号(")、双圆点(··)。

冒号用于表示主题词和动词形式的说明语之间关系,或用于表示动词式的词语与客体之间关系。一般阅读规则是从右至左(从左至右情况甚少)。阅读时可补加介词 of 或者 for。比如,"SHEETS:Machining:Laser"读作"Laser for the machining of sheets"

分号用于表示物体及制作材料之间的关系。从右至左阅读时不必加介词。比如,可将"SHEETS;Steel:Machining"读作"切削(加工)薄钢板"即可。

单逗号用于表示名词或形容词之间关系:COMPRESSORS,Air(空气压缩机),PETROLEUM:Drilling,Deep Sea(深海中的石油钻探)。

连字符号用于表示复合词语中处于同等状态的关系:BATTERIES;Lead–Acid(酸铅蓄电池)。

双逗号用于表示双重限定关系:CONTROL SYSTEMS,Multivariable "Modal" Linear(线性的多变的控制系统)。

双圆点用于表示主题词与说明语之间的地点关系:INDUSTRIAL RESEARCH··Australia(澳大利亚的工业研究)。

此外,为弥补因字顺排列引起相关标题分散的缺陷,CTI采用了三种办法:

(1)用链环方法标明某些复杂的论题。即:在索引款目中设置相应的等级参照链,借助这些等级参照链可以明确某些款目在分类体系里泛指或者专指的意义。比如:"肺癌的放射治疗"在BTI中的链环参照是:

肺,癌,放射治疗

呼吸系统　参见　肺

癌　参见　肺,癌

恶性肿瘤　参见　肺,癌,放射治疗

(2)为某些泛指性标目设专指性的"相关标题"(Related Heading):

FURNITURE　　　　　　　　家具

　　Related Headings:　　　相关标题:

　　　　Beds　　　　　　　床

　　　　Chairs　　　　　　椅子

　　　　Desks　　　　　　桌子

　　　　Seats　　　　　　座位

(3)为某些副标题提供详细的"梗概"(Synopsis)。比如,关于"船舶"(BOATS)这一主标题之下的副标题梗概如下:

船舶

　各类问题

　　安全

　　　遇险信号

技术操作

　计算

　造船业

　防护

　放样

　导航

　运输

部件及系统

　船体

　帆

　柴油引擎

　冷藏设备

　电气设备

　　动力来源

船舶类型

　按材料区分

　　水泥的

　　木制的

　按推进剂区分

　　帆推的

　　蒸汽的

　　机动的

　　汽体涡的

　按形式区分

　　可充气式的

　按作用区分

　　作业

　　　运河运输

CTI 每期正文之后另附著者索引,还附有商品名索引与标字索引。

三、CTI 主题标目分布图示及检索实例

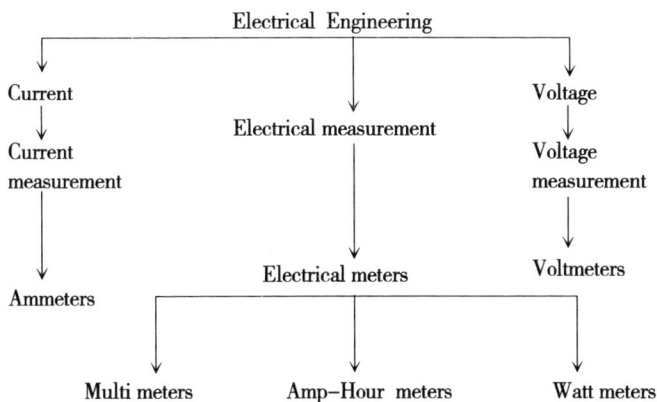

```
                    Electrical  Engineering
        ┌──────────────────────┼──────────────────────┐
        ▼                      ▼                      ▼
     Current                                       Voltage
        │              Electrical measurement         │
        ▼                      │                      ▼
     Current                   │                   Voltage
   measurement                 │                 measurement
        │                      ▼                      │
        ▼              Electrical meters              ▼
     Ammeters          ┌───────┼───────┐           Voltmeters
                       ▼       ▼       ▼
                 Multi meters  Amp–Hour meters  Watt meters
```

图中每一个箭头表示一个相关标题,由此图可以了解 CTI 正文部分各种标题的结构分布。如果用图示中的"电子测试器(仪)"(Electric meters)作为主题词进行检索,检索的结果如下:

ELECTRIC METERS①

Instruments for the power industry②

G. Ross & P. Wood head③ Electron – Pwr··④

23〔Jan77〕⑤ P56—60. ⑥

① 主题词

② 论文篇名

③ 著者姓名

④ 论文所在刊物缩写名称

⑤ 出版年月

⑥ 论文所在页码

263

第九节　日本《科学技术文献速报》

一、概况

《科学技术文献速报》（以下简称《速报》）系由日本科学技术情报中心（JICST）于 1958 年起编辑出版，它以指示性文摘（即简介）的形式报道世界近 60 个国家 20 多种文字的科学技术文献资料。每年引用期刊约 9,410 种（其中日本期刊 3,300 种，外国期刊 6,110种），还有美、英、德等国 20 余种科技报告和会议资料，它一般不报道专利，仅在《化学与化学工业编（国内编）》中报道日本专利。此外，不包括天文学、基础医学、生物学、医学及农业方面的文献资料。内容侧重于技术性文献，报道比较迅速。

《速报》当前分为 12 个分册分别发行。这 12 个分册都是一年一卷，每年四月份为第一期，次年三月份为最末一期。各分册出版情况如下：

附表 1　《速报》各分册简称和代号

分册名称	简称		代号	
	1975 年前	1975 年起	1975 年前	1975 年起
物理、应用物理编	物	物	1	P
机械工程编	机	机	2	M
化学、化学工业（外国）编	化	外化	3	C
电气工程编	电	电	4	E
金属工程、矿山工程、地球科学编	金	金	5	G
土木、建筑工程编	建	土	6	A
管理、系统技术编	经	管	7	B

分册名称	简称		代号	
	1975 年前	1975 年起	1975 年前	1975 年起
原子能工程编	原	原	8	N
化学、化学工业（国内）编	总	国化	9	J
环境公害编	害	环	11	K
能量编 *		ユネ		S
生命科学编				

＊（1979 年 11 月从 N 分册分出）（1981 年 11 月起）

1. 物理、应用物理编:1959 年创刊,原为月刊,1960 年起改为半月刊。

2. 机械工程编:1957 年创刊,半月刊。原名为"工程一般、机械工程编",从 1975 年起改为现名。

3. 化学工业（外国）编:1959 年创刊,原为月刊,1965 年 4 月起改为旬刊。原刊名为"外国化学、化学工业编",从 1975 年起改为现名。

4. 电气工程编:1958 年创刊,半月刊。

5. 金属工程、矿山工程、地球科学编:1958 年创刊,原为月刊,1960 年起改为半月刊。

6. 土木、建筑工程编:1958 年创刊,原为月刊,1960 年起改为半月刊。

7. 管理、系统技术编:1963 年创刊,月刊。原名为"经营管理编",从 1975 年起改为现名。

8. 原子能工程编:1961 年创刊,月刊。原名为"原子能、同位素、放射线利用编",从 1975 年起改为现名。

9. 化学、化学工业（国内）编（日本化学总览）:1927 年创刊,月刊。原名《日本化学总览》。它收集的文献从 1877 年开始,1877—1926 年间的文献共编为七卷,定为第一集;1927 年起逐年文献定为第二集(每年一卷);从 1964 年(第 38 卷)起并入《速报》作为其"国内化学编"。

10. 环境公害编:1974 年创刊,双月刊。原名"环境公害文献集",从 1975 年起改为现名,同时纳入《速报》。内容除医学、农学部分外,理工学部分与其它各编重复;医、农部分取自其它检索工具,如 Index Medicine,Agrindex 等,仅以题录形式报道。

11. 能量编:1979 年创刊,月刊。

12. 生命科学编:1981 年 11 月创刊,月刊。

二、编制体例

在编制体例上,1975 年以前国内化学编(日本化学总览)与其他分册不尽相同。自 1975 年第 48 卷起已趋向基本上一致。这里分《速报》的一般编制体例和 1975 年以前国内化学编的编制体例两部分介绍。

(一)《速报》的一般编制体例

每期正文前均有自编的分类目次,类目常细分到三、四级或更细,并标出各类目在正文中的页码。《速报》正文部分即按分类排列。文摘号每年从第 1 期第 1 条起顺序编号(详见后面著录事项说明),同时注有《国际十进分类法》的类号,但并不按该类号排列。当一篇文献内容涉及到几个类目时,就给出几个类号,但只在主要类目下有详细著录,其余类目下只有简单著录,并注明参见某类。这样就分为在主要类目下的著录(正文)和互见著录(参照)两种著录格式。主要类目下的著录格式又可分为外文文摘的著录格式和日文文摘的著录格式两种。

主要著录(正文)的格式如下:

9801339[2]

りん酸エステルを脱水剤とする各種有機化合物の製法[3]
〔 *畑 辻明,[24] *藤沢 有,[24] 向山光明,[25] 星野敏雄[25]
芦田包義[25]〕
------------(抄録略)--------[19] (特許公告
No.14553[26] 昭和38年8月10日[27]) 〔追〕[23]

9801202[2]

オーステナイト不しゅう鋼の処理法[3]
〔 *ルーラ, R.A.[24] アレゲニー・ラッドラム・スティ
ル・Corp.[25]〕
------------(抄録略)--------[19] (特許公
告 No. 30509[26] 昭和48年9月20日[27]) 〔久保園〕[23]

互见著录(参照)的格式如下:

613. 6：616-02：546. 4／. 8[1]
自動車排気ガスの鉛粒子の特徴づけ[3] Ⅱ[4] 実験手法[5]
(film)[6] 〔a①〕[7] (U S A)[14] E N[8]
→[21] K75010311[2]

说明:

〔1〕《国际十进分类法》的类号。上例中 628. 512：621. 431.
73.068 是主要分类号,613.6：616－02：546.4/8 是互见分
类号。

〔2〕文摘号。有如下两种形式:

267

```
4 4 0 0 2 0 2 3          K 7 5 0 1 0 3 1 1
```

文摘顺序号（每
年从1号起）

文摘顺序号
（每期从1
号起）

年度代号（昭和44年度为
1,45年度为2,余类推）

期号

《速报》各分册代号（见本节
附表1）

年度（公元的后二位
数）

《速报》各分册代号（见本
节附表1)

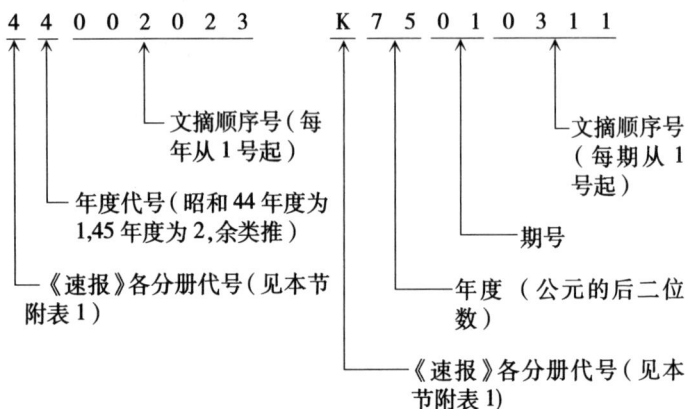

注:昭和34年度的代号也是1,35年度也是2……但文摘顺序号用5位数,以此区别。

上例"44002023"即"电气工程编"1972年度（昭和47年）第2023号文摘;

"K75010311"即"环境公害编"1975年度第1期第311号文摘。

〔3〕文献篇名。原为外文者均译成日文。

*〔4〕连载号,或一篇文章的第几部分。

〔5〕分篇名。原为外文者均译成日文。

*〔6〕JICST所藏该文献的载体形态,如缩微胶卷、胶片等,未注明者为印本。

〔7〕文献性质代号。这是JICST对各种文献的评价性区分（见本节附表4）。

〔8〕原文的文种（见本节附表3）。

*〔9〕重复登载(重出)记号。一篇文章内容涉及几个类,在《速报》的其他分册或在同一分册的其他类重复登载。用置于六角括号中的《速报》分册简称（见本节附表1）表

示该文献重复登载的处所。在以前的《速报》中,曾用置于〇号中的"重"字表示该条著录是重复登载。

*〔10〕非日文文献的原篇名。

〔11〕著者姓名。

〔12〕资料编号。这是 JICST 整理资料的编号。期刊用一个英文字母和三位数字表示,如 G528;会议资料用 K 表示,如 K - 70 - 0064,其中 70 是会议召开年份,0064 是资料顺序号。

〔13〕登载该论文的期刊和资料简称。

〔14〕文献国别代号(见本节附表 2)。此代号仅表示原文献出自哪一个国家,并不表示原文献的文种。

*〔15〕期刊卷数,在数字下加着重线。会议资料年份也这样表示。

〔16〕期刊期号,置于方括号中。技术报告的报告号也这样表示。

〔17〕页数。若页数不连续时,用逗号隔开。对单行本就写出全部页数,如 135p。

〔18〕出版年份。n. d. (not day 的缩写)表示出版年份不明。

〔19〕内容摘要。

〔20〕照片、图表和参考文献的数目。

〔21〕箭头表示"详细著录和摘要请参看该号文摘"。

〔22〕著者工作单位(见下页格式)。

注:带有 * 号者表示不一定每篇文献都有的著录项目。

(二)国内化学编的编制体例

国内化学编每期正文前均有分类目次,并标出各类目在正文中的页码。文摘正文即按此分类排列。在第 48 卷之前共分 10 大类 28 小类;第 48 卷起共分 3 部分 30 大类 136 小类。在第 47 卷第 12 号正文前有一个"新旧分类对照表"可资参考。该分册文摘号编法与其他各分册相似,但在第 48 卷前的年度代号以昭和 32 年度为 1。

国内化学编在第 48 卷(1975 年度)之前,著录格式与其他各分册有些不同,从第 48 卷起已趋向基本上一致。另外,国内化学编收录日本专利,其他各分册都不收录专利。现将第 48 卷之前的著录格式及专利的著录格式举例说明。

1. 第 48 卷之前一般文献的著录格式:

```
                                    9800597 〔2〕
アルコールとアミンの反応〔3〕 v〔4〕 オレイルアルコ
ールとトリエチルアミンの反応〔5〕〔a①〕〔7〕
   竹原喜久男, 岡島成晃, 阿河利男〔11〕(大阪大(工))〔22〕,
G238〔12〕油化学〔13〕15, 〔6〕〔16〕252-257, 280〔17〕
('66)〔18〕
オレイルジエチルアミンを得ることを目的 ·················
························· 〔19〕: 参7〔20〕 〔和泉〕 〔23〕
                                    9800224〔2〕
抗がん性の実験的研究〔3〕 XXXI〔4〕 強力な抗がん性を
有する連鎖球菌製剤〔5〕 (英文)〔8〕〔a①〕 〔7〕
OKAMOTO H, SEOIN T, MINAMI M〔11〕(原研)〔22〕;
F714〔12〕Japan J Biol〔13〕36, 〔15〕 〔2〕〔16〕
175-186〔17〕('66)〔18〕
·············(抄録略)············〔19〕    〔渡辺〕〔23〕
```

2. 第 48 卷之前日本专利的著录格式:

```
628. 512:621. 431. 73. 068〔1〕              K75010311〔2〕
613. 6:616-02:546. 4/. 8
自動車排気ガスの鉛粒子の特徴づけ〔3〕 I〔4〕 実験手法〔5〕 (film)〔6〕
〔a①〕〔7〕 E N〔8〕 〔機〕〔9〕
Characterization of particulate lead in vehicle exhaust. I
Experimental techniques.〔10〕 H A B I B I  K〔11〕    B 839A〔12〕
Environ Sci Technol〔13〕 (U S A)〔14〕 5〔15〕 〔3〕〔16〕 239
-248〔17〕 ('75)〔18〕
自動車排気ガス中に含まれる粒子の測定方法について検討。········
·······························〔19〕;    写図16表4参13〔20〕
```

3. 第 48 卷起日本专利的著录格式：

96002019 [2]

16D$_0$1 [28]
光学的活性なスデロイド類の製造法 [3] [P] [7] [J]
[14] [J] [8]
森田ガつら，平賀議太郎，野口俊作，三木卓一，朝子典
彦 [24] 武田薬品工業〈株〉＊ [25]；特許公告10152 [20]
昭和48年3月31日 [27] 2p [17] ('73) [18]
ラセミ型の……………………………………[19] 参I [20]

上面几种格式中的著录项目，凡与前述其它各分册中的著录项目相同者，都标注相同的号码，请参看前面的说明。在这里只对一些特殊的著录项目作一说明：

〔23〕文摘员姓；
〔24〕加＊号者为专利发明人，若发明人是外国人，则用日文假名写出姓的全称，再取名字开头的英文大写字母表示其名，如ルーデ，R.A.；
〔25〕不加＊号者为专利申请人，当发明人兼申请人时，加＊号表示；
〔26〕专利公告号；
〔27〕专利公告日期；
〔28〕日本专利分类号。

三、辅助索引

《速报》各分册每期均有关键词索引（キーワード索引，国内化学编第48卷之前没有这种索引）；每一年度有年度（卷）索引（年间索引），包括主题索引（事物索引），1975年以前是分类索引（项目索引）、著者索引、报告号索引（リポート索引，该索引1975年以后取消了）和引用期刊表（收录杂志ソスト），以增刊号形式出版。

在各分册的年度索引正文前,均有本年度各期起讫文摘号与期号对照表。在索引中查到文摘号后,应先查此表,以确定应到哪一期中去查阅该号文摘。

(一)关键词索引

关键词的选择以文献内容为准,而不限于只从文献题目中抽取。一般是选用有专指性的词作关键词。但当文献内容涉及到许多方面时,则用概括性的词作关键词。

著录事项:关键词、文摘号二项。

索引的编排:由阿拉伯数字起始的关键词排在最前,其次排以拉丁字母起始的关键词,按 ABC 顺序排列,最后排日文字母和汉字的关键词,按五十音图顺序排列。

检索时,可根据个别关键词下的文摘号直接查看文摘,也可使用"组配法",即将几个关键词下的文摘号进行比较,找出相同的文摘号再查阅文摘。例如,我们要查找"抗大肠菌类抗生物质的临床试验"的资料,可查国内化学编第 48 卷第 12 期的关键词索引,选出"大肠菌"(有 55 个文摘号)、"抗生物质"(有 166 个文摘号)、临床试验(有 124 个文摘号)三个关键词进行组配,得下列文摘号的 10 篇文献是符合检索命题的:

96029535　　96029548　　96029549　　96029551　　96029592
96029603　　96029604　　96029605　　96029606　　96029673

(二)主题索引

主题索引列出了标题、说明语和文摘号三项。索引的主题词是采用"JICST 科学技术用语叙词表"(JICST 科学技术用语シソラス)中的主题词。索引的排列形式和关键词索引相同。说明语亦按同样的规则排列,说明语之间无文法关系,说明语之间的语义联接也没按语顺排列。

例如:有一篇文章,是谈有关工场保安和测量设备系统——检气传感器方面的问题。这篇文章的题目是"工场保安和测量设备

系统——检气传感器的现状和问题"。该篇文章在主题索引中的
表现形式则是：

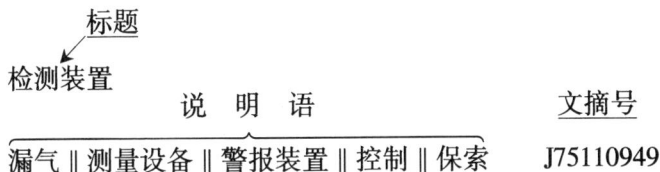

标题
检测装置

说　明　语　　　　　　　　　　　文摘号

漏气 ‖ 测量设备 ‖ 警报装置 ‖ 控制 ‖ 保索　　J75110949

（三）著者索引

现分英文姓名、俄文姓名、日文姓名三部分，分别依 ABC…、
АБВ…和五十音图顺序排列。过去曾将俄文姓名以字译法（索引
前有俄英字母对照表）译成英文，与英文姓名混合排列。著录事
项有文摘号和著者姓名二项。

（四）报告号索引

该索引正文前有"JICST 所收集的主要报告一览表"。索引著
录事项包括报告名称、文摘号（左）和报告序号（右）三项，其格式
如下：

NASA　Tech　Rept
　24022184　　　R—244

索引先按报告名称字顺排，再按报告序号排。如果报告代号
或序号中间出现连字符号或空位时，就将其拆成几段，逐段排比，
例如：

CEAL　1048　　　CEAL　　1048

CEX—68　　　　　CEX　—　　68

CLM—106　　　　CLM　—　　106

CLM R—46　　　CLM　　　　R—46

K—1763　　　　　K　　　—1763

K—L—6202　　　K　　—　　L—6202

K—TL—37　　　　K　　—　　TL—　37

273

KAPL—3356	KAPL —3356
L—TA—2191	L—TA—2191
LA 3542	LA 3542

（五）引用期刊表

引用期刊表分为两大部分,即国外期刊部分和国内期刊部分。国外期刊部分按西文字顺排列。非拉丁文期刊者,先译成拉丁字,和西文期刊一起混合排列。著录项目包括期刊名称和 JICST 资料编号两项。

例如:

J	Appl	Phys	C226A
Prib	Tech Ehhsp		R082A

国内期刊部分,把所收的日文刊名先译成拉丁字,按 26 个字母顺序排列。再在拉丁字刊名之后列出日文刊名全称,当中用"∥"线隔开。

例如:

Boshoku Gtjutsu∥防食技术 F006A

四、查阅举例

例如:查找有关"用活性炭的方法处理造纸厂的纸浆废水"方面的文献资料。

利用《速报》的主题索引,查找方法如下:

第一步:选出主题词。这里选出"活性炭处理"、"造纸厂"、"纸浆废水"三个主题词。

第二步:选出作为检索对象的标题词,即选出主要论述对象的词作为标题。这里"活性炭处理"是论述的主要对象,因此,以它来作为标题,把其它词作为说明语。

第三步:按字母顺序查出"活性炭处理",在这一标题下列出了若干条文摘索引,其中有一条是:

活性炭处理

　　纸浆废水‖工场废水　　　J75121780

第四步：根据文摘号查看文摘。该条文摘著录如下：

62.543：676　　　　　　　J75121780

纸パルプ废水の活性炭处理〔b②〕JA〔土，环〕

生源寺延：G195A　　用水と废水（JPN）

17〔8〕1016—1022（'75）。

附表2　文献国别代号

1975年前代号	1975年起代号	国名	1975年前代号	1975年起代号	国名
A	USA	美国	J	JPN	日本
Arg	ARG	阿根廷	Kor	KRN	朝鲜
Aus	AUS	澳大利亚	Lux	LUX	卢森堡
B	GBR	英国	Mal	MYS	马来西亚
Bel	BEL	比利时	Mex	MEX	墨西哥
Bra	BRA	巴西	Mon	MCO	摩纳哥
Bul	BGR	保加利亚	Nor	NOR	挪威
C	CAN	加拿大	Nz	NZL	新西兰
Cey	SLK	斯里兰卡	Os	OST	奥地利
Chi	CHL	智利	Pak	PAK	巴基斯坦
Chp	CHN	中华人民共和国	Per	PER	秘鲁
Col	COL	哥伦比亚	Phi	PHI	菲律宾
Cos	CTR	哥斯达黎加	Pol	POL	波兰
Cub	CUB	古巴	Por	PRT	葡萄牙
Cz	CSK	捷克斯洛伐克	R	SUN	苏联
Den	DNK	丹麦	Rum	ROM	罗马尼亚
BG	DDR	东德	S	SCH	瑞士
F	FRA	法国	SA	ZAF	南非联邦
Fin	FIN	芬兰	Sp	ESP	西班牙
G	DEU	西德	Sud	SDN	苏丹
Ch	GHA	加纳	Sw	SWE	瑞典
Gr	GRC	希腊	Tan		坦桑尼亚
Hol	NLD	荷兰	Thi	THA	泰国
Hun	HUN	匈牙利	Tu	TUR	土耳其
I	ITA	意大利	UAR	UAR	阿拉伯联合共和国
Id	IDN	印度尼西亚	Ven	VEN	委内瑞拉
Ind	IND	印度	Y	YUG	南斯拉夫
Int	INT	发行国名不定		ZZZ	其他
Ire		爱尔兰			
Is	ISL	以色列			

附表3 文献文种代号

1975年前代号	1975年起代号	文种	1975年前代号	1975年起代号	文种
B		比利时文	O	ZZ	其他文种
Bu	BG	保加利亚文	P	PT	葡萄牙文
C	CH	中文	Pol	PL	波兰文
Cz	CS	捷克文、斯洛伐克文	R	RU	俄文
D	NL	荷兰文	R	UK	乌克兰文
De	DA	丹麦文	R	BE	白俄罗斯文
E	EN	英文、澳大利亚文	Ru	RO	罗马尼亚文
F	FR	法文	S	SP	西班牙文
Fin	FI	芬兰文	Sw	SV	瑞典文
G	DE	德文、奥地利文	Y	SH	塞尔维亚—克罗地亚文
H	HU	匈牙利文			
J	IT	意大利文		AR	阿拉伯文
J	JA	日文		EO	世界语
K	KO	朝鲜文		GR	希腊文
N	NO	挪威文		LA	拉丁文

附表 4　文献性质代号

代号	含　　　义
a	论文原著
a①	有创造性科技论文、学术论文全文
a②	从科技观点探讨人文、社会科学的论文（简报）
a③	学会的讲演、讨论、文献目录、文摘集等
b	解说
b①	文献述评与评论
b②	其它解说
c	实用技术资料
c①	新技术、新产品介绍
c②	综述、展望
c③	产销、贸易的统计
c④	科学、技术、生产会议、展览会的报道
d	数据图表、流程图、标准、土木建筑的设计图、照片、安全条例等
d①	有关科技方针政策
d②	学会稿集等
d③	介绍记事
p	专利（特许）（只限国内化学化工编，J 分册）
p①	日本公告特许
p②	特许制度

第十节　苏联《文摘杂志》

一、概况

苏联为了建立自己的科技文献检索体系,投入了大量的人力物力,由全苏科学技术情报研究所（Все союзный институт научной и техничекой информации,简称 ВИНИТИ）统一编辑出版一整套科技文摘杂志（Реферативный Журнал,简称 Р. Ж.）和其它情报刊物。Р. Ж. 搜集和报道世界 131 个国家、用 66 种语言文字发表的各种类型科技文献资料,并收录了一部分未经发表的、收藏在苏联各科技情报所的手稿。就其情报源的数量和文摘量来说,Р. Ж. 已成为世界上最大的文摘体系。

《文摘杂志》在 1953 年创刊时,只有化学、力学、天文学及数学四种。以后逐年增加。1979 年增至 200 个分册,其中 156 个分册合订为 26 个综合册,44 个为独立分册。

综合册的俄文为 сводный том,分册为 выпуск,独立分册为 отдельный выпуск。分册同综合册是重复的,但独立分册则不包括在综合册之内。这三者之间的关系如果不清楚,将导致检索时的重复或遗漏。

Р. Ж. 这一庞大的科技文摘刊物体系,除农业、临床医学、建筑等（这些另出文摘）之外,几乎涉及到整个自然科学、技术科学,以及国民经济各个部门的有关方面。苏联的文摘杂志是世界上学科门类最为齐全、分工最为严密的检索体系之一（参阅附录三）。

Р. Ж. 是按照统一的规格编制的,具有统一的分类法和检索方法。与欧美的一般文摘相比,苏联文摘收录与报道的文献资料较多,摘要较为详细。但报道速度较慢,特别是累积索引出版不够及时,索引的版面设计也不够醒目。

但是,它的"时差"在不断缩短。1960 年时为 9. 5 个月,1977
年则为 3. 5—4 个月。

二、著录格式和编排次序

苏联文摘对每条文献的著录事项,包括国际十进分类法号码、
文摘号、文献名称、作者、出处(期刊名称卷期页数、专利号、标准
号或报告号)、文种、摘要、参考文献数目以及文摘员姓名等项。
试以苏联文摘《自动装置、遥控及计算技术》中著录的一条文摘
为例:

①УДК62—75

②IA367П. ③Реле максимаλвноαо тока.

④Overcurrent relays. ⑤Fordham Roger G. ;

⑥The General electric Co. Ltd. ⑦Пат. 432164,

⑧США. ⑨заявλ. 2. 8. 79,

⑩No 62998, ⑪опубλ. 23. 3. 82. ⑫МКИ H02H 3/093,

⑬НКИ 361/97

⑭Патентуемое реλе ………………………………………

………………………………………………………………

…… ⑮Иλ. 2. внбλ. 8

⑯С. И. Воλчек

①该文献的国际十进分类法号码。这种号码便于检索者进一
步审核与组织文献款目。但文摘的排列,并不以这种分类号为序,
而是根据自己的分类法(各分类均有自己的分类表)编次的。

②文摘号。苏联文摘的编号比较特殊,不是单纯的流水号。
文摘号的第一部分(这里是"I"),是表示该分献所在的文摘属于
第九期。文摘号的第二部分(这里是"A"),意思是该文献所在的
分册在综合册中的次序。文摘号的第三部分(这里是"367"),是

指 A 分册中的流水号。文摘号的最后一部分是个"П"字,即该文献为专利文献,各类型文献的字母代码:

　　П——Патент　专利　　　　　С——Стандарт　标准

　　К——Книга　图书　　　　　Р——Рецензия　评论

　　Д——Диссертация　学位论文

　　③文献的题目

　　④文献的原文题目

　　⑤著者姓名

　　⑥专利权所有者

　　⑦专利号

　　⑧专利国别

　　⑨专利申请日期

　　⑩申请号

　　⑪专利公布日期

　　⑫国际专利分类法号码

　　⑬美国专利分类法号码

　　⑭内容摘要

　　⑮图表及参考文献数

　　⑯文摘员姓名。有的条目无文摘员姓名,只有"резюме"字样,表示该摘要抄自该文献本身的摘要(作者自己写的摘要)。

　　苏联专利著录项目的意义:

　　······①A. C. 928299, CCCP. ②Заявл. 22. 5. 82,
　　③No. 2928584/18%—24, опубл　④ВЪ. И., 1982 No. 18.
　　⑤МКИ G05B11/01

------

　　①发明者证书 928299 号　②1982 年 5 月 22 日申请　③申请号为 2928584/18—24 号　④在 1982 年第 18 期《发明公报》中予以公布　⑤国际专利分类法号码为 G05B11/01

期刊论文、图书等的著录项目,比较简单,如:

УДК 658.012.011.56: 681.32

① IA424K　　② информационные системы управления промышленным предприятием.　③ тычков ю. и. ④ новосибрск:наука,1982,191C;ил.（рус.）

---

①文献类型:图书（K）　　②书名　　③作者　　④出版事项:出版社、出版年、页数……

三、检索方法

1.苏联文摘每期一般只有著者索引（Авторский Указателъ）。这样,检索的途径只有二个:一是根据著者姓名查找;二是根据文摘的分类途径查找。

例如,查找有关化学电源方面的文献,如果已知苏联 Б. А. Николъский 是这方面的研究者,即可从苏联化学文摘（Р. Ж. Химия）的著者索引查寻。在著者索引中,俄文著者与西文著者分开排列。中国、日本等著者,按俄文拼音排入俄文部分。从苏联化学文摘 1976 年第 2 期的著者索引中,可查到:

Николъский В. А. Л204

然后根据文摘号 Л204,查阅文摘,可找到这是 В. А. Николъский 所获得的苏联作者证书（专利）454618,题目是 Химический источник тока（化学电源）。

在不知道著者的情况下,只好借助于分类进行查找。例如查找上述课题,可翻阅苏联化学文摘的分类表:

Л　无机物工艺

3　化学电源、电化学生产、电沉积

▲　3.1.　化学电源和电解电容器

3.1.1.　一般问题

3.1.2.　燃料电池和电化学发生器

3.1.3.　一次电源

3.1.3.1.　干电池

　　　……

3.1.4.　二次电源

3.1.4.1.　铅蓄电池

　　　……

分类表列有四级类目。但文摘中的排列,只列出第二级类目。上述分类表中,第二级类目"化学电源和电解电容器"是切合检索课题的。浏览这个类目下的文摘条目,可以找到前面提到的从著者索引中找到的那篇文献。但这种检索方法甚为费时。

2.有的苏联文摘综合本(如化学文摘),每期除著者索引外,还另编有主题索引(Предметный Указателъ)。在这种情况下,便可以有三种检索途径。即从著者、分类以及主题入手进行检索。现介绍从主题入手的检索方法。

苏联化学文摘的所谓主题索引,其实是关键词索引。即从一篇文献的题目与内容中,抽出几个关键词和非关键词。关键词按俄文字顺排列。在每个关键词之下,都可以找到这篇文献。例如,查找关于用活性炭吸附法处理印染废水的文献,则可以从"活性炭"(Активный Уголъ)这个关键词入手查寻。在关键词索引中,"活性炭"这个字应予倒置,即"炭,活性的",从"炭"(Уголъ)去查。这样,在苏联化学文摘1974年15期的主题索引第163页,可以看到:

Уголъ Активрованний;Сточные Воды,Методы Очистки;Красителъ;Адсорбция;15И538

把几个关键词联系起来,说明这篇文献既谈到污水净化和染料,又谈到活性炭和吸附。为了确切弄清这篇文献的内容主题,可以根据文摘号(15И538)找到这条文摘的题目与摘要。其题目是:

《用活性炭净化印染污水》(Очистка окрашенных сточных вод с помошью активного угля).

当然,从污水(сточные воды)或染料(краситель)等关键词也可分别找到这篇文献。

3.苏联的各种文摘杂志,都有年度主题索引(Предметный указателъ)。这种主题索引与前面提到的关键词索引不同,它是根据主题表编制的,对各种名词进行了规范,并且在每个主题之下,都有说明语,指出文献的中心主题内容。同时还有大量的"见"(см.)和"参见"(см. также),指引读者准确地选取主题词,并扩大检索的途径。

苏联文摘的主题索引,与中文、英文的主题索引在结构形式和使用方法方面是相同的。它将各主题词按俄文字母顺序排列。在同一主题下,又按说明语的字母顺序排列。例如,某读者要查找"从炼焦化学工业的废水中提取锗"的文献,在化学文摘的主题索引中,可以发现有关"锗"的主题共有六个:

ГЕРМАНИЙ(см. также Германий Геохимия)

ГЕРМАНИЙ(Геохимия)

ГЕРМАНИЙ АНАЛИЗ

ГЕРМАНИЙ СОЕДИНЕНИЯ

ГЕРМАНИЙ СОЕДИНЕНИЯ

    ОРГАНИЧЕСКИЕ

ГЕРМАНИЙ СПЛАВЫ

关于锗的提取,应查"锗"这个主题(ГЕРМАНИЙ),因为这个问题既不是地球化学方面的,也不是属于锗的分析、化合物或合金的。在"ГЕРМАНИЙ"这个主题下,有二、三百条文献说明语。关于从炼焦废水中提取锗,可以从"提取"(Нзвлечение)这个字下手,查看说明语。结果是:

ГЕРМАНИЙ

извлечение,

из сточных вод коксохим. пром – сти, 21Л99

把主题词与说明语（锗，提取，从炼焦化学工业中）联系起来读，文摘号 21Л99 的这篇文献，就是关于从炼焦化学工业废水中萃取锗的文献。根据文摘号查出该文献的题目："21Л99 Вылеление германия из газовых вод в производственных услолиях"（在生产条件下从水蒸汽中提取锗）。这篇文献，从题目上看，虽然没有提到炼焦化学工业，但实际内容是如此。这里也可以看到，由于主题索引在标引文献时对文献进行了主题分析，因此它比文献题目更能确切地揭示文献的内容。

4.苏联有些文摘还有专利号索引、上下文关键词索引、分子式索引、生物分类索引、船名索引等等。它们的使用方法，与美国《化学文摘》、《生物学文摘》等中的同类型索引基本相同，不再赘述。

近年来苏联文摘杂志编有"被利用的期刊与连续出版物索引"（Указатель использованных период ических и продолжаюиспхся изданпх）。其结构是先排刊物名称（按字顺），刊名后注明文摘号，即表示该号文摘是摘自该刊物的。例如：

АВТОМАТ. И ВЫЧИСЛ. ТЕХН. 1Б48

ДОКЛ. АН УССР 1Б26,1Б135,1Б136,1Б319

Радцотехника. 1Б520

Сзймичу кикай. J. Jap. Soc. Precis. Eng. 1Б628

ACM Jrans Database syst. 1Б184, 1Б189, 1Б197

Acta Inf 1Б203

⋮

ZeSz. nauk. PSI. Automat. 1Б356

借助于这个索引，可以看出各刊物被摘文献的数量。

四、应注意的几个问题

1. 苏联文摘杂志按学科、专业划分得很细。例如关于机械制造，就有十种文摘（综合本和单卷本）。因此检索某课题资料时，首先要选准对口的文摘品种。这样才能查得快，查得准，并且切合学科专业的检索角度。

2. 苏联文摘中引用的日文期刊名称，只采用译音和译意的办法，而没有注明日文原名。日文的发音变化较多，根据俄文往往很难正确判定日文期刊的原文名称。要解决这个问题，可查阅中国科技情报所重庆分所 1963 年 3 月编印的《日文期刊名称辞典（俄日对照）》。此外，还可根据音译或意译来确定日文原名。

例如"Киндзоку хемзн гидзюцу"这种日文期刊的俄文音译之后，有英文意译："J. Metal Finish. Soc. Jap."，再参考《外国报刊目录》（中国图书进口公司编），可查出该杂志的日文名称是《金属表面技术》。

又例如，"Кагаку когаку"这种日文期刊的俄文拼音之后，有英文音译："Kagaku kogaku". 这时可根据英文音译转查《英汉化学化工略语辞典》，得知其日文名称是《化学工学》。

从刊名缩写查全称，可以利用 P. Ж. 各分册中的"被摘基本期刊与连续出版物"一览表。它相当于"来源索引"。按国别排列，同一国家之下，再按刊名字顺排列。它置于各综合分册的每年第一期中。

附录一：国内外主要科技词表一览

名称	出版时间	主编机构	专业范围	语言	参照项	词数	组成
《工程与科学检索词表》（Thesaurus of Engineering and Scientific Terms）	1967年2月	美国国防部和工程师联合会（DOD，EJC）	工程与科学	英文	USE，UF，BT，NT，RT	23,364个词（包括正式词17,810，非正式词5,554）	主表、轮排索引、主题范畴索引、等级索引
《原子能情报系统检索词表》（INIS：The saurus）	1970年10月	国际原子能机构（IAEA）科学技术情报部	原子能及其相关领域	英文	USE，SEE，SEEOR，BT，NT	共19,387个，正式词15,052，非正式词4,362	除词表外附有INIS标引规则和词组图
《美国航天局科技情报系统词表》（NASA Thesaurus Alphabetical Update）	1967年	美国航天局技术情报部	航空宇宙工程和有关技术领域	英文	USE，UF，BT，NT，RT	1971年正式词114,002，非正式词3,178，共117,180	主表、等级索引、范畴索引、轮排索引、标准检索词表

名称	出版时间	主编机构	专业范围	语言	参照项	词数	组成
《科学文摘词表》（INSPEC Thesaurus）	1973 年出版，每二年修订，至今已有六个版本（73、75、77、79、81、83）	英国电气工程师学会	物理学、电子电工、计算机及控制	英文	BT，NT，RT，USE，UF，TT，CC	共 8,400 词正式词5,000，非正式词3,400	主表、等级表
《工程索引词表》（Engineering Index Thesaurus）	1972 年	美国工程索引公司	工程技术各领域	英文	SN(定义或注释)，R(被组代词)，IR(首用词)，OO(组代词)，Used for，RT，BT		主表、补充表、标题索引
《冶金学词表》（Thesaurus of Metallurgical Terms）		美国金属学会	金属学与冶金学	英文	USE，UF，NT，BT，RT	9,000 个词（包括正式与非正式叙词）	

288

名称	出版时间	主编机构	专业范围	语言	参照项	词数	组成
《工程师联合会叙词表》（Thesaurus of EJC）（TEST 的前身）	1964 年	美国工程师联合会	工程与科学	英文	BT，NT，RT，USE，UF	共 23,292 词，正式词 17,738 非正式词 5,554	主表、轮排索引、主题范畴索引、等级索引
《日本科技情报中心科学技术用语叙词表》（JICST 科学技术用语 ミソーラス）	1975 年	日本科技情报中心（JICST）	工程技术及部分基础学科	日文	BT，NT，USE，UF，RT（1975 年版暂缺）	收词总数 29,173，正式词 24,348 非正式词 4,825	主表、主题范畴索引、关键词表词汇图
《英国电气公司组面分类法及词表》（Thesaurus and Faceted classification for Engineering and related subjects）	1969 年	艾奇逊·J，等人编，英国电气公司出版	科学和技术各个领域，工程及有关领域详尽处理	英文	USE，UF，BT，N T，RT	共 16,000 词，其 7,000 条入口词	组面分类表、叙词表（两表通过分类号联系）

289

名称	出版时间	主编机构	专业范围	语言	参照项	词数	组成
《欧洲原子能委员会叙词表》（EURATOM Thesaurus）	1967 年	欧洲原子能委员会		英文	SEE, SEEOR, USE（很特殊）	12,570 词	主表 词族表
《科学技术词表》		苏联	科学技术各领域	俄文		15,000 词	主表 词族表 分类表 轮排表
《医学主题词注释字顺表》（Medical Subject Heading Annotated Alphabeticalist）	1979 年	美国国立医学图书馆	医学科学	英文	See related（参见） See（用） XU（分） XR（关） X（代） See under（属）		字顺表 树形结构表

名称	出版时间	主编机构	专业范围	语言	参照项	词数	组成
《原子能科技资料主题词典》	1978 年	中国二机部科技情报所	原子能及有关科学	中文	Y（用）、D（代）、D₊（组代）、JD(见代)、J…H（见…或）、S₁(属)、S₂*(族)、Z(族)、F(分)、*F₁（下分截止符）	主题词18,542 个，其中正式主题词15,179 个，非正式主题词3,363 个	拼音字顺主题词表、分类索引、英汉对照索引

（续表）

名称	出版时间	主编机构	专业范围	语言	参照项	词数	组成
《国防科学技术主题词典》	1978年1月	中国国防科委情报研究所	国防科技及有关学科	中文（款目词按英文排列）	USE, UF(组代), BT, NT	正式主题词17,173个，非正式主题词3,719个	字顺表、范畴表、词族表、汉英对照表
《机械工程主题词表》	1979年	一机部技术情报所	机械工程、电机、仪器仪表	中文	Y(用), D(代), S(属), F(分)	共有主题词11,200个，其中正式主题词9,667个，非正式主题词1,533个	字顺表、范畴索引、范畴目录、词族索引
电子技术汉语主题表（试用本）	1977年	中国四机部第一研究所	电子专业及相关学科	中文	Y(用), D(代), S(属), F(分), C(参), *(族首词)	7,500个主题词，其中包括1,000个非正式主题词	字顺主题表（主表）、分类索引、等级索引、英汉对照索引

（续表）

名称	出版时间	主编机构	专业范围	语言	参照项	词数	组成
《汉语主题词表》（第二卷自然科学）	1979年	中国科技情报所、北京图书馆主编	综合性	中文	Y(用),D(代),F(分),S(属),Z(族),C(参)	正式主题词65,200个（其中包括族首词2,821个,成族词50,029个,无关联词12,423个）,非正式主题词12,913个	主表（字顺表）词族索引范畴索引英汉对照索引附表
航空科技资料主题表	1977年（第二版）	三机部六二八所	航空及相关学科	中文	Y(用),D(代),S(属),F(分),C(参)	总数9,374正式词7,466非正式词1,869组代词39	主表简表词族表分类表型号表
常规武器专业主题词表	1977年			中文		非正式词1,625	主表分类表

附录二：八十年代以来我国科技检索刊物一览表

学科与专业	刊物名称	编辑单位
综合性	《全国新书目》	版本图书馆
	《全国总书目》	同上
	《全国报刊索引》	上海图书馆
科技各领域	《中文科技资料目录》	上海情报所
	《中文科技资料目录：综合科技、基础科学》双月刊	中国科技情报所
	《国外产品样本及说明书目录》	电子工业部情报所
	《科学技术译文通报》月刊	中国科技情报所
	《国内学术会议文献通报》季刊	同上
	《台湾科技书刊通报》双月刊	同上
	《美国政府报告通报》（中译题录）月刊	同上
	《国外标准资料报道》月刊	同上
	《北京图书馆外文新书通报》（双月刊）	北京图书馆
数学与力学	《国外科技资料目录：数学》月刊	重庆分所
	《国外科技资料目录：力学》双月刊	同上
	《国外科技资料馆藏目录：数学、力学》双月刊	中国科技情报所
物理学	《国外科技资料馆藏目录：物理学》双月刊	中国科技情报所
	《国外科技资料目录：激光》月刊	上海科技情报所
	《半导体文摘》月刊	重庆分所
	《专利文摘：光学与照相》	天津市半导体研究所
	《半导体技术资料索引快报》	声学研究所
	《声学文献通报》	

（续表）

学科与专业	刊物名称	编辑单位
化学	《分析化学文摘》双月刊	重庆分所
生物学	《国外科技资料馆藏目录：生物学》双月刊	中国科技情报所
	《微生物学文摘》	
天文学与地球科学	《国外科技资料馆藏目录：地球科学、天文学》双月刊	中国科技情报所
	《国外科技资料自录：测绘学》季刊	测绘总局测研所
	《中文科技资料目录：测绘》季刊	同上
	《国外科技资料目录：气象学》双月刊	中央气象局情报所
	《国外科技资料目录：地震学》季刊	国家地震局情报所
	《地震文摘》双月刊	同上
	《国外科技资料目录：海洋学》月刊	国家海洋局情报所
	《海洋学文摘》月刊	该刊编辑部
	《国外科技资料目录：地理、地质》双月刊	中国科技情报所及地理所
	《国外科技资料目录：地质》	地质部情报所
	《中文科技资料目录：地质》双月刊	同上
	《馆藏地质新书目录》	全国地质图书馆
计量学	《计量测试文摘》双月刊	国家计量局情报所
	《日本公开专利文摘：光学、计测》月刊	辽宁省情报所
	《计量技术文摘》双月刊（1982 年止）	国家计量局情报所

学科与专业	刊物名称	编辑单位
医药卫生	《国外科技资料目录:医学》月刊	医科院图书馆
	《中文科技资料目录:医学》月刊	医科院情报所
	《中文科技资料目录:中草药》季刊	湖南医药工业研究所
	《中国药学文摘》季刊	医药总局
	《日本公开专利文摘:药品、食品、微生物》月刊	辽宁省情报所
	《专利目录:药物》季刊	中国科技情报所
	《预防医学文摘》	重庆市卫生防疫站
	《中国医学文摘:中医》双月刊	中医研究院情报室
农业林业水产	《国外科技资料馆藏目录:农业、林业、水产》双月刊	中国科技情报所
	《中文科技资料目录:农业》双月刊	农科院情报所
	《农学文摘》月刊	重庆分所
	《日本公开专利文摘:农业》双月刊	辽宁省情报所
	《植物病理学文摘》双月刊	重庆分所
	《蚕业文摘》季刊	中国科学院蚕桑所
	《畜牧学文摘》双月刊	重庆分所
	《兽医学文摘》双月刊	同上
	《中文科技资料目录:农业机械》季刊	中国农机研究所
	《农业机械文摘》季刊	同上
	《专利目录:农业机械》季刊	中国科技情报所
	《林业文摘》双月刊	林科院情报所
	《森林工业文摘》双月刊	同上
	《水产文摘》月刊	南海水产所
	《园艺学文摘》双月刊	重庆分所
	《中国农业文摘》双月刊	农科院情报所
	《水稻文摘》月刊	重庆分所

（续表）

学科与专业	刊物名称	编辑单位
矿业	《国外科技资料馆藏目录:矿业、冶金》月刊	中国科技情报所
	《矿业文摘》月刊	重庆分所
	《中文科技资料目录:矿业》季刊	辽宁省情报所
石油与天然气	《石油与天然气文摘》月刊	石油部情报所
	《国外科技资料馆藏目录:化学化工、石油》月刊	中国科技情报所
化工	《中国化工文摘》双月刊	化工部情报所
	《化肥工业文摘》季刊	上海化工研究院
	《国外农药文摘》季刊	该刊编辑部
	《涂料文摘》双月刊	化工部涂料所
	《染料文摘》季刊	
	《国外科技资料目录:化学纤维》季刊	上海情报所
	《专利目录:塑料和聚合物》季刊	上海全国塑料情报站
	《专利目录:化工工艺和设备》季刊	中国科技情报所
	《专利目录:无机材料、电子材料》季刊	同上
	《中文科技资料目录:化学工业》季刊	化工部情报所
	《日本公开专利文摘:有机化工》月刊	辽宁省情报所
	《日本公开专利文摘:化学工业、高分子化合物》月刊	同上
	《国外制碱工业资料文摘》	天津市人民图书馆
冶金	《冶金文摘》(共六个分册)	重庆分所出版
	《中国科技资料目录:冶金》双月刊(1981年止)	冶金部情报所

学科与专业	刊物名称	编辑单位
金属学 金属加工	《中文科技资料目录:冶金》双月刊	湖北省情报所
	《专利目录:金属冶炼与材料》季刊	该刊编辑部
	《专利文献通报:金属冶炼与材料》季刊	同上
	《专利目录:金属加工》	同上
	《专利目录:金属表面处理》月刊	浙江温州市科委情 　报所
	《专利文献通报:金属表面处理》月刊	同上
	《日本公开专利文摘:采矿、金属》月刊	辽宁省情报所
机械制造	《机械制造文摘》(共四个分册)双月刊	重庆分所
	《通用机械文摘》双月刊	同上
	《起重机械文摘》双月刊	机械工业部
	《专利文摘:搬运与包装》	上海情报所
	《日本公开专利文摘:机械制造》月刊	辽宁省情报所
	《专利目录:机械加工》季刊	同上
	《专利目录:通用机械》季刊	湖北省情报所
	《国外科技资料馆藏目录:机械制造、动 　力工程与电工》	中国科技情报所
	《国外科技资料目录:日用机械》	轻工业部情报所
	《机械科学技术资料简介》	机械工业部情报所
	《材料保护文摘》季刊	武汉材保所
仪器仪表	《中文科技资料目录:机械仪表》季刊	四川省情报所
	《仪器制造与仪表元件文摘》季刊	沈阳仪器仪表工艺 　研究所
	《分析仪器文摘》季刊	北京分析仪器研 　究所
	《光学仪器文摘》季刊	上海光学仪器研 　究所

（续表）

学科与专业	刊物名称	编辑单位
仪器仪表	《工业自动化仪表文摘》月刊	国家仪器仪表工业总局、上海工业自动化仪表研究所
	《专利目录：光学仪器》季刊	上海情报所
	《专利文摘：测试计量仪表》	同上
	《日本公开专利文摘：光学仪表》	辽宁省情报所
武器工业	《兵工文摘：兵器》月刊	兵工部201所
	《兵工文摘：军用化工》双月刊	同上
动力工程	《日本公开专利文摘：动力机械、机械零件、原子能》月刊	辽宁省情报所
	《专利目录：能源》季刊	中国科技情报所
	《专利目录：热工》季刊	上海情报所
核科技	《国外科技资料目录：核科学技术》月刊	核工业部科技情报所
	《核科技中文文献索引》	同上
电力与电工	《电力电工文摘》双月刊	重庆分所
	《中文科技资料目录：电力、电工、原子能》季刊(1982年止)	陕西省情报所
	《日本公开专利文摘：电工》月刊	辽宁省情报所
	《专利目录：电工与电子技术》季刊	陕西省情报所
	《国外科技资料目录：电力》双月刊	水利电力部情报所
电子学电讯技术	《国外电子科技文摘》季刊	该刊编辑部
	《国外科技资料目录：无线电电子学》月刊	重庆分所
	《日本公开专利文摘：电子、通讯》月刊	辽宁省情报所

（续表）

学科与专业	刊物名称	编辑单位
电子学 电讯技术	《国外科技资料馆藏目录:无线电电子学 与自动化技术》 《专利文献通报:电子技术》双月刊 《专利文献通报:电工与电子技术》双 月刊	中国科技情报所 西安机械厂情报室 陕西省情报所
计算机与 自动化 控制	《国外科技资料目录:计算机》双月刊 《专利目录:计算与存贮》季刊 《专利目录:控制与调节》季刊	重庆分所 上海情报所 同上
轻工纺织	《化纤文摘》季刊 《纺织文摘》双月刊 《皮革文摘》季刊 《造纸文摘》季刊 《日用化学文摘》双月刊 《中文科技资料目录:轻工、纺织》季刊 《国外科技资料目录:轻工业》 《国外科技资料目录:制糖工业》季刊 《国外科技资料目录:食品工业》季刊 《国外科技资料馆藏目录:轻工纺织》 季刊 《日本公开专利文摘:纤维》双月刊 《专利目录:纺织》季刊 《日本公开专利文摘:文化用品、日用品》 月刊 《专利文献通报:食品、轻化学工业及废 水处理》季刊	上海合成纤维研 究所 同上 该刊编辑部 同上 全国日用化学工业 情报站 天津市情报所 轻工业部情报所 同上 同上 中国科技情报所 辽宁省情报所 中国科技情报所 辽宁省情报所 该刊编辑组

（续表）

学科与专业	刊物名称	编辑单位
建筑与建材	《国外科技资料目录:建筑材料》双月刊	城乡建设环境保护部情报标准所
	《中文科技资料目录:建筑材料》季刊	同上
	《日本公开专利文摘:建筑、卫生》月刊	辽宁省情报所
	《专利目录:建筑》季刊	上海情报所
	《专利文献通报:土木建筑》	同上
	《中文科技资料目录:建筑工程》双月刊	建研院情报所
水利工程	《国外科技资料目录:水利水电》双月刊	水利电力部情报所
	《中文科技资料目录:水利水电》季刊	同上
	《国外科技资料目录:建筑、水利工程》双月刊	建研院情报所
交通运输	《公路运输文摘》月刊	交通部情报所
	《水路运输文摘》双月刊	同上
	《中文科技资料目录:水路、公路运输》季刊	同上
	《国外科技资料目录:铁路》月刊	铁道部情报所
	《中文科技资料目录:铁路运输》双月刊	同上
	《国外科技资料目录:船舶工程》季刊	造船工业总公司综合技术研究所
	《中文科技资料目录:船舶工程》季刊	同上
	《专利文摘:船舶》季刊	湖北省情报所
	《日本公开专利文摘:运输》月刊	辽宁省情报所
	《专利目录:汽车》	陕西省情报所
航空与航天	《国外科技资料目录:航空与航天》月刊	航天部科技情报所
	《国外科技资料馆藏目录:交通运输、航空航天》月刊	中国科技情报所

学科与专业	刊物名称	编辑单位
环境科学	《国外科技资料馆藏目录:环境污染与保护》双月刊 《中国环境科学文摘》双月刊	中国科技情报所 中国环境科学研究院情报所
管理科学	《管理科学文摘》月刊 《综合科技文摘:管理》(1982年止)	中国科技情报所 同上

说明:这些检索刊物由于编辑单位的调整,在名称、收录范围,刊期,编者名称等方面变动频繁。其中有的已停刊。

附录三：苏联文摘杂志一览

数学文摘(Р. Ж. Математика) 1953 年创刊。月刊。综合本，并有 3 个分册本。期索引有著者索引；年索引有主题索引和著者索引。

力学文摘(Р. Ж. Механика) 1953 年创刊。月刊。综合本，并有 3 个分册本。期索引有著者索引；年索引有主题索引和著者索引。

物理文摘(Р. Ж. физика) 1954 年创刊。月刊。综合本，并有 7 个分册本。期索引有著者索引；年索引有主题索引和著者索引。

化学文摘(Р. Ж. Химия) 1953 年创刊。半月刊。综合本，并有 13 个分册本。期索引有主题索引；年索引有主题索引、著者索引、专利号索引和分子式索引。

天文学文摘(Р. Ж. 51. Астрономия) 1953 年创刊，1954—1962 年是《天文学和测地学文摘》的一部分，1963 年起成为独立文摘。月刊。单卷本。期索引有著者索引；年索引有主题索引和著者索引。

测地学和航空摄影文摘(Р. Ж. 52. Геодезия и Азросьемка) 1953 年是《天文学文摘》的一部分；1954—1962 年是《天文学和测地学文摘》的一部分；1968—1969 年名《测地学文摘》；1970 年起改现名。月刊。单卷本。期索引有著者索引；年索引有主题索引。

地球物理学文摘(Р. Ж. Геофизика) 1954—1956 年是《物理学文摘》的一部分，1957 年起成为独立文摘。月刊。综合本，并有 5 个分册本。期索引有著者索引；年索引有主题索引和著者索引。

地质学文摘(Р. Ж. Геология) 1954—1955 年是《地质学和地理学文摘》的一部分,1956 年起成为独立文摘。月刊。综合本,并有 10 个分册本。年索引有主题索引和著者索引。

地理学文摘(Р. Ж. География) 1954—1955 年是《地质学和地理学文摘》的一部分,1956 年起成为独立文摘。月刊。综合本,并有 10 个分册本。年索引有主题索引、地理索引和著者索引。

生物学文摘(Р. Ж. Биология) 1954 年创刊。月刊。综合本,并有 13 个分册本。年索引有主题索引和著者索引。

生物化学文摘(Р. Ж. 30. Биологическая химия) 1953—1954 年是《化学文摘》的一部分,1955 年起成为独立文摘。半月刊。单卷本。1977 年改为综合本。期索引有关键词索引和著者索引;年索引有主题索引、动植物名称索引和著者索引(1955—1973 年的年主题索引和 1955 年以来的年著者索引包括在《化学文摘》的年索引中)。

生物物理学文摘(Р. Ж. 69. Биофизика) 1973 年创刊(系由《生物学文摘》中分出)。单卷本。

辐射生物学文摘(Р. Ж. 70. Радиационная биология) 1973年创刊(系由《生物学文摘》中分出)。单卷本。有主题索引和著者索引。

医学地理学文摘 (Р. Ж. 36. Медицинская география) 1957—1961 年是《地理学文摘》的一部分,1962 年起成为独立文摘。月刊。单卷本。年索引有地理索引和主题索引。

病理学一般问题和肿瘤学文摘(Р. Ж. 53. Общие вопросы патологии, онкология) 1954—1962 年是《生物学文摘》的一部分,1963 年起成为独立文摘。月刊。单卷本。年索引有主题索引和著者索引。

药物学、化学疗法和毒物学文摘(Р. Ж. 54. Фармакология ,

химиотерапевтические средства , токсикология） 1963 年创刊
（系由《生物学文摘》中分出）。月刊。单卷本。年索引有主题索
引和著者索引。

土壤学和农业化学文摘（Р. Ж. 57. Почвоведение и агрохи-
мия） 1954—1962 年是《生物学文摘》的一部分，1963 年起成为
独立文摘。月刊。单卷本。年索引有主题索引和著者索引。

拖拉机、农业机械和农具文摘（Р. Ж. 44. Тракторы и
сельскохозяйственные машины и орудия） 1962 年创刊（系由
《机械制造文摘》中分出）。月刊。单卷本。有主题索引（年索引）
和专利号索引（半年索引）。

植物栽培学文摘（Р. Ж. 55. Растениеводство） 1954—1962
年是《生物学文摘》的一部分，1963 年起成为独立文摘。月刊。单
卷本。年索引有主题索引和著者索引。

林理学和森林学文摘（Р. Ж. 56. Лесоведене и лесоводство）
1954—1961 年是《生物学文摘》的一部分，1962 年起成为独立
文摘。月刊。单卷本。年索引有主题索引和著者索引。

畜牧业和兽医（生物学原理）文摘（Р. Ж. 58.
Животновоцство и ветеринария（Биологические основы））
1954—1962 年是《生物学文摘》的一部分，1963 年起成为独立文
摘。月刊。单卷本。年索引有主题索引和著者索引。

工业经济文摘（Р. Ж. Экономика промышленности） 1960
年创刊。月刊。综合本，并有 6 个分册本。年索引有主题索引。

组织管理文摘（Р. Ж. 67. Организация управления） 1966—
1969 年是《工业经济文摘》的一部分，1970 年起成为独立文摘。
月刊。单卷本。年索引有主题索引。

消防安全文摘（Р. Ж. Пожарная охрана） 单卷本。有主题
索引。

电影摄影技术文摘（Р. Ж. 46，Фогокинотехника） 1962 年创

刊(系由《机械制造文摘》中分出),1962 年名《电影摄影设备和光学设备文摘》,1963 年起用现名。月刊。单卷本。有主题索引(年索引)和专利号索引(半年索引)。

度量衡学和测量技术文摘(Р. Ж. 32. Метрология и измеритекьная техника) 1962 年创刊(在 1962 年之前曾用《计算、测量、调节和控制装置》、《测量技术、自动学和精密机械》、《自动控制与测量技术》、《测量技术》等名称出版)。月刊。单卷本。年索引有主题索引。

矿业文摘(Р. Ж. Горное дело) 1957—1959 年是《地质学文摘》的一部分,1960 年起成为独立文摘。月刊。综合本,并有 5 个分册本。年索引有主题索引和著者索引。

矿业和油田机械制造文摘 (Р. Ж. 43. Горное и нефтепромысловое машиностроение) 1964 年创刊(系由《机械制造文摘》中分出),名为《矿山机械文摘》,1970 年改现名。月刊。单卷本。有主题索引(年索引)和专利号索引(半年索引)。

冶金文摘(Р. Ж. Металлургия) 1956 年创刊。月刊。综合本,并有 7 个分册本。年索引有主题索引和著者索引。

腐蚀和防腐文摘(Р. Ж. 66. Коррозия н зашита от коррозия) 1953—1967 年是《化学文摘》的一部分,1968 年起成为独立文摘。月刊。单卷本。期索引有主题索引;年索引有主题索引、专利号索引和著者索引。

机械制造工艺文摘(Р. Ж. Технология машиностроения) 1956 年创刊,原名《机械制造文摘》,1963 年起用现名。月刊。综合本,并有 5 个分册本。年索引有主题索引和著者索引。

焊接文摘(Р. Ж. 63. Сварка) 1956—1966 年是《冶金文摘》的一部分,1967 年起成为独立文摘。月刊。单卷本。有主题索引(年索引)、著者索引(年索引)和专利号索引(半年索引)。

机械制造业的技术进步和生产组织问题文摘(Р. Ж. 35.

Вопросы технического прогресса и органиэации произвоцства в машинсстроении) 1963 年创刊(系由《机械制造文摘》中分出)。月刊。单卷本。有主题索引(年索引)和专利号索引(半年索引)。

机械制造材料、机械零件设计与计算、液压传动装置文摘(P. Ж. 48. Машиностройтельные материалы, конструкпияи расчет цеталей машин, гидропривод) 1956—1962 年是《机械制造文摘》的一部分,1963 年起成为独立文摘,1964 年起改用现名。月刊。单卷本。年索引有主题索引。

泵、压缩机和冷冻机械造文摘(P. Ж. 61. Насосостроение, компрессоростроение и холодильное машиностроение) 1962 年创刊(系由《机械制造文摘》中分出),曾用《压缩机和冷冻技术》、《泵和压缩机》、《化工和冷冻机械制造》等名称出版,1970 年起改用现名。月刊。单卷本。有主题索引(年索引)和专利号索引(半年索引)。

公用事业、生活和商业用的设备文摘(P. Ж. 33. Коммунальное, бытовое и торговое оборудоване) 1962 年创刊(系由《机械制造文摘》中分出)。月刊。单卷本。有主题索引(年索引)和专利号索引(半年索引)。

精密机械、光学和试验设备文摘(P. Ж. 40. Точная механика, оптика и испытателъная апаратура) 1962 年创刊(系由《机械制造文摘》中分出)。月刊。单卷本。年索引有主题索引和著者索引。1964 年停刊。

热力学文摘(P. Ж. Теплознергетика) 1963 年创刊。月刊。综合本,并有 5 个分册本。年索引有主题索引和著者索引。该文摘的全部内容在《电工学和动力学文摘》中都有。

锅炉制造文摘(P. Ж. 42. Котлостроение) 1962 年创刊(系由《机械制造文摘》中分出)。月刊。单卷本。有主题索引(年索引)、著者索引(年索引)和专利号索引(半年索引)。

涡轮制造文摘（Р. Ж. 49. Турбостроение） 1962 创刊（系由《机械制造文摘》中分出）。月刊。单卷本。有主题索引（年索引）和专利号索引（半年索引）。

内燃机文摘（Р. Ж. 39. Двитателъ внутренного сгорания）1956—1961 年是《机械制造文摘》的一部分，1962 年起成为独立文摘。月刊。单卷本。有主题索引（年索引）和专利号索引（半年索引）。

核反应堆文摘（Р. Ж. 50. Ядерные реакторы） 1963 年创刊。月刊。单卷本。年索引有主题索引。

电工学和动力学文摘（Р. Ж. Электротехника и знергетика）1956—1960 年是《电工文摘》的一部分，1961 年起成为独立文摘。月刊。综合本，并有 7 个分册本。有主题索引（年索引）、著者索引（年索引）和专利号索引（半年索引）。

电子学及其应用文摘（Р. Ж. Электроника и её применение）1956—1960 年是《电工文摘》的一部分，1961—1962 年是《自动装置和无线电电子学文摘》的一部分，1963 年起成为独立文摘。月刊。综合本，并有 2 个分册本。有主题索引（年索引）、著者索引（年索引）和专利号索引（半年索引）。

无线电技术文摘（Р. Ж. Радиотехника） 1956—1960 年是《电工文摘》的一部分，1961—1962 年是《自动装置和无线电电子学文摘》的一部分，1963—1966 年是《无线电技术与电讯文摘》的一部分，1967 年起成为独立文摘。月刊。综合本，并有 6 个分册本。有主题索引（年索引）、著者索引（年索引）和专利号索引（半年索引）。

电讯文摘（Р. Ж. 64. Электросвясь） 1956—1960 年是《电工文摘》的一部分，1961—1962 年是《自动装置和无线电电子学文摘》的一部分，1963—1966 年是《无线电技术与电讯文摘》的一部分，1967 年起成为独立文摘。月刊。单卷本。有主题索引（年索引)、著者索引(年索引)和专利号索引(半年索引)。

控制论文摘(Р. Ж. Кибернетика)　1964 年创刊(系由《数学文摘》中分出)。月刊。综合本,并有 2 个分册本。1979 年改为第 81 分册。有主题索引(年索引)、专利号索引(半年索引)和著者索引(期索引和年索引)。

自动装置、遥控装置和计算技术文摘(Р. Ж. Автоматика, телемеханика и вычислптельная техника)　1956—1960 年是《电工文摘》的一部分,1961—1962 年是《自动装置和无线电电子学文摘》的一部分,1963 年起成为独立文摘。月刊。综合本,并有 2 个分册。有主题索引(年索引)、著者索引(年索引)和专利号索引(半年索引)。

化工、石油加工和聚合物机械制造文摘(Р. Ж. 47. Химическое, нефтеперерабатываышее и полимерное машиностроение)　1962 年创刊,名为《化工机械制造文摘》,同年并入《机械制造文摘》,1963 年又分出成为《化工和冷冻机械制造文摘》,1972 年起改用现名。月刊。单卷本。有主题索引(年索引)和专利号索引(半年索引)

轻工业文摘(Р. Ж. Легкая промышленность)　1956—1961 年是《机械制造文摘》的一部分,1962 年起成为独立文摘。月刊。综合本,并有 3 个分册本。年索引有主题索引和著者索引。

食品工业设备文摘(Р. Ж. 38. Оборудование пишевой промышленности)　1956—1959 年是《机械制造文摘》的一部分,1960 年起成为独立文摘,曾用《食品工业的机器与工具、商业和包装设备文摘》、《食品和香料工业文摘》、《食品工业机械制造文摘》等名称出版,1964 年起改用现名。月刊。单卷本。年索引有主题索引。

纸浆造纸和印刷生产的工艺和设备文摘(Р. Ж. 37. Технология и оборудованец иелюлозно－бумажного и полигрофического производства） 1962 年创刊（系由《机械制造文摘》中分出），名为《印刷生产的工艺和设备文摘》，1963 年改用现名。月刊。单卷本。年索引有主题索引。

建筑和筑路机械文摘（Р. Ж. 60. Строительные и дорожные машины） 1956—1961 年是《机械制造文摘》的一部分，1962 年起成为独立文摘，名为《矿山、建筑和筑路机械制造文摘》，1964 年改用现名。月刊。单卷本。有主题索引（年索引）和专利号索引（半年索引）。

各 种 运 输 的 相 互 作 用 和 集 装 箱 运 输 文 摘（Р. Ж. 31. Взаимодействие разныхвидов транспорта и контейне рные перевозки） 1962 年创刊。月刊。单卷本。有主题索引（年索引）、著者索引（年索引）和专利号索引（半年索引）。

工业运输文摘（Р. Ж. Промышленный транспорт） 1956—1960 年是《机械制造文摘》的一部分，1961 年是《运输文摘》的一部分，1962 年起成为独立文摘。月刊。综合本，并有三个分册本。年索引有主题索引和著者索引。

管道运输文摘（Р. Ж. 45. Трубопорводный транспорт） 1961 年之前是《机械制造文摘》的一部分，1961 年是《运输文摘》的一部分，1962 年起成为独立文摘。月刊。单卷本。有主题索引（年索引）和专利号索引（半年索引）。

铁 路 运 输 文 摘（Р. Ж. Железнодорожный транспорт） 1956—1960 年是《机械制造文摘》的一部分，1961 年是《运输文摘》的一部分，1962 年起成为独立文摘。综合本，并有 5 个分册本。年索引有主题索引和著者索引，在 Б 分册中有专利号索引（半年索引）。

公路运输文摘（Р. Ж. Автомобильные и гороги） 1963 年创刊（系由《运输文摘》中分出）。月刊。综合本，并有 3 个分册本。年索引有主题索引和著者索引。

汽车和城市运输文摘（Р. Ж. Автомобильный и городской транспорт） 1956—1960 年是《机械制造文摘》的一部分,1961 年是《运输文摘》的一部分,1962 年起成为独立文摘。月刊。综合本,有 3 个分册本。有主题索引(年索引)、著者索引(年索引)和专利号索引(半年索引)。

水路运输文摘（Р. Ж. Водный транспорт） 1956—1960 年是《机械制造文摘》的一部分,1961 年是《运输文摘》的一部分,1962 年起成为独立文摘。月刊。综合本,有 3 个分册本。有主题索引(年索引)、著者索引(年索引)和专利索引(半年索引)。

空中运输文摘（Р. Ж. Воздушный транспорт） 1956—1960 年是《机械制造文摘》的一部分,1961 年是《运输文摘》的一部分,1962 年起成为独立文摘。月刊。综合本,有 4 个分册本。年索引有主题索引和著者索引。

航空和火箭发动机文摘（Р. Ж. 34. Авиапионные и ракетные пвигатели） 1962 年创刊(系由《机械制造文摘》中分出)。月刊。单卷本。年索引有主题索引。

火箭制造文摘（Р. Ж. 41. Ракетостроение） 1962 年之前是《机械制造文摘》的一部分,1962 年成为独立文摘,名为《火箭技术与宇宙航行装置文摘》,1963 年改用现名。月刊。单卷本。有主题索引(年索引)和专利号索引(半年索引)。

宇宙空间研究文摘（Р. Ж. 62. Исследованце космического пространства） 1963 年之前是《天文学和测地学文摘》的一部分,1963 年是《天文学文摘》的一部分,1964 年起成为独立文摘。月刊。单卷本。期索引有著者索引;年索引有主题索引和著者索引。

情报学文摘（Р. Ж. 59. Информатика） 1963 年创刊,名为《科技情报文摘》,1970 年改用现名。月刊。单卷本。期索引有著者索引,年索引有主题索引和著者索引。此文摘还有英文版。

第八章 科技报告、政府出版物及其检索方法

第一节 科技报告是一种重要的情报来源

科技报告是科研工作成果的正式成果报告,或是课题研究进展情况的实际记录。国外科技报告,名称繁多,按其文献来源或生产过程之不同,大体有下列类型:

1. 报告书(Report,简称 R),是比较正式的文件;

2. 札记(Notes,简称 N),即研究进程中的临时性记录或小结,往往是编写报告书的素材;

3. 论文(Papers,简称 P),一般是打算在会议上或刊物上发表的报告,先用单篇形式发表;

4. 备忘录(Memorandum,简称 M),一般只供同一专业或同一机构中少数人沟通情况之用,其参考价值较高;

5. 通报(Bulletin),一般是对外公布的、内容成熟的摘要性文献。

报告还有各种具体名称:预备报告(Preliminary Report);现状报告(States Report);竣工报告(Completion);进展报告(Evolution Report);中间报告(Interim Report);总结报告(Final Report);专题报告(Topical Report)等等。

科技报告主要是在第二次世界大战期间及战后迅速发展起来

的,并逐渐成为传播科技情报的重要工具。在整个一次文献中,它的增长率远比期刊为高。在作为科技情报主要来源方面,它现在已经成为期刊论文的一个劲敌。科技报告的一个特点,是它反映的新的科学技术成果比较快。据一般估计,它比期刊大约要快一年左右。也就是说,有的研究成果往往以科技报告的形式出版了大概一年以后才在期刊上发表,有的甚至根本不在期刊上发表,这就更增加了科技报告的重要性。由于保密性和内容的高度专门化,因此一般都采取单行本形式出版。科技报告的生产者,从政府机构、学术团体到私营公司,编著单位比较复杂。科技报告都编有专门的代号。

科技报告的内容比较具体。大致可分为基础理论研究和生产技术两大类。就密级而言,分保密、解密及公开三种。科技报告代表一个国家或专业的科技发展水平,具有借鉴作用。

全世界每年生产的科技报告数量很大,由于它不是正式出版物,加之保密的原因,所以没有一个精确的统计。据估计,全世界每年出版的科技报告高达 73 万件以上,而公开发表的就有 20 万件左右,约占世界文献总量的20%以上。其中,美国占 83.5%,英国占5%,法国和西德各占 1.5%。科技报告的种数也相当惊人,单是中国科学院图书馆收藏的就有 200 种左右(如 AD 报告仅算一种)。

美国政府的科技报告,主要有四种:1. 政府部门的 PB 报告,内容侧重于民用工程技术方面;2. 军事系统的 AD 报告,内容侧重于军用工程技术方面;3. 原子能委员会的 AEC 报告(已于 1974 年撤消),以及其后的能源研究与发展署的 ERDA 报告和能源部的 DOE 报告,内容侧重于原子能及其它能源研究方面;4. 国家航宇局的 NASA 报告,内容侧重于航空和宇航方面。这四种报告,每种都包括数 10 万篇报告。本章主要介绍这四大套报告及其检索方法。

第二节 PB、AD 报告的检索

一、PB 报告概况

PB 是美国 Publication Board（出版局）的缩写。第二次世界大战结束时，美国伙同英、法等国从当时的战败国德、日、奥、意等国掠夺了数以千吨计的秘密科技资料。其中有学术报告、期刊论文、专利文献、标准资料、工程图纸等。1946 年，美国成立出版局，负责整理、公布这批资料。美国出版局对经过整理公布的每件资料，都依次编有顺序号，在号码前统一冠以"PB"字样。因此称为 PB 报告。

1946 年 7 月，该出版局改组为美国商务部技术服务局（Office of Technical Services—OTS）继续进行出版局的工作。1965 年 1 月起，新成立的美国联邦科学技术情报交换中心（Clearinghouse for Scientific and Technical Information—CFSTI）接替了 OTS 的工作。1970 年 9 月，这个交换中心又改组为美国商务部国家技术情报服务局（National Technical Information Services—NTIS ）。一直到目前为止，NTIS 是美国政府科技报告的收集、处理、检索和发行中心。尽管主管机构更替频繁，但 PB 报告的名称及编号却一直沿用到现在。

大体上说，四十年代的 PB 报告（100,000 号以前）主要是从战败搞来的资料；五十年代开始（100,000 号以后），PB 报告则是美国政府科研机构、军事科研单位和情报部门、公司企业和承包单位、高等院校和实验室、研究所以及部分国外科研机构的科技情报的汇集。

PB 报告就其内容来说，除少量非技术性文献（如行政管理等）外，绝大部分属于科学技术的各个领域，包括基础理论、生产

314

技术、工艺材料、尖端科学技术探讨等方面。近几年来,PB 报告的主要内容侧重于民用工程技术方面,如土木建筑、城市规划、环境污染、生物医学等。而航空、电子、原子能、军械等方面的文献已经减少。就文献形式来说,PB 报告有专题研究报告(包括初期报告、进展报告、中期报告、总结报告等)、学术论文、专利说明书(专利权属美国政府的)、标准资料、手册、专题文献目录等。

在 1970—1975 年期间,每年发表的 PB 报告约有 8 千件左右。1979 年达 14,008 件。据统计,自 1946 年至 1978 年这三十三年中,公开发表的 PB 报告总数已达 30 万件以上。

从 1980 年起,使用了新的编号系统,即"PB + 年代 + 号码"。

二、AD 报告概况

AD 是 ASTIA Document 的缩写。ASTIA 是 Armed Services Technical Information Agency(美国武装部队技术情报局)的简称。AD 报告即为这个情报局出版的文献。该局成立于 1951 年,凡美国国防部所属研究所及其合同户的技术报告,均由 ASTIA 统一整理,编入 AD 报告,在国防部规定的范围内发行。有一部分不保密的报告,交给 OTS(1970 年改组为 NTIS——国家技术服务局)公开发行。最初 OTS 对这部分 AD 报告再加编一个 PB 号公布,因此 AD 与 PB 的号码有些是交叉的。后来就直接用 AD 号公布,不再加编 PB 号。其分水岭是 AD254980 号。1963 年 3 月,ASTIA 改组为国防科学技术情报文献中心(Defense Documentation Center for Scientific and Technical Information—DDC) , 1981 年易名为"国防技术情报中心"(DTIC),但 AD 报告的名称及编号仍继续沿用。

AD 报告的来源单位共有一万多个,其中主要的有二千多个。它们是陆、海、空三军的科研单位、公司企业、大专院校、外国科研机构以及国际组织等。另外还有一些译自苏联和其它国家的文献。

AD 报告的密级,目前分为:①机密(Secret);②秘密(Confidential）;③非密限制发行（Restricted 或 Limited）;④非密公开发行（Unclassified）。DDC 收藏的 AD 报告,不包括绝密资料。在上述各密级资料中,第一、二类约占 16%,第三类约占 39%,第四类约占 45%。

AD 报告自 1953 年开始编目以来,据称至 1982 年已有 130 多万篇。它的编号系统与报告本身的密级有直接的关系。除五十年代初期 AD 报告采取大流水号的顺序编号以外,从 1958 年开始,一定号码范围内的 AD 编号,代表了一定的密级和类型的报告,现将这一方面的情况列表如下:

AD 号范围	报告密级	启用日期	备注
AD—00001—163403	保密、内部、公开	1953.3	不分密级、混合编号
AD—163500—165117	公开		
AD—175000—183121	（未通报）		IAC 专门使用
AD—190000—196582	（未通报）		IAC 专门使用
AD—200000—299999	内部、公开	1958.1.	
AD—300000—399999	保密	1958.1.	
AD—400000—499999	内部、公开	1963.7.	
AD—500000—597190	保密	1969.5.	
AD—600000—787897	公开	1964.7.	
AD—800000—896884	内部、公开	1966.11.	
AD—900000—923991	内部、公开	1972.8.	
AD—A000001—999999	公开	1975.1	
AD—B000001—999999	内部、公开	1975.1	
AD—C000001—999999	保密	1975.1	
AD—D000001—099999	专利申请案	1975.1	
AD—E100000—599999	（未通报）		IAC 专门使用
AD—E000001—599999			SBIE 试验
AD—E600000—699999	（未通报）		IAC 专门使用

注:①IAC——美国国防情报分析中心

316

②SBIE——共享书目输入试验

③AD 编号是一个永久使用的号码。保密报告降密解密后或解除限
　制发行后,其编号不变。

1983 年,增设了一个 AD—P 系列的编号。这是指部分多篇
文献的汇编本或会议录所含的单篇文献。而汇编本或会议录本身
则另有 AD—A 编号,并在其下有 AD—P 的参见号。这种编号制
度,从编号上把文献汇编本、会议录同其所含的单篇文献区分开
来,有利于资料管理与订购工作。

三、PB、AD 报告的检索工具

系统检索美国 PB、AD 报告的主要工具是美国《政府报告通
报》(Government Reports Announcements,简称 GRA)和《政府报告
索引》(Government Reports Index,简称 GRI)。前者是文摘卷,后
者是辅助索引卷,实际上是一种检索工具的两个部分,是相互配合
使用的。它们由美国商务部国家技术情报服务局(National Tech-
nical Information Service,简称 NTIS)编辑,皆为半月刊。《通报》及
《索引》于 1975 年 4 月第 7 期开始合订在一起,其名称改为《政府
报告通报及索引》(Government Reports Announcement & Index,简
称 GRA&I)。

美国国家技术情报服务局是美国政府的研究与发展报告的文
献中心。它汇集、整理美国政府及其各个机构、合同户所编写的科
技报告,以及由美国政府组织翻译的若干用外文写成的报告。现
在每年公布的报告达六万件之多。NTIS 也是报告的出版发行中
心。《政府报告通报》和《政府报告索引》正是为通报及检索这些
新公布的报告而编制的。

《政府报告通报》、《政府报告索引》曾有过多次更名:1946 年
1 月—1949 年 6 月(第 1—11 卷)刊名为《科学与工业技术报告书
目提要》(Bibliography of Scientific and Industrial Reports);1949 年

7月—1954年9月(第12卷—第22卷第3期)刊名为《技术报告书目提要》(Bibliography of Technical Reports);1954年10月—1964年12月(第22卷第4期—第39卷第24期)刊名为《美国政府研究报告》(U. S. Government Research Reports);1965年1月—1971年3月(第40卷—第71卷第5期)刊名为《美国政府研究与发展报告》(U. S. Government Research and Development Reports)(其中1966年为第41卷,从1967年开始跃为第67卷,跃过第42—66卷编号的目的是为了便于使卷号与年代一致);1971年3月至现在(第71卷第6期—)改名为《政府报告通报》和《政府报告索引》。随着刊名的变更,其编制体例(包括类目及辅助索引)均有所变化。为了回溯检索PB、AD报告,需要了解其相应年代的刊名及特点。大体来说,在1961年7月5日(第36卷第1期)以前,它主要刊载PB报告摘要,当然也包括与PB报告交叉的报告书。从1961年7月5日以后,发表AD报告摘要的《技术文摘公报》(Technical Abstracts Bulletin,简称TAB)并入该刊。这时,它的内容包括二项:①技术文摘公报——报导AD报告;②非军事性及旧的军事报告——主要报导PB报告。但本讲义着重介绍它当前的《通报》和《索引》的情况。

《政府报告通报》自1965年7月起,采用美国科学技术情报委员会(COSATI)规定的新分类表。共分22个大类(Fields),按类目名称的英文字顺排列。大类的类号是1、2、3、4……2,小类的类号为A、B、C、D……。

因此《政府报告通报》中所用的类号,是数字与字母混合的符号。如"6D"就是"生物科学和医学科学"大类中的一个小类"仿生学"的类号。GRA的分类表见附录一。

《政府报告通报》的著录格式如下:

1. AERONAUTICS①

1A. Aerodynamics. ②

AD/A—000014③   PC＄7.25/MF＄2.25④

Federal Aviation Administration Washington DC

Flight Standards Service⑤

CONCORDE LANDING REQUIREMENT EVALU –

ATION TESTS⑥

Final rept⑦

Leslie R. Merritt. ⑧Aug74, ⑨218p⑩Rept no. FAA –

FS – 160 – 74 – 2⑪

Descriptors：＊Supersonic transports，＊Aircraft

landings，Flight paths，Approach. Glide slope，

Braking，Skiding，Friction. ⑫

Identifiers：Concorde aircraft，L – 1011 aircraft，

Boeing 737 aircraft. ⑬

Test of……⑭

---

1. 航空

1A. 空气动力学

AD/A – 000014   印刷版 7.25 美元/缩微版 2.25 美元

联邦航空管理局华盛顿特区飞行标准处

协和号着陆必要条件的评价试验

最后报告

莱斯利 R. 梅里特   1974 年 8 月,218 页,报告号 FAA –

FS – 160 – 74 – 2

叙词：＊超声运输,＊飞机着陆,飞行跑道,引道,滑道坡

度,制动器,打滑,摩擦

专有词:协和号飞机,L－1011 飞机,波音 737 飞机

(摘要)……

说明:

①大类类号和类名。

②小类类号和类名。

③AD 报告号(即登记号)。从 1973 年第 19 期起,陆续在报告号后加上斜线及数字与大写字母。如 AD－787987/8GA,PB－237232/4GA 等等。这是为便于订购所加的辅助号码。

④价格。PC＝paper copy(印刷版),MF＝Microfilm(缩微版)。从 1979 年 1 月起,开始使用价格代码,不再标美元数,其字样如:"PCA16/MFA01"等。

⑤团体著者。

⑥报告篇名。

⑦报告种类。

⑧个人著者。

⑨编号年月。

⑩页数。

⑪提出报告单位的报告号码。

⑫叙词。其中有星号的表示在主题索引中的这个叙词之下,可以找到该篇文献;它可分为组配叙词与非组配叙词二种。在 GRA 中,前者用括号括起,后者不用括号。而在 GRI 中,则无此区别。

⑬专有词。所谓专有词是有特指意义的名词,它原则上是规范化主题词以外的其它概念,以补充规范化主题词的不足。经过一定时期,专有词也可能转化为叙词。

⑭内容提要。

320

《政府报告通报》后面附有"报告地址一览表"（Report Locate List），按报告名称及号码排列，并指明每件报告的分类号。借助这个一览表，在已知报告号码的情况下，可以很快找到此件报告在本册通报中的类号。例如，AD/A－000014 这件报告，在这个一览表中可很快查到它的分类号是 01A（即 lA），从而在 1A 这一类目下找到这件报告的著录和摘要。

与《通报》配合使用的是《政府报告索引》（以下简称《索引》）。《通报》与《索引》是同一种检索工具的两个部分。《索引》共包括五部分，即：

1. 团体著者索引：将同期《通报》中的 AD、PB 报告及其它文献，按来源单位名称的字顺排列。同一单位的文献再按来源机构文献编号、代号、标题、类别排列。

2. 主题索引：将同期《通报》中的文献按主题表中的叙词（Descriptors）顺序排列，叙词后面又按配词排列，并列出文献的标题、报告号和类别。

3. 个人著者索引：将同期《通报》中的文献按著者姓名的字顺排列，并列出文献标题、报告号及类别。

4. 合同号/受理号索引：将同期《通报》中的文献按合同号顺序排列，合同号后面列出参加合同的单位或资助单位名称及有关文献的报告号码。

5. 报告号/登记号索引：将同期《通报》中文献按报告号或登记号顺序排列，并列出文献的出版形式、售价、标题、类别等。

《索引》与《通报》配合使用时，一定要注意两者的年、卷、期必须相同。

《索引》有年度累积本，用法与单期索引相同。

PB、AD 报告检索方法示意图

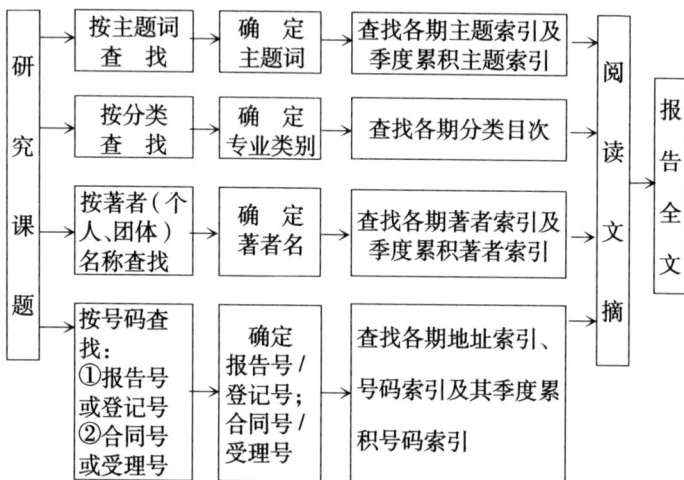

图 8—1

四、PB、AD 报告检索示例

现以 AD – A059243 这件报告为例,分别可从个人著者姓名、团体著者名称、登记号、合同号、主题词等多种途径查到。现列表如下:

PERSONAL AUTHOR INDEX:

Kanji ono

Temperature Dependence of Acoustic Emission

in an Austenitic Stainless Steel.

AD–A059243/6GI   11F

CORPORATE AUTHOR INDEX:

California Univ Los Angeles Dept of Materials

TR–78–04

Temperature Dependence of Acoustic Emission

in a Austenitic Stainless Steel.

AD–A059243/6GI   11F

AD–A059243/6GI   PC A02/MF A01

California Univ Los Angeles Dep of Materials

Temperature Dependence of Acoustic Emission

in an Austenitic Stainless Steel.

Technical rept.,

Kanji ono and H. Hatano

Sep 78, 14p Rept no. TR–78–04

Contract N00014–75–C–0419

Prepared in cooperation with Tokyo. Inst. of

Tech. (Japan)

ACCESION NUMBER INDEX:

AD–A059243/6GI

Temperature Dependence of Acoustic Emission

in an Austenitic Stainless Steel.

AD–A059243/6GI   11F

```
TR-78-04
Temperature Dependence of Acoustic Emission
in an Austtenitic Stainless Steel.
AD-A059243/6GI                                    11F
```

```
CONTRACT NUMBER INDEX：
N00014-75-C-0419
California Univ Los Angeles Dept of Materials
AD-A059243/6GI                                    11F
```

```
SUBJECT INDEX:
Stainless Steel
Temperature Dependence of Acoustic Emission
in an Austenitic Stainless Steel.
AD-A059243/6GI                                    11F
```

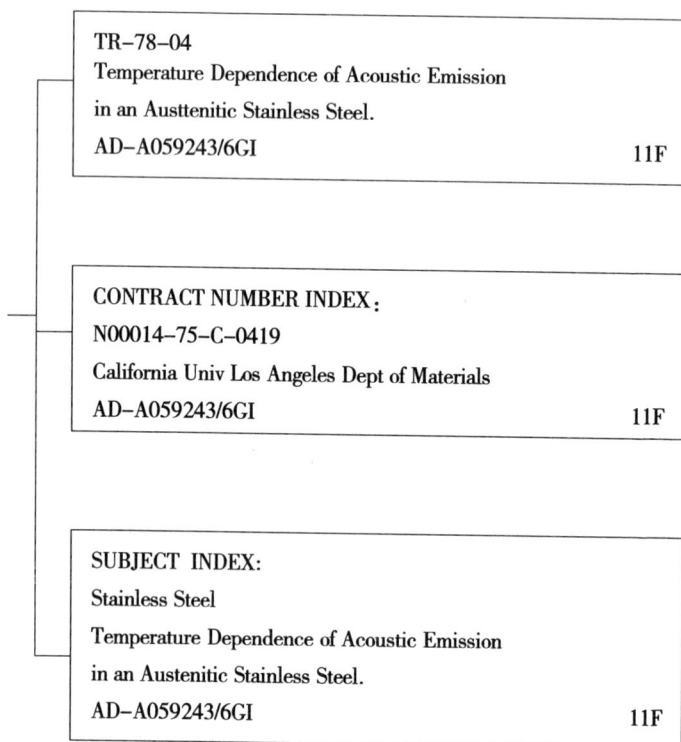

五、《美国政府研究报告通报》〈中文〉简介

　　1977 年我国科技情报检索刊物协作会议决定,中国人民解放军 89920 部队、中国科学院图书馆、上海科技情报所、国家海洋局情报所、北京 201 所及中国科技情报所等九个单位,从 1978 年 1 月起共同编译出版《美国政府研究报告通报》。由于篇名译成中文,给读者带来了方便。并且它所收录的,是我国已收藏的报告,可以向国内有关单位索取或复印。但此《通报》无文摘,并且缺乏充分的索引。

第三节　NASA 报告的检索

美国国家航空与宇宙航行局（National Aeronautics and Space Administration——NASA）是 1958 年 10 月建立的，它的前身是美国国家航空咨询委员会（National Advisory Committee for Aeronautics——NACA），建立于 1915 年。

NASA 及其前身 NACA 拥有大量的研究机构，在工作过程中产生了大量的技术报告。

与 NACA、NASA 相适应，报告也分为二个阶段，即：1. NACA 报告；2. NASA 报告。

一、NACA 报告概况

截止 1958 年 10 月 NACA 被改组为 NASA 前，NACA 报告共出版发行一万多篇。报告的类型有：

1. 技术报告——NACA Reports，公开发行，报告内容比较完整，共有 1,390 篇；

2. 技术札记——NACA Technical Notes，简称 NACA—TN，公开发行，出版快，数量大，大多报导一些新技术，但内容不太完整，共有 4,400 多篇；

3. 研究备忘录——NACA Research Memorandum，简称 NACA—RM，属内部或保密性出版物，内容大多涉及尖端技术方面，以后逐渐解密，公开发行，约有 2,000 多篇；

4. 技术备忘录——NACA Technical Memorandum，简称 NACA—TM，是国外有参考价值的文献的译文，共有 1,400 多篇；

5. 战时报告——NACA Wartime Reports，简称 NACA—WR，是第二次世界大战期间出版的交流科研成果的保密报告，共约2,100

篇,战后已陆续解密。

此外,NACA—IR 表示初步报告,NACA—PR 表示进展报告,NACA—FR 表示总结报告。

NACA 报告中的公开和已解密的部分,我国均已有收藏。

二、NASA 报告概况

NASA 建立后,由于科研活动增多,因此 NASA 报告比起 NACA 报告来,数量增加得很快。

NASA 报告的来源主要是美国国家宇航局的各研究中心、试验室、承包合同的公司企业和大学资助单位。如阿姆斯(Ames)研究中心、飞行研究中心、蓝利研究中心、刘易斯研究中心、迪尼空间中心、马歇尔宇宙飞行中心等。NASA 报告的主要内容是:空气动力学、发动机及飞行器结构、材料、试验设备、飞行器的制导及测量仪器等。

NASA 报告也用报告前的词头来区别其报告的性质,分为:

1. 技术报告(Technical Reports,简称 NASA—TR—R),公开出版,内容完整,是科学价值较高的文献。

2. 技术札记(Technical Notes,简称 NASA—TN—D),与技术报告类似,但范围较窄。出版数量大。

3. 技术备忘录(Technical Memorandum,简称 NASA—TM—X),内部使用、限制发行。刊载原始资料或供专业应用的报告,或较重要的保密文献、会议文献等。这些文献过一段时间才公开发行。其报告编号分两种,50,000 以内的叫"低号组",是印刷本;50,000以上的叫"高号组",是静电复制本。

4. 合同户报告(Contractor Reports,简称 NASA—CR),是由NASA 主管的合同项目、津贴项目或几个政府机构协作项目所产生的报告。编号分三种,印刷本的是"低号"报告,从"CR—1"开始,静电复制本一种是从 50,000 号开始,另一种是从 10 万号开始。

5. 技术译文（Technical Translations，简称 NASA—TT—F），是译自苏联等国的资料。编号有二种：8,000 号以内为"低号"，是印刷本；8,000 号以上是静电复制本。

6. 特种出版物（Special Publications，简称 NASA—SP），包括会议录、专题论文、数据汇编、原始资料集、专题目录以及在 NASA 的活动中产生的资料和对 NASA 活动有价值的资料。在特种出版物中比较定型的报告有以下几种：

NASA—SP—5,000 系列	技术应用出版物
NASA—SP—7,000 系列	连续专题书目
NASA—SP—8,000 系列	宇宙飞行器设计规范资料

SP 的编号，中间空号较多。

7. 专利说明书和专利申请案（Case），包括 NASA 拥有专利权的专利说明书和 NASA 向美国专利局申请的专利申请书。

8. NASA 技术简讯（NASA Technical Briefs），后来与美国原子能委员会（AEC）合办，改名为《AEC/NASA 技术简讯》，主要报导研究动态、新产品、新材料、新设备等。这是一些零散的资料。

除《技术简讯》外，NASA 的零散资料尚有《技术利用报告》（Technology Utilization Reports）、《技术综论》（Technical Surveys）和教学用出版物（Educational Publications）等。

1963—1978 年期间，公开报道的具有"N－"字码流水编号的各种 NASA 报告，总数已超过 44 万件。但实际出售的 NASA 本身编号的研究报告，总数还只有 10 万余件。这是由于具有"N－"字码流水编号的 NASA 报告中还包括了大量 AD 报告、少量 PB 报告以及相当数量的会议资料、国外科技报告与期刊文献、学位论文与专利资料等在内的缘故。

三、NACA、NASA 报告的检索工具

检索 1915—1958 年 NACA 出版的公开报告和解密报告,可使用下列两种检索工具:

1.《NACA 技术出版物索引》(Index of NACA Technical Publications),此索引第一本包括的年代是 1915—1949 年,以后陆续有所补充。利用此索引可以掌握 NACA 技术文献总的情况。

2.《NACA 研究资料文摘》(NACA Research Abstracts)。

检索 1958—1962 年 NASA 出版的公开报告,可使用下列两种检索工具:

1.《NASA 技术出版物索引》(Index of NASA Technical Publications);

2.《技术文献报道》(Technical Publications Announcements,简称 T. P. A.),这实际上是《NACA 研究资料文摘》的改名。

检索 1963 年以后的 NASA 报告,则可使用《宇宙航行科技报告》(或译为《科技航天报告》)。

《宇宙航行科技报告》(Scientific and Technical Aerospace Reports,简称 STAR),美国国家航空与宇宙航行局编辑出版,1963 年创刊,半月刊。其前身是《技术文献通报》(Technical Publications Announcements)。STAR 是报道当前世界航空、空间及辅助学科与工艺学方面科技报告的文摘兼索引杂志。它主要报导:

①NASA 及其合同户所编写的科技报告、NASA 的专利和专利申请说明书;

②美国和其它国家政府机构、大学、工业和独立研究机构编写的科技报告;

③NASA 及其合同户的科技人员在科技期刊上发表的文章;

④其它相应的学位论文。

STAR 是查找 1963 年以后 NASA 和其它重要的航空科学研究

机构所发表的科技报告的重要检索工具。

STAR 分文摘和索引两个部分。它对每篇文献的著录格式如下：

N75—10142①1 ＊② ＊③Jet Propulsion Lab. , Calif. Inst.
　　of
Tech. ,Pasadena. ④
TRAJECTORY SELECTION FOR THE MARINER
JUPITER／SATURN 1977 PROJECT⑤
James S. Dyer and Ralph F. Miles Jr. ⑥15 Oct.
1974⑦49p. refs⑨
（Contract NAS7—100）⑩
（NASA—CR—140704, JPL—TM—33—706）⑪Avail：
NTIS⑫HC ＄3. 75⑬CSCL 22C⑭
　　The use of decision analysis to……⑮

N75—10142＊#喷气推进实验室,加利福尼亚技术研究所
1977 年发射木星／土星水手号轨道的选择
詹姆斯 S. 戴尔,拉尔夫 F. 小迈尔斯　1974 年 10 月 15 日
49 页
有参考文献
（合同号 NAS7—100）
（NASA—CR—140704；JPL—TM—33—706）出售处：
国家技术情报服务局价格:3. 75 美元　联邦科技情报委员会
分类号:22C
　　（摘要）………………

---

　　① NASA 馆藏登录号。这里所说的登录号,是 NASA 文献馆

的馆藏登录号。该文献馆除收藏 NASA 报告外,还收藏世界各国的有关文献。所有入藏文献(包括 NASA 报告与非 NASA 报告等),一律用"N"开头统一编顺序号。NASA—CR—112125 这篇报告,其登录号是 N73—10250。在 STAR 中各条文摘是按登录号排列的。因此,在已知 NASA 报告编号的情况下,必须查阅"报告号索引",查出该篇报告的登录号,才能找到该篇报告在 STAR 中的著录和摘要。

②＊号表示本文献是由 NASA 及合同户、津贴单位所产生的技术报告,或者是由 NASA 与其他政府机构共同产生的技术报告,以及由 NASA 选择发表的其它文献。

③#号表示该文献能出售缩微胶片,也出售复制本。另外,＋号表示该文献只售复制本,不出售缩微胶片。无#号、＋号者表示该文献不能复制,出售问题必须询问文献的出版单位。

④文献的来源单位名称。

⑤文献题目。

⑥著者。

⑦出版年、月、日。

⑧页数。

⑨参考文献。

⑩合同号。

⑪报告号。

⑫出售单位。

⑬价格。

⑭联邦科学技术情报委员会分类号。

⑮内容摘要。

STAR 对专利说明书、专利申请书、会议录及会议录各篇文献的著录稍有不同。除共同性项目外,还著录:专利号或专利申请号、会议举行地址、各篇文献在会议录上的页码、总会议录的

330

NASA 馆藏号,等等。

1975 年开始,文摘分 11 大主题组 75 小主题组(包括在 01—99 内),分别按字顺排列。现将 11 大主题组及部分小主题组抄录如下:

AERONAUTICS	航空学
01　Aeronautics(General)	航空学(总论)
02　Aerodynamics	空气动力学
03　Air Transportation and safety	航空运输和安全
04　Aircraft communications and navigation	飞机通讯和导航
05　………………	
ASTRONAUTICS	航天学
CHEMISTRY AND MATERIALS	化学和材料
ENGINEERING	工程
GEOSCIENCES	地球科学
LIFE SCIENCES	生命科学
MATHEMATICAL AND COMPU – TER SCIENCES	数学和计算机科学
PHYSICS	物理学
SOCIAL SCIENCES	社会科学
SPACE SCIENCES	空间科学
GENERAL	其他

在 1975 年之前,文摘分 34 大类,按大类名称字顺排列。

STAR 的索引部分有主题索引(Subject Index)、个人著者索引(Personal Author Index)、团体来源索引(Corporate Source Index)、合同号索引(Contract Number Index)及报告号索引(Report Number Index)。每半年和每年都出累积本。

现将这几种索引的编排格式图解如下:

主题索引：

ABRASIVES←主题标目

⟶ Abrasive wear resistance of chromium

alloys with additions of carbide forming

elements

内容 　AD—724985　　01 p0066　　　N72—10451

提示 　　　↑　　　　　　↑　　　　　　　　↑

　　　　报告号　　　期号和起始页码　NASA 的馆藏登录号

个人著者索引：

AAMODT,R. E.　　　06 p0808　　　　N72—15671

　　↑　　　　　　　　↑　　　　　　　　↑

　著者姓名　　　　期号和起始页码　　NASA 的馆藏登录号

团体来源索引：

AAI Corp., COCKEYSVILLE, MD. ← 公司来源

⟶Low altitude airdrop system investigation emplacing

inflation-aided recovery parachutes for extraction

文献 　AD—735375　　12 P1554　　　　N72—21013

　　　　　↑　　　　　　↑　　　　　　　　↑

篇名　报告号　　期号和起始页码　　NASA 的馆藏登录号

合同号索引：

NAS7—100　　　01 p0009　　　　　N72—10052

　　↑　　　　　　　↑　　　　　　　　↑

　合同号　　　期号和起始页码　　NASA 的馆藏登录号

报告号索引:

NASA—CR—61364　01 p0054　　　　N72—10372　　★
　　↑　　　　　　↑　　　　　　↑　　　　　↑
　报告号　　　期号和起始页码　　NASA 的馆藏登录号│
　　　　　　　　　　　　　　　　　　　NASA 文献的记号

第四节　AEC/ERDA/DOE 报告的检索

一、AEC 报告的沿革

美国在 1946 年 8 月建立了原子能委员会（Atomic Energy Commission—AEC）。该委员会所属的技术情报中心（Technical Information Center—TIC）负责记录、复制及发行 AEC 研究计划实施中产生的各种资料。为此将上述资料加以整理编目，形成核能出版物库存，从而形成了美国原子能委员会报告（AEC Reports）。AEC 报告大部分是美国原子能委员会所属单位及合同户编写的报告，也有一部分是国外原子能文献。AEC 报告虽然是原子能方面的，但由于原子能应用很广，涉及到各门学科，因此这套报告的内容，从理到工，从交通运输到钢铁、发电、医药，无所不包。

AEC 报告包括非保密的、解密的以及有密级的三部分，其中公开发表的约占 35%，也由国家技术情报服务局负责发行。

美国原子能委员会已于 1974 年 10 月撤消。1975 年 1 月改建成美国能源研究与发展署（Energy Research and Development Administration，简称 ERDA），其工作范围除原子能之外，广泛扩展至各种能源。原"AEC 报告"的报道出版工作于 1976 年 6 月 30 日宣告结束,而为"ERDA 报告"所取代。1977 年 10 月 1 日,能源研究与发展署又改组扩大为美国能源部(U. S. Department of Energy,简称 DOE),但原有能源研究报告的编码体系保持不变,仍称"ERDA 报告"。直至 1978 年 7 月起,才较多地出现具有"DOE"字码的能源研究报告。ERDA/DOE 报告的内容重点仍在原子能方面,因此它们可以说是 AEC 报告的继续。

AEC/ERDA/DOE 报告不像 AD、PB、NASA 报告那样有统一的编号,而是由各研究机构名称的缩写字母加数字号码构成。例如:LA—5730—MS 是洛斯阿拉莫斯科学实验所编写的一份报告;ORNL—TM—4700 是橡树岭国立实验所编写的一份报告。这种编号制度,带来了 AEC 报告识别上的困难。要判断某一份报告是否属于 AEC 报告,可查 1972 年 10 月再版的 TID—85(10th. Rev.),此书列出了 AEC 报告所用的各种代号。

现列出 AEC/ERDA/DOC 报告的一些重要编号,供参考。

1. 来自美国能源总部的报告。它的编号都冠以 DOE 字样。如:

DOE/AD,	AD 代表业务管理局
DOE/CR,	CR 代表检察官
DOE/CS,	CS 代表能源保存与太阳能
DOE/DP,	DP 代表国防规划
DOE/EIA,	EIA 代表能源情报局
DOE/ER,	ER 代表能源研究
DOE/ERA,	ERA 代表经济管理局
DOE/EV,	EV 代表环境
DOE/FE,	FE 代表化石能
DOE/IR,	IR 代表用户业务办公室
DOE/NE,	NE 代表核能
DOE/PE,	PE 代表政策与估价

DOE/RA,	RA 代表资源应用
DOE/US,	US 代表副部长办公室
DOE/EDP,	EDP 代表环境发展计划
DOE/EIS,	EIS 代表环境影响报告书
DOE/tr,	tr 代表翻译文献
DOE/EA,	EA 代表环境评价

2. 能源部总部出版的合同户报告,采用"能源部/合同户"的编号形式,如:DOE/JPL, JPL 代表加州大学理工学院喷气推进研究室。

3. 能源部有 8 个管理处,各处均有自己的编号:

ALO—	阿尔布凯克管理处
COO—	芝加哥管理处
IDD—	爱达荷管理处
NVO—	内华达管理处
ORO—	橡树岭管理处
RLO—	里奇兰管理处
SRO—	萨凡纳河管理处
San Francisco Operations Office	旧金山管理处

4. 能源部所属 18 个大型实验室,其编号为:

ANL—	阿尔贡国立实验室
BNL—	布鲁克海文国立实验室
LA—	洛斯阿拉莫斯科学实验室
UCRL—	劳伦斯利弗莫尔实验室
ORNL—	橡树岭国立实验室
SAND—	圣地亚国立实验室
WAPD—	贝蒂斯原子动力实验室
IS—	阿默斯实验室
FNAL—	费米加速器实验室

HEDL—	汉福特工程发展实验室
LTR—	爱达荷国立工程实验室
KAPL—	诺尔斯原子动力实验室
LBL—	劳伦斯伯克利实验室
MLM—	蒙德实验室
PNL—	巴台尔西北太平洋实验室
PPPL—	普林斯顿大学高离子体物理实验室
SLAC—	斯坦福感性加速器中心
SRO—	萨凡纳河实验室

5. 美国能源情报机构及其编号：

DOE/EIA	能源部情报局
DOE/TIC	技术情报中心
CONF—	同上
NP—	同上
CAPE—	同上

据估计,1946—1976 年 6 月这近三十年间,AEC 报告累计总数可达 50 万件左右。若按公开发表的 35% 计,则已发表的非保密及解密的 AEC 报告在 17 万件以上。

从美国能源研究与发展署以至美国能源部成立以来,1976—1977 年期间,估计每年报道出版的 ERDA 报告,平均约 2 万件左右。

二、有关的检索工具

《核子科学文摘》(Nuclear Science Abstracts,简称 NSA)是美国全面摘录国际核子科学文献的文摘,也是 AEC 报告的主要检索工具,由 AEC 的技术情报中心出版,政府印刷局文献总管理处发行。

NSA 于 1948 年 7 月创刊,每年一卷,1973 年起改为一年两卷,第1—3卷为月刊,第4卷起改为半月刊。该文摘的前身为《解密文献文摘》,1947年7月创刊,只出了二卷。现在AEC的技术情报中心(TIC)从十个订有双边协议的国家(加、澳、丹、芬、法、日、挪、瑞典、英、西德)收到该国文献的文摘。NSA目前包括:1. AEC及其合同户的非保密与解密报告;2.各国政府机构、大学、工业与研究机构的科技报告;3. 2,000余种期刊的论文、会议录、专利、图书、学位论文、专论、丛刊、译文等。内容包括核科学与工程,文摘报道时差一般为一个半月,其报导量目前累积总条数已达60万条以上。

　　NSA每期按下列大类排列:

Chemistry	化学
Controlled Thermonuclear Research	受控热核研究
Engineering	工程
Environmental and Earth Sciences	环境与地球科学
Instrumentation	仪器仪表
Isotope and Radiation Source Technology	同位素与辐射源工艺学
Life Sciences	生命科学
Materials	材料
Nuclear Materials and Waste Management	核材料与废物管理
Particle Accelerators	粒子加速器
Physics(Astrophysics and Cosmology)	物理(天体物理和宇宙学)
Physics(Atmospheric)	物理(大气物理)
Physics(Atomic and Mole –	物理(原子和分子物理)

cular)

Physics(High – Energy)	物理(高能物理)
Physics(Low – Temperature)	物理(低温物理)
Physics(Nuclear)	物理(核物理)
Physics(Radiation and Shielding)	物理(放射和屏蔽)
Physics(Theoretical)	物理(理论物理)
Reactor Technology and Regulation	反应堆工艺与规定
General and Miscel – laneous	一般及杂项

大类下分小类。每条文摘编有文摘号。从第 13 卷起,文摘号后附报告号。从 1959 年起,每期附机构、作者、主题和报告号四种索引(并说明供应情况)。除每期索引外,还有年度索引和多卷累积索引。

现将这四种索引的著录事项举例说明:

1. 机构索引(Corporate lndex):是将所有报告按其负责出版的机构名称来标引。对公开出版的文献(如论文集、会议录)也标引在最合适的机构名称之下。在机构名称标目之下列出篇名、NSA的卷号和文摘号,并在括号内列出报告号。如:

ARGONNE NATIONAL. LAB. ,ILL.(USA)

 Accelerator improvement,31:1309(ANL—8096)

 Atomic Spectroscopy,31:1593 (ANL—8096)

 Photoelectron and photoion Spectroscopy of
  molecules.

  31:2652(CONF—740726—1)

阿尔贡国立实验所,依利诺斯州(美国)

　　加速器改进,31:1309(ANL—8096)

　　原子光谱学,31: 1593 (ANL—8096)

　　分子的光电子和光离子光谱学,31:2652 (CONF—
　　740726—1)

通过机构索引,可以很快掌握各研究机构新出的报告情况。

2. 个人作者索引(Personal Author Jndex):本索引在著者姓名
下列出篇名、NSA 卷号和文摘号。其检索方法简单,不作详述。

3. 主题索引(Subject Index):NSA 从 1973 年 7 月 15 日起,采
用国际核子情报系统叙词表来编制主题索引。其格式为:

主题叙词/限定词

　　文献篇名(补充说明语),NSA 卷号、文摘号(报告号)

RADIOACTIVE WASTE DISPOSAL/MARINE
　　　　　　　　　DISPOSAL

　　Handling of radioactive. waste (Netherlands),
　　31:180

放射性废物处置/海上处置

　　放射性废物处理(荷兰),31:180

叙词一般是专门材料、事物或过程的名称。限定词则是说明
叙词的性质或它所应用的方面,使整个标目更为明确,更便于检
索,起到如同副标题的作用。如:

　　核电站/数据

　　核电站/燃料循环

核电站/检验

核电站/在线控制系统

核电站/辐射危险

核电站/辐射监测

核电站/放射性废物

核电站/反应堆防护系统

在文献篇名不明确时,加补充说明语。

4. 报告号索引(Report Number Index),本索引不仅包括报告,而且包括编有号码的会议论文、会议录、译文和专利。每个号码之后列出文摘号,并简述其公开发行情况、价格及与期刊的交叉情况。其著录格式如下:

A D—754784   29—356   NTIS
     ↑   ↑   ↑
   报告号   文摘号   表示由 NTIS 出售
           NAS 卷号   此份报告

凡是非 AEC 报告的号码,其后注明"non - AEC";凡 AEC 报告与非 AEC 报告都用的号码,其后注明"MiSc."(杂项),国外报告则注明国别。索引中凡注明"CONF"者为会议论文,CONF—650101 表示此会议于 1965 年 1 月 1 日举行,代表一份完整的已出版的会议录。若收到的只是单篇论文,则采用 CONF—650101—1,CONF—650101—2……的表示法。若在单篇论文之后又收到出版的会议录,也作文摘,其文摘号在索引中出现在 CONF 号码之后。

在多卷度累积的报告号索引中,还附有报告代号简称与全称对照表,这是值得注意的一个工具。

AEC 报告的其它检索工具有:

1.《政府报告通报》,已在本章第二节第三小节介绍。该刊主要报导 AD、PB 报告,也报导 AEC 报告。

2.《美国政府出版物目录月报》(Monthly Catalogue of U. S. Government Publications)。由文献总管理处编辑出版,凡在 GPO 印刷的 AEC 报告均在该目录中刊载。

3.《AEC 研究报告价格表》(AEC Research Reports Price List), OTS 于每年 1 月、8 月各出一期,分类排列。凡 OTS 所能供应的 AEC 报告印刷本全部列出无遗。

4.《AEC 报告报导通报—民用非保密报告》(Report Announcement Bulletins, Unclassified Reports for Civilian Applications), 此刊物本身纳入 AEC 报告 TID—1901—1910, 1956 年 1 月开始出版,共 10 期,系不定期刊物,报告一经解密,即行报导,无摘要,按分类排,由橡树岭技术情报处出版。

AEC 报告的查找方法与 AD、PB 报告相似,不作详述。

作为《核子科学文摘》继承者的《能源研究文摘》(Energy Research Abstracts,简称 ERA),是由美国能源部技术情报中心编辑的,半月刊(第一卷名为《ERDA Energy Research Abstracts》,月刊,从第二卷第 20 期开始,刊名中除去 ERDA 字样)。这个文摘收录该部及其所属机构(实验室、能源中心及合同户)的解密和非密研究报告以及期刊论文、会议文献、专利、学位论文、专著等。此外,也收录美国政府其它机构的与能源有关的资料和一定数量的外国原子能方面的文献。

ERA 的文摘部分按 38 个大类排列。每大类之下再接二级类目细分。有的类目有三级类目。但类目无类号。ERA 的 38 个大类是:

煤与煤产品;石油;天然气;油页岩与焦油沙;聚变燃料;同位素与放射源技术;氢;其它合成与天然燃料;水力能;太阳能;地热能;潮汐能;风能;电力工程;核电厂;核反应技术;能量存贮;能计划与政策;能量转换;能量保持、消耗与使用;先进发动推进系统;

材料;化学;工程;工程(续);粒子加速器;仪器仪表;爆炸与炸药;环境科学——大气;环境科学——大地;环境科学——水域;环境——能技术的社会问题;生物医学——基础研究;生物医学——应用研究;保健与安全;地球科学;物理研究;物理研究(续);聚变能;总论与杂项。

ERA 有团体著者索引、著者索引、主题索引、合同号索引、报告号索引等。其结构形式与检索方法与《核子科学文摘》基本相同。

ERA 对团体著者的名称进行了标准化,编有"能源部情报数据库:团体著者款目"(DOE Energy Information Data Base：Corporate Author Entries)。此件的编号为 TID—4585。

在著者索引中,由于机器编索引的需要,凡著者姓名中的重音符号一律删去。重音符号删去后的拼写方面的改变,也按通常的习惯为准。

综上所述,国外的科技报告都有其主要的检索工具。但它们除被反映在主要的文摘索引中之外,也还部分地被反映在其它的文摘索引中。为了检索的方便,现将国外主要科技报告及其在文摘索引中的反映情况列表如图 8—2。

被摘录在 ＼ 报告	AD	PB	NASA (NACA)	AEC/ ERDA/ DOE	RAND	其它国家的原子能报告
美国《政府报告通报》及《政府报告索引》	所有解密报告	全部	某些	某些	多数	某些
《核子科学文摘》《能源研究文摘》	有关部分	有关部分	有关部分	全部	有关部分	全部

342

（续表）

报告 被摘录在	AD	PB	NASA (NACA)	AEC/ ERDA/ DOE	RAND	其它国家的原子能报告
《航宇科技报告文摘》	有关部分	有关部分	全部	有关部分	有关部分	有关部分
《国际宇航文摘》	某些	少量	少量			
《兰德文摘》* （兰德索引）	由兰德公司来源的部分	由兰德公司来源的部分	由兰德公司来源的部分	由兰德公司来源的部分	全部	

图 8—2

*注:兰德(Rand)公司是美国以私人企业面目出现实则是半官方的美国高级情报机构,接受美国国防部、国务院和其它部门的委托,从事情报研究工作,较有声望。兰德公司的报告均有编号。其编号一般采取系列编号,即前辍字母＋数字＋后缀字母。前辍字母表示报告的性质,如 R(报告),P(论文),RM(备忘录),D(文件)等。后缀字母表示主持此项研究报告的机构。据估计,兰德报告大半与 AD 报告重复,即同一报告,既编有 Rand 报告号,又编有 AD 报告号。

第五节　其它报告的检索

一、英国的科技报告

英国的科技报告种类繁多,比较系统并有连续编号的报告要数英国原子能管理局(UKAEA)的报告。凡由该局搜集、整理和报道的有关原子能的报告,均称为 UKAEA 报告。其解密报告反映在《英国原子能管理局公开出版物目录》(United Kingdom Atomic Energy Authority List of Publications)上。这套报告有自己的编号。原子能管理局研究组唯一的研究机构哈威尔研究所采用的文献编号,1959 年前为 AEREC/R,1959 年以后为 AERE－R(接流水号),"C"表示化学部,"R"表示报告。检索英国科技报告的工具有:1.《英国原子能管理局公开出版物目录》(UKAEA, List of Publications Available to the Public),英国原子能研究组织(BAERE)编印,1955 年 12 月创刊,月刊。自 1957 年 3 月起每年出一次累积本。2.《英国政府出版物分类目录,第 63 号:原子能》(Government Publications,Sectional List No. 63—Atomic Energy)。3.《英国研究与发展文摘》(R&DA bstracts),技术研究中心出版,半月刊。

二、日本的科技报告

日本当前的科技报告主要出自以下几类研究单位:1. 国立、公立研究机构,如科学技术厅航空宇宙技术研究所出有《航空宇宙技术研究所资料》和《航空宇宙技术研究所报告》。2. 公共企业研究机构,如日本原子力研究所(JAERI)出有《日本原子力研究所报告》。3.大学附属研究所,如东京大学原子核研究所(INS)出有《INS 报告》。4. 其它研究机构,如超高压电力研究所出有《研究报告书》。5 民间研究所出版的报告,如三菱重工业株式会社发行的《三菱技术通报》(Mitsubishi Technical Bulletin)等。

检索日本科技报告的工具主要有:1.《日本核子科学情报摘要》(Nuclear Science Information of Japan),日本原子力研究所(JAERI)编印,1970 年创刊,双月刊。2.《电技术实验室报告摘要》(Summeries of Reports of the Electrotechnical Laboratory) ,国际贸易与工业部工业科技组织编印,年刊。

三、苏联的科技报告

到目前为止,苏联还没有类似美国四大套科技报告那样的系统出版物,这可能是出于保密的需要。但苏联的许多科研设计部门和大专院校不定期地连续出版一些"著作集"(ТРУДЫ)和《学术札记》(Учёные Записка)之类的图书资料,其中有一大部分是公开的科技报告。

此外,其它国家也发行一些科技报告,如《西德航空研究报告》(DVR),《瑞典国家航空研究报告》(FFA),《加拿大原子能公司报告》(AECL),《法国原子能委员会报告》(CEA)等等。

除上面列举的检索工具之外,要检索世界其它国家,尤其是厂矿企业出版的报告,大体可以利用下列资料与途径:

1. 在阅读文献时,留意参考文献中有无技术报告。因为有些机构虽然出技术报告,但只供内部使用,很少或根本不对外公布,只偶尔在文献的参考文献中可发现一些线索。

2. 从各种出版物或期刊目录中发现线索,如美国 Xerox 出版的 Irregular Serials Annual;日本的 Directory of Japanese Scientific Periodicals;加拿大的 Canada Serials Directory;澳大利亚的 Current Australia Serials 等都包括这类性质的出版物。

3. 在介绍科研机构或组织及其活动的参考工具书中发现其出版的技术报告。这类参考书有比利时的 Yearbook of International Organizations;英国出版的 World of Learnings;日本出版的团体名誉等。

4. 从图书馆和一些单位出版的入藏目录中发现线索。在这类目录中往往可以发现在其它地方发现不了的线索,原因是所有的资料(除非是本单位的密件)到达图书馆后,都作为入藏资料报道出去,不存在保密与否的界线。属于这一类的目录有:美国国会图书馆出版的 New Serials Tiles。它包括该馆和美国、加拿大等上百个主要图书馆近期入藏的资料,从中可以发现一些线索,包括技术报告之类的出版物。

5. 英国外借图书馆(现为不列颠图书馆外借部)出版的 NLL Announcement Bulletin(1971—月刊),也是可利用的参考工具之一。其中包括英国出版的技术报告,同时也有英国政府、工业和学术研究机构出版的外国文献的译文,英国各大学的学位论文,该馆新收藏的美国和其它国家的技术报告。

6. R&D Abstracts——由英国 Technology Research Center Kent 出版,半月刊。它包括英国和其它国家技术报告的文摘,共分 22 类,可资查找技术报告时参考。

此外各国政府出版的政府出版物目录,也可供检索和了解之用。例如《外国报刊目录》的 900 类。通过某一单位出版的年报,可了解他们是否出版技术报告或其它出版物。

第六节　科技报告的代号

在检索科技报告时,经常遇到的一个问题,是报告代号问题。各种科技报告,一般都有代号。科技报告之所以采取编号的办法,是因为:1. 采用编号简单扼要,一个号码即代表一篇文献,它起到"简略标题"的作用;2. 利用各种代号,可以把保密文献列入参考文献目录而不致泄密;3. 根据各种代号,可以鉴别文献来源、主题分类、出版日期及供应部门等。但是各种科技报告的代号始终没有统一的标准和制度,而是自行其是,各搞一套。有些代号的组成相当复杂。同时,有的同一个报告有许多编号,如收藏或发行机构号、编写机构号、合同号、研究项目号以及任务号,等等。因此在检索科技报告时,读者往往面临五花八门的代号而不易识别,难免产生混乱、含糊和误解,影响检索的准确性。

科技报告的代号大致有如下几种意义：

1. 报告的出版、发行机构代号。这是报告号最主要的一个组成部分。每个代号可以代表该机构的全名，也可以代表该机构下设的一个（分支）部门，一般用该机构的简称。例如，美国麻省理工学院——MIT，美国巴台尔纪念研究所——BMI，美国政府出版局——PB，美国武装部队技术情报所——ASTIA，等等。

2. 主题分类代号。例如"P"代表物理学，"H"代表"卫生保健"。也有用数字来代表主题分类的。

3. 报告书出版形式的代号。如 TM——技术备忘录；TN——技术札记；RM——研究备忘录；TP——技术论文；PR——进展报告；TT——技术译文；QPR——季度进展报告；PROC、CONF——会议录，等等。

但也有用数字来表示的，如 AEC 报告：

TID —3000	各种文献目录
TID—4000	该处新入藏的书目通报，该处编辑的非技术性报告
TID—5000	研究与发展报告
TID—7000	特殊出版物
7000—7499	手册、调查报告等
7500—7999	科技会议、讨论会等文件汇编
TID—8000	丛书、工业用原子能丛书
TID—10000	根据"民用计划"所公布的各种研究报告

4. 文献编写日期或出版、发行日期代号。基本上用数字作代号，一般用年代来表示。如 AECRL—62—460，其 62 即为 1962 年。

5. 文献密级代号。一般是："U"代表非保密文献；"R"代表控制发行份数的文献；"C"代表保密文献；"S"代表机密文献；"ARR"代表高级控制报告；"CB"代表保密通报，等等。

6. 文献的具体识别号。通常用顺序号表示。一般是构成整个文献编号的最后一个组成部分。

上述各种编号组成部分的结构形式也是多种多样的,次序先后也没有一定的规律。字母与号码可以连着,也可以中间用空格、括号、斜线或其他标点符号分隔开。

报告的编号制度,是不断变化的。例如由于机构改组、变动而更改代号;原文献出版单位为了某种原因(简化,便于检索)而更改其文献代号,等等。这就更增加了代号的复杂性。

解决科技报告代号问题的工具书,主要是美国专业图书馆协会(SLA)所出版的《报告书代号辞典》(Dictionary of Reports Series Codes),它搜集了 3,992 个机构所采用的 12,500 个代码。利用它可以从代号查全称,也可以从全称查代号。虽不够完整,但可资参考。

另外,在某些文摘索引中也附有代号的简称与全称对照表。例如上一节提到的《核子科学文摘》多卷度的报告号索引中所附的"Report Number Codes Used by the Division of Technical Information Extension in Cataloging Reports"。由于《报告书代号辞典》出版年代较老,所以这一类的工具就显得比较重要。

第七节 美国政府出版物的检索

政府出版物是指各国政府部门出版的文件,内容广泛,大致可分为行政性文献(如法令、统计等)和科技性文献两种。科技性文献在整个政府出版物中约占百分之三、四十。它按出版物的类型可以分为章程、法令、文件、调查材料、法庭审判记录、工作报告、统计资料、图表、报告等。它们在未列入政府出版物之前,往往已被所在单位出版过。因此政府出版物常与其它文献(如科技报告等)有重复,但也有一部分是未曾发表过的。

美国政府出版物(Government Publication,简称 GP),是美国联邦政府及其直属机构的出版物。其中大部分是公开出版的,但也有一小部分仅有少量原本复制品,也有一部分仅限于内部使用,一般不向外提供复制品。美国政府出版物极为庞杂,内容几乎涉及社会科学和自然科学的所有各个方面。范围上包括一般性文章直至技术论文,形式上包括小册子直至多卷集。值得我们注意的是其中的科技资料,约占全部 GP 的 40%。

GP 包括 AEC、NASA 等部门的文献,还有国家科学院、国家标准局、国防部、科学基金会、国家卫生研究所、史密逊研究所、海军研究局、工程兵团、地质调查所、气象局、垦业局、农业部等机构的文献。此外还包括大量翻译其他国家的科技文献。GP 每年公布的科技文献达四、五千篇。在 GP 内不但可以找到一部分 PB、AD、AEC、NASA 报告,而且还可以找到其它科技报告。某些专利文献、会议录等,有时也可在 GP 中找到。

美国政府在科技方面的主要研究项目大致如下:

1. 宇宙航行;

2. 原子能与辐射;

3. 军事科学;

4. 天气预报;

5. 公共卫生问题;

6. 农业中需加强研究的重大生物学问题;

7. 社会科学方面的问题。

这只是在进行中的一些主要研究项目。若把所有二级机构进行的研究工作一一列出,可能比这些项目还要多一些。所有这些研究项目已有或将要产生许多科技文献,从而形成美国政府出版物中科技资料的主要来源。

根据中美有关文化协定,从 1980 年起,美国国会图书馆已将美国政府出版物(即《目录月报》中加有星号标记的)寄送北京图书馆收藏。每年约万余种。我国科技人员可以方便地利用这一情报源。

GP 的主要检索工具是《美国政府出版物目录月报》(Monthly Catalogue of U. S. Government Publications, 以下简称《目录月报》), 系由美国政府印刷局"文献总管理处"出版, 是一种书目性月刊。按月报道美国政府各部门的出版物。这个目录从 1895 年 1 月起发行, 当时名为 Catalogue of Publication Issued by Government of United States, 之后又数度易名。1951 年改为现名。

《目录月报》的前半部是目录正文, 先按出版文献的机构名称字顺排列。在每个机构下, 将其出版的文献按非成套出版物和成套出版物的名称字顺排列, 成套出版物再按其本身序号排列。同时, 对每篇文献都编有一个年度流水号, 也就是 GP 号(如 PG—70—3177)。流水号每年从 1 开始一直排到年底(大约 18000 到 20000 号), 第二年又从 1 开始。因此, 年代非常重要, 没有年代则无从查找。但从 1973 年开始已改为总流水号, 不再每年从 1 开始了。例如 1972 年最后一号为 15460, 1973 年的第一号是 15461。

《目录月报》的著录格式如下:

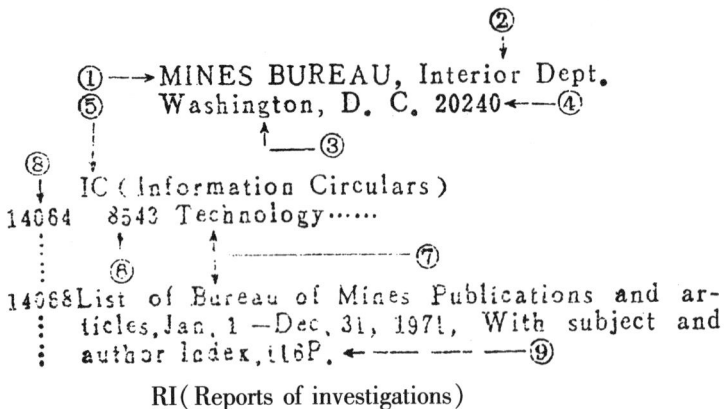

$$
\begin{aligned}
&②\\
&↓\\
①\longrightarrow &\text{MINES BUREAU, Interior Dept.}\\
⑤\quad &\text{Washington, D. C. 20240}\longleftarrow④\\
&\qquad↑\_\_\_③
\end{aligned}
$$

⑧
↓ IC (Information Circulars)
14064　8543 Technology……
　　　　↑　　　　↑_____⑦
　　　⑥　　　↓
14068 List of Bureau of Mines Publications and articles, Jan. 1 —Dec. 31, 1971, With subject and author index, 116P. ←__ __ __⑨

RI (Reports of investigations)

14070　　　7600 Enthalpies and entropies above 298.15°K
for copper sulfate and copper oxysulfate 1972.

上例说明：①出版文献的机构名称；②该机构的上级机构；③该机构所在地；④该机构所属邮递区代号；⑤该机构出版的文献系列（即成套出版物的名称，如上例中 IC 是情报通报；RI 是调查报告）；⑥该机构自编的文献号或报告号；⑦文献或报告的篇名及其他著录事项；⑧GP 流水号；⑨在各条文献著录的后面，常常会看到一个小黑圆点，表示这篇文献是送交"储存图书馆"（Depository Libraries，美国政府指定收藏 GP 的图书馆）收藏的。对这种文献，称为"特藏文献"或"呈缴本"。凡不带小黑圆点的文献称为"非特藏文献"。在《目录月报》的文献著录中，除了这个小黑圆点之外，还有以下一些符号：

　　*　　文献总管理处出售。

　　φ　　国家技术情报服务处（National Technical Information Service）出售（1974 年 3 月以前）。

　　§　　同上，1975 年 3 月以后使用这个符号。1974 年 4 月—1975 年 3 月用@符号。

　　+　　由发行局分配。如未标定价，则可能没有现货。

　　d‡　　只供官方使用（不发行）（1973 年 3 月前）。

　　#　　表示该出版物不公开供应（1974 年 3 月以后）。

1976 年 7 月起，新版《目录周报》已将这些订购符号全部取消。

《目录月报》的后半部是索引，把主题、个人著者、团体著者（即机构名称）按字母顺序混合排列在一起。

当我们不知道 GP 号而要找某一学科内容的文献时，可以从两个角度去找。一是根据机构名称，一是从主题去找。例如，要找地质方面的文献，则可以先找到"地质勘测局"（Geological Survey）或"矿务局"（Mines Bureau，该机构在其他场合叫法不同，例如在科技报告或期刊等处叫 Bureau of Mines），然后在该机构下可以找到很多与地质有关的文献。另外，根据"地质学"（Geology）这个主题也同样可以找到有关的资料。因此，掌握大量的机构名称或主题词，对利用 GP 是很有帮助的。

检索开始时，在不知道有哪些机构与检索课题有关的情况下，首先可从主题入手，查出一批文献，从而掌握其有关的出版机构。

《目录月报》与《政府报告通报》的关系和重复问题：

《目录月报》报道的全是政府出版物，凡是非政府机构的出版物在《目录月报》中是找不到的。《目录月报》的侧重点是在"政府机构"上。它的另外一个侧重点是"出版物"而不是"报告"。它的内容比较广泛（包括科技报告、期刊、会议录等等）。《政府报告通报》所报道的也是政府出版物，但其侧重点在"报告"上，它主要报道出版物的一个类型——报告。所以，要查找科技报告主要以利用《通报》为主。但在《目录月报》中也包括了一小部分科技报告，因此，可把它作为查找科技报告的一种辅助工具。虽然在《目录月报》中也报道了 PB、AD、AEC 和 NASA 报告，但与《通报》中所报道的报告，重复的并不多。因此，凡在《通报》中查不到的科技报告也应该在《目录月报》中再查一下。《目录月报》的另一个特点是报道文献的速度比《通报》快。

第八节　其它国家政府出版物的检索

一般来说，世界各国都有政府出版物，但有的国家编有专门的政府出版物目录，有的国家则没有专门的目录，只是作为"国家书目"或"贩卖目录"的一部分来报道的。对于这些没有专门目录的国家，要查找其政府出版物，只能借助于国家书目、贩卖目录或者国家图书馆的藏书目录来进行检索。

现将一部分国家的政府出版物检索工具开列如下：

英国：Daily list of government publiations.

  Government publication monthly list.

  Government publications（Annual）.

  Sectional lists.

加拿大：Canadian Government Publications Monthly Catalogue.

  Canadian Government Publications（Annual）.

  Daily Checklist of Government Publication.

法国：Bibliographie de la France, Supplement F：Publications Officielles.

  Bibliographie Selective des Publications Officielles Francaises.

苏联：Книжная Летолись.

  Ежегодник Книги СССР.

东德：Deutsche Nationalbibliographie Gesamtyerzeichnis des in Deutschland erscheinenen Schrifttums und deutschen Sprachigen Schriften des Auslands.

  Reihe A：Neuerscheinuugen des Buchhandels.

  Reihe B：Neuerscheinuugen ausserhalb des Buchhandels.

西德：

1.《西德政府出版物每月目录》（ Montliches Verzeichnis der reichsdeutschen Amtlichen Druekschriften ），1928 年创刊到 1944 年停刊。

2.《德意志全国书目》（ Deutsche Bibliographie），从 1947 年创刊，刊登 1945—1956 年的政府出版物。

3.《德意志联邦共和国政府出版物》（German Federal Republic：Official Publications 1949—1957）

4.《德意志书目：政府出版物目录》（Deutsche Bibliographie.

Verzeichnis. Amtliche Druckschriften）

5.《联邦统计局出版物》(Verzeichnis der Veroffentlichungen
  des statistischen Bundesamtes）

日本:官厅刊行物总合目录(年刊,国立国会图书馆编,
     1945—1958〔l—8 卷〕);

     全日本出版物总目录(官公厅编)(年刊,国立国会图书
     馆编,1948 年创刊);

     纳本周报(官公厅编)(周刊,国立国会图书馆编,1959
     年创刊);

     政府刊行物目录(月刊,政府刊行物普及协会编,1957
     年创刊)。

目前,我国收藏国外科技报告的主要单位是国防科工委情报
资料研究所和中国科学院图书馆。国防科工委情报资料研究所收
藏美国国防技术情报中心的全套公开发行的 AD 报告缩微平片和
部分书本型资料;全套公开发行的 NASA 报告缩微平片和部分书
本型资料;1966 年以来的《国际航天文摘》(IAA)所报道的全套
缩微平片资料等。中国科学院图书馆收藏 PB 报告较为齐全。

第九章　会议文献及其检索方法

第一节　科技会议在情报交流方面的作用

目前,科技会议成为科学技术交流的一条重要渠道。各个国家的学会、协会、有关主管部门以及国际学术组织经常召开科学技术会议。在这些会议上,科技工作者面对面地互相讨论和交流科技研究中的新成果和新进展,提出新的研究课题;许多学科中的最新发现,有很大一部分是利用科技会议作首次公布的;会上提出的论文,有许多不在其它出版物上发表,即使发表,也需要经过一段较长的时间;有些会议,对某一专业问题作出统一的规定或取得统一的理解。随着科学技术的发展,科技会议日趋增多。据估计目前全世界每年召开的科技重要会议在四千个以上,也有的估计为一万个左右。近年来会议次数大幅度增加的原因是:全世界研究与发展活动速度增大;新情报的产生与积聚速度增大;国际合作的增多;会议作为一种交流手段,比印刷介质迅速直接;作为情报传递的印刷介质已经饱和与不够敏捷。科技会议活动已成为科学交流的既定惯例,已成为了解世界科技发展水平和取得科技情报的一个重要来源。

科技会议的类型很多,有所谓"大会"、"学术讨论会"、"学术报告会"、"专家小组会"、"委员会会议"等等。综合起来,大体可分为下列三个等级:

1.国际会议。这是由国际组织或若干国家共同召开的会议。

国际会议又有"世界"（World）和"国际"（International）的区别。世界各大地区（洲）都有代表参加的会议，才能称"世界"会议。"国际"会议是指由某个国际组织或两个以上国家联合召开的会议。有时一个国家召开的会议，只要有一定数量的外国专家或代表参加，也称为"国际"会议。

2. 全国会议。大多数由全国性的专业学会、协会或几个单位联合召开。

3. 基层会议。这是由实验所、科研机构、高等院校、公司企业、政府部门、军事机构等召开的专业科技会议。这类会议规模较小，但专业性强。有许多基层会议事先不对外公布会议日期，事后也不出版会议录。较难收集的会议文献，大多属于这一类。

就报道科技成果的时间而言，基层会议先于全国性会议，全国性会议先于国际会议。就科技内容的成熟性、可靠性和概括性而言，则次序正与此相反。

此外，也有不少名似科技会议但并无实际科技内容的会议，例如各国科技学会、协会和国际学术组织的年会、例会中，有一些是行政性会议，并无科技专业内容。但是，从这些会议所制定和通过的研究计划等文献中，也可掌握某些重大的科技政策和动向。

第二节　会议文献出版概况

随着科技会议的召开，产生了大量的会议文献。仅国际会议录，现在全世界每年就要出版一千种以上。连同其它各种会议录，总数则在一万种以上。如果以论文篇数来计算，会议文献的数量是相当可观的。

会议文献的出版形式大致有如下几种：

1. 会前出版物（Premeeting Publication）

（1）预印本（Preprint 或 Preprint Advanced Conference Paper,简称 Paper）,它往往在会前三周至五个月内预印出版,分发给会议参加者,同时也对外出售。它的出版比会后正式整理出版的会议录要早一至三年,而且有的会议不再出版会议录,预印本便成为会议的唯一资料。但是,有的论文经会议讨论,作者进行了修改、补充和更正,这时预印本便与会后正式出版的会议录在内容上有所出入,就不及后者那样完备和准确了。

预印本通常是一文一册,而且编有连续号码。少数学会还将预印本按期连续出版,也有整个会议录都出预印本的。

（2）会议论文摘要（Advance Abstracts）,这也是一种会前出版物。一般情况是出了预印本就不再出论文摘要（有时也在会刊上发表这类文摘）,或出了文摘就不再出预印本或会议录。

各个国家出版的预印本不尽相同。日本一般只预印其论文的摘要,而不是全文,会后也很少出版会议录,一般只是有选择地在期刊上发表。在美国,除出版论文摘要外,有相当一部分学、协会创办了固定的期刊,专门发表会议论文的预印本。美国化学会的燃料化学、石油化学、聚合物化学等专业组,航空与宇航学会、美国化学工程师学会、美国润滑工程师学会、美国机械工程师学会、美国电气电子工程师学会、美国汽车工程师学会、美国制造工程师学会等等学、协会都出版有大量的会议文献预印本。

2. 会后出版物（Postmeeting Publication）

会议录（Proceedings）是会后将论文及其讨论内容整理汇编而成的资料。会后文献一般对外公开发行,但出版时间比会前出版物迟一至三年。会议录的出版形式大体可分为连续出版物形式、单行本图书形式以及编入科技报告的形式三种。

（1）连续出版物形式有:①载于召开会议的学、协会主办的期刊中;②作为期刊的附刊（Supplement）出版;③作为期刊的会议专号出版;④出版刊载会议录的专门期刊,连续发表各种会议或特定的学、协会召开的会议的论文;⑤发表在学、协会的会议录丛刊(Proceeding Series)上。

(2)以单行本图书形式出版的会议录,有的由召开会议的学、协会出版,有的由商业性出版社出版,有的由大学或政府机构出版。

由几个学、协会共同召开的会议,往往按其专业分工出版会议录。

由商业出版社出版的会议录,有时标题反映不出会议名称,往往需要参看副标题或其它推广材料才能判断。

(3)有些会议录被编入科技报告,AD、PB、AEC/ERDA/DOE、NASA 等报告中都有会议文献。

除上述三种形式外,有的会议文献只发行录音带、录像带,而无文字形式的出版物。

会议文献的各种出版形式是有交叉重复的。有的会议论文日后在期刊上发表。据称有 50%的会议文献发表在期刊上、出版成册会议录或发行单行本。科技报告中的会议录和图书、期刊上发表的会议论文也有交叉。几个学、协会联合召开的会议的文献,在它们各自出版的期刊上也有重复刊载的。会前与会后资料,摘要与全文,也都有重复交叉的。例如有的会议文献只在会上或会后印发摘要,全文则在期刊上刊载;有的在期刊上预登摘要,会上或会后印发全文,期刊与单行本之间互相依存,互相配合。

第三节 会议文献的检索

检索会议文献,主要的困难是不容易掌握会议的时间、地点和性质。会上或会后印发的会议文献,其本身缺乏健全的索引。另外,被编入科技报告或刊载在不定期丛刊中的会议文献,容易被忽视。因此,在会议文献的检索中,要注意掌握会议的情报,并使用摘录会议文献的检索工具。也就是说,会议预告和会议文献索引这两类出版物,都是必须利用的,并尽可能把两者结合起来。

在各类科技会议中,有一定数量的定期会议,如美国"全国电子学会议"(National Electronics Conference)以及基层会议中各种定期的专业会议。这类会议每年或每隔几年召开一次,可以预先掌握会期,以便搜集会议资料。但大多数科技会议是不定期的,必须查找有关的刊物,才能掌握其具体召开日期。要比较系统和比较有针对性地搜集这方面的情报,一般可以检索下列几种预告、报道科技会议动态(Calendar)的刊物:

1. World Meeting(世界会议)。分"美国与加拿大"、"美国与加拿大以外国家"、"社会和行为科学,教育与管理"等三个分册。刊号 500B106,500B107,200B71,按开会日期编排,预报期为两年,每期附关键词、机构名称地点等索引。

2. Calls for Papers(稿约)。周刊。报道美国和加拿大会议消息,是《世界会议》的补充。

3. Forthcoming International Scientific and Technical Conference(近期国际科技会议)。原刊号 500C705,1975 年改 500C89,季刊。按开会日期编排,预报近期召开的国际科技会议和英国的全国科技会议。每期附主题、地名、召集机构索引。

4. Scientific Meeting(科学会议预报)。刊号 500B76。第一部分按科学团体名称排列,第二部分按会议日期排列。预报期为一年。

5. World Calendar of Forthcoming Meeting: The Iron and Steel Inst.(世界未来会议预报)。刊号 751C56(1975 年停刊),双月刊。预报两年内将在世界各地召开的冶金和有关领域的会议日期、地点、内容等。

6. World Convention Dates(世界集会日期)。刊号 500B105,月刊。预报期为 1—2 年,按开会日期编排。

7. Associations Internationals(国际协会)。刊号 500LA52,月

刊。报道国际学术组织的活动情况、会议预告和出版物。内容主要用英文发表,也有用法文的。

8. Travel News(旅行新闻)。月刊。日本国际会议情报中心出版,1973年创刊。

9. 学术关系国际一览(日本)。年刊。按开会日期编排,预报期为一年。

10. 学协会会合等开催预定表(学协会会议预告)。季刊,分学科编排,预报期一季。

11. 日本工学会ニュース(日本工学会新闻)。刊号710D123,月刊。按学、协会名称编排,预报期为1—2月。

12. Бюллетень международных науьных съездов, конферен-ций и конгрессов.(国际科学会议公报)。刊号70081,月刊。报道会议名称、日期和地点。

13. World List of Future International Meeting(国际会议预告表)。刊号500B87,月刊。美国国会图书馆参考资料部出版。

14. Annual International Congress Calendar(年度国际会议日程表)。图书,预报国际会议3,000多个,编入年代为1974—1985年。

此外,还有一些专业性的刊物,如《原子能会议》(Meeting on Atomic Energy)、《世界医学会议预报》(World Meetings; Medicine)等。

掌握有关会议预告材料之后,就能有的放矢地检索会议上提出的论文了。检索会议论文的主要工具书是:

1.《会议论文索引》(Conference Papers Index),月刊,由美国坎布里奇科学文摘社编辑出版。它的前身是"Current Programs"(近期会议预告)。

这个《索引》报道全世界最近举行的科学、技术、工程及医学方面的专业会议及其论文。它的情报来源取自会议的最后计划、会议出版物摘要以及向有关方面的询问。因此这个《索引》报道的速度较快。年报道量为十万篇左右。

这个《索引》共分十八类别:航天科学与工程;动植物学;生物化学;普通生物学;化学与化工;建筑与机械工程;临床医学;电子工程;实验医学;一般工程技术;地球科学;材料科学与工程;数学与计算机科学;多学科的文献;药物学;物理学与天文学;核与动力工程;专题资料。

在每一类下,著录有关会议的编号、名称、日期、地点、召开会议的单位名称、会议资料的订购情报以及该会议提出的论文目录。

例如:

世界会议

登记号——A774169: OPTICAL SOCIETY OF——会议名
　　　　　　称——AMERICA NATIONAL MEETING

会议日期——10—14 Oct 77　Toronto, Canada——会议地
　　　　　　点

召开单位——Optical Society of America

订购情报——Ordering Information:………………

　　　　………………………………………

论文索引号——023464 Nonlinearities in optical——论文
　　　　　　题目等
　　　　　　fiber waveguides.Hill KO.Dept
　　　　　　of Communications, Communications
　　　　　　Res　Centre.PO Box 11490, Station
　　　　　　——著者的通讯地址
　　　　　　H, Ottawa, Ont, Can K_2H852
　　　　　　023465………………………………

　　　　………………………………………

《会议论文索引》附有三种辅助索引:主题索引(实际上是作

为关键词索引的一种形式——标字索引）、著者索引、会议名称索引（Conference Locator with subject categories），同时，《会议论文索引》正文是按分类排列的。因此它提供了四种检索途径：

检索途径	查找	获得
从学科分类出发	目次页	适当的类目的起始页码
从会议日期地点及名称出发	会议名称索引（Conference Locator）	有关会议的日期、地点及在本索引中的页码
从主题出发	主题索引	有关论文的索引号
从个人著者出发	著者索引	有关论文的索引号

说明：

该《索引》中的所谓主题索引，事实上是关键词索引。由计算机将文献题目中的关键词识别和抽取出来，分别排在第一个字的位置。题目最后加逗号。作为检索标目（第一个字）之前的词轮排在逗号之后。

因此，在检索时，首先确定自己要检索的关键词，直接在这个索引中按字顺进行查找。例如我们要查找缓蚀剂（Corrosion inhibitors）的资料，可以从 Corrosion 这个关键字入手查到：

Corrosion Inhibitors, Multifunctional……82 - 029013

也可以从 Inhibitors 入手查：

Inhibitors, Multifunctional Corrosion……82 - 029013

然后再根据索引号 82 - 029013，去题录中查找：

82 - 029013. Multifunctional Corrosion Inhibitors. F. W. Vahldiek (AFWAL/MLLN, Wright - Patterson Air Force Base, Dayton, OH 45433).

由此可见，这篇题为多功能缓蚀剂的论文，作者是 F. W. Vahldiek，他是美国俄亥俄州某空军基地的。

然而，这篇论文是在什么会议上提出的？可根据该题目款目所在位置往前翻阅,即可找到这篇论文是俄亥俄科学院第 91 次年会上提出的,该会于 1982 年 4 月 23—25 日在哥伦布市举行,负责单位是俄亥俄科学院。

"会议名称索引"(Conference Locator with subject categories),其直译名应是"带有主题分类的会议出处表"。其形式如:

年 月 日（会议日期）1978	城市（会议地点）	会议名称	页码	航天科学与技术	动植物学	生物化学	生物学	化学与化工
2 Jul	Regina	Ampere 20th Congress	73			•		
10 Jul	London	MICRO78	36			•		
24 Jul	Zurich	pesticide chemistry: 4th Int1 congress	20			•	•	•

图 9—1

这个索引按会议名称排列,故若已知会议名称,很快就能找到有关该会议的所在页码。

近年来这个索引已取消,另编有"Conference Locator"(会议地点),列出该期题录所包括的会议名称、地点与日期。

《会议论文索引》中的主题索引与著者索引,有年度累积本。

2. Current Index to Conference Papers. Chemistry(Monthly)(近期会议论文索引:化学)。刊号 540B61,月刊;540B62,半年刊。分三部分:主题索引部分包括论文题目和作者;作者索引;会议资料部分包括会议名称、地址和出版物名称等。

3. Current Index to Conference Papers:Engineering(近期会议论文索引:工程)。刊号 710B147,月刊;刊号 710B148,半年刊。

同 540B61。

4. Current Index to Conference Papers：Life Science（近期会议论文索引：生命科学）。刊号 580B78，月刊；580B79，半年累积本；同 540B 61。

此外，有关的文摘索引（如 CA、BA、SA 等）及学术团体会刊也可找到会议论文线索。

掌握了会议论文的题目、著者姓名及有关的会议名称之后，接着就要查找会议出版物（会议录），以便取得论文全文。查找会议录，除到图书馆查找外，还有下列一些工具书：

1. Directory of Published Proceedings Series SEMT—Science/Engineering / Medicine / Technology（会议录出版指南——科学、工程、医学、技术专辑）。刊号 900B04，每年 10 期；900B06，年刊；900B07，季刊。报道世界各国会议的名称、日期、地点、主持者、会议文献主题及其出版形式（如"会议录"、"期刊抽印本"、"预印本"、"技术报告"等）及定价，附有编者、地点、主题和主持者索引。

2. Directory of Published Proceedings Series SSH—Social Sciences/Humanities（会议录出版指南——社会科学与人文科学专辑）。刊号 901B02，季刊。同 900B04。

3. Directory of Published Proceedings Series PCE—Pollution Control and Ecology（会议录出版指南——污染控制和生态学专辑）。刊号 900B82，半年刊。同 900B04。

第四节　国内出版的有关会议文献的检索工具书

1.《国际科学技术会议和国际展览会预报》，中国科技情报所编印。1973 年 6 月复刊，不定期出版（1966 年 9 月以前名《国际科学技术会议和国际展览会》）。每期选编预计在近期内举行的国际科学技术会议和非国际性专业展览会。

2.《国外科技新书简报》,中国图书进出口公司出版,该《简报》仅报道以图书形式出版并通过图书贸易渠道获得的科技会议文献。凡不对外发表的论文,以及以后将在期刊上发表的会议文献,《简报》均不报道。

3.《外文期刊特辑征订目录》(简称 N 目录),以期刊特辑形式出现的整本会议录,一部分可在该目录查得。

4.《外文图书征订目录》(简称 F 目录),以图书形式出版的会议录,一部分可在该目录中查得。

5.《国外国际专业会议录征订目录》(简称 P 目录),光华出版社编印,1975 年下半年复刊。

另外,《会议论文索引》(Conference Paper Index—CPI)的磁带,已由中国科学院图书馆引进,并已开展机检服务。

我国国内学术会议文献的检索工具,主要是中国科学技术情报研究所出版的《国内学术会议文献通报》。但目前缺乏一种国内学术会议预报的刊物。这是我国国内科技情报报道体系中一个较严重的缺陷。

第十章　专利文献及其检索方法

第一节　专利文献概述

专利制度是随着资本主义经济的发展而逐渐形成的。它是在一定时期内（通常为 15—20 年）保护发明、及时发表新技术情报和通过许可证在国家之间或一国内部各企业之间实现新技术转让的制度。

发明人创造某种新技术，合成某种新材料，发明某种新产品，搞出某种新设计，只要这种发明创造具有新颖性、先进性和实用性，都可以根据专利法向政府专利当局申请，经审查批准而取得一定年限的专利权。在这期间，凡未经许可而采用该项发明创造，则被视为侵犯专利权的违法行为，政府将出面干预。

专利类型大致可分为三类：

1. 发明专利。国际上公认的应具备新颖性、先进性和实用性的新产品或新方法的发明专利。

2. 实用新型专利。是对机器、设备、装置、器具等产品的形状构造或组合的革新创造专利。它水平较低，有的国家称之为"小专利"。审查手续较简单，保护期较短。

3. 外观设计专利。指产品的外形、图案、色彩或结合作出的富有美感而又适于工业应用的外观设计专利。

至于专有技术（Know－how），是指公众所不易得到的但又没有取得专利权的技术知识。它属于智力的产物,具有技术实用性的特点。它也可以转让。

十八世纪末,专利作为一种技术垄断的制度就已形成了。专利可以说是资本主义制度的产物,是资产阶级用来垄断技术发明,彼此竞争的一种手段。但是另一方面,许多发展中国家也纷纷建立专利制度,用它来对内鼓励技术发明,对外保护本国技术。目前有150个国家和地区实施专利制度,有70多个国家设立专利机构,有将近100个国家公布专利申请说明书和正式专利。每年公布的专利文献已达100万件,实际发明数量为35万件左右。据统计,从第二次世界大战之后到1970年,全世界共批准700万件专利,相当于战前150年的总量。这说明专利的增长速度是相当快的。三百年来,世界上90个国家已发表的专利说明书约3,000万件。

在我国,直至十九世纪末和本世纪初,才开始有涉及专利的活动。当时清政府同美国签订的通商条约中,曾称专利局为"专管制衙内"、专利法为"专律"、专利证书为"专照"。但清政府并未设立专门的专利行政机构,有关专利活动大多由电工商部门下属的司科主管。1912年,我国开始设立主管工业专利的机构,实行专利制度。但在旧中国的三十余年中,只批准专利692件。解放后,1950年就颁布了"保障发明权与专利权暂行条例",曾批准过侯德榜的联合制碱法专利。其后颁布实行过"发明奖励条例"。1979年成立了中华人民共和国专利局,着手拟订我国的专利法和专利制度。1983年3月,我国正式加入了世界知识产权组织。1984年3月12日,正式通过了《中华人民共和国专利法》,并将于1985年4月1日起实施。这是建立我国专利制度的良好开端。

原来各国制订的专利法规定,专利只在本国范围内有效,因此,同一发明,可以同时或先后在几个国家中申请并获得专利权。有些国家(特别是美、英、法、德、荷、比、日等国)的专利往往彼此雷同。这些专利,称为等同专利。

近年来,美国等主要专利国家签订了"国际专利协作条约"(International Patent Cooperation Treaty—PCT 或 IPCT),1978 年 12 月 15 日正式生效,规定申请人可通过所在国专利局提出国际专利申请,经审批后即成为统一的多国有效的专利。其相应的专利冠以"WO"(世界知识产权组织的首字母)字样。

由欧洲十六国达成的欧洲专利协定,已从 1978 年 6 月起生效。用英、德、法文中的任何一种文字,通过单一的申请,即可取得十六国的专利权保护。这些专利称为"欧洲专利"。其代码为"EP"。

专利文献指专利申请案和专利说明书,是一种重要的情报来源。它是专利申请人向政府递交的说明新发明创造的书面文件。政府根据这个文件进行审查、试验,并且公告一个时期,向公众征求异议,期满没有问题,然后批准,并在这个文件上编定专利号,成为具有法律效力的文件,由政府印刷发行。凡申请专利的发明、革新都具有实用性。大者可以是具有重大技术与经济意义的发明,小者可以是如纽扣、别针之类的发明。发明者在专利说明书中常常论述他的发明解决了什么特殊问题,解决的方法,对旧有产品的改进及用途等,一般都有附图。有的发明人为了显示其发明创造的新颖性及其成就之大,也谈到他在研究工作中所走的弯路。它提供解决技术问题的具体方案,尽管由于技术保密而不会全部公开其技术关键,但为了取得政府保护的"专利权限",又不得不叙述其发明创造的要点。同时,专利文献不仅报道科技成就的实质,而且还证明它的新颖性(世界性或地方性的)。它总是联系技术现状来说明其发明的。因此,可以利用专利文献来了解世界技术水平与发展动向。例如,可以从申请新专利的数量、内容和批准情况的数据进行分析,预测最活跃的技术领域的发展趋势。同时由于专利文献报导了优先权日期、发明人及专利权所有者的名称、研究单位的地址,这样,就能将技术发展与工业结构联系起来,了解国外工业生产的水平。事实上,所有的科学技术领域都会有发明,专利实际上包含了代表人类技术知识进展中的每一种事物。甚至有人说,把一个国家的专利文献系统搜集起来,可以看成是该国的一部技术发展史。有人估计,如能掌握美、英、西德、法、日五国的专利,就几乎掌握了资本主义国家科学技术成就的 60—90%。这种说法虽未必确切,但也可以反映出专利文献的价值。据统计,全世界新技术仅 10% 发表在科技刊物上,90% 发表在专利文献中。已有的专利文献能够促进新的创造发明。从已公布的专利中,人们不但可以找到许多成功的发明的脉络,也可以找到同样多的失败技术的脉络,还可以找到潜在的、经过努力可望成功的技术的脉络,从而可向人们提供众多的发明的启示。

由于申请专利所必须的法律程序往往要花费很长时间,因此与其它文献类型相比,专利文献所包含的科技情报发表时间也不算很慢。专利申请人为了抢先取得专利权,都力争速度,往往只做了几次成功的实验后便申请专利。世界某些国家(如比利时等)的专利说明书出版很快。例如齐格勒(Ziegler)聚合催化剂、气垫船、碳纤维技术、浮法玻璃等专利的公布都比期刊上发表的时间早。又如,Baird 电视是 1923 年作为专利公布的,而直到 1928 年才在其它类型的文献上公布。Morrogh 球墨铸铁 1939 年以专利公布,而在其它类型文献上公布的日期是 1947 年。最近,为了适应专利情报的发展趋势,扭转专利公布慢以及摆脱待审案积压过多的局面,一些资本主义国家,如荷兰、西德、法国、日本等均对本国的专利法作了比较大的修改,纷纷采用早期公开延迟审查制度。这种制度的基本内容是:提出申请后,在 18 个月内经一般性审查合格即行公开,出版公开说明书,申请人享有临时法律保护;而实质性审查则要根据申请人另行提出审查要求才进行。提出审查要求的限期是从申请日算起的一定时间内,如日本、西德为 7 年。申请人如在此限期内不提出要求,则申请案就作自动撤消论。同时,其临时性保护亦消失,别人即可以使用该项发明,但不能申请专利权。如在提出审查要求后并经实质性审查合格,便再次公告,并予展出,同时再印发说明书。一般在2—4月内如无第三者反对,便最后批准,并在官方公报上公布。采用这种制度后,申请案经过18个月便公开,因而缩短了新发明创造与公众见面的时间。这种早期公开的专利说明书构成了科技情报一个新的重要来源,有利于加速情报交流。

然而专利文献也有弊病。它没有指出新发明创造是否已被应用,没有介绍新发明创造的经济资料,没有提出新发明创造的理论根据。有关这些资料需从其它来源查找。有的专利不可靠。因为专利申请人有的只做过几次小型实验便申请专利,所以专利上介绍的方法可能在投产前又起了较大变化。如日本一尼龙专家拥有500件专利,可是实际投产的并没有多少件。这500件专利只不过说明了他比别人多做了几百次新实验而已。又如上海轻工业研究所照日本的某件专利介绍的方法去做合成谷氨酸的实验,几次都不能成功,后来才从期刊上看到这种方法已被否定。因此在参考专利文献时,不能迷信,要注意批判地接受,并与我国实际情况结合起来。

一份专利说明书,大致包括如下项目。对于这些项目的了解,是进行专利文献检索工作的起码要求。其项目是:

国别及国徽;

专利号(这是查找专利说明书的主要依据);

题目(专利说明书的题目并不一定确切,常有题大内容小的现象);

发明人及其地址;

受让人(Assignor)或专利权所有者(Patentees)及其地址;

申请日期(Application date);

批准日期(Patented date,有时可与申请日期相隔几年,这是由于保密及其它原因没有及时批准公告）；

存档号（Series No.，供专利管理机构内部使用）；

分类号（Class No.，这是查找专利说明书的主要出发点）；

内容（这是专利说明书的主要部分，一般详细说明了本发明
　　的内容特点、使用范围、发明目的以及详细图解和结
　　论）；

专利权限（Claim，它附在全文的最后，是把专利说明书中所介
　　绍的发明创造的内容集中归纳一下，作为申请范围）；

附图（Drawing）。

"巴黎联盟专利局间情报检索国际合作委员会"（简称 ICIRE-
PAT）制定了一套专利著录项目的国际统一数字代号。这种代号
的作用是使不懂外国文字的专利资料工作者能根据代号识别这些
项目，并便于进行电子计算机输入，进行机械检索。在许多国家的
专利说明书扉页上各著录项目前面加印的号码就是这种代号，它
称为 INID（ICIREPAT Number for the Identification of Data）。代号
含义如下：

　（10）文件证别

　（11）文献号（包括专利号）

　（12）文献种类的简述

　（19）国别（ICIREPAT 国名缩写）

　（20）国内登记项

　（21）申请号

　（22）申请日期

　（23）其它日期（如呈交临时说明书后再呈交正规说明书的日
期）

　（30）国际优先项

　（31）优先权申请号

　（32）优先权申请日期

（33）优先权申请申请案提交的国家名称

（40）披露日期

（41）未经审查和未获批准专利权说明书提供公众阅览或应要求复制的日期

（42）经审查但未获准专利权的说明书提供公众阅览或应要求复制的日期

（43）未经审查和未获准的专利权的说明书的出版日期

（44）经审查但未获准专利权的说明书的出版日期

（45）获准专利权的说明书的出版日期

（46）以印刷或类似方法仅出版文献的权限部分

（47）文献根据请求通过复制以供公众利用的日期

（48）说明书权限部分公布日期

（49）获准专利权的说明书提供公众阅览或应要求复制的日期

（50）技术项

（51）国际专利分类号

（52）本国分类号

（53）国际十进分类号

（54）发明名称

（55）主题词

（56）不包含在叙述的正文之内而单独列举的有关先前技术的文献目录

（57）摘要或权项

（58）审查时所核查范围（即专利局在审查此项申请案时所查过的几个类别）

（60）法律上有关联的文件

（61）被补充的专利

（62）被划分的专利

（63）被续接的专利

（64）被修订的专利

（70）与文献有关的人员的识别

（71）申请人

（72）发明人

（73）受权人（专利所有者）

（74）律师或代理人

（75）发明人兼申请人

（76）发明人兼申请人和受权人

此外，1978 年世界知识产权组织（WIPO）制订了称为 ICIRE-PAT 的一套由两个字母组成的国名标准缩写。这对于检索各国专利是有关系的。国名标准缩写如下页表。

区别每份专利说明书的标志是专利号，而专利号是按顺序号排列的，专利号本身不反映该专利的内容，因此，当要查找某专业方面的专利说明书时，必须通过有关检索工具查到代表这份说明书的专利号。

专利公报一般包括如下内容：

专利公报一般是由国家专利局编印的有关本国专利申请、审批情况及专利说明书摘要的一种正式公报。日本的专利公报事实上是专利说明书的全文，这一点，与其它国家是不同的。美、苏、法、比利时等国把专利公报作为文摘使用。美、苏的专利公报附有权项摘要，即抄录说明书中权项的第一点。而法、比利时的公报则附有技术摘要。西德和英国的公报是题录式的。西德的专利文摘是私营机构发行的"摘要"。英国的专利文摘是"专利说明书摘要"（Abrigements of Patent Specification）。

（1）专利说明书摘要；

（2）专利所有者索引；

（3）专利分类索引（这是查找专利说明书的主要依据）。

专利文献的检索,是专利情报工作的重要一环。许多国家出版了不少检索工具,名目繁多,检索方法各异。但一般说来,查找专利文献的步骤与方法是:

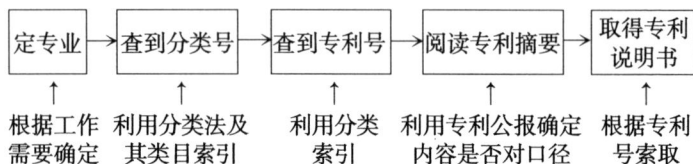

定专业	→	查到分类号	→	查到专利号	→	阅读专利摘要	→	取得专利说明书
↑		↑		↑		↑		↑
根据工作需要确定		利用分类法及其类目索引		利用分类索引		利用专利公报确定内容是否对口径		根据专利号索取

ICIREPAT 国家或地区代号

AD	安道尔	BO	玻琍维亚
AE	阿拉伯联合酋长国	BR	巴西
AF	阿富汗	BS	巴哈马
AG	安提瓜	BT（BH）	不丹
AL(AN)	阿尔巴尼亚	BU	缅甸
AO	安哥拉	BW(BT)	博茨瓦纳
AR	阿根廷	BY(SB)	白俄罗斯
AT（OE）	奥地利	BZ	伯利兹
AU	澳大利亚	CA	加拿大
BB(BD)	巴巴多斯	CF(ZR)	中非
BD(BA)	孟加拉	CG（CF）	刚果*
BE	比利时	CH	瑞士
BG	保加利亚	CI	象牙海岸
BH(BB)	巴林	CL（CE）	智利
BI	布隆迪	CM（KA）	喀麦隆*
BJ（DA）	贝宁*（达荷美）	CN（RC）	中国
BM	百慕大	CO	哥伦比亚
BN	文莱	CR	哥斯达黎加

374

CS	捷克斯洛伐克	GQ	赤道几内亚
CU	古巴	GR	希腊
CV	佛得角	GT（GU）	危地马拉
CY	塞浦路斯	GW	几内亚—比绍
DD（DL）	德意志民主共和国	GY	圭亚那
DE（DT）	德意志联邦共和国	HK	香港
DJ	吉布提	HN（HO）	洪都拉斯
DK	丹麦	HT（HI）	海地
DM	多米尼加	HU	匈牙利
DO（DR）	多米尼加共和国	HV（UV）	上沃尔特*
DZ（AG）	阿尔及利亚	ID	印度尼西亚
EC	厄瓜多尔	IE（EI）	爱尔兰
EG（ET）	埃及	IL	以色列
EP	欧洲专利局	IN	印度
ES	西班牙	IQ	伊拉克
ET（EA）	埃塞俄比亚	IR	伊朗
FI（SF）	芬兰	IS	冰岛
FJ	斐济	IT	意大利
FK	佛克兰群岛	JE	泽西
FR	法国	JM	牙买加
GA	加蓬	JO	约旦
GB	英国	JP（JA）	日本
GD	格林纳达	KE	肯尼亚
GG	格恩西	KI	吉尔伯特群岛
GH	加纳	KH（CD）	柬埔寨
GI	直布罗陀	KM	科摩罗
GM（GE）	冈比亚	KN	安圭拉
GN（GI）	几内亚	KP（KN）	朝鲜民主主义共和国

KR（KS）	南朝鲜		NG（WN）	尼日利亚
KW（KU）	科威特		NI（NA）	尼加拉瓜
KY	开曼群岛		NL	荷兰
LA	老挝		NO	挪威
LB	黎巴嫩		NP	尼泊尔
LC	圣卢西亚		NR	瑙鲁
LI（FL）	列支敦士登		NZ	新西兰
LK（CL）	斯里兰卡		OM（MU）	阿曼
LR	利比里亚		PA（PM）	巴拿马
LS	莱索托		PE	秘鲁
LU	卢森堡		PG（PP）	巴布亚新几内亚
LY	利比亚		PH（RP）	菲律宾
MA	摩洛哥		PK	巴基斯坦
MC	摩纳哥		PL（PO）	波兰
MG（MD）	马达加斯加		PT	葡萄牙
ML（MJ）	马里		PY（PG）	巴拉圭
MN（MO）	蒙古		QA	卡塔尔
MS	蒙特塞拉特		RD	研究公开
MR（MT）	毛里塔尼亚		RH	津巴布韦
MT（ML）	马耳他		RO（RU）	罗马尼亚
MU（MS）	毛里求斯		RW	卢旺达
MV	马尔代夫		SA	沙特阿拉伯
MW	马拉维		SB	所罗门群岛
MX	墨西哥		SC	塞舌尔
MY	马来西亚		SD	苏丹
MZ	莫桑比克		SE（SW）	瑞典
NA	纳米比亚		SG	新加坡
NE（NI）	尼日尔*		SH	圣赫勒拿

376

SL（WL）	塞拉里昂		UA（UU）	乌克兰
SM	圣马里诺		UG	乌干达
SN	塞内加尔*		US	美国
SO	索马里		UY	乌拉圭
SR	苏里南		VA（CV）	梵蒂冈
ST	圣多美和普林西比		VC	圣文森特和格林纳达群岛
SU	苏联			
SV（SL）	萨尔瓦多		VE	委内瑞拉
SY（SR）	叙利亚		VG	维尔京群岛
SZ	斯威士兰		VN	越南
TD（TS）	乍得*		VU	瓦努阿图
TG（TO）	刚果*		WP	世界知识产权组织（PCT）
TH	泰国			
TN	突尼斯		WS	萨摩亚
TO（TI）	汤加		YD（SY）	也门民主共和国
TR	土耳其		YE	也门
TT（TD）	特立尼达和多巴哥		YU	南斯拉夫
TV			ZA	南非
TW（CT）	台湾省		ZM（ZB）	赞比亚
TZ（TA）	坦桑尼亚		ZR（CB）	扎伊尔

注：①＊号表示为非洲专利组织成员。

②括号内的代号为英国德温特专利检索工具 1981 年前曾使用的代号。

在专利文献的检索工作中,对专利分类法的掌握是一个重要的环节。各国一般都编有自己的专利分类法,它们的分类原则、分类体系、标记符号都各不相同。此外,还出现了国际专利法(IPC),采用的国家日趋增多。1974 年 1 月,中国科学技术情报研究所编译出版了《美国专利分类简表》、《英国专利分类简表》、《西德专利分类简表》、《日本专利分类简表》和《国际专利分类简表》。这五种专利分类表是中外文对照,翻译所依据的原文版本较近,类目也稍详。近几年来,又全文翻译出版了第二版的《国际专利分类表》八个分册。这些分类表的出版,为我们熟悉和掌握各国专利的分类情况提供了方便。

第二节　美国专利

一、美国专利概况

美国专利法始于 1790 年,1836 年正式建立专利与商标局。美国是目前世界上拥有专利数量最多的国家。至目前为止,美国专利总量已达 400 多万件。近年来,每年接受约 10 万件专利申请案,公布发明专利 7、8 万件,约占全世界每年公布专利总量的四分之一左右。美国专利文献除反映美国本国的技术发展外,还包括一部分其它国家的技术(主要是西欧和日本)。这些国家的公司为了使其产品在美国占得市场而向美国专利局申请并获准的专利,近年来已达到美国专利总量的 27—28%。例如,1973 年美国批准专利(不包括再公告专利)共 74,139 件,其中本国申请的为 51,501 件,外国申请的为 22,638 件。

美国专利局对其批准的专利(专利有效期为 17 年)均出版专利说明书。每周出版一次,每次约 1,600 件,每件均有单独的专利号。从 1836 年美国专利局公布的第 1 号专利起,历年来一直按流水号顺序连续进行编号。专利说明书上除专利号外,还有申请号(A ppl. No. 或 Ser. No.)、分类号等。说明书的篇幅长短不一,从数页到数百页都有,例如英国专利 1,108,800 号是有关 IBM 计算机的专利,其说明书达 1,139 页,419 幅插图。但一般均为 8 页。

说明书是根据一定的格式编写的。除化学专利外，一般都附有发明原理图。说明文字的层次大致分下列三个部分：

1. 序言部分——指出该发明所属专业、与其有关的技术、主要用途、过去采用的技术措施（Prior art）及存在的缺点、本发明所能解决的问题、内容实质及主要优点。

2. 解说部分—— 一般结合附图进行，先说明基本原理（设备各部分的作用和相互关系以及整机工作过程、化学产品的基本成分和配合比、工艺步骤和条件范围），然后提出实现该发明的最优方案（Preferred Embodiment），举出具体做法上的例子，以及其它可以允许或可以设想的变动。

3. 专利权项部分（Claims）——在说明书末尾，发明人用严格的语言明确其发明内容实质及特点，并且根据其所述独创点提出专利权要求，以达到垄断此项发明的目的。美国专利局对申请案进行审查的中心内容及法院据以判定专利是否有效等均是这部分文字。从法律角度看，这部分文字很重要；而从技术角度看，这部分仅是前边阐述的概括，不太具体。美国专利说明书的权项一般都不止一项。第一项是概括全部内容，其余则是局部特点及各种变化等。

近年来，美国专利局为改进专利说明书的易读性，从1970年起，采用一种新的排印格式，将有关内容的基本情报、图解和著录事项等，全部印于扉页。对于补充项目，采用不同字体的铅字以示区别，并采用了 ICIREPAT 统一规定的数字标志。

除上述的主要一种专利说明书（工业专利说明书）外，属于美国发明专利系统的还包括下列几种专利说明书：

再公告专利说明书（Reissue Patent）——专利权所有者发现已公布的该项专利说明书中有严重错误或遗漏要加以修改补充时，或者在该项专利权限已部分失效，愿放弃专利而提出新申请时，再次向专利局提出申请并获批准公布的说明书。这种说明书中对原说明书的删掉部分用粗括号标出,增加的部分用斜体字印刷。此类说明书有单独编号,号码前冠以"Re－"字样。它约占美国专利说明书总数的 0.3%。

防卫性公告(Defensive Publication)——对于某些次要的发明或出于其他原因,发明人认为不值得或不愿意申请正式专利,或用其它方法也可制造出来,但为了防止别人将同样发明申请专利,从而使自己反而受到限制,所以通过专利局将自己的发明内容在专利公报上公布其摘要,而凡经公开发表过的发明就失掉了获得专利权所必需具备的新颖性。出于这种目的的公布称为防卫性公告。对于这种发明,任何人都可以委托专利局复制其说明书全文及随意采用。美国专利公报自 1968 年 11 月 19 日起开始登载此种摘要,并自 1969 年 12 月 16 日起冠以"T"字的单独编号。号码系六位数字,前三位数字表示美国专利公报的卷数,后三位是当月的顺序号。字母 T 表示 Technical Disclosure,即技术公开之意。

植物专利(Plant Patent)——美国自 1931 年起开始建立独立的植物专利,借以垄断各种新培育出的花卉、果树和绿化植物的良种,从而取得独占利润。植物专利说明书的内容主要是描绘新种的性状并附彩色照片,有时也简要地说明进行无性杂交的地点和方式。1970 年美国通过新的植物专利法,把植物专利的范围扩大到种子繁殖的植物,从而包括了几乎全部农作物。植物专利的审批由美国农业部负责。说明书有单独编号和分类,专利号前冠以"Plant Pat"字样。

设计专利(Design Patent)——1842 年美国制定了有关设计专利的法律。这种专利主要是各种商品的外型设计,专利号前冠有"Des."字样。

1975 年 1 月 28 日(美国专利公报第 903 卷第 4 期)开始,美国试行了专利申请案自愿公开审查计划,在公报上公布了第一批早期公开的申请案专利说明书(包括附图及专利权限),征求公众异议,编号仍用原申请号,但在号码前冠以大写拉丁字母"B"字样,以示区别。这种公开审查有三个月征求异议的时间。此后就获得批准。从1981年起,美国专利允许对已审查的专利进行重新审查,并在专利公报上加以列出公布。在进行重新审查后,再重新出版说明书。

二、美国专利的检索工具

美国专利的检索方法大致如下:

第一步,根据专业查出分类号。这一步利用的工具是:

(1)《美国专利分类表》(Manual of Classification of U. S. Patents);

(2)《美国专利分类表索引》(Index to Classification of U. S. Patents)。

第二步,根据从上述二种工具之一查出的分类号,从美国专利局《专利公报》的分类索引中查出专利号,如果查1959年9月之前的专利,则可利用累积式《美国专利分类总索引》(Classification of U. S. Patents)。

第三步,根据专利号阅读《专利公报》,以确定是否需要进一步阅读专利说明书。

上述步骤,可图示如下:

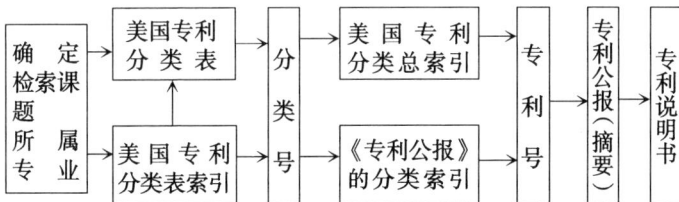

图 10—1

现将有关的检索工具分别介绍于后：

（一）《美国专利公报》（Official Gazette），美国专利局出版，周刊，从1872年起出版。是掌握美国专利情报和查找美国发明资料的主要工具。经美国专利局批准的专利都在《公报》上公布（但由于公报系预先印刷，到发行之日，可能已发生撤消专利等情况，因此有时公报上发表的专利，实际并没有出专利说明书）。每期专利公报内容按下列顺序编排：

（1）专利和商标法律事项（Patents and Trademark Notices）；

（2）通告事项（Patent Notices）；

（3）审查情况（Condition of Patent Application）；

（4）防卫性公告（Defensive Publication）；

（5）再公告专利（Reissue Patents Granted）；

（6）植物专利（Plant Patents Granted）；

（7）工业专利（Patents Granted）；

（8）设计专利（Design Patents Granted）；

（9）专利权所有者索引（Index of Patentees）；

（10）分类索引（Classification of Patents）；

（11）发明人地区索引（Geographical Index of Residence of Inventors）。

在每期公报中，工业专利摘要占绝大部分。它分为一般和机械类、化学类、电气类三大部分编排。每部分按分类号次序排列，同时全部摘要又都是按专利号顺序排列的。每条摘要的著录格式如下：

4,352,059

DETERMINATION OF MOISTURE LEVEL IN MATERIALS

Nam P. Suh, Sudbury; Stephen D. Senturia,

Boston, both of Mass. , and Byung H. Kim,

South San Francisco, Calif -, assignors to

Massachusetts Institute of Technology,

Cambridge Mass.

Filed Jun, 13. 1980, Ser. No. 159, 221

Int. Cl. G01R 27/26

U. S. Cl. 324—61R   19 Claims

1. A method for··

···

（图）

上例中，第一行4,352,059是该件专利的美国专利号。第二、三行是此件专利的名称（材料中湿度的测定）。第四至七行，是该专利的发明人，一是 Nam P. Suh（Sudbury 这个地方的），二是 Stephen D. Senturia（波斯顿这个地方的），这两个人都是马萨诸塞州的。第三人是 Byung H. Kim（他是加州南旧金山的）。此件专利转给麻省理工学院，此学院在马萨诸塞州的坎布里奇。第八行是该件专利发明申请专利的日期（1980年6月30日）即归档日期，申请号为159,221。第九行是此件专利的国际专利分类法（第三版）的分类号（G01R27/26）。第十行左边的是此件专利的美国专利分类法的分类号（第324大类中的第61R小类）。右边的是指此件专利的权项有19点。第十一行起为摘要。

每期公报均附有分类索引和专利权所有者索引。这种编排方式便于从专利号、分类和人名或企业名称各种角度来查找专利。

（二）《美国专利分类表》（Manual of Classification of U. S. Patents）。美国专利局的分类法草创于1837年。一个多世纪以来，随着工业技术的发展，分类法屡经扩充和修改。目前分

312 个大类（Class，从第 2 类到第 444 类，中间有空号），73,000 个正规细目（Subclass）。这个分类法的编制采用所谓"功能分类"的原则，即把各种设备和仪器按照它们的基本作用归类，而不管它们用在哪个专业。其它一般分类法是从问题出发，而美国专利分类法则是从解决办法出发，即根据发明的用途与效果立类，而不是纯粹按学科分类。这就形成了不同于一般专业分类的特异点。例如"电焊"不是分在"金属工艺"类里，而是分在"电热"类里；"火焰喷射器"不是分在"武器"类里，而是分在"燃烧"类里。按照这个原则组成的大类内容非常混杂，在同一个大类中可找到技术内容毫不相干的专利。如在 117 大类（涂复）中，既可找到防雨布涂复的专利，也可找到半导体涂复、整流器涂复等的专利。再如在名为"训练"的第 35 大类中，却有雷达、导航等专利。242"卷绕"这个大类，包括纺织、金属加工、电机制造，以至捕鱼、摄影、录音等各行各业的各种卷绕装置。功能分类的原则主要贯彻在机械设备的分类里，查找这方面类目时尤其要注意这一特点。长期以来，美国专利分类法改动频繁，而这些改动多半是临时应付，缺乏全盘规划，以致现在整个分类体系十分零乱，按号码顺序排列的各个大类之间，互相无连贯性和逻辑联系。例如第 11 类是装订，第 12 类是制鞋，第 13 类是电炉，第 14 类是桥梁，第 15 类是刷洗、擦拭、一般清洁，等等。另一方面，同一工业部门或同一专业的大类往往分散在相隔很远的地方，一些互相之间有从属关系的大类也不在一处。因此，这个分类法的体系是比较难于掌握的。

美国专利分类法的类目往往采用较长的定义式的类名。例如激光器的类名是"分子或质点共振式振荡器"；自来水钢笔的类名是"有分为两半的尖头工具的带物料供应的涂复用具"；荧光灯的类名是"气体或蒸气电灯"；旋转门的类名是"有数个翼由枢轴向外辐射的关闭装置"等等。采用这种用语是为了使类目能够包括新的类似产品或工艺。这种定义式类名有的有实例注解,有的没有,查看类表时要细加琢磨。

美国专利分类号由阿拉伯数字组成。如分类号 62 - 2,即为第 62 大类第 2 小类(太阳能利用);分类号 240 - 1.4,即为第 204 大类第 1.4 小类(手术台灯)。从数字上看,只有大类小类两级,实际上小类之间有的还有从属关系,多者达七、八级,这从小类数字上看不出来,只能通过排列位置来辨别。美国专利分类表上的分类层次由类目的排印位置表示。三级类比二级类缩后两个字母,四级类又比三级类缩后两个字母。表上的垂线是为了标明分类层次的。例如:

Class 208 , Mineral oils	第 208 大类,矿油加工工艺和
⋮ processes and products	⋮ 产品
14 Products and composi-tions	14 产品和混合物
15 | Fuels	15 | 燃料
16 | Gasolines	16 | 汽油
17 | Admixtures	17 | 掺合剂
18 | Lubricating oils	18 | 滑润油
19 | Admixtures	19 | 掺合剂

这里,第 14 小类(产品和混合物)是二级类目,第 15 小类(燃料)是三级类目,第 16 小类(汽油)是四级类目,第 17 小类(掺合剂)是五级类目。在查分类表时,必须把下位类与上位类联系在一起,才能得到一个完整的概念。如 208 - 17 即为汽油的掺合剂;208 - 19 即为润滑油的掺合剂。

每一大类中都设有一个称为"杂项"(Miscellaneous)的小类,或列为第一小类,或列为最末一小类,从该小类中往往可以找到一些较新的资料。

美国专利分类表经常有一些局部性修改。专利局每隔三个月对修订的大类类表印发一批"替换页"（Replacement pages），用以替换已修订了的某些旧类表。每个大类细分表书眉上的年月标记就是表示该类细分表最新的修订年份。因此，使用分类表时要注意每年的变动情况。

类表内有的大数码插在小数码中间，有的类号有小数点。这种不规则类号是新增、扩充类目时插入的。1972 年起，美国专利说明书和公报上有的分类号出现有后缀字母。这是一种临时性的细分类号。例如，208－48 是石油加工时烃的化学转化过程中，防止与消除有害的碳在设备上沉积的方法。208－48AA，即为用来防止与消除这种沉积的抗阻塞添加剂。美国专利局 1971 年 7 月出版的《分类表补编》（Supplement to the Manual of Classification）就是公布这种临时细分类目的。

为了便于使用美国专利分类表，中国科学技术情报研究所于1974 年 1 月翻译出版了《美国专利分类简表》。简表翻译到原表的第二级，包括二级类目 7,000 余个。二级分类过于粗略的个别大类则增译到第三级（如 71 肥料、204 电化学等等），一些次要的或范围较窄的大类，二级分类过于琐细的，则予以省略（如 79 钮扣制造、295 铁路车轮和车轴等）。这个简表由于一般只翻译到二级类目，它只能帮助读者在查阅美国专利时确定查找范围，而不能代替原文详表。要进行具体课题的专利检索，还必须从详表中找出具体的分类号才能查到。简表在出版形式上采取中英文对照。为了提高检索的准确性，简表前有"大类检索表"，把美国专利分类表的 312 个零乱的大类按内容归纳成五个大部类，每部中又把内容相近的大类加以集中。这五大部类是：

（1）大地的开发和建设——农业、采矿、土建

（2）工具的制造——通用机械和运输工具

(3)能量的转换——电气、技术物理、仪器

(4)物质的改造——化工、材料

(5)生活用品的生产——轻工、杂类

这个"大类检索表",把美国专利分类表的大类理出了眉目,便于查找,应注意使用。

(三)《美国专利分类表索引》(Index to Classification of U. S. Patents)。由于美国专利分类表分类体系比较零乱,加之类目很多,不易查找,因此,必须注意使用美国专利分类表索引。分类表索引就是将分类表中的类目(再加一些其他必要的学科名词)都按字顺排列起来。查找时,只要根据字顺即可查到要找的类目的分类号。但由于美国专利分类表常常修改,而分类表索引的修订往往很不及时,所以两者有些出入。从分类表索引中查到的分类号,必须与分类表核对。同时,分类表索引所包括的名词不全,某些技术名词没有被包括进去,所以在查不到要查的类名时,必须从其他同义词去试查。一般查法是,例如,要查催化剂再生的分类号,即可从催化剂(Catalysts)这个词入手去查找:

类目名称	大类号码	小类号码
CATAFALQUE	27	1
CATALYSTS		
Fermenting processing using	195	116
Plant	71	2. 2 +
▲Regeneration	252	411 +
Mineral oil conversion com −		
bined	208	
CATALYTIC		
Apparatus	23	288 +
Igniting device	67	19

这里,我们可以看到,催化剂再生的分类号是 252 大类 411 + 小类。在 411 后面的"＋"号,表示 411 后面还有一些类号,均属于催化剂再生问题。根据 252 - 411 这个类号,我们到美国专利分类表中进行核对,证明 252 大类是配制物料、方剂(Compositions),其中 411 小类是催化剂和固体吸附剂再生与活化的方法(Catalysts or solid adsorbents - processes of regeneration or reactivation),说明这个分类号正是我们所要查找的。

(四)《美国专利年度索引》(Index of Patents)。包括两部分,第一部分是专利权人索引,第二部分是专利分类索引。两个部分分别出版。专利权人索引是按专利权人(受让者公司、发明者个人)的名称、姓名排列。在受让者公司条目下著录该公司所拥有的专利名称和专利号。而在发明者个人姓名之下则引见受让者公司。我们利用这个索引,可以查到对手公司拥有的专利情况,从中分析对方的技术水平,以至发展潜力。专利分类索引按分类号排列,在各类号下著录有关专利号。只要掌握某一课题的专利分类号,利用这个索引就可以很快地掌握一年内所有的有关专利。

(五)《美国专利分类总索引》(Classification of U. S. Patents) 美国专利局把 1959 年 9 月 21 日以前 170 多年间所公布的全部专利(专利号 1—2,904,784)的号码集中在一起按分类列出,共十大本,查找该时期内的专利,比较方便。

(六)《美国国家专利目录》(The National Catalog of U. S. Patents)。美国专利局将 1790—1961 年的专利,按一般与机械、化学、电气三个部分,分别编辑成《美国国家专利目录》(1962 年起逐年编辑)。该目录按分类编排,有专利摘要及附图,同时在目录后面附有相关专利参考索引、分类表(有关部分)、主题索引和专利号索引。这个目录比《分类总索引》更为完善,它的特点是有文有图,检索途径多,而且通过它可以直接阅读专利文献的主要内容和图表。

（七）《化学专利单元词索引》（Uniterm Index to Chemical Patent）。这是查阅美国化学工业专利的主要工具书之一。内容较广泛，每年收集的条数约占美国专利总数的30%。其检索方法是组配索引法。至于其中的"罕用词"（Minor term）部分，每个词所引的专利不多，可以由此直接查看文摘，而不进行组配。此外，《化学专利单元词索引》还有"发明人索引"（Inventor）、"受让人索引"（Assignee）、"专利号索引"（Patent Nos.）等。

三、检索示例

1.为了掌握国外关于汽车轮胎制造技术的新进展，需要了解国外有关公司新获得的专利。请问美国古德伊尔轮胎与橡胶公司在近五年来新获得了哪些专利？

这个问题，由于有明确的公司名称，即可从专利权人索引入手，通过该公司的英文名称 Goodyear Tire and Rubber Company 去查。如果年度专利权人索引已出版，即利用年度索引；如年度索引尚未出版，那就只好用美国专利公报每期所附的专利权人索引。这样，连续查五年，就能系统掌握该公司五年来所拥有的新专利。

2.某读者已发现一篇关于"化学镀镍溶液"的美国专利，专利号为3,753,742，他还想掌握更多的有关这一课题的美国专利，应如何检索？

这个问题，比较简单的检索方法，是查看该专利说明书上所注明的分类号或根据专利号3,753,742去查专利公报，在《美国专利公报》第913卷第3期（1973年8月21日出版）上即可找到此件专利的摘要。在摘要的著录中指明了这件专利的美国专利分类号是106－1（106大类是涂复或塑形物料，1小类是配制物——镀金属的）。然后，根据这个分类号，即可从《美国专利公报》后的分类索引或年度索引的专利分类索引中去查找。当然,根据这个分类号找到的不一定都是镀镍方面的专利,还有镀其它金属的专利,所以还须查看《公报》摘要,加以筛选。

3. 怎样查找关于彩色电视接收机的美国专利?这个问题只有检索课题而无其它已知情况,因此只能从课题本身入手。这里关键的问题是要找出"彩色电视接收机"的美国专利分类号。查找的途径有三种:第一种途径是用中文本的《美国专利分类简表》,查其中的"大类检索表"。彩色电视接收机是属于"电气、技术物理、仪器"这个大部类的,在这个部类之下,可以找到"电报、电视"这个类目,其类号是 178。然后到简表正文中翻阅 178 大类,在这个大类下有"杂项"、"系统"、"帮电机"、"电路"以及"接收机"等类目。这里虽有"接收机"这个类目,但不能断定是彩色电视的。这时,就得使用《美国专利分类表》原本。在原本第 178 大类下可以发现,彩色电视发射机与接收机的分类号是 178 - 5.4。同时,为了细查这个分类号近年来有无变化,须再查看《美国专利分类表补编》。在补编中,可以看到在 5.4(彩色电视发射机与接收机)之下,新增加了 5.4AC(自动色彩控制)、5.4ES(光扫描)、5.4W(红—白系统)、5.4 TE(试验)等 26 个类目。有了这些分类号,就可从美国专利分类索引中找到有关专利了。

第二种途径是利用《美国专利分类表索引》,从 Television(电视)这个词去查,这里,可查到 Television—color(电视彩色),其类号为 178 - 5.2 + ,然后根据此类号查《美国专利分类表》,即可找到彩色电视接收机的号码为 178 - 5.4。确定了号码以后,再找美国专利分类索引即可。

第三种途径是不利用《美国专利分类表》或它的简表及索引,而直接查有关的文摘刊物(如英国《科学文摘 B 辑:电气与电子学文摘》),只要查到一篇或几篇关于彩色电视接收机的美国专利,即可根据此专利号找到它的分类号了;确定了分类号,即可顺利地进行该课题的专利普查。

4.某读者从科学技术文献出版社出版的《专利目录》上找到一篇专利,从专利名称上看,对他正在研究的课题可能是有关的,但该专利名称比较含糊,这位读者想先了解一下这件专利的内容梗概,然后再决定是否向北京中国科学技术情报研究所要求复制该专利的说明书。请问有什么办法可以不看说明书而了解该专利发明的示意图或化学结构式?

这个问题较为普遍。美国专利的名称一般都比较简短、含糊,而我国情报所编的《专利目录》一般也没有摘要,更没有附图或结构式,因此从《专利目录》查到的专利往往不能立即判断是否符合自己的需要。解决这个问题的途径也很简单,只要根据该专利的专利号去查阅美国专利公报,即可找到该专利的摘要、附图或结构式;或者根据专利号去查阅英国德温特公司编辑的专利检索工具(关于这些检索工具的介绍,见本章第七节)。此外,也可根据专利号或发明人姓名试查各种有关文摘刊物,如美国《化学文摘》等。

第三节 日本专利

日本专利主要是指"特许"和"实用新案"。前者是水平较高的技术发明,后者是水平较低的技术发明以及结构、形式等的新技术。此外,还有"意匠"和"商标"两种,但由于它们的参考价值不大,这里不予介绍。

1950年以前申请的特许和实用新案说明书,经特许厅审查批准,按专利号(从第一件专利批准以来的总流水号)的顺序印刷出版,称为"特许发明明细书"和"实用新案明细书"。

1950 年以后,特许厅对申请的特许和实用新案说明书经审查合格后还不批准,先通过《特许公报》和《实用新案公报》按公告号顺序(每年从 1 号开始)印刷出版,再经公众审查,期限两个月,如无人提出异议,才予最后批准,并给予专利号,但不再印刷说明书。专利权期限自公告日起算。特许为 15 年,实用新案为 10 年。特许厅通过"专利号与公告号对照表"报导所申请专利的批准日期及其专利号。

1971 年起实行了新的专利法,对申请案采用早期公开制度和审查请求制度等。所谓早期公开制度,就是 1971 年 1 月 1 日起申请的特许和实用新案,申请案提交特许厅满 18 个月后,就用影印说明书原稿的方法按公开号顺序(每年从 1 号开始)通过《公开特许公报》和《公开实用新案公报》印刷出版。所谓审查请求制度就是特许厅只对有审查请求的申请案进行审查。请求的期限,特许为 7 年,实用新案为 4 年。没有审查请求的申请不能取得专利权,但可得到优先申请权,以后如有第三者又提出同样内容的申请时,特许厅则不给其专利权。凡有审查请求的申请,审查手续仍和 1971 年以前相同。因此《特许公报》和《实用新案公报》说明书照常出版。根据日本特许厅的统计,1971 年审查请求数只占全年申请数的 29.5%。

实行新法的主要目的,是为了解决历年来申请案的大量积压所造成的重复投资、重复研究、重复申请等混乱现象。

说明书是申请人向特许厅请求专利权时作为审查依据的文件,一般由专职代理人(办理士)按统一规格起草,而不是发明的原来技术文件。因此其数据往往是概略的,但其所叙述的原理、过程、图解等是较可靠的,不过对我们也只能起参考作用。

一、日本专利公报

（一）概况

日本特许厅出版四种专利公报。《公开特许公报》和《公开实用新案公报》只公布经过一般性审查的说明书;《特许公报》和《实用新案公报》公布有审查请求并经过实质性审查合格的说明书。只有实质性审查合格的专利申请才被批准并给予专利号。仅仅经过一般性审查的专利申请则不给予专利号。但是,不论说明书发表在哪种公报上,一律被编上所在公报自己的公告或公开号(每年从第1号开始,前面冠有昭和年号)。因此,四种公报的公告号或公开号,各自编号,互不相干。

1971年以前,没有《公开特许公报》和《公开实用新案公报》,只有《特许公报》和《实用新案公报》。1950年以前,连《特许公报》和《实用新案公报》也没有,只单独出版特许和实用新案的说明书,说明书上也只有专利号。检索日本专利,1950年以后,基本上以公告号或公开号为线索。

（二）公报的出版情况

四种专利公报都是不定期出版。1972年7月以前按七个产业部门分七册发行。七个产业部门及其所包括的大类如下:

1. 农业、水产、食品	1—8类、32—38类
2. 采矿、金属、化学	9—31类
3. 纺织	39—48类
4. 原动机、电器、机械设备、原子能	49—76类,136类
5. 运输、土木建筑、卫生	77—95类
6. 通信、照相、测定	96—113类
7. 事务用品、印刷、杂货	114—135类

1972年7月起,改按14个区分分14册发行。其14个区分,特许与实用新案有别:

特许		实用新案	
1	农业,水产	1	农业、水产
2(1)	采矿、金属、物理化学、化工、无机化学	2	采矿、金属、化学
		3	纺织
(2)	有机化合物	4(1)	原动机、机械部件、原子能
(3)	制造化学工业、高分子化合物	(2)	电器
		(3)	加工机械、工业设备
(4)	药品、食品、微生物工业	5(1)	运输
3	纺织	(2)	建筑、卫生
4(1)	原动机、机械部件、原子能	6(1)	电子、通信
(2)	电器	(2)	光学、计算、测定
(3)	加工机械、工业设备	7(1)	印刷、事务用品、娱乐器具
5(1)	运输	(2)	服装、随身用品
(2)	建筑、卫生	(3)	家庭用品
6(1)	电子、通信	(4)	包装、容器
(2)	光学、计算、测定		
7	事务、家庭用品		

1980 年,改用国际专利分类法分类后,出版情况也作了相应的变动,改按 7 个产业部门 26 个区分分 26 个分册发行。其 26 区分特许与实用新案有别。

二、日本专利的分类

1980 年起,日本的专利分类采用国际专利分类法（IPC）。而在此之前,曾使用日本自己的分类法。

（一）《日本专利分类简表》

中国科学技术情报研究所编译出版。该表是根据日本技报堂出版的《日本专利分类表》（発明および実用新案の分类表）1972年 1 月版本译出的。只译到二级类目,并对某些大类的停用时间及其细类的变化做了注明。该表正文前的"分类目录",列出了全部大类的类名,并指出其在正文的页码。正文部分列到二级类目,

区分 产业部门	特许		实用新案	
	区分	分类	区分	分类
1. 生活用品	1. 农产、水产、食品、发酵	A01～24（A01N→Ⅲ－2）C12.13	1. 同特许	A01～24（A01N→Ⅲ）C12、13
	2. 家庭用品、健康娱乐	A43～63（A61K→Ⅲ－2）B26B.B68.D05B.D06F	2. 家庭用品	A43～47（A45D、A47J、L→1～3）B68
			3. 家用机器	A45D、A47J、L、B26BD05B、D06F
			4. 健康娱乐	A61～63（A61K→Ⅲ）
2. 处理、操作、输送	1. 分离、混合	B01～09.C02	1. 同特许	B01～09、C02
	2. 金属加工	B21.22（B22F→Ⅲ－4）B23K、B30	2. 同特许	B1.22（B22F→Ⅲ）B23K、B30
	3. 机床、工具	B23～26（B23K→Ⅱ－2）B26B→Ⅰ→2	3. 同特许	B23～26（B23K→Ⅱ－3）2B26B→Ⅰ－3
	4. 塑料加工、印刷事务机器	B27～44（B30→Ⅱ－2）	4. 同特许	B27～44（B30→Ⅱ－2）

395

区分 / 产业部门		特许		实用新案	
		区分	分类	区分	分类
2.处理、操作、输送	5.运输	5.运输	B60~64（B60L→VⅡ—4）	5.同特许	B60~64（B60L→Ⅶ—4）
	6.容器、包装	6.容器、包装	B65B. C. D. B67	6.同特许	B65B. C. D. B67
	7.物流机械	7.物流机械	B65F. G. H. B66	7.同特许	B65F. G. H. B66
3.化学、冶金、纤维	1.无机化学	1.无机化学	C01,03~06,30	1.化学、冶金、纤维	A01N,A4~42、A61K B22F
	2.有机化学、药物	2.有机化学、药物	A01N. A61K. C07		C（C02→Ⅱ—1,C12、13→I →1）
	3.高分子化学	3.高分子化学	C08~11.14		D（D05B,D06F→I—3）
	4.冶金	4.冶金	B22F. C21~25		
	5.纤维	5.纤维	A41~42D（D05B、D06F→I—2）		
4.建设	建设	建设	E	1.土木、矿业	E01~03、21
				2.建筑	E04~06

396

区分 / 产业部门	特许		实用新案	
	区分	分类	区分	分类
5. 机械	1. 机械、泵	F01~04	1. 同特许	F01~04
	2. 要素、结构、管路	F15~17	2. 同特许	F15~17
	3. 热机器、武器	F22—42	3. 燃烧、热交换、武器	F22、23、28~42
			4. 加热、冰却机器	F24~27
6. 物理	1. 计划、原子核工程	G01、04、12、21	1. 同特许	G01、04、12、21
	2. 光子、显示、音效	G02、03、09、10	2. 同特许	G02、03、09、10

区分 产业部门	特许		实用新案	
	区分	分类	区分	分类
6. 物理	3. 控制、计算、自动出售、登录、信号	G05～08	3. 同特许	G05～08
	4. 情报存贮	G11	4. 同特许	G11
7. 电气	1. 电气零件、照明	F21,Ho1B,H,J，K、M、R、T、H05（H05K→ⅦⅠ—2）	1. 同特许	F21,H01 B，H，J，K，M，R，T,H05(H05K→VⅡ—2)
	2. 电气元件、半导体、印刷	H01C、F，G、L、S,H05K	2. 同特许	H01C,F,G,L,S,H05K
	3. 电子、通讯	HO1P、Q、H03、04	3. 同特许	HO1P、Q、H03、04
	4. 电力	B60L、H02	4. 同特许	B60L,H02

共 1,300 余个类目。

该表可以帮助检索者确定所要查找的类目范围,便于使用。但若要进一步深入到三级以下的细目时,则需利用原表,才能找到具体类号。

(二)《日本专利分类表》(发明および実用新案の分类表)

该表始于 1893 年 11 月,至今已有 17 次大小变动,近年来修改更加频繁,现包括从 1—136 的 174 个大类(中间有增设及停用类),二级类目 1,092 个,细目 23,466 个。日本专利的四种公报所载的说明书均照此表决定分类号(从 1980 年起,已停用)。

1. 分类原则

该表在分类原则上基本是按技术概念的逻辑关系,这在每个大类的细分上表现得很明显,各级类目的隶属关系均体现着明确的层累式结构。例如:

4 2	人造纤维	大类
C	半合成纤维	二级类
1	纤维素エステル纤维	三级类
11	硝酸纤维素	四级类
12	酢酸纤维素	
121	前处理	五级类
122	纺丝液	
123	纺丝	
—.1	乾式	六级类
—.2	湿式	

从上述结构可知,如需查醋酸纤维素方面的专利,则可选用 42C12 以下各类。

2. 分类标记

采用混合层累制分类标记:第一级(大类)用 1、2、3………表示;第二级(小类)用 A、B、C……表示(O 和 I 二个字母不用);第

三级以下(细目)又用0—9表示,每细分一级增加一位号码,号码
与类目级位是相符的。例如:

25(1)	高分子化合物の组成
A	高分子化合物の组成一般
2	配合剂(发泡用配合剂→25(5)H502)
23	安定剂(安定化)
231	单一安定剂
—.3	窒素含有化合物
—.33	窒素を复素原子とする复素环化 合物
—.331	五圆环の复素环を含む化合物
—.331.1	环に窒素原子三つを含む化 合物

(←トリフゾール)

可见,"环に窒素原子三つを含む化合物(←トリフゾール)"
的分类号"25(1)A231.331.1"表明已是分到第九级了。

3.类目注释

为了帮助检索者找到确切的类目,分类表中附加了一些说明
和符号。例如:

84A414	望塔,通风(潜望镜→104D8)
42	水中游览船
	··海中作业船→L6
	··潜水货物船→A26

就是说,"潜望镜"不在84A414类,而在104D8类。同样,"海
中作业船"和"潜水货物船"均不在84A42类,而分别在84L6和
84A26类中。

再如"84B23 木造船(→竹制)",是指"竹制船"也包括在
84B23类中。

又如"84E 77 水上つえ（J 34 参照）"，表明"水上つえ"可参照 J 34 类，扩大检索范围。

不应忽略的是，分类表每一大类下均叙述了该类的变化情况，注意这一点，可防止一些差错。

(三)《日本专利分类表索引》（発明および実用新案分類の索引）

日本特许厅编印。采用能正确反映类目名称的词作为标题，按日文五十音图顺序排列，每一标题后列出相应的分类号。日文汉字与假名混合排列，英文排在最前面。索引前有大类类名一览表，按日文五十音图顺序排列。

索引标题用语的原则是：

(1)直接采用分类表中的用语；

(2)在分类表中用语不明确时，使用一般通俗用语；

(3)仍然不够明确时，则使用相当于这个词汇的其他词汇。

三、日本专利的检索工具

当前主要的检索工具有：

(一)《日本专利年度索引》（日本特许综合索引年鉴）

日本专利年度索引是由日本特许资料中心（日本特许资料ヤノター）出版。每年出版一期，分特许篇年度索引和实用新案篇年度索引两种。特许篇和实用新案篇年度索引又分公告特许索引和公开特许索引；公告实用新案索引和公开实用新案索引四种，这四种又各有分类索引和申请人索引。

1.公告特许分类索引

该索引累积了百年《特许公报》中公告过的全部特许，按分类号的大小顺序编排，著录项目包括分类号、公告号、主分类号、发明的名称和申请人五项。某一专利文献如果有几个分类号，都会在分类索引中重复出现。在同一分类号下的公告号，是按公告号大小顺序排列。如果公告号是属于副分类号,则在其公告号后面主分类号栏里注有主分类号。

2. 公告特许申请人索引

该索引累积了百年《特许公报》中公告过的全部特许申请人名称,按申请人名称排列。著录项目包括申请人名称,分类号,公告号,发明名称。在同一申请人下,按分类号大小顺序排出公告号。

实用新案篇年度索引,公开特许年度索引和公开实用新案年度索引的编排和著录格式及项目,与公告特许篇年度索引基本相同。

(二)《日本特许、实用新案标准索引》(速报版)

日本特许资料中心发行,始于1971年,半月刊。分特许出愿公告编、特许出愿公开编、实用新案公告编、实用新案公开编。1974年起四编合订为一册出版。其编制体例与年度索引相同,并列出了《日本专利分类表》的大类,在两个公告编之前列出了每期所报道的出愿公告日。

从1980年起,该索引名称改为《国际特许、实用新案标准索引》,改名后的《标准索引》是收录根据IPC分类法的特许和实用新案。其编排体例与《日本特许、实用新案标准索引》相同。

年度索引没有出版前,《标准索引》可起到年度索引的检索作用,从而达到快速报道、及时检索的目的。

(三)《特许厅公报》(专利号与公告号对照表)

日本特许厅发行,对照表是《特许厅公报》的"特许目录"和"登录实用新案目录"两部分。该表按专利号(日本自有专利以来的总流水号,包括特许番号和实用新案登录番号)排列。其著录项目包括:专利号、批准日期(登录年月日)、分类号(主分类号)、公告号、专利权所有者的姓名及住址。

当读者从别处(如样本或实物等)获知专利号而想看说明书时,可查该表,找出相对应的公告号,再提取说明书。

(四)《特许对照表》

该表是特许、实用新案和商标的公告号与登记号对照表，可以从公告号了解专利号或拒绝、无效、放弃、取消等处理情况，对制表时未作处理决定的，在处理栏留空，以后在《发明》杂志（前名《特许资料情报》）上追补。

（五）《特许新案集报》

由日本技报堂编辑出版，创刊于1956年，旬刊。每年一卷。集报以文摘的形式报道公告过的特许和实用新案。著录项目包括：说明书标头、专利题目、专利权申请范围和主要附图。

《集报》由下列三部分组成：

1.目次：将《日本专利分类表》的174个大类概括为17组，在组下列出大类名称，并标出所在页码。

2.特许公告目次和实用新案公告目次：按公告号的顺序列出该期所报导的全部特许和实用新案。其项目包括：公告号、分类号（一件专利有几个分类号时，最上边那个黑体的分类号是主分类号，其余为副分类号）、申请号、专利题目、申请人国别及名称。

3.正文：先按17组排，组内按大类类号顺序排。每大类中的摘要，特许在前，实用新案在后，各自再按分类号（主分类号）排，分类号的顺序与公告号的顺序是一致的。摘要只在主分类号下才有，所以不能用副分类号来查摘要。

从1980年改按IPC分类法分类后，类目作了相应的变动。目次部分将所有大类归纳为23个组，每一组下列出相应的大类名称，并标出其所在页码。

正文部分先按23组排，组内再按大类类号顺序排列，排列方式与以前的相同。

（六）《公开特许出愿抄录》

由日本科技情报中心出版。月刊。是公开特许公报的文摘性刊物。

摘要前面是抄录目次。目次按本期公开号顺序排列，之后是相应的日本分类号,国际专利分类号,申请号,发明名称及申请人地址、名称等。摘要部分是按每期公开顺序号排列。摘要的著录项目包括:发明名称、公开号与公开日期、申请号与申请日期、申请人、日本分类号、国际专利分类号、发明内容摘要及插图。

在各种索引中,常有附加号,其含义如下:

审:有关食品、药物的专利,经过特别审查者;

公:有关防止公害的专利;

前:属于提前审查的说明书;

请:在公开前已经提出了审查请求;

☆:该专利的所有权准备转让。

(七)检索日本专利的其它工具

1.我国自编的《日本公开专利文摘》、《专利目录》及《专利文献通报》等。

2.日本专利的各种专题汇编,如《化学特许总览》、《有用发明总览》、《化学特许要览》、《特许建筑材料工法集成》、《带电防止剂》等。

3.《德温特日本专利报告》(Derwent Japanese Patent Report)和《中心专利索引》(Central Patent Index),系由英国德温特公司出版。

4.各种有关文摘刊物,如美国《化学文摘》等。

四、日本专利的检索示例

某船厂试制新型船,准备采用船舵的自动式操纵装置,希望获得日本专利中的有关资料作参考。

检索方法如下:

第一步:确定专利分类号。

从《日本专利分类简表》的"分类目录"中查得第 84 大类是"船舶、潜水"。再从该表正文中"84 船舶、潜水"类下查得"F 船舶的舵、舵的操纵装置"。

也可从《日本专利分类索引》中查。根据日文センパク（船舶）和かじ取り装置（舵的操纵装置），在分类表索引中翻到第164页，可看到：

船 84
かじ取り装置 84F

以上所查到的"84F 船舵的操纵装置"，只是二级类目，还不能满足需要，必须进一步查详表。按分类号"84F"翻到详表第252页，可看到：

F 船舶的舵、舵的操纵装置
2 かじ取り装置
24 自动式

这样，就确定了"船舶的自动式操纵装置"的分类号为"84F24"。

第二步：根据该分类号查日本专利的各种分类索引，以取得公告号或公开号。

例如查1972年《日本特许综合索引年鉴》（分类索引），按分类号翻到第1978页，可看到与此课题有关的六件专利：

84F24 6701 自动操舵方式
84F24 9146 自动操舵装置
84F24 31799 船舶自动航行装置
84F24 41194 船舶の舵取クシフテムにおけろ操舵エニット
84F24 42787 船舶自动操舵装置
84F24 46394 自动针路制御装置

在《日本特许综合索引年鉴》未出版前，可查《日本特许・实用新案标准索引（速报版）》，以补充最新的专利。若要找1967年前的专利，查《特许分类别总目录》和《实用新案分类别总目录》，同样可查得公告号或专利号。

第三步:根据已查得的公告号、公开号或专利号查阅《特许·新案集报》(摘要)或直接看四种专利公报所载说明书原文。

从申请人途径查找,方法较简单,可直接按申请人查找。

利用某些日本专利的专题汇编,从专题角度查找,也较简便。

1. 从分类途径查找:

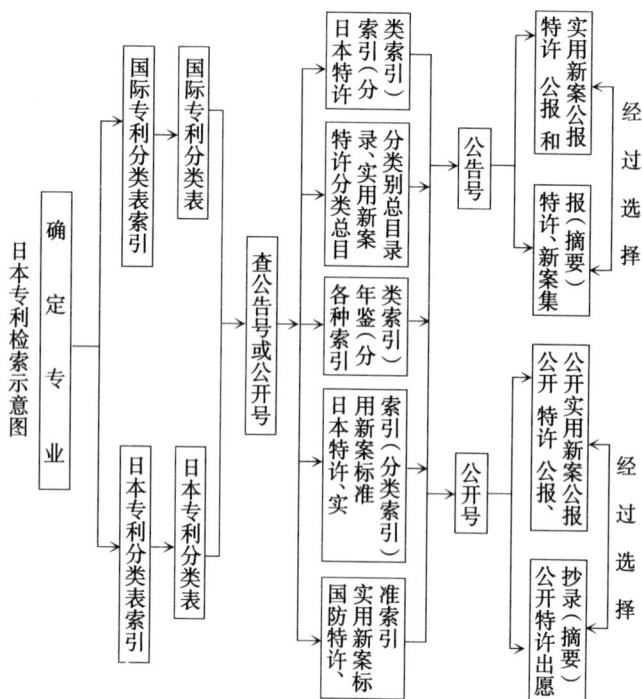

日本专利检索示意图

确定专业 — 国际专利分类表索引 → 国际专利分类表 ↘
确定专业 — 日本专利分类表索引 → 日本专利分类表 ↗ 查公告号或公开号

查公告号或公开号 →
- 日本特许 类索引(分) 索引
- 特许分类总目录、实用新案 分类别总目录
- 各种索引 类索引(分) 年鉴
- 日本特许、实用新案标准 索引(分类索引)
- 国防特许、实用新案标准索引

→ 公告号 → 特许公报和实用新案公报 → 特许、新案集报(摘要) → 经过选择

→ 公开号 → 公开实用新案公报、公开特许公报 → 公开特许出愿抄录(摘要) → 经过选择

图 10—2

注:1980 年起,日本专利分类采用国际专利分类法(IPC),而此之前,使用的是日本自己的分类表。

406

2. 从申请人途径查找:

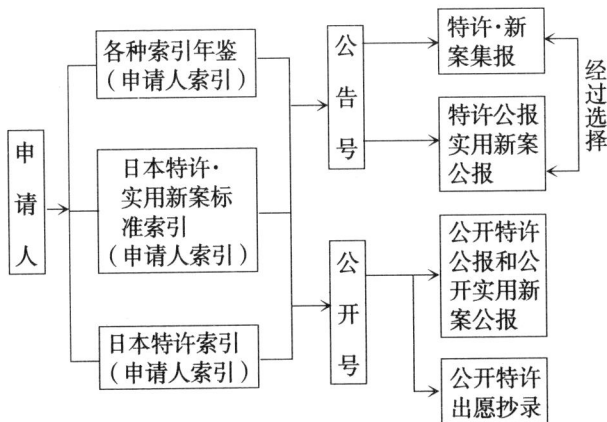

图 10—3

3. 从专题途径查找:

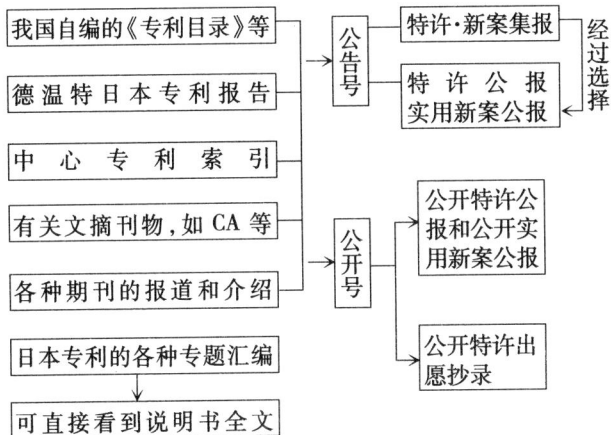

图 10—4

第四节　英国专利

英国是最早实行专利制度的国家。从 1667 年起就开始批准专利，到 1915 年，总共批准与出版了约 50 万件专利。从 1916 年起，重新编号，新专利从 100001 号开始，现已达一百多万号。目前，英国专利平均每年约增加 4 万件左右。

英国专利的审批制度与其它国家不同。专利申请人在申请时不必递交说明其发明的完整说明书，而只需递交临时说明书(Provisional Specification)。而完整说明书(Complete Specification)可在一年内再递交。这种制度的目的，在于鼓励人们尽快申请，以取得优先权。而这种制度所带来的临时说明书与完整说明书这种"双轨"的形式，在其它国家是不多见的。

根据英国专利法，申请人可对原专利进行补正或修改。这种补正专利也出版说明书，称为补正专利说明书(Amended Patent Specification)，其编号与被补正或修改的原专利是相同的。出版情况在《专利公报》内公布。因此在检索英国专利时，应该注意这种补正专利的出版情况。

1979 年 1 月起，英国实行公开制度，因而又增加了专利申请公开说明书(Patent Application).其专利号冠以"A"字样。根据新法而认可的专利，其专利号冠以"B"字样，以便同先前公布的未审查说明书(具有相同号码)有所区别。绝大多数老法认可的专利(其专利号在 2,000,000 以下)已于 1981 年年底前公布，也有少量的(主要是保密的)现在仍在公布。

英国的专利说明书(Patent Specification)包括标头和正文两个部分。自 1,200,101 号专利起，标头部分(即各种著录事项)按 ICI-REPAT 规定的格式编排。正文部分分为七个方面:(1)前言;(2)介绍此件发明所属的技术领域的发展水平;(3)发明目的;(4)发明的实质内容;(5)对发明的详细说明;(6)专利权项;(7)附图。

检索英国专利的主要检索工具是:

1.专利公报(Official Journal–Patent)。周刊。它与其它国家的专利公报不同,不登专利摘要和附图,而只报道专利申请、批准、修改、推销等情况,以及每件认可的完整专利说明书的标头部分(即题录)。此外,专利公报还列出被认可的、指定英国生效的欧洲专利,并附有专利号索引、申请号索引、申请人人名索引及主题索引等。这个《专利公报》的主要作用是借以浏览最新专利的一般情况,但不能获得专利的内容介绍,因而也不能决定取舍。

2.《英国专利说明书摘要》(Abridgements of Patent Specification)。这是检索英国专利的主要工具。这个《摘要》按类出版。分类曾多次变动。从1965年1,000,001号专利起,每25,000件专利为一单元,按25类分别以25个分册出版。这25个分册见下页。

《摘要》也附有主题分类索引、申请人人名字索引等。

3.《专利申请者索引》(Index to Name of Applicants)。

4.《专利分类表》(Classification Key)。这是英国专利分类体系的明细表,是检索英国专利的"钥匙"。《分类表》附于《英国专利说明书摘要》中。

英国专利的分类比较复杂,变化也多,大致上以94万号(1963年9月)为界,有两种不同的分类体系:

(1)在94万号以前,共分278个大类(Class),每个大类下包括若干个标题(Heading),在标题下再细分,称为复分标题(Subdivision),复分有时细分到6—7级类目,一般则分到3—4级。

(2)940,001号以后,分成8个部分(Section)为大纲,用英文大写字母A—H表示。8部分下共分成40个大类(Division),以数字表示。每个大类是由若干有关的原标题(Heading)组成,共有

450 多个标题,也用英文大写字母表示。标题下仍有详细复分类目列出,最细的也可分到 6—7 级。

分册	类别	内容
1	A_1—A_3	农业、畜牧业;同品、烟草;服装、珠宝
2	A_4	家具,家庭用品
3	A_5—A_6	医药,外科,农药,消防;文娱
4	B_1—B_2	物理、化学设备和工艺;破碎,涂复,分离,喷布
5	B_3	金属加工
6	B_4—B_5	切割、手工具;放射性物质的容器;非金属加工,压力机
7	B_6	印刷,书写,装饰
8	B_7	运输
9	B_8	传输、包装、搬运、起重、贮藏
10	C_1	无机化学,玻璃,肥料,爆炸物
11	C_2	有机化学
12	C_3	大分子化合物
13	C_4—C_5	染料、涂料,各种配置物料;油,脂,蜡,石油,煤气
14	C_6—C_7	糖、皮革、微生物,饮料;冶金,电解
15	D_1—D_2	纺织、缝纫、绳索;纸
16	E_1—E_2	土木工程,建筑;系紧件,门配件等
17	F_1	原动机,泵
18	F_2	机械元件
19	F_3—F_4	兵工;加热,冷却,干燥,照明
20	G_1	测量,试验
21	G_2—G_3	光学,照相;控制,计时
22	G_4—G_6	计算,计数,检验,信号,信息处理;广告,教育,音乐,录音,核技术
23	H_1	电路元件
24	H_2	电力
25	H_3—H_6	电子电路,无线电接收机;电信;其它电技术

A 日常生活必需品

A1 农业;畜牧业

A2 食品;烟草

A3 服装;鞋袜;珠宝

A4 家具;家庭用具

A5 医药;外科;农药;消防

A6 文娱

B 各种作业和设备

B1 物理、化学设备和工艺

B2 破碎;涂复;分离;喷布

B3 金属加工

B4 切割;手工具;放射性物质的容器

B5 非金属的加工;压力机

B6 文具;印刷;书写;装饰

B7 运输

B8 传输;包装:搬运;起重;储藏

C 化工、冶金

C1 无机化学;玻璃;肥料;爆炸物

C2 有机化学

C3 大分子化合物

C4 染料;涂漆;各种配制物料

C5 油;脂;蜡;石油;煤气生产

C6 糖;皮;微生物;饮料

C7 冶;电解

D 纺织、造纸

D1 纺织;缝纫;绳索

D2 纸

E 土木工程、建筑附件

E1 土木工程;建筑

E2 系紧件;门配件等

F 机械、照明、加热

F1 原动机;泵

F2 机械元件

F3 兵工

F4 加热;冷却;干燥;照明

G 仪器仪表

G1 测量;试验

G2 光学;照相

G3 控制;计时

G4 计算;计数;检验;信号;信息处理

G5 广告;教育;音乐;录音

G6 核子学

H 电学

H1 电路元件;磁铁

H2 电力

H3 电子电路;无线电接收机

H4 电信

H5 其他电技术

英国专利分类表的分类层次举例：

部分（Section ）：	A	**日常生活必需品**
大类（Division ）：	A1	农业；畜牧业
标题（Heading ）：	A1A	渔业
复分标题（Subdivision ）：	A1A1	·自动探鱼装置
	A1A2	·鱼袋、鱼篮等
	A1A3	·饵料容器

分类表介绍了类目的定义范围，以及各类所用标题及复分标题的范围。标题前面的小圆点"·"表示复分，分得越细所加的点越多。

中国科学技术情报研究所1974年初编译出版的《英国专利分类简表》，是介绍940001号以后的分类体系，包括450多个类目（标题），可供查找英国专利参考。

5.《分类表索引》（Reference Index to The Classification Key）。1927年开始出版，以后经常修订。这是英国专利分类表的辅助工具。

但是，英国目前已采用国际专利分类法。

英国专利查找法图解

1.从分类途径查找：

```
确定有关          查 出        查 出          查阅《英国
专业词汇   →    分类号   →   专利号   →   专利摘要》
        利用《英国专        利用《英国专        94万号以前根据
        利分类表》          利摘要》的主        组别和专利号
                           题索引              940001号以后根据
                                              分类号和专利号
                                                      ↓
                                               提取专利说明书
```

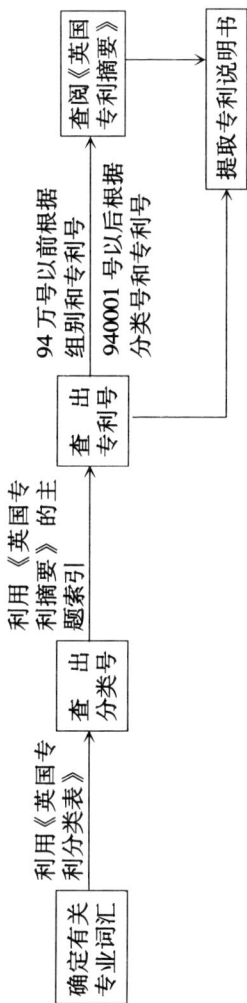

2.从专利权所有者途径查找:

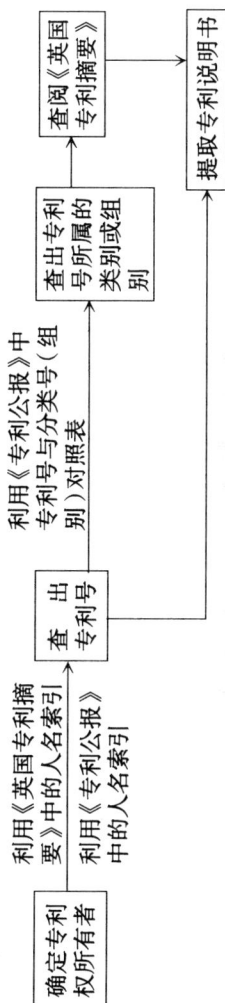

```
确定专利          查 出        查出专利          查阅《英国
权所有者   →    专利号   →   号所属的   →     专利摘要》
        利用《英国专利摘        类别或组
        要》中的人名索引        别
        利用《英国专利公报》
        中的人名索引        利用《专利公报》中
                           专利号与分类号(组
                           别)对照表
                                              ↓
                                       提取专利说明书
```

第五节　苏联专利

一、苏联专利概况

沙俄于 1870 年 5 月 30 日开始实施保护发明的法律,曾于 1896 年进行过全面修改。十月革命之后,列宁于 1919 年 6 月 30 日签署了关于发明问题的公告和条例。1924 年正式对发明授子专利权。1931 年修订发明法律后,正式实施作者证(Авто ские Свидетеиства)和专利证(Патенты)两种保护形式。两者的区别是:对苏联国内公民主要颁发作者证,发明人按法律规定获得某些利益与报酬,发明权归国家所有。对外国人在苏联申请获准的专利,则发给发明人专利证,发明人同时可获得发明的独占权。

以后,在 1941 年与 1959 年又曾分别修改过两次专利法。苏联现行专利法,是由苏联部长会议于 1973 年 8 月 21 日公布,1974 年 1 月 1 日生效的《发现、发明及合理化建议条例》。目前,在苏联主管发明事务的部门是直属部长会议的国家发明与发现委员会 (Государственний Комитет совета министров СССР ло делам изоб етений и открытый),属于工业产权保护的有:发现、发明、工业产品外型设计,商标等。

二、苏联专利文献及其检索

苏联中央专利情报与技术经济研究所是负责出版专利情报、编制专利资料的检索工具和从事专利法研究并促进国际专利情报交流的中心。由该机构编辑出版的专利文献资料主要有以下几种:

1. 发明证书(оп исание изобрения)

在苏联,经审查准许的发明证书有两种:即作者发明证书(описание изобретения к авторскому свидетельству)和专利证书(описание изобретения к патенту),两者统称专利说明书。另外,如专利公报、专利分类表及其索引虽然也可列入专利文献之列,但它们的主要职能是检索。

2.《发现、发明、工业产品、商标》(открытня,изобететения.промышленные образцы,товарные.знаки),其前身为《发明公报》(бюметень изобретеинй),创刊于1924年,到1962年停刊(从1号—152438号)。1963年与《商标公报》(бюллметень тованых знаков)合刊,改名为《发明与商标公报》(бюллетень изобрений и товарных знаков),到1967年止(从152439号—191439号)。从1967年起,增加了商品外型设计与发现,改为现名。过去每月出版三期,1973年起每月出版四期。

该公报是苏联发明与发现委员会用以公布专利审批情况以及摘要报道苏联专利的刊物,也是查找苏联专利常用的检索工具之一。它的正文由作者证、专利证、工业产品、商标四部分组成,其中以作者证与专利证为主要部分。这两部分的摘要分别按国际专利分类法的八个部的顺序列出,然后按专利号由小到大顺序排列。在作者证或者专利证尾部,有时还公布因某些原因不予公布的专利号码。比如:"авторские свидетечьства с №985982 по №986921,не подлежат публикации。"这是说,985982到986921之间的作者证在此不予公布。如果需要时,可以在以后出版的公报中"以前未曾公布的作者证或者专利证"(авторские свиде-тельства или патента изобретения ранее не цуыиковавщиеся)这一栏中补查。公报中关于工业产品与商标部分内容较少,它们各自按专利号顺序列出,两部分互不相干。

除上述内容外,公报中附有各种通告,报道专利变化,失效情况,以及专利申请人与专利权限的变更等,可供查找有关情报时使用。每期公报附有两种索引：

①专利分类索引（систематический номер ов авто ских свидетельств и патентов）。该索引按国际专利分类法号码顺序排列，同时列出各类号相应的专利号。这是从研究课题出发，从专利分类号查找专利号乃至专利摘要的主要辅助工具，其格式如下：

индекс международной классификации изобретений		（发明的国际专利分类号）	№авт. св или патента	（作者证或专利证号码）
A01	B	13/06	982548	
A01	B	13/08	982549	
⋮		⋮	⋮	
A61	B	17/08	9825676	
A61	B	17/11	9825677	
A61	C	51/10	982684	
A61	F	1/16	982689▲	

②专利申请号索引（нумерационный указатель заявок）。该索引按专利申请号顺序排列，同时列出相应作者证或专利证号。这是供已知专利申请号查找专利号乃至专利摘要使用的工具。其格式如下：

№заявки（申请号）	№авт·св·й·ли латента（作者证或专利证号）
1408358	983980
1417064	983336
2738685	762319
2738393	982689

公报检索方法示例：

检索苏联专利与检索其它国家专利方法基本相同。利用苏联

公报从分类途径入手,检索步骤如下:

①首先根据研究课题从国际专利分类法的关键词索引(catchword index)中确定合适的分类号。比如要查找"人造眼"方面的专利文献时,从国际专利分类法的关键词索引款目中进行选择:eye(s)眼

(1) artificial—A61F   1/16

     Making artificial—of plastics   B29D

     baths for—   A61H   33/ 04

     doll's—   A63H   3/38

从上例款目中确定"A61F 1/16"(人造眼)和"B29D"(制造塑料人造眼)是与该课题有关的两个国际专利分类号。

②根据所得的国际专利分类号再查找公报的分类索引从而获得与其对应的专利号。比如 A61F1/16 这一国际专利分类号相应的专利号为 982689(见标①中列表)。

③根据专利号 982689,可按顺序在作者证与专利证部分查看专利摘要:

(11) 982689   (21) 2738393/28 – 13

(22) 17. 01. 79   (51) A61F 1/16

(53) 617. 7—089. 28   (72) т. и Ероисевский,

В. М. Малов и Е. Б.   Ерощевская

(71) куйбышевский медицинский институт или. д. и. ульянова

(54) (57) способ фиксации искусственното хрусталика в передией камере

     г. лаза

     ……摘要略。

该专利文献的篇名(即代号(57)后的俄文著录)是"眼前房人造晶体的固定方法"。其余各著录项目,请参看本章第一节所列

举的"巴黎联盟专利局间情报检索国际合作委员会"制订的专利著录项目的国际统一数字代号。

若事先已掌握某专利申请号,则可直接查找公报的专利申请号索引,最后确定相应的作者证或专利证号,再阅读公报。如上例,可从申请号 2738393 直接在申请号索引(见标号②中的列表)查到 982689 这个专利号。这是一种较简便的方法。

3.《苏联及国外发明》(изобретения в СССР и за рубежом)

这是由苏联中央情报与技术经济研究所编辑出版的专利文摘刊物,其前身为《国外发明》(изорбретения за рубежом),创刊于1972 年,该刊创刊初期专门报道西德、法国、英国、日本和美国的专利公报,按 33 个分册出版,1975 年第 12 期后改为 40 个分册,1976 年增加到 53 个分册,1978 年由于增加了苏联和瑞士专利公报而改为现名并按 116 个分册出版。1978 年增加了国际专利之后又按 118 个分册出版,1982 年分册数增加到 128 个,刊期有半月刊,月刊等。

该刊采用卡片式规格编排,每期按国际专利分类法分国顺序编排,正面是俄文译文,背面照录原文。检索时可按类进行,方法简单,但不常用,国内收藏有限。

4.《国外发明目录索引》(библиотрафический указатель изобретений за Рубежом)

这是查找苏联以外的专利文献的题录式检索工具。主要报道对象是:澳大利亚、奥地利、比利时、保加利亚、丹麦、东德、加拿大、波兰、捷克、芬兰、匈牙利、挪威、罗马尼亚、瑞典、印度、埃及、伊拉克、伊朗、古巴、摩洛哥、巴基斯坦、叙利亚、土耳其、斯里兰卡、非洲工业产权组织等。

该刊为月刊,每期按国际专利分类法 8 个部分出版 8 个分册,每分册内容按国别顺序列出。

5.《苏联专利分类表》(указатель классов латенотов и

авторских свидетелбств выданных в СССР）

这是查找 1970 年以前的苏联专利文献的工具（1970 年之后苏联采用了国际专利分类法分编专利文献）。该表按原德国专利分类体系分类,共分 90 大类（класс）,用阿拉伯数字表示,小类（подкласс）用小写拉丁字母表示,组（труппа）和分组（подгруппа）用阿拉伯数字表示,中间用斜线分开。一个完整的苏联专利分类号如:15a19/04。

为了迅速、准确地查到某一课题的专利分类号,最好利用《苏联专利分类简明主题索引》（Переченб патентных классови краткий предметный указатель）。该索引按主题字顺排列,并列出相应的专利分类号,它是和上述苏联专利分类表相互配合使用的辅助工具。

以上介绍的是苏联出版的几种检索专利文献的工具。检索苏联专利文献,还可利用国外出版的其它检索专利文献的工具。比如由英国德温特公司出版的《苏联发明》（soviet inventions illustrated）。这是一种用英文报道苏联专利文献的工具。该刊创刊于 1961 年,原为月刊,1973 年后改为周刊。其检索方法与检索该公司其它出版物的方法相同。

另外,利用该公司出版物中的专利权人（公司）索引也可以查找苏联专利文献。凡公司代码后有" = "号者,即属苏联公司的发明。

第六节　其它国家专利文献概况

其它国家的专利说明书概况:

国名	文献名	使用语言	专利分类	备注
西 德	Patentshrift（专利发明说明书）（PA）	德语	IPC	从 1975 年 1 月起改为 IPC
	Auslegeschrift（专利申请公告说明书）（SA）	德语	IPC	
	Offenlegensschrift（专利申请公开说明书）（OS）	德语	IPC	公开制度从 1968 年 10 月开始实行
	Auszüge aus den Gebrauchsmustern（实用新型申请公告摘要）	德语	IPC	不出版说明书，登录后有私营企业出版的产权文摘刊物
法 国	Brevet d'Invention（专利发明说明书）	法语	IPC	
	Certificat d'Utilite（实用新型说明书）	法语	IPC	自 1961 年 1 月开始
	Demande d'e Brevet d'Utilite（专利申请公开说明书）	法语	IPC	公开制度自 1969 年 1 月起实行
	Brevet Special de Medicament（医药特别专利发明说明书）	法语	IPC	
比 利 时	Brevets d'Invention（专利发明说明书）	法语 德语 弗兰德语	IPC	

420

其它国家的专利文摘刊物表：

国名	文献名	摘要性质	刊期	出版机构	使用语言
西	Auszüge aus den Auslegeschriten（专利申请公告说明书摘要）	产权摘要	周刊	Wila verlg 公司	德语
德	Auszüge aus den Gebrauchsmustern（实用新型申请公告摘要）			Wila verlag 公司	德语
	German Patents Abstracts（德国专利文摘）	技术内容摘要	周刊	德温特出版公司	英语
	German Patents Gazette（德国专利文摘）	技术内容摘要	周刊	德温特出版公司	英语
法国	Bulletin Official de la Propriete Industrielle（Abrèges）（工业产权公报摘要）	技术内容摘要	周刊	法国专利局	法语

421

国名	文献名	摘要性质	刊期	出版机构	使用语言
法 国	Bulletin Official de la Propriete Industrielle （Brevets Speciauux de Medicaments） （工业产权公报——医药特别专利）	产权摘要	周刊	法国专利局	法语
	French Patents Abstracts （法国专利文摘）（化学专业）	技术内容摘要	周刊	德温特出版公司	英语
比 利 时	Recueil des Brevets d'Invention （发明专利汇编）	产权摘要	月刊	比利时工商产权局	法语
	Bergian Patents Reports （比利时专利报道）	技术内容摘要	月刊	德温特出版公司	英语

第七节　德温特公司的专利检索工具

一、出版体系

英国德温特出版公司(Derwent publication Ltd)是一家专门从事专利情报报道的私营机构。它出版各种专利文摘、索引,发行计算机可读磁带以及各种卡片等等,构成世界上专利文献的重要报道与检索体系。这些检索工具,由于是统一用英文写成的,并且有统一的分类法(德温特公司自编的专利分类法),因此,对于通晓英语的读者,在检索不同国家的、用不同文种出版并按不同分类法分类的各国专利文献方面,提供了方便。我国情报单位编制专利目录或文摘时,也经常把它作为重要的参考工具,因此值得重视。

德温特公司成立于 1951 年。其业务范围是逐步扩大的。在其初成立时,出版了第一种专利情报刊物——《英国专利文摘》,其后又增出了西德与比利时的两种专利文摘;六十年代,又出版了药物、农业化学品、聚合物等方面的检索工具;从七十年代起,创办了《中心专利索引》(Central Patent Index—CPI);1974 年 1 月起,又创办了《世界专利索引》(World Patent Index—WPI);1979 年又出版了《欧洲专利报道》(European Patents Report) 和《国际专利协作条约专利报道》(PCT Patents Report)。由于各种检索刊物创刊年代先后不一,所收录的专利范围也并非一致,书本式、卡片式、穿孔卡片式等等同时发行,加之为了商业上的考虑,出版物名目繁多,因此德温特公司出版的检索工具体系较为庞杂。

德温特专利检索工具收录 27 个国家或组织的专利文献,其收录范围是：

1."主要"国家或组织

（1）专利说明书公布快的国家或组织有：比利时、欧洲（未审查的）、法国、西德（未审查的）、日本（未审查的）、荷兰（未审查的）、国际专利（PCT）、研究公开（Research Disclosure）、南非、瑞典、英国（未审查的）。

（2）专利说明书公布慢的国家或组织有：加拿大、欧洲（审查的）、东德、西德（审查的）、日本（审查的）、荷兰（审查的）、苏联、瑞士、英国（审查的）、美国。

2."次要"的国家或组织

（1）专利说明书公布快的国家或组织有：巴西、丹麦、芬兰、意大利、挪威、葡萄牙。

（2）专利说明书公布慢的国家或组织有：奥地利、捷克、匈牙利、以色列、罗马尼亚。

这里需要说明几点：

①"主要"国家中，CPI 与 WPI 从创立时起就全部收录。例外的是：研究公开从 1978 年起、欧洲专利与 PCT 专利从 1979 年起收录。瑞典于 1979 年起由"次要"国家转为"主要"国家。

②"次要"国家中，从 1975 年起全部收录。但意大利从 1978 年收录。

③日本公开专利只被 CPI/EPI 收录。

④日本已审查专利只被 CPI 收录。

⑤所谓公布慢的专利文献，一般经过新颖性审查的，约在收到申请二至三年后以印刷形式出版。说明书的专利权限项目数较少、范围较窄。其新颖性是经过证明的。

⑥所谓公布快的专利文献，一般是按专利审查的"新法"进行的。在收到专利申请后约六个月内予以公布。公布的文献形式往往是打字的文本。它所包括的专利权限项目较多。其新颖性是有

所怀疑的。

德温特专利检索工具的出版体系,大致可分为"目录周报"和"文摘周报"两大系列。

"目录周报"即《世界专利索引》(World Patents Index,简称 WPI)。它仅为题录,周刊。收录"主要国家"和"次要国家"的全部专利文献。年报道量约为 60 万件。它按专利的学科专业内容分为四个分册出版:综合(P),机械(R)及化工(Ch)。

"文摘周报"即《世界专利文摘》(World Patents Abstracts,简称 WPA),周刊,有摘要,但只收录"主要国家"的专利文献。年报道量约为 15 万件。它包括两个子系列:一是按国别出版的文摘,一是按类别出版的文摘。后者又分别划分为《一般专利索引》(GPI)、《电气专利索引》(EPI)、《中心专利索引》(CPI)。

其中《中心专利索引》(CPI)由于创刊较早,单独为其保留名称,并把它看作同《世界专利文摘》相平行的出版物。前者为化工内容,后者为非化工内容。但是,为了认识和记忆上的方便,我们不妨把《中心专利索引》视为《世界专利文摘》的一部分,即化工部分。

德温特出版物体系示意图(图 10—5):

WPI 的出版物系列示意图

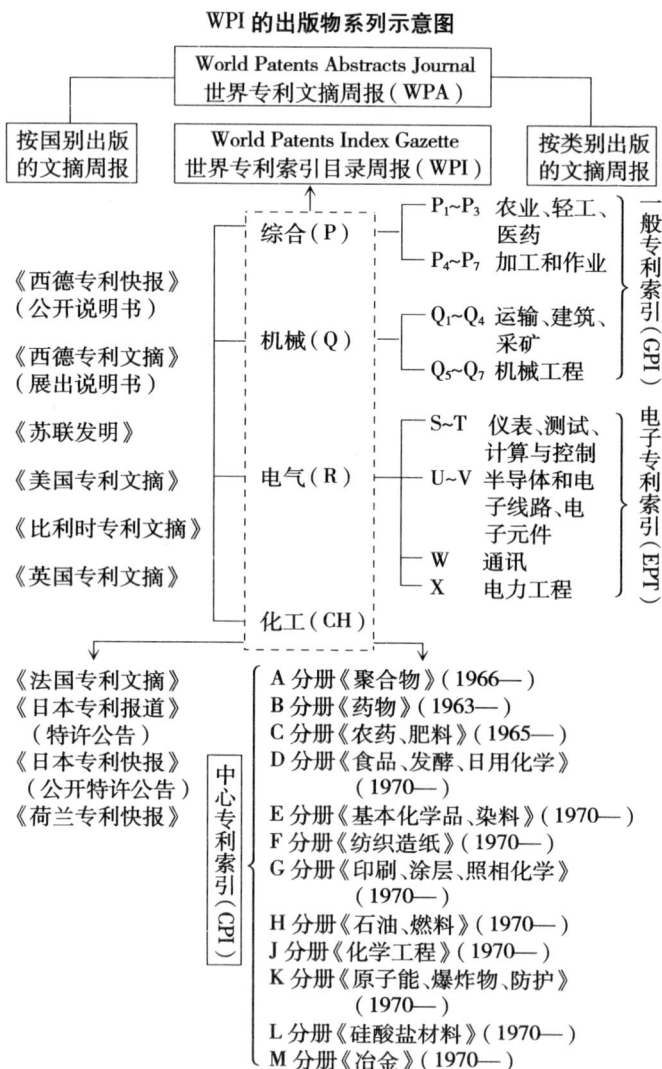

```
                World Patents Abstracts Journal
                世界专利文摘周报（WPA）

  按国别出版        World Patents Index Gazette        按类别出版
  的文摘周报        世界专利索引目录周报（WPI）          的文摘周报

                                         ┌ P₁~P₃  农业、轻工、
                          综合（P）        │        医药              一
《西德专利快报》                           └ P₄~P₇  加工和作业          般
 （公开说明书）                                                       专
                                                                     利
《西德专利文摘》                           ┌ Q₁~Q₄  运输、建筑、        索
 （展出说明书）          机械（Q）         │        采矿              引
                                         └ Q₅~Q₇  机械工程          （GPI）

《苏联发明》                               ┌ S~T   仪表、测试、        电
                                         │       计算与控制          子
《美国专利文摘》          电气（R）         ┤ U~V   半导体和电         专
                                         │       子线路、电          利
《比利时专利文摘》                         │       子元件             索
                                         ├ W     通讯               引
《英国专利文摘》                           └ X     电力工程          （EPT）

                          化工（CH）
```

《法国专利文摘》	A 分册《聚合物》（1966—）
《日本专利报道》	B 分册《药物》（1963—）
（特许公告）	C 分册《农药、肥料》（1965—）
《日本专利快报》	D 分册《食品、发酵、日用化学》
（公开特许公告）	（1970—）
《荷兰专利快报》	E 分册《基本化学品、染料》（1970—）

中心专利索引（CPI）

A 分册《聚合物》（1966—）
B 分册《药物》（1963—）
C 分册《农药、肥料》（1965—）
D 分册《食品、发酵、日用化学》
　　（1970—）
E 分册《基本化学品、染料》（1970—）
F 分册《纺织造纸》（1970—）
G 分册《印刷、涂层、照相化学》
　　（1970—）
H 分册《石油、燃料》（1970—）
J 分册《化学工程》（1970—）
K 分册《原子能、爆炸物、防护》
　　（1970—）
L 分册《硅酸盐材料》（1970—）
M 分册《冶金》（1970—）

图 10—5

（一）由图可知,按国别出版的专利文摘通报(Alerting Bulletins)共十种,皆为周刊。

1.《西德专利快报》(German Patents Gazette)。它报道西德未经审查的公开专利(OLS),每周约1,100件。

2.《西德专利文摘》(German Patents Abstracts)。它报道西德已审查的专利(DAS)说明书,约每周485件。

3.《苏联发明》(Soviet Inventions Illustrated)。它报道苏联专利和作者证书,每周约900件。

4.《美国专利文摘》(United States Patents Abstracts)。每周约1,250件。

5.《比利时专利文摘》(Belgian Patents Abstracts)。它报道比利时未经审查但供公众检查的专利说明书,每周约240件。

6.《英国专利文摘》(British Patents Abstracts)。每周报道约720件经审查的和约500件未经审查的专利说明书。

以上六种,内容范围包括综合、机械、电气、化工四个方面。

7.《法国专利文摘》(French Patents Abstracts)。每周约报道350件法国专利,以及若干南非专利(约每月330件)。

8.《日本专利报道》(Japanese Patents Report)。每周报道约350件经审查的日本特许说明书。

9.《日本专利快报》(Japanese Patents Gazette)。每周报道约875件日本未经审查的公开特许说明书。

10.《荷兰专利报道》(Netherlands Patents Report)。每周报道约160件未经审查而供公众检查的荷兰专利,以及经审查的荷兰专利。

以上四种,内容范围仅包括化工方面。

(二)按类别出版的专利文摘通报共二十种,也都是周刊。其中A至M分册(共12种)仍维持其"中心专利索引"(Central Patents Index)的名称。每一种文摘的报道范围,包括二十四个国家的基本专利(这二十四个国家:奥地利,比利时,巴西,加拿大,捷克,丹麦,芬兰,法国,东德,西德,匈牙利,以色列,意大利,日本〔只包括化工〕,荷兰,挪威,罗马尼亚,南非,苏联,瑞典,瑞士,英国,美国。此外还有欧洲专利组织和国际专利协作条约组织等二个组),以及九个国家(西德,日本,荷兰,苏联,英国,美国,比利时,法国,南非)的等同专利。

(三)内容为 P(综合)和 Q(机械)的四个分册(即 $P_1 \sim P_3$, $P_4 \sim P_7$, $Q_1 \sim Q_4$, $Q_5 \sim Q_7$),其概括的名称为《一般专利索引》(General Patents Index—GPI)。

(四)内容为 R(电气)四个分册(即 $S \sim T$, $U \sim V$, W, X),其概括的名称为《电气专利索引》(Electrical Patents Index—EPI)。

以上构成《世界专利索引》的《文摘周报》。

(五)《世界专利索引目录周报》是与《世界专利索引文摘周报》(World Patents Abstracts Journal)相平行的检索刊物。它仅为题录,无摘要,但报道速度快。报道范围不仅包括"主要国家",还包括"次要国家"。它分四个分册(即 P、Q、R、Ch)出版。每周共报道专利 12,000 件。目录周报中的索引有季度累积本及多年度累积本。

了解德温特公司的出版体系,掌握其各种检索刊物之间的区别与联系,有助于我们根据检索的要求而准确地选择文摘索引。

二、德温特专利检索工具所用的分类体系

德温特公司自编了"中心专利索引分类体系"和"世界专利索引分类体系(非化工部分)"等两个分类表。这两个分类表作为对所有报道的专利文献进行统一分类的依据。分类表很粗略,只分到第三级类目。类号采用字母与数字的混合制。这两个分类表,严格说来,不能作为进行专深课题的精确检索的手段。因此在德温特的检索工具中,普遍采用了国际专利分类法(IPC),并且利用

IPC 编制分类索引。

现将 WPI 分类体系(非化工部分)和 CPI 分类体系转抄于附录一。

三、著录款式

德温特检索工具对专利文献的著录较为详细,并且采用了大量的代码或符号。具体的一些著录事项及其排列次序,往往经常变化。

现以 1982 年的专利文摘为准,说明其各著录事项的意义。

---

④XERO　　⑤S06　　②H7746D/34　　① = US4345 – 835

⑧Multiple mode xerographic copire-is selectively ope-

　　rable in copy mode, write mode in which additional

　　images are provided on photoreceptor, and read

　　mode

③XEROX CORP　⑨14.01.80-US-11152

⑥P84　⑪(24.08.85)　　⑫ ∗ EP-33-594　⑦G03g-15.

⑩14.01.80 as 111520　　⑬(911cc)

　　The triple function ···

　　···

　　···································(10pp)

---

① = US4345 – 835 为美国专利号。专利国名采用世界知识产权组织的代号(从 1981 年 D01 周开始),皆为两个字母。专利国别前面的符号意义是:

"="等同专利;"∗"基本专利;"#"非法定等同专利(即在基本专利申请 12 个月后才申请的等同专利)。

一件发明如果是在上面所列举的"主要"国家中首次公布的,

429

那么这个出版物称为"基本专利"并编上 WPI 的入藏号（accession number）。这个入藏号统一用于随后公布的该族所有等同专利。

但是，一件发明的首次公布如果是在"次要"国家，那这件专利被认为是临时的基本专利，对它不编入藏号，也不编文摘。如这件临时的基本专利随后有同族的专利在"次要"国家中公布，也不编入藏号。但是，当该族的专利一旦在一个"主要"国家中予以公布时，即认为这是首次披露，给它编入藏号，并且将此入藏号应用于该族的较早发表的成员。因此，在有关索引中，基本专利入藏号中所带的周数，要比它的某些等同专利出现的周数晚。

②H7746D/34，德温特的入藏登记号，对化工专利，用五个阿拉伯数字表示。非化工专利，则用四个数字，前面再加一个字母表示，以示区别。同一发明的登记号与等同专利的登记号相同。登记号的后一部分，如 D/34，表示年份与周数。D 为 1981 年，E 为 1982 年。"34"即表示为第 34 个星期。

德温特公司专利文献出版物是跨年度出版。即当年 2 月出版第一期，次年 1 月出版最后一期，期号破年相连。所以当年的年份代号可以延用到次年 1 月份出版的刊物上。

③XEROX CORP 为专利权人的名称。最长只限 24 个字母。

④XERO 为专利权人的代码，由四个字母组成，四个字母之后的符号的意义是：

—表示小公司

/表示个人

 ＝表示为苏联机构

空白表示为大公司

⑤S06 为此件专利的德温特的主要分类号。

⑥P 84 为此件专利的德温特附加分类号。即此件专利也可分入此类。

⑦G03g – 15 为此件专利的国际专利分类号（IPC 号）。

⑧为此件专利的题目(发明名称)。题目是由德温特公司根据专利说明书的内容重新拟订的,较原说明书题目更为具体。题目分为两段,中间用短横联结。前段主要说明事物,后段主要指出实现的条件、手段或方法。凡名称中所用的名词术语,都是经过计算机同标准词表中的词相核对过的,因此可用于机检。

⑨此件专利的优先日期与优先号。

⑩申请日期与申请号。

⑪此件美国专利的公布日期。

⑫此件专利的基本专利,即欧洲专利 33 – 594 号。

⑬文摘员代号。

四、辅助索引

德温特公司编制的专利文献索引,附有若干辅助索引。有的附于周刊之后,有的是季度累积本。

1. 专利权人索引(Patentee Index)

它提供从专利权人的代码(四个字母)进行查找的功能,即可以用来查找某公司或个人获得了什么专利。每条索引条目给出了专利的公布日期、作为专利权人的公司或个人的全称、分类号(包括主要的和附加的)、专利号、专利名称及登记号等。

IBMC 24.02.81 IBMCORP T04 * EP-58-855

LOW-Voltage electrolytic printing appts-L7476E/36

这里,IBMC 是国际商业机器公司(IBM 公司)的四个字母的代码。因此,要从专利权人索引中进行检索,必须首先从公司名称中查找四个字母的代码。这可以利用德温特公司另外编印的"公司代码手册"。例如日立公司的英文全称是 HITACHI KK,查代码手册,即可找到其四个字母的代码为 HITA。

2. 登记号索引(Accession Number Index)

由于同一发明的各个等同专利与基本专利的登记号是相同的。因此可以利用这个索引查到同一族系的各个专利。索引按年代(字母表示)排,再按登记号大小排。索引条目中给出了登记号、主要分类号及专利国别代号与专利号。如:

E

A 2899—E　　S

　　EP—43—137　　E02 +

　　DE 3024—794　　E05

　　WP 8200—202　　E05 +

　　JS 7501—342　　E36 +

---

3. 专利号索引(Patent Number Index),即从已知专利号入手进行查找。

以上三种索引是文摘周报中所附的索引。

WPI 的目录周报有累积索引,共四种(分别有季度、年度、三年度、五年度累积索引):

①专利权人索引(Patentee Index),或称公司索引。

②国际专利分类号索引(IPC Index)。

③登记号索引(Accession Number Index),或称等同专利对照索引。

④专利号索引(Patent Number Index)。

此外,还有一种独立于周报体系之外的"优先案对照索引周报"(WPI Weekly Priority Concordance)及其累积索引,用来从申请号查专利号以及直接由一件专利的优先项查它的等同专利。

第八节　我国自编的专利文献检索工具

上面我们介绍了国外主要的专利文献检索工具。但是,由于那些检索工具都是外文的,而读者只能看懂自己所熟悉的文种。同时这些外文的检索工具发行面有限,不能保证每个地区每个单位都有入藏,因而不能充分地被广大工农兵和科技工作者所利用。鉴于专利文献的重要性,因此有必要建立一套我国自编的专利文献的报道与检索体系,根据我国社会主义建设的需要,有重点地编辑出版。特别是我国目前已收藏900万份专利资料,从数量上说也是世界上名列前茅的。因此有必要充分利用这一重要的情报源。

在1966年以前,我国进口的专利文献主要由中国科学院图书馆负责收藏,因此系统地报道国外专利文献的任务,是由该馆承担的。中国科学院图书馆出版的《专利文献索引》,是我国解放后最早的系统报道专利文献的定期刊物。它每月一期。每期报道约3,000—4,000条。共分八个分册:农业、农业机械、计算机、橡胶塑料及其机械、原动机、电工器材、电讯、无线电电子学、金属冶金等。《索引》是油印本。最高印数达400份。其中金属冶金、橡胶塑料及机械、无线电电子学三个分册附有中文题目。这个索引出版以来,在生产建设和科学研究工作中发挥了一定的作用。但该索引仅是油印,发行量小,影响面不够宽,同时仅为题录,不易确切完整地表达文献内容,给读者判断取舍时造成较大的困难,检索的准确度受到了影响,同时选题的专业面也过窄。

上海科学技术情报研究所从1964年起,动员组织了近千人的力量,进行了美、英、西德、法、日等五国专利公报的编译工作,按专业需要进行选题,编辑出版了《专利文献题解》。该《题解》共有

三、四十个分册,如电机与电器、有机合成与高分子化合物、纺织、金属材料、半导体等等。《题解》实际上就是专利文摘,因此对报道专利文献起了较大的作用。

其它如一机部情报所在其出版的内部期刊《国外文献报导》中有时也报道专利文献,围绕一机部研究课题提供查找线索。

为了宣传专利文献的检索方法,有关部门还编印出版了一批"专利检索手册",如《苏、美、日、英、法、西德六国无线电电子学专利文献检索参考手册》(无线电工业技术编辑部编,1963年3月出版)、《光学专利检索手册》等等。这些检索手册,不仅说明了各国专利文献的概貌,而且列出了有关的专利分类表,详细介绍了有关检索工具的使用法,对读者帮助很大。

近年来,中国专利局文献服务中心是我国收藏专利说明书原件的单位。主要收藏美、英、西德、日、苏、瑞士、奥地利、东德、捷克、波兰、罗马尼亚等十二个国家和欧洲专利局及世界专利合作条约两个国际组织的专利说明书及其检索工具。另有加拿大、澳大利亚、瑞典三国的专利说明书尚未上架。还有荷兰、比利时、丹麦、挪威、芬兰、意大利、西班牙、爱尔兰和保加利亚九国的早年专利说明书,共约800多万件。此外,收藏1981年以来的WPI磁带。各省、市、自治区的科技情报所一般也收藏了专利说明书胶卷。从1972年起,中国科技情报所为了报道其馆藏的专利文献,编印了一套《专利目录》(8个分册)。从1976年起,该所与有关省科技情报所以及基层单位共同协作,根据国外有关专利索引(主要是《中心专利索引》),选译出版了《专利目录》和《专利文摘》(共19分册),报道世界主要国家最新专利说明书的题目或文摘。

《文摘》和《目录》均按分类排列,同类下再按专利国别排列。因此只能从分类途径来查找。

1981年起,改名为《专利文献通报》。计有《食品、轻化学工业及废水处理》、《农业、乳品、烟草》、《生活日用》、《计算机和信息存贮》、《测量和试验》、《武器、弹药》、《发动机和泵》、《造纸、印刷、装帧》、《无机材料》、《工程部件》十个分册。

1978 年起翻译出版的《日本公开专利文摘》，近年已停刊。

第九节　国际专利分类法简介

对于世界各国的专利文献来说，主要的检索途径是分类途径。而在当前，国际专利分类法越来越显得重要，它将成为世界专利文献检索的主要手段。

我们知道，起初，专利分类法都是由各国政府专利当局分别编制的。例如 1831 年出现了美国专利分类法，1877 年出现了德国专利分类法，1880 年出现了英国专利分类法，1893 年出现了日本专利分类法，等等。这些各国的分类法在编制原则、体系结构、标记制度和分类规则等方面，彼此有较大的差别。这对于查找同一技术主题在世界范围内的全部专利文献，带来了很大的不便。为了解决这个问题，人们曾编过"各国专利分类对照表"之类的东西，但由于各国分类法体例不同，因而效果不佳。

从五十年代开始，人们逐步认识到需要有一个国际统一的专利分类法。1954 年在欧洲理事会的赞助下，英、法、德等 15 个国家缔结了"关于发明专利的国际分类法欧洲协定"，同时产生了国际专利分类法的最早版本。1975 年起，国际专利分类法的管理修改工作不再由欧洲理事会负责，而由世界知识产权组织负责，从而使这个分类法带上了世界性的意义。

目前有 36 个国家和一个国际组织（非洲知识产权组织）采用国际专利分类法。日本从 1980 年起废止本国的专利分类法而把国际专利分类法作为唯一的分类法。采用这个分类法的国家，不仅在他们新出版的每件专利说明书上印上该件专利的国际专利分类法的类号,而且也对以往出版的专利文献按国际专利分类法进行重新分类给号。国际专利文献中心还建立了按国际专利分类法重新分类的专利文献计算机化管理系统(CAPRI),作为第一步,将建立起包括1920年以来的德、日、苏、英、美等国专利文献的检索文档。目前该文档已输入700万件专利的记录,估计到1982年时,将达1,500万件。可以预计,用国际专利分类法来组织和检索的专利文献检索工具将越来越多。到那时,将会给科技人员带来很大的方便。

从1980年1月1日起生效的是国际专利分类法的第三版。它共分9卷,1,000多页,除最后一卷为《指南》外,其余8卷为一个等级制的分类体系。包括8个部(Section),20个分部(Subsection),110个大类(Class),617个小类(Subclass),以及54,000多个组(group)。其中组又分主组(main group)和分组(subgroup)。10%的组属主组,90%的组为分组。

国际专利分类法是按照专利文献中所包含的技术主题来设立类目的。这种技术主题可分为面向功能的发明和面向应用的发明。

所谓面向功能的发明是指这种发明主要关系到事物的内在性质或功能,或者说它不依赖于具体的应用方面,即使有的涉及到某种用途,但这些发明在技术上是没有影响的。例如分离、阀门、聚氯乙烯、充气排气装置、脉冲技术等等。阀门的内在性质与功能是关闭或打开管道,它仅仅取决于原理、结构和功能部件。在这里,阀门是用于水管系统或者是用于输送啤酒的啤酒厂管道系统,这是无关重要的。同样,像聚氯乙烯这样的化学化合物,其内在性质与功能取决于其分子式或结构参数,而不是由可能应用的方面(如农用薄膜)来决定的。反映这种面向功能的发明而建立的类目,称为面向功能的类目。

所谓面向应用的发明是指这种发明主要涉及的具体用途与应

436

用。在这里事物本身不作为构成发明的主题,这里重要的是用途与应用。例如作为肥料或清洁剂的化合物,虽然它是一种或某几种化合物,在这里突出的是它们的用途——肥料或清洁剂。反映这种面向应用的发明而建立的类目,称为面向应用的类目。

国际专利分类法的立类标准,是面向功能与面向应用相结合,而以面向功能为主。例如传送、包装、贮藏、升降、起重和拖拉等,是几乎与所有的工业部门有关的功能,国际专利分类法按其功能而不是按其应用将它们集中在"各种操作、运输"这个大部之下。同样,离心机、矿物浮选、邮件分检等,它们都以其共同的"分离"这一特征,按功能将其集中在相近的类目里。但是,某些功能具有这样的特点,即如果没有例外的话,它只与某一定的工业部门有关,因而将其归属于该工业部门之下。例如"编织"这个功能,主要与纺织工业有关,因而将它列于纺织品这个部类之下。这说明国际专利分类法中功能分类与应用分类的结合。

有的技术主题,既按面向功能立类,又按面向应用立类。例如"过滤器",既有 B01D 这个按功能立类的类目,又有 A01J11/06(牛乳过滤器),A47J31/06(咖啡或茶过滤器),D01D1/10(在人造丝纺织装置上的聚合物熔体或溶液的过滤器)等类目。甚至在同一类中,面向功能的原则或面向应用的原则也不是贯彻始终的,而是两者之间有一定程度的交叉。例如 F16N(润滑)这个面向功能的小类,却包括了"专门适用于润滑系统的阀门"的面向应用的子目。同样,F16K(阀门)这个面向功能的小类,也包括有"闸阀或滑动阀的润滑部件"的面向应用的子目。

国际专利分类法的体系结构是:最高一级类目是部,类号用大写英文字母表示。整个分类体系的八个部是:

A 生活必需品

B 作业操作、运输

C 化工与冶金

D 纺织与纸张

E 固定建筑

F 机械工程;照明;加热;武器;爆炸

G 物理学

H 电气

一般来说,部的名称是非常不严格的,它只是粗略地指出在它下面的主题事物的大致范围。例如 E 部(固定建筑),实际上包括:公路、铁路、水利、采矿,甚至锁、保险箱、手铐等等。

国际专利分类法的二级类目是大类。在部与大类之间的"分部",只是把几个有关的大类组合在一起,作为单纯情报涵义上的中间标目,而不构成分类体系上的一级,也没有类号。大类的类号由其上属的部的字母和紧跟其后的两位表示大类本身的数字组成。如 C01——无机化学;C02——水、废水和污水的处理等等。

三级类目是小类,类号由表示部的大写字母、表示大类的两位数字和表示本小类的大写字母(注:第二版是小写字母)组成。例如 C02B——水的处理,C02C——污水和废水的处理,C02D——充入二氧化碳或其它气体的水,等等。国际专利分类法很注意小类的名称,尽可能精确地表达它所包括的主题范围。

第四级类目是主组。类号是由其上属的小类类号再加上表示本主组的一至三位数字以及斜线和数字 00(/00)表示。例如:C02B1/00——水净化及其装置,C02B3/00——水的消毒,等等。

第五级及第五级以下的类目统称为分组。其类号是在主组的类号基础上,将斜线后面的 00 改为其它数字。例如:

主组	C02B	1/00	水净化及其装置
分组	C02B	1/02	·加热法
	C02B	1/04	··蒸馏法
	C02B	1/06	···专用于海水的
	C02B	1/10	·脱气法

这里说明,五级以下的各级分组类目,其类号不采用层累制编号,而改用顺序制编号。五级类目(C02B1/02)、六级类目(C02B1/04)以及七级类目(C02B1/06),在类号的形式上是一致的,其类目的级别用类名前的圆点来表示。五级类目用一个圆点,六级类目用二个圆点,七级类目用三个圆点,以此类推。

在类号中,表示小类的字母,不采用元音字母(A,E,I,O等)。表示组和分组的类号,斜线前一般用奇数(1,3,5……),而斜线后一般用偶数(02,04,06……)。之所以这样配号,是为了给类目的扩充留下充分的余地。

国际专利分类法的类目名称往往采用定义式的类名。这是由于专利文献中所包含的新产品、新方法、新设备、新用途是层出不穷的,决非一部相对稳定的分类法所能列举和预见,加之立类标准以功能分类为主,因此类名中尽量采用定义概念,而不使用具体事物名称。例如活性炭所在类的名称是"选择性吸收的固体",某种钻机的类名是"钻具做往复运动的钻机,而且与工作面脱离接触时钻具能间歇地旋转"。这种概念式或定义式的类名,可以允许包括许多新的器具与方法,只要这些新的器具和方法不突破该定义式类名的涵义即可。

国际专利分类法规定,发明情报、附加情报以及补充情报的分类号的写法有所不同,它们必须遵循一定的表示方法。

所谓发明情报,这是有关发明本身的,即与发明有本质联系的技术主题。它是作为取得技术垄断权或临时技术保护的基础。

所谓附加情报,这是指没有列入专利权限、从而不构成发明的一部分的技术主题。但它对检索者来说,是有用的技术情报。

所谓补充情报,这是指一个技术主题(作为技术主题的基本部分来说属于发明情报,已进行了分类)中的个别的构成部分。这种补充情报主要是在化工技术门类里,因为在这些门类里有时难于把主题事物按照等级上最细的类目进行细分。在国际专利分类法中,凡需要对补充情报进行分类的类目,都在附注中加以指明。

发明情报是必须履行分类的,其分类号称为发明类号。而附加情报和补充情报是非必须履行的(当然希望进行分类),其分类号称为情报类号。

发明类号与情报类号是分开表示的,两者之间必须用双斜线(∥)隔开。如 B65D5/02∥H05K3/04. 在双斜线的后面,先列附加情报的类号。附加情报类号完了以后,再列补充情报的类号。补充情报的类号必须用括号括起。在括号里,先列出该补充情报所补充的对象——即发明类号,然后才是补充情报的类号本身。例如:(C08F210/16,214/06)。

发明类号可以是一个,也可以是数个。如果有几个发明类号,则将最能确切代表该发明的类号放在第一位。各发明的类号之间用逗点分开。当两个类号同属于一个小类时,则只在第一个发明类号中写出小类号,其后的发明类号只写出组的号码即可。这个办法适用于表示两个或两个以上的附加情报或补充情报的类号。

因此,一件专利说明书上可以有如下的分类号:

C08F210/16,255/04/A61K 47/00,C09J3/14(C08F210/16,214/06)(C08F255/04,214/06)

这些类号的意义是:

有两个发明类号:C08F210/16(乙烯与 α^- 链烯的共聚物),C08F255/04(接到乙烯—丙烯共聚物上的高分子化合物)。

有两个附加类号:A61K47/00 和 C09J3/ 14,这是该件专利文献中提到的该高分子化合物的应用(作为医药上的载体之用和作为粘合剂之用),而这种应用未列入专利的权限。

有两个补充情报类号:一个是补充 C08F210/16 这个发明类号的,另一个是补充 C08F255/04 这个发明类号的。补充情报的主题为氯乙烯。

440

国际专利分类法考虑到新出现的技术主题往往不能纳入现有的类目。这时,可将该主题粗分到较上位的类目,或比较接近的类目,然后在类号之后再加上英文字母 X,如 A01BX, A01X, AX 等等。在最极端的情况下,甚至可以是 X。例如,分类法中 G01N3/00 这个类号是表示通过机械压力进行固体材料研究的,现在假如有一件专利,谈的是通过机械压力进行半液体材料的研究,无合适的类目可分,就用分类号 G01N3/00X 来表示。因此,在按国际专利分类法进行检索时,要注意带后缀字母 X 的分类号。

根据一定的主题,从国际专利分类法中选出合适的类目与类号,这是进行检索的重要一环。要善于判断需检索的课题究竟是面向功能还是面向应用的类目。一般来说,应优先选择面向功能的类目。

专利文献所包含的技术主题,不外乎是三个方面:

一是作为某种产品;

二是作为制作这种产品的方法;

三是这种产品的用途,或实现这种生产方法的装置与手段。

在检索工作中,要记住这三个互相联系的方面。当某个技术主题没有合适的一个方面的类目时,就去查找其它方面的合适类目。这就是说,产品、方法、用途、装置这几个侧面要互为补充,互为交替。以此来开阔我们的思路,寻找有用的线索。

《国际专利分类法》有"关键词索引",作为附册单独出版。它包括几千个关键词,在关键词下有更细分的下属关键词,并有参见系统。利用这个索引,可以用分类法类目名称中没有提到的主题事物的名称找到合适的分类号。

世界上按 IPC 最细级类目标注专利文献分类号的,共有 36 个国家和一个国际专利组织及一个地区性专利组织:

国名或组织	开始采用IPC 的年份	国名或组织	开始采用IPC 的年份
阿根廷	1973	德意志民主共和国	1973
澳大利亚	1970	匈牙利	1970
保加利亚	1973	印度	1975
加拿大	1977	爱尔兰	1969
古巴	1974	委内瑞拉	1978
塞浦路斯	1975	荷兰	1969
奥地利	1969	挪威	1968
日本	1964	菲律宾	1972
肯尼亚	1975	波兰	1970
蒙古	1972	葡萄牙	1978
捷克	1969	罗马尼亚	1970
丹麦	1968	苏联	1970
埃及	1974	西班牙	1967
欧洲专利局(EPO)	1978	瑞典	1967
芬兰	1968	瑞士	1971
法国	1969	英国	1967
德意志联邦共和国	1971	美国	1969
巴西	1972	南斯拉夫	1975
以色列	1969	WIPO(PCT)	1978

世界上按 IPC 第三级类目(即小类级)标注分类号的有 11 个国家和一个地区性专利组织:

国名或组织	开始采用 IPC 的年份	国名或组织	开始采用 IPC 的年份
比利时	1955	意大利	1970
哥伦比亚	1978	马拉维	1964
卢森堡	1973	秘鲁	1978
摩纳哥	1975	乌拉圭	1978
南非	1973	非洲知识产权组织 (OAPI)	1964
赞比亚	1965		
智利	1969		

第十一章 标准资料及其检索方法

第一节 标准资料概述

标准化是一项重要技术经济政策,是组织现代化生产的重要手段,是科学管理的重要组成部分。为实现标准化而制订的标准化文献,包括标准(Standard)、规范(Specification)、技术要求(requirement),是对产品和工程建设的质量、规格及其检验方法等所作的技术规定,是从事生产、建设工作的一种共同的技术依据。标准本身也是一种科学研究成果,它来源于实践,经过加工提高,又反过来指导实践。

技术标准对于保证和提高产品质量,合理发展产品新品种,保证产品品种系列化和零部件通用化,促进生产技术的协作配合,合理利用国家资源,便利出口、外援和技术引进,降低成本,提高劳动生产率,加强企业管理,等等,都有着十分重要的作用。

近年来,第三世界国家为发展民族工业,相继建立本国的标准化体系,在国际和地区标准化活动中日益发挥巨大的作用。

随着科学技术交流的发展,国际贸易的日益扩大,国际合作的迅速增多,标准的国际化这个趋向也愈来愈明显。

随着标准化事业的发展,标准资料日益增多。标准资料的种类和数量近年来增加很快,至今已有 70 多个国家制订了全国性(国家)标准,并有全国标准目录;再加上各个国际组织和其他机

444

构制订的标准,目前在世界各国生效的标准,总数约有 30 万件。

标准资料是一种重要的科技情报来源。同期刊论文、专利等资料相比,它没有广告成分,针对性强,数据、规定严密无误,因而可靠性与准确度较高。尽管它不一定代表最先进的生产技术水平,但至少反映其目前的生产能力和技术概貌。一个国家的标准资料,反映该国的经济政策、技术政策、生产水平、加工工艺水平、标准化水平、自然条件、资源情况等内容,对于全面了解该国的工业发展情况是一种重要的参考资料。某些国外的标准对于我国研制新产品,整顿老产品,改进技术操作水平,可起到借鉴的作用;进口设备可按生产的标准资料装配和维修,有些零部件可按其技术标准的形状、尺寸、公差、材料等制订;标准中的术语、词汇、定义也是专业翻译工作和字典编辑工作的参考资料;外贸方面的检验工作也是以技术标准为依据的。

标准资料不同于一般的技术论文,而是一种公开颁发,并且有某种法律作用的文件。它有着自己独特的风格和独立的体制。每个国家对本国标准的格式、编写和报批办法都有专门的规定,并且有固定的代号。技术标准是从事生产建设和科学研究的共同依据,是一种规章性的文件,有约束力。不同级别的标准,在不同的范围内必须贯彻执行。由于国民经济的发展和科学技术水平的提高,标准制定以后也要不断地修订和补充,频繁的新陈代谢就成了标准的又一特点。同时,一个标准一般只解决一个问题,文字比较简练,绝大部分只有二、三页。由于这些特点,对标准资料的管理必须采取不同的方式,因而也就形成了技术标准特有的检索系统。

技术标准一般有如下项目:(1)标准级别;(2)标准名称;(3)标准号(由标准代号 + 序号 + 年代号组成);(4)标准提出单位;(5)审批单位;(6)批准年月;(7)实施日期;(8)标准内容若干项。

以我国"GB144—58"这件标准为例:标准级别是"中华人民共和国国家标准",标准名称是"原木检验规则",标准号是"国标

（GB）144—58"，标准提出单位（编制单位）是"林业部"，审批单位（颁发单位）是"中华人民共和国科学技术委员会"，批准年月是"1958年11月21日"，实行日期"1959年1月1日"。该标准规定了具体的原木检验规则共16条。

标准资料可以按使用范围、标准内容和成熟程度来划分其类型。

我国习惯上按审批机构的级别和应用范围，把标准分为以下几级：

1. 国际标准和区域性标准：指在世界或某一区域范围内通行的标准；

2. 国家标准：在一个国家内必须执行的标准；

3. 部标准：主要指一个国家的全国性的各专业范围内的标准，例如我国冶金工业部的部标准（YB）和第一机械工业部的部标准（JB）等；

4. 专业标准：指某一专业部门对其所特用的零件、部件、完整的产品以及有关工艺设备所制订的标准，例如我国的机床标准、工具标准等。

按内容划分标准类型，各国的作法不大一致，大体可分为以下五种：

1. 基础标准：一般包括名词术语、符号、代号、机械制图、公差与配合、标准直径、标准长度、产品分类、各种参数系列和系列型谱、产品环境条件试验、可靠性要求和抽样方法等。

基础标准是标准的标准，是标准化工作的基础。基础标准的水平，不仅影响其它标准，而且对整个国家的技术水平、产品质量都有重大影响；它应用面广，有效时间长，因此其制订和修订是一项十分慎重、周密细致的工作。

2. 产品标准：规定产品的品种、系列、分类、参数、型式尺寸、质量等级、技术要求、试验和验收方法、包装、标志、运输、贮存方法等。

3. 辅助产品标准：工具、模具、量具、夹具、专用设备及其零部件的标准。

4. 原材料标准：材料分类、品种、规格、牌号、化学成分、物理性能、试验方法、使用范围、保管验收规则的标准。

5. 方法标准：包括工艺要求、过程、要素、工艺说明等，还包括实用规程（Code of practice）。

技术标准按成熟程度一般可划分为四级：

1. 法定标准；

2. 推荐标准；

3. 试行标准；

4. 标准草案。

一般来说，标准都是公开颁发的。但也有少数属于国防、军工生产以及尖端科学技术的标准是保密的，仅在内部发行。公开标准和非公开标准没有特殊的记号。

在国外科技文献中，标准常常以不同的名称出现。因此，要判别一篇文献是否属于标准资料，不能仅仅看它是否用"标准"这个字命名。国外标准资料所用的名称大致有：

标准（Standard，Norm，Стандарт，规格）；

规格（Specification，Нормаль，仕样书）；

公报（Bulletin，Boletim）；

建议（Recommendation，Рекомендация，Empfehlungen）；

出版物（Publication）；

报告（Report）；

手册（Handbook）；

规程（Code）；

规则（Rules，Instruction，Правило）；

年鉴（Year book）；

技术条件(Технические условия，Technische bedingungen)；

指示(Указание，Richtlinien)；

指导性技术文件(Руководящие технические материалы)；

定额(Норма)。

不过,这里也须注意,不是凡有上述名称的文献统统都是标准资料。只看名称,容易把标准与其它类型的文献混淆起来。判别一种文献是不是标准,不能只看名称,而必须根据其内容。

第二节 我国技术标准

一、我国标准化的概况

建国以后,党对标准化工作非常重视。第一个五年计划规定："为着提高和保证工业生产的质量,应该逐步地制订国家统一的先进的技术标准","建立国家管理技术标准的机构"。

1957 年,在国家科委下成立了国家标准局。

1958 年,我国颁布了第一批共 120 个国家标准。

1962 年,国务院第120 次全体会议通过《工农业产品和工程建设技术标准管理办法》,这是我国标准化工作的重要文件,是开展标准化工作的政策依据。根据《管理办法》编制了"标准化十年发展规划"。冶金部、建工部、纺织部、农业部等几十个中央直属单位,制订或开始制订各自的标准。

1963 年 9 月,国家科委指定 60 个研究设计单位为国家标准化核心机构。

1961 年在中国科学技术情报研究所内设立标准馆,有计划、有重点地收藏国内外各种标准资料,开展标准化情报工作。

1973 年,中国标准化协会成立。该协会负责全国的标准化工作的组织和活动,制订标准,以及和国外与国际的标准化组织进行接触与交流。

1978 年 5 月,成立国家标准总局,直属国务院,由国家经委代管,从而解决了多年来标准化工作与生产管理脱节的严重问题。

1978 年 9 月,我国参加了国际标准化组织(ISO)。

至 1983 年,我国已制订农业产品和工程建设方面的国家标准5,496 项。

这些标准紧密结合我国经济发展的需要,现在增加了节能、安全、环保等方面的标准,并且,我国把制订标准和贯彻执行标准结合起来,在全国建立了 120 多个质量检验所和 1,200 多个质量监督站,来检查执行标准的情况。

二、我国标准的分级及代号

《中华人民共和国标准化管理条例》(1979 年 7 月 31 日国务院颁发)规定,我国标准分为国家标准、部标准(专业标准)、企业标准三级。部标准应当向专业标准逐步过渡。部标准(专业标准)和企业标准,不得与国家标准相抵触;企业标准不得与部标准(专业标准)相抵触。

国家标准是指对全国经济、技术发展有重大意义而必须在全国范围内统一的标准。主要包括:基本原料、材料标准;有关广大人民生活的、量大面广的、跨部门生产的重要工农业产品标准;有关人民安全、健康和环境保护的标准;有关互换配合、通用技术语言等基础标准;通用的零件、部件、元件、器件、构件、配件和工具、量具标准;通用的试验和检验方法标准;被采用的国家标准。

部标准(专业标准)主要是指全国性的各专业范围内的统一的标准。

凡没有制订国家标准、部标准(专业标准)的产品,都要订立企业标准。企业可制订比国家标准、部标准(专业标准)更先进的产品质量标准。

我国国家标准、部标准、企业标准的代号,根据国家科委(64)科标第 414 号文件《关于统一标准代号、编号的几项规定》和"GB1—70"规定,一律用两个汉语拼音字母表示。国务院各部(局)的标准代号,具体规定见附录三:"国内外标准代号表"。

如果部(局)标准的编号需要再按专业区分,则规定在部(局)标准代号后,用一个阿拉伯数字加以区分,如"HG1—×××—××"、"HG2—×××—××"等,分别代表不同专业的标准。

指导性技术文件的代号,一律规定以部标准代号为分子,以"Z"为分母表示,如"JB/Z"代表一机部颁发的指导性技术文件。

企业标准的代号,一律规定以"Q"(企)为分子(以免企业标准与国家标准、部标准混淆),以企业区分号为分母表示,如"Q/HB"(HB 为沈阳标准件厂)。

地区性的企业标准,在"Q"前加省、市、自治区简称汉字。

技术标准的编号,采用顺序号加年代号,均用阿拉伯数字,中间加一横线分开,如"GB1—58"(国家标准,第 1 号,1958 年颁发,该件标准的名称为《出版、印刷技术标准的规定》)。标准修改后,一般仍用原顺序号,只改年代号。如"GB1—58"在 1970 年修改后重新颁发,其标准号便改为"GB1—70"。

积极采用国家标准或国外先进标准是我国当前的一项重要技术政策。我国国家标准中采用国际标准分为两类:一类为等效采用,另一类为参照采用。

等效采用的含义包括:

1. 完全等效于国际标准,即不作或稍作编辑性修改。规定在封面和首页上要用双重编号,其编号为:

GB ×××× — ×× = ISO ××× — ××

2. 等效于国际标准,即技术上只有很小差异。规定其编号为:

GB ×××× — ×× ≈ IEC ××× — × — ××

参照采用是指根据我国的特点,必须作某些变动,但产品性能和质量要同国际标准相当,并在通用互换、安全、卫生等方面,与国际标准协调一致。规定如果产品性能、质量指标和其它方面都与国际标准相当的,应在国家标准的附加说明中注明。如:

GB×××—××~ISO××××—××

这些规定有助于在检索与利用我国国家标准时,鉴别其各种编号的意义。

三、我国标准的检索工具

1.《中华人民共和国工农业产品工程建设国家标准和部标准目录》(1982年),1982年由技术标准出版社编辑出版。这本目录收录了截止1981年12月底现行的公开出版发行和部分内部发行的工农业产品和工程建设方面的国家标准和部标准12,511件(其中工农业产品方面的国家标准2,917件,部标准9,299件;工程建设方面的国家标准69件,部标准226件)。

该目录分为两个部分:第一部分为工农业产品国家标准和部标准目录;第二部分为工程建设国家标准和部标准。两个部分的国家标准分别按国家标准号的顺序排列。部标准则分别按:①类、组分类排列——分类目录;②标准号大小顺序排列——顺序目录。

例如,要查找"冰晶石"的标准,可以从分类着眼,确定"冰晶石"的分类为"冶金部分——3类有色金属产品——3组轻金属——311分组冶炼产品"即可查到:

YB121—75冰晶石(被代替标准号)YB121—63

至于从标准号进行检索,则更为简单。

2.中国科技情报研究所于1981年根据馆藏台湾标准编印了《台湾标准目录》,共5,074条。台湾原用代号为CNS。

第三节　国际标准

近年来,为适应科学技术交流、国际贸易、国际合作的需要,开始出现了标准国际化这个新动向。从世界标准化发展过程来看,各国重点制订的标准等级,是随着科技和贸易的发展而逐步升级的。例如,从1972年起,ISO/R推荐标准改为ISO国际标准;从1975年起,IEC推荐标准改为IEC国际标准,都说明了这一情况。

据《国际组织年鉴》1977年版报道,世界上共有6,400个国际组织,其中6%以上程度不等地制定各种国际规程、标准、建议、法规及其他标准化文件,或者直接参与国际标准化活动。约有340个国际组织与国际标准化组织(ISO)保持业务合作,有42个组织与国际电工委员会(IEC)合作。

现简略地介绍一下ISO、IEC这两个世界上规模最大、影响最广的国际标准化机构。

国际标准化组织(International Organization for Standardization,简称ISO),是世界上最大的国际性标准化专门机构。其主要活动是制定国际标准,协调世界范围内的标准化工作,进行有关标准化方面的研究工作和情报工作,以及与270个国际性组织就标准化问题实行合作,并且作为联合国的乙级咨询机构。随着国际贸易的发展,对国际标准化的要求日益提高,ISO的作用也日趋增大。许多国家政府机构、贸易和工业部门以及标准化机构,都普遍对它重视。

ISO成立于1947年,其前身是国际标准化协会(ISA)和联合国标准协调委员会(UNSCC),现有成员86个(每个国家只能有一个标准化机构参加),每年大约制订500—700个标准.截止1982

年,它已制订了 4,819 个国际标准。

ISO 的国际标准由 ISO 各技术组织(包括技术委员会、小组委员会、工作组等)负责草拟,经全体成员国协商表决通过。这些国际标准可以单独采用,也可以纳入各国国家标准。1971 年年底以前,ISO 的标准均以推荐标准(ISO Recommendation:ISO/R)形式颁布,1972 年起以国际标准(ISO)形式颁布。

由于技术的进步,工艺的革新,新方法与新材料的出现,对质量与安全性的新要求等等,因此,ISO 的所有标准每隔五年就要重新审定一次,个别标准还可以提前审定。有时,一个标准要经过多次的修订。因此,在使用时应注意获得其最新的版本。

目前,ISO 的技术组织共有 2,192 个,其中包括:182 个技术委员会(TC),近 600 个分技术委员会(SC),1,430 多个工作组(WG)以及 207 个研究组(TG)。例如,第一技术委员会是螺纹委员会(ISO/TC1),第二技术委员会是螺栓、螺母与紧固件委员会(ISO/TC2),等等。目前最活跃的是 ISO/TC47 化学委员会、ISO/TC34 农产品委员会、ISO/TC61 塑料委员会、ISO/TC45 橡胶委员会、ISO/TC20 航空及宇宙航行装置委员会、ISO/TC17 钢委员会、ISO/TC6 纸张、纸版和纸浆委员会、ISO/TC29 小工具委员会、ISO/TC54 香精油委员会、ISO/TC72 纺织机械委员会等 10 个技术委员会。

ISO 国际标准中,属于机械方面的占 20%,化学方面的占 30%,金属和农业方面的各占 10%。ISO 的工作范围不包括电工方面。属于电工方面的国际标准另由国际电工委员会负责。目前 ISO 正侧重于运输方面标准化的工作,如汽车、飞机、船舶、包装等标准。

ISO 工作的传统是着重于名词术语、尺寸、试验方法等几个方面。在已制定的国际标准中,绝大部分内容是属于其中一个或二、三个方面的。但近年来 ISO 的业务方针已有所变化,正从原来制订一般原则、计量单位等标准,过渡到完成应用课题,解决现实生活中的重要问题。例如,ISO/TC43 声学技术委员会从术语、定义、原始量值的标准化,过渡到对各种噪音的评定。ISO/TC61 塑料技术委员会,过去只进行塑料的术语和机械性能方面的工作,现在则致力于塑料的热学、物理化学和电性能方面的标准化,研究塑料的老化过程和寿命,以及泡沫材料的性质,解决试验用试样的制备等问题。

ISO 国际标准的编号是:ISO + 顺序号 + 制定年份。例如《ISO0107—59 船舶建造用轻金属锑钉、铆钉头》。这就是说,这件标准在整个 ISO 标准中的顺序号是0107,制定(修订)年份是1959年。

ISO 标准的检索工具主要是《国际标准化组织标准目录》(ISO Catalogue)和《国际标准化组织国际标准草案目录》(ISO Draft International Standards)。这两种目录均用英、法文对照出版。

中国科学技术情报研究所于 1981 年翻译出版了"ISO 国际标准目录"共收录4,235 件。这是查找 ISO 标准的重要工具。利用该目录查找 ISO 标准时,从标准号的角度来查找是比较简单的,因为该目录正文是按标准号顺序排列的。如果不知道标准号,则可通过该目录所附的分类表和分类索引查找。

ISO 标准是按照技术委员会分类的,技术委员会的编号(如TC—1, TC—2⋯⋯)也就是分类号。因此,要从分类角度检索 ISO标准,应先了解 ISO 的 182 个技术委员会。

下面是182 个技术委员会的名称和编号,实际上就是 ISO 标准的分类表。

国际标准化组织 182 个技术委员会(ISO/TC)名称一览表

ISO/TC 编号	名　　称	ISO/TC 编号	名　　称
1	螺纹	32	花键及锯齿件
2	紧固件	33	耐火材料
3	公差与配合	34	农产食品
4	滚动轴承	35	油漆和清漆
5	金属管与配件	36	电影摄影学
6	纸、纸板及纸浆	37	术语(原则和协调)
8	造船	38	纺织
10	技术制图	39	机床
11	锅炉及压力容器	41	皮带及皮带轮(包括三角皮带)
12	量、单位、符号、换放率、换放表	42	照相术
14	机器轴和附件	43	声学
17	钢	44	焊接
18	锌及锌合金	45	橡胶及橡胶制品
19	优先数	46	文献编集
20	消防设备	47	化学
22	公路车辆	48	实验室用玻璃器皿及有关容器
23	拖拉机与农林机械	50	虫胶
24	筛、筛分和其它尺寸分级方法	51	搬运成件货物的托盘
25	铸铁	52	金属容器
26	铜和铜合金	54	精油类
27	固体矿物燃料	56	云母
28	石油产品	57	表面特征及其计量学
29	小工具	58	气瓶
30	闭式管道液体流量的测定	59	房屋建筑
31	轮胎、轮圈及气门嘴	60	齿轮
		61	塑料

（续表）

ISO/TC 编号	名称	ISO/TC 编号	名称
62	锻压金属产品的优选尺寸	92	建筑材料、构件和结构的耐火
63	玻璃容器		试验编
65	锰矿石和铬矿石	93	淀粉（包括淀粉制品及副产
67	石油及天然气工业用材料		品）
	及设备	94	个人安全、防护服装及设备
68	银行工作程序	96	吊车、起重设备及有关挖掘
69	统计方法的应用		设备
70	内燃机	97	计算机与信息处理
71	混凝土、钢筋混凝土和预	98	建筑结构设计
	应力混凝土	99	木材半成品
72	纺织机械与配件	100	传动与输送带用链条及链轮
73	消费者问题	101	连续式装卸设备
74	水泥与石灰	102	铁矿石
76	医疗用输液设备	104	货运集装箱
77	纤维增强水泥制品	105	钢丝绳
78	芳烃	106	牙科器材
79	轻金属及其合金	107	金属及其它无机涂层
80	安全警示颜色与信号	108	机械冲击及振动
81	农药的一般名称	109	石油燃烧器及附属装置
82	矿业	110	工业用货车
83	体育和娱乐器材	111	圆环钢链、链轮、起重钩及
84	医疗注射器及注射针头		附件
85	核能	112	真空技术
86	制冷	113	明渠液体、流量测定
87	软木	114	钟表
89	建筑纤维板	115	泵
91	表面活性剂	116	室内取暖用具

ISO/TC编号	名　称	ISO/TC编号	名　称
117	工业鼓风机	144	空气的分配和扩散
118	压缩机、风动机械和工具	145	图示符号
		146	空气质量
119	粉末冶金材料与制品	147	水质
120	皮革	148	缝纫机
121	麻醉装置与医用呼吸器	149	自行车
122	包装	150	外科植入材料
123	滑动轴承	151	刨花板
125	密闭室和试验条件	152	石膏、熟石膏和石膏制品
126	烟草和烟草制品	153	通用工业阀门
127	挖土机	154	行政、商业及工业用文件和情报
128	玻璃皿器、管道与配件		
129	铝矿石	155	镍与镍合金
130	印刷技术	156	金属及合金的腐蚀
131	液压气压传动件系统及部件	157	避孕器具
		158	气体分析
132	铁合金	159	人类工程学
133	服装尺寸系列和代号	160	建筑用玻璃
134	肥料及土壤改良剂	161	热力发生系统的控制与安全装置
135	无损检验		
136	家具	162	门窗
137	鞋的尺寸系列、代号及标志	163	绝热
		164	金属的机械性能试验
138	液体输送用塑料管、连接件和阀门	165	木结构件
		166	盛食品用的陶瓷制品
139	胶合板	167	钢和铝构件
142	空气及其它气体净化设备	168	补形术与矫形外科

（续表）

ISO/TC 编号	名　称	ISO/TC 编号	名　称
169	鱼粉	177	旅行车
170	外科器械	178	垂直升降电梯、扶梯、活动
171	显微照相		走道
172	光学和光学仪器	179	砖石工程
173	残废人用设备与装备	180	太阳能
174	珠宝玉石工艺品	181	玩具的安全
175	萤石矿/氟石矿	182	土工学
176	质量保证		

掌握了技术委员会的名称和编号,便可以从分类角度检索所需的 ISO 标准了。例如,要查找关于"联合收割机"的国际标准,第一步须了解联合收割机属于哪个技术委员会的范围? 查对上表可以确定它属于拖拉机与农业机械技术委员会,其编号为"TC—23";然后,从分类索引的 TC—23 部分进行查找,可看到 5 个标准号,将其一一与正文部分核对,即可查出《ISO1168—70 联合收割机:割幅宽度与刀片数目》,这件标准正是所需要的。

前面已经说过,ISO 不制订电工方面的标准。有关电工方面的国际标准,是由国际电工委员会负责制订的。

国际电工委员会(International Electrotechnical Commission,简称 IEC),成立于 1906 年,是世界上最早的国际性电工标准化专门机构。1947 年,IEC 作为一个部门合并于 ISO,但在技术上、财政上仍保持其自主性,并保持 IEC 的名称及工作程序。我国于 1957 年 8 月加入该组织,是其 43 个委员会国之一。

IEC 的成立,是为了协调、统一各国的电工标准,以促进国际间的贸易交流与技术联系。它的主要工作有下列五个方面:

(1)议订共同表达方法,如名词术语、电路图的图形符号、电

458

工单位及其文字符号以及电磁理论等；

（2）制订试验或说明性能的标准方法，使有关质量或性能的叙述简洁明了，无须另定最低的要求；

（3）就这些标准试验方法制订产品质量或性能指标；

（4）确定机械或电气的互换性，简化品种，以便进行大批量连续生产；

（5）制订有关人身安全的技术标准。

截止 1981 年，IEC 共有 76 个技术委员会和 121 个分技术委员会，600 多个工作组。而在 1968 年时只有 67 个技术委员会和 5 个分技术委员会。IEC 在 1968 年公布了 75 种推荐标准，1972 年公布了 145 种，1975 年为 138 种，截至 1983 年共公布了 1,400 个标准。

从 1975 年 1 月 1 日起，IEC 推荐标准改为 IEC 国际标准。

国际电工委员会标准的编号是：IEC＋顺序号＋制定年份，例如"IEC0158—66"；很多标准分成若干部分，则在顺序号后加部分的代号，例如"IEC50（50）—54"或"IEC0055—1—65"；有些标准日后有补充，其补充部分加 A、B、C 等代号，例如"IEC0098A—72"。

IEC 标准的检索工具是《出版物目录》（Catalogue of Publications），每年一期。其检索方法与 ISO 一样。中译本有 1980 年科技文献出版社出版的《国际电工委员会标准目录》。

第四节　美国标准

在美国，约有 350 多个国家机构、科学技术协会制定标准。标准总数为二万多个，其中绝大部分是专业标准，此外，尚有数万个企业标准。各专业协会可以根据已有的国家标准制定某些产品的标准,亦可不以国家标准为基础而制定自己的协会标准。国家标准的制定,主要用于政府订货,保障个人与财团利益,以及对工业部门和居民的建议。

美国国家标准包括美国国家标准学会标准(American National Standards Insititute,简称 ANSI)、联邦规格和标准(Federal Specification and Standards,简称 FS)、军用规格和军用标准(Military Specification and Standards,简称 MIL 和 MIL—STD)以及政府各部门,如财政部、通讯部、内务部、农业部、商务部、海关、民航局、海洋局、原子能委员会、文化部、卫生部等制定的标准。

一、美国国家标准

ANSI 标准——美国国家标准学会的前身是美国工程标准委员会(AESC,1928 年以前),美国标准协会(ASA,1966 年 8 月以前),美利坚合众国国家标准学会(USASI,1969 年 10 月以前)。与其他国家标准化机构不同的是,ANSI 本身很少制定标准而是从各专业团体制定的标准中,将其对全国具有重要意义的标准,经 ANSI 各专业委员会审核后提升为国家标准(ANSI 标准),并给予 ANSI 标准号及分类号。总的来说,在美国各种标准中,ANSI 标准只占很小比重(约百分之十几),1979 年为 5,780 件。现行 ANSI 标准中,一半以上是美国材料与试验协会(ASTM)的标准。但是,其他许多机构制定的标准,虽未经 ANSI 审批,仍具有国家标准性质,如美国机械工程师协会(ASME)制定的锅炉标准等。ANSI 标准有效时间至少为 5 年。ANSI 标准的编号是:ANSI(1969 年 10 月以前是 USAS,1966 年 8 月以前是 ASA)+大类号(字母)+小类号(数字)+标准序号+批准年份。例如:《ANSI A1.1—1970 硅酸盐水泥规格(ASTM C150—69a)》,表明是 ASTM 制定的标准,被 ANSI 于 1970 年作为 A 类标准。

ANSI 标准 1977 年开始,采用字母与数字的混合分类法,按字母顺序排列：

A　建筑

B　机械工程

C　电气设备及电子学

D　公路交通安全

F　食品与饮料

G　黑色金属材料和冶金学

H　有色金属材料和冶金学

J　橡胶

K　化工产品

L　纺织

M　矿业

MC　测量与自动控制

MD　医疗器械

MH　材料的装运

N　原子核

O　木材工业

P　纸浆与造纸

PH　摄影与电影

S　声学,振动,机械冲击和录音

SE　防盗设备

W　焊接

X　信息处理系统

Y　制图,符号与缩写

Z　杂项材料

　　ANSI标准的检索工具是《美国国家标准目录》(ANSI Catalog),每年出版一次。为了检索方便,按原分类法编排,后按主题法编排。

二、美国联邦标准

FS 标准——美国联邦规格和标准,系由美国一般事务管理局(GSA)制定。FS 标准有下列三种形式:

1. 联邦规格和标准,系政府部门采购物资时使用的正式标准,它包括供应标准(Supply Standards)、试验方法标准(Test Method Standards)、材料标准(Material Standards)、工程标准(Engineering Standards)、程序标准(Procedural Standards);

2. 暂行联邦规格,这是为应付紧急需要而制定的,可立即付诸使用的临时规格;

3. GSA 规格(一般事务管理局规格)。

FS 标准的编号为:Fed. Std. + 序号。例如《Fed. Std. №791 润滑剂、液体燃料及有关产品》。另外,FS 规格的编号为:字母类号 + 题目的第一个字母 + 序号。例如《P—D—580 干洗剂》。

FS 规格的字母类号举例如下:

A——飞机、船舶

B——牲畜

C——畜产品

D——军火(小型的)

E——火炮

F——锅炉、发动机

G——印刷品

H——扫帚、刷子

J——电缆、刷子

K——帆布品

L——纤维产品、合成树脂

M——陶瓷

N——谷物及其制品

O——化学品

P——清洁及抛光材料

……………

NNN——试验室设备及用品

PPP——包装及包装容器

FS 标准与规格的检索工具是《美国联邦标准与规格索引》（Index of Federal Specification and Standards），由美国一般事务管理局编辑，每年出版一册。内容包括：联邦规格、标准、手册与合格产品目录等。

《美国联邦规格与标准目录》由中国科技情报研究所编译。此目录分联邦规格与暂行联邦规格两部分，GSA 并入联邦规格中，但后有"Q"表示，如：

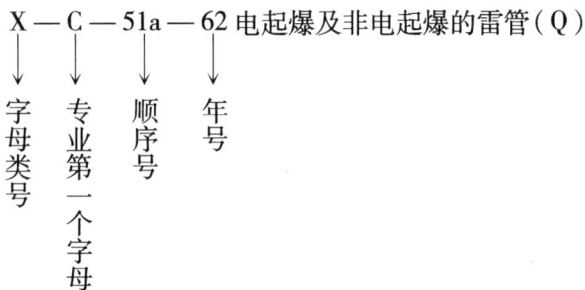

X — C — 51a — 62 电起爆及非电起爆的雷管（Q）
↓   ↓   ↓   ↓
字母类号　专业第一个字母　顺序号　年号

三、美国军工标准

MIL 和 MIL—STD 标准——美国军工标准。为了使军事工业适应其战略需要，美国国防部要求其所属各部门对有共同关系的军械物资、部件、设备及系统的技术要求规定统一的定义，并委托陆军、空军、海军、国防供应部门的有关单位根据统一的定义制订了近 40,000 件军工标准。

五角大楼和美国政府其他部门,通过合同的办法把大批军用品和其他用品的生产任务承包给为数不多的大公司,这些大公司又把其中的某些部分层层转包给中小企业。因此在美国的工业标准中,除民用标准外,军工标准也成为不少工厂企业经常参考、利用的技术资料。为此,美国国防部发行了许多非保密性军用标准(联邦标准)。

美国随时以最新的科学技术改进其军事装备,因此军工标准经常定期地修订或更新。军工标准主要涉及的专业与学科是:武器、核武器、火力控制装置、弹药与炸药、火箭与导弹、宇宙飞行器、飞机、舰艇、机车、发动机、电子设备、通讯设备、电子计算机、机械设备、工具、金属材料、非金属材料、化工制品、摄影设备、医药和医疗器械、电气设备及电工材料、燃料用油、制冷设备、消防设备等。因此,我们可以通过美国军工标准,了解许多重要工业和军事设备方面的最新科技成果。它是一种重要的情报来源。

美国军工标准的种类非常繁杂零乱,主要的有下列几种:

1. 军用规格(Military Specifications:MIL),内容主要是军用物资,为适合军工要求而改制的市销品,以及军事系统以外的政府机构所不使用的市销品的规格。其代号是:"MIL + 题目主词的第一个字母 + 序号 + 表示修订次数的符号(如*1**2*,A、B 等)",例如《MIL—W—583C 电磁线》。

2. 军用标准(Military Standards:MIL—STD),内容较为丰富,包括工程作业、试验方法、程序、工艺、安全技术、技术术语、图示符号、代号、整机或单件设备的特性等。按使用范围划分,可分通用标准(即由国防部审批,对全军有约束力的标准)和限用标准(由某一部分审批和使用)两种。限用标准在标准代号后记以颁布机构代号(MIL—STD—×××)。军用标准目前数量较少。其代号是:"MIL—STD + 序号 + 修订符号",例如《MIL—STD—105D 按属性检验的取样程序和所用表格》。

3. 军用标准图纸(Military Standard Drawings：MS)，以单页形式出版，为数很多。是用图、表或图表结合的形式表示某个零件的构造或式样，设计时可直接选用。其代号是"MS + 序号 + 年代"，例如《MS—500040—73 发动机燃料用浮式油量传送仪》。

4. 军用手册(Military Handbook：MIL—HDBK)，内容是国防供应管理业务使用的一般情报、程序以及技术数据说明等，多以书本形式发行。

5. 合格产品目录(Qualified Products Lists：QPL)，它是根据相应的军用规格(MIL)对受检产品提出预定试验项目和要求的标准化文件。QPL 的编号与相应的 MIL 编号相同。如与 MIL—P—3125 有关的 QPL 编号，即为 QPL—3125。合格产品目录又分陆军合格产品目录(Army Qualified Products List：AQPL)、空军合格产品目录(Air–Force Qualified Products List：AFQPL)及加拿大合格产品目录(Canadian Qualified Products List：CQPL)等种类。合格产品目录的代号是："QPL + 序号 + 修订次数号"，例如"QPL—22550—4"。

上述五种军工标准，只限用于某一军事部门的标准规格，或者为适应于紧急需要而又来不及在全军作调整的场合下，则在标准号后加注制定机构代号，例如"MIL—A—18065(SH)"，这里的"SH"是海军船舶局的代号。

美国军工标准体系，除上述五种标准外，尚包括美联邦标准(FS)中的军用标准部分、美英加陆军标准(ABC—Army—STD)以及美国机动工程师协会(SAE)出版的宇航材料规格(AMS)、宇航标准(AS)、宇航推荐标准(ARP)，等等。

上述各种标准中，军用规格、军用图纸和联邦规格是美国军工标准的主要组成部分，无论在数量上与使用上均占重要地位。

美国军工标准按《FSC 分类法》(《联邦(政府)供应分类目录国防部标准化文件部分》的分类法)分类，并在标准规格文件封面标题后或封面右下角的方框中标出 FSC 分类号。FSC 分类号由四位数字组成,前两位是大类,后两位是小类。大类共 76 个,每大类之下的小类数目不等。例如 2815 为柴油发动机及其组件,1430 为导弹遥控系统,9110 为固体燃料,等等。FSC 分类法见科学技术文献出版社 1974 年出版的《国外标准资料概况》下册第 358—364 页。

美国军工标准一般以书本、单页形式出版发行,也有磁带版和缩微胶片版。

美国军工标准的检索工具有:

1.《国防部规格和标准索引》(Department of Defense Index of Specifications and Standards,简称 DODISS),每年七月出版。其中包括标题字顺索引、标准序号索引和分类索引。其分类索引(第三分册)现名为《联邦(政府)供应分类目录国防部标准化文件部分》(简称 FSC 目录)。该目录还附有陆、海、空军制定标准的单位及其名称缩写等。

2.《国防部规格和标准索引补充篇》,每逢 9、11、1、3、5 月各出版一册。报导两个月来军工标准更新与修订情况。

3.《空—海军航空标准、设计标准与军用图纸索引》(Index of AN, AND and MS Standards),由美国标准协会每年出版一次,包括标准号索引和主题字顺索引。

4.《军用标准与规格消息公报》(Standards and Specification Bulletin),由美国标准协会出版,周刊。著录项目有标准与规格的颁布日期、题目、页数和分类号等。

5.《军用规格咨询服务》(MIL Specifications Advisory Service),月刊,指导军用规格、标准、合格产品目录和军用图纸等。

四、美国材料与试验学会标准

美国材料与试验学会(American Society for Testing and Materials,简称 ASTM),成立于 1898 年,是美国历史最长、规模最大的学术团体之一。它从事各种工业材料性能的研究,材料标准化,制定技术条件和试验方法。从 1973 年起,它扩大了业务范围,开始制订关于产品、系统和服务等领域的试验方法等的标准。现行美国国家标准有一半以上来自 ASTM 标准。ASTM 标准是一种专业标准。

ASTM 标准的内容包括各种金属材料、合金铸件、管材、锻材、建筑材料、绝热材料、耐火材料、纸张、木材、燃料与石油产品、颜料、化学品、纺织品、皮革、塑料、橡胶、绝缘材料的规格和试验方法。其中大部分标准对产品质量的检查方法、可靠性试验以及相应的试验设备均作有规定。在现行标准中,30% 以下为试行标准(Tentative Standard),试行期限一般为 1—5 年。大部分标准均要经过试行标准阶段,然后批准为正式标准,或仍作试行标准。五年期满后,试行标准如未升为正式标准,则予废除。

ASTM 标准的编号是"ASTM + 字母类号 + 序号 + 制定年份";标准号前加"∗"号者,表示该件标准被美国国家标准学会采用为美国国家标准(ANSI);年代后加"T"字母者,表示该标准为试行标准;年代后面括号内的数字表示该标准的最新确认年代;年代后面的小写字母 a、b、c 等,表示该标准在本年内的修改次数。例如:

《∗ASTM B78—65(1971)电加热用铁铬合金的加速寿命试验方法》

这里,∗——此标准已被采用为"美国国家标准";

B——此标准属"有色金属"类;

78——此标准在"有色金属"类中的序号;

65——此标准于 1965 年制定;

(1971)——此标准于 1971 年被确认。

ASTM 标准分类法的字母标记是:

A——钢铁

B——有色金属

C——水泥、陶瓷、混凝土与砖石材料

D——其他各种材料

E——杂类

F——成品材料

G——材料的腐蚀、变质与降级

ASTM 标准《美国试验与材料学会年度标准手册》(Annual Book of ASTM standards) 每年出版一次合订本。现分 48 卷。包括正式标准与试行标准。第 48 卷是索引,这是检索 ASTM 标准的主要工具。

我国科学技术文献出版社于 1978 年 3 月出版了《美国材料与试验协会（ASTM）标准目录》,这是按 1972 年《ASTM 标准年鉴》编译的,包括现行正式标准与试行标准约 6,939 余件,按 47 卷顺序编排,以便按专业查找。末附 ASTM 顺序号索引,故也可根据标准号进行检索。

第五节　英国标准

英国标准(British Standard—BS)是由英国标准学会(British Standards Institution,简称 BSI)制定的。该学会对外代表英国参加国际性或区域性标准化组织,对内协调各方面的标准化工作,促进各从事标准化工作的团体及人员间的联系,并以学会名义进行质量登记及检查使用情况。

BSI 的现行标准约有 9 千多件。平均每年要制定、修改和补充标准近 500 件。现行标准每隔五年进行一次复审。

BS 标准一般均系自愿采用,无法律约束力。但若被政府部门引用,便成为具有法律性的文件。

除 BS 标准外,英国标准学会还引用以下几种专业标准:

1.汽车专业标准(Automobile Series—AU),是英国发动机制造商及贸易商协会制订的标准;

2.船舶专业标准(Marine Series—MA),是英国的造船标准;

3.宇航专业标准(Aerospace Series—BS Aerospace),是英国的航空标准;

4.实用规程(Code of Practice—CP),主要是作业、施工方法的标准,以建议形式发行。

英国标准的检索工具是《英国标准年鉴》(British Standards Yearbook),有号码索引和主题索引。

《英国标准目录》由中国科学技术情报研究所编译。此目录原是按顺序号排列,翻译后加了《中国图书资料分类法》的分类号。分为两个部分:

1.按顺序号排列(1973 年后,改按主题,分类排列);

2.按标准名称汉字的笔划排列。

第六节　西德标准

西德标准是由西德标准委员会(DNA)制订的。DNA 原来的意思是德国标准委员会(Deutscher Normenausschub),而现在仅指西德标准委员会。标准代号为 DIN。它最初为德国工业标准之略称,现在仅指西德标准。

西德标准委员会是受西德政府承认、资助和支持的西德标准化机构,是一个民间组织,但其制订的标准被承认为西德国家标准。目前共有二万多个标准(其中有近 3,000 个标准草案)。平均每年制订(修订)500 个标准。

西德标准委员会下设 70 个专业标准委员会,53 个独立工作委员会和一个代理机构,2,000 个小组委员会和工作组。专业委员会和工作组负责起草和代表西德标准委员会批准公布标准。

凡由西德标准委员会颁布的标准,称为西德工业标准,分下列种类:

正式标准(Normblatt),是西德标准委员会按照规定程序编制批准的标准。

暂行标准(Vornorm),同正式标准的区别在于内容还不够完善,有待进一步考验和修改。标准号码后注有"Vornorm"字样,但该字并不构成标准号的组成部分。

标准草案(Nrom – Entwürt),是供广泛征求意见的标准初稿,用浅黄色纸印刷发行,以示区别。它与以后正式颁布的标准可能有很大出入。标准草案仍在目录中加以报导。

标准择录(Auswahlblatt),系为某一专业所做的标准摘录,内容与原标准无甚出入和补充,仍保留原标准编号,只记以"Abl."略号。

标准附页(Beiblatt),仅包括对现行标准的补充说明,不包括规定,记以"B1."略号。

西德标准的编号是:"DIN + 顺序号 + 制订(修改)年份"。例如:

DIN 3760—72 径向轴用石棉密封环

DIN 3752—57 Vornorm 石棉纸板、石棉纸(暂行标准)

DIN 747—67 Abl. 机器轴高。电机选用

DIN 4870—69 Abl. 半导体元件和集成电路设备的外壳。

代号

西德标准的检索工具主要是《西德标准目录》(DIN – Nor – mblatt – Verzeichnis),每年出版一次。中国科技情报所翻译出版有中译本,查阅比较方便。

《西德标准目录》包括分类目录、标准号索引和关键词索引（中文本无）。对我国读者来说，在不知道标准号的情况下，主要应通过分类途径来检索。

西德标准按《国际十进分类法》分成 106 类 638 组排列。这 638 个组的名称见《西德标准目录（1975—1976 ）》（科学技术文献出版社 1977 年出版）。

例如，我们要查西德关于消防用喷水泵的标准。首先查出泵所属的组号是 263，然后根据这个组号查目录正文部分，可发现关于泵的标准共有二十几件，其中关于消防用泵的标准有两件，一件为离心泵，一件为喷水泵。关于消防用喷水泵的标准号为 DIN14422—52. 根据这个标准号即可去收藏西德标准的单位查阅或复制该件标准。

如果已知标准号，则可利用该目录的标准号索引，查出该件标准的名称，也可直接去收藏单位查阅或复制。

在西德，除 DIN 标准外，还有不少专业组织制订的标准，称专业标准。例如：西德工程师协会标准（VDI）、西德电工标准（VDE）、西德航空标准（LN）和西德钢铁标准（SEB）等。

第七节　日本标准

日本工业标准（Japanese Industrial Standard，简称 JIS）是日本国家标准，由日本通产省所属日本工业标准调查会（Japanese Industrial Standard Committee，简称 JISC）制订，日本规格协会（Japanese Standard Association ，简称 JSA）发行。截至目前为止，JIS 标准数量为 11,000 多件。

JIS 标准虽经政府有关部门批准，但除被政府法令引用者外，仍具有自愿采用性质。

根据日本《工业标准化法》，JIS 标准的对象，除纺织品、药品、化学肥料、农药、蚕丝、畜产品、水产品以及农村产品另制定有专门技术规范或标准外，涉及到工业各个领域。

JIS 标准共分 17 个部类，每个部类下再细分。例如，C 为电气，C90—99 为用电机具。也就是说，日本标准的分类标记制度是：大类用字母表示，小类用阿拉伯数字表示。其 17 个部类是：

A	土木建筑	L	纺织
B	机械	M	矿业
C	电气	P	纸、纸浆
D	汽车	R	窑业
E	铁道	S	日用品
F	船舶	T	医疗安全
G	钢铁	W	航空
H	有色金属	Z	包装、焊接、基础标
K	化学		准、射线、杂项

JIS 标准的编号是："JIS + 字母类号 + 数字类号 + 标准序号 + 制定（或修订）年份"。例如：

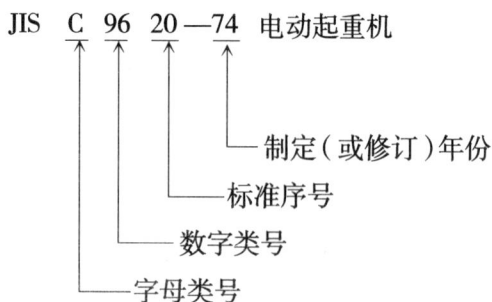

JIS　C　96　20 —74　电动起重机

制定（或修订）年份

标准序号

数字类号

字母类号

JIS 标准的检索工具是《日本工业标准目录》(JIS 总目录),日本标准协会编,每年出版一次,并有英文版(JIS Yearbook)。中国科学技术情报所编译了《日本工业标准目录》。

第八节 苏联标准

目前苏联标准分四个种类:

1. 苏联国家标准(Государственный стандарт СССР,简称 ГОСТ):由苏联部长会议国家标准委员会制订,是苏联全国各国民经济部门必须执行的标准。目前苏联国家标准共 23,000 多件。

2. 专业标准(Отраслевые стандарты,简称 ОСТ):由各部和各主管部门审批,是在该专业所有企业、组织以及其他使用该产品的专业部门必须采用的标准。苏联目前现行的专业标准计有 ОСТ、РСТ、МРТУ、ЧМТУ、ОТУ、ОН、ТУ、РТУ、РТМ、Н、ЦМТУ 等 11 种。

3. 加盟共和国标准(Республиканские стандарты,简称 РСТ):由各加盟共和国部长会议或责成计划委员会审批,是该共和国各企业单位必须执行的标准。

4. 企业标准(Стандарты предприятии,简称 СТП):由企业领导审批,各指定企业必须执行的标准。

苏联标准的编号方法是:

1. 绝大多数标准的编号是:"标准代号 + 序号 + 连接号(一) + 制定(修改)年份"。例如:《ГОСТ5532—63 电解工业用的耐热耐酸陶瓷砖》。

2. 对同类产品或材料制定有一组标准时,给以统一编号,再在小数点后加编标准序号。例如:

ГОСТ 13496.1—68 混合饲料。食盐含量测定法。

ГОСТ　13496.2—70　混合饲料。"生的"蜂窝组织测定法。

ГОСТ　13496.3—70　混合饲料。水分测定法。

ГОСТ　13496.4—70　混合饲料。"生的"蛋白质含量测定法。

3.属于文件体制、分类、编码、情报以及受检产品标准的编号是:"标准代号＋体制类号＋小数点(·)＋序号＋制定(修改)年份"。例如:《ГОСТ5.1003—71 柴油机用的236型喷油咀。对已检定的产品的质量要求》。

体制类号规定如下:

1——国家标准化与技术标准文件体制

2——办公文件统一体制

3——工艺文件统一体制

4——质量指标体制

5——受检产品标准

6——行政管理、计划经济、会计、统计、贸易及其他文件体制

7——情报编目文献体制

8——保证计量统一的国家体制

9——材料与制品防锈和防老化统一体制

10——出口商品标准

11——应用统计学

12——劳动安全标准体系

13——缩微照相

14——生产工艺准备统一体系

15——用于生产的产品的研究与供应

4.加盟共和国标准(РСТ)的编号是:"РСТ＋加盟共和国简称＋标准序号＋年份"。例如:《РСТ:БССР 205—71 夹肉面包》。

5.专业标准(ОСТ)、技术条件(ТУ),专业规格(ОН)、加盟共和国间技术条件(МРТУ)等的编号是:"标准代号＋专业类号＋序

号＋年份"。例如:《OCT1—9005—71 一般用途铝及铝合金线。品种及技术要求》。

苏联国家标准有一个完整的分类表。共分十九大类:

А	矿业、有用矿物	М	纺织、皮革材料及制品
Б	石油产品	Н	食品及调味品
В	金属及金属制品	П	测量仪表、自动化装置、计算技术
Г	机器、设备和工具		
Д	运输工具和容器	Р	保健、卫生用品
Е	动力和电工设备	С	农业、林业
Ж	建筑及建筑材料	Т	科技术语、符号、量值
И	硅酸盐、陶瓷材料及制品	У	文化生活用品、管理技术
К	木材、木制品、纸浆、纸、纸板	Ф	原子能技术
		Э	电子技术、无线电电子学和通讯
Л	化学产品和橡胶、石棉制品		

每个大类再细分,共三级类目,如:

У　　　　文化生活用品、管理技术

У9　　　　电影机、照相机

У93　　　　　影片显影、修整、剪接、拷贝用的设备

苏联国家标准的检索工具是《苏联国家标准目录》(Указаяель государственных стандартов),每年出版一次。有相应的中译本。

为了及时掌握ГОСТ的颁布、修改和作废的新情况,可利用苏联《标准通报》(Информационный указатель стандаряов)。

检索苏联专业标准、加盟共和国标准和技术条件可利用《苏联专业标准、加盟共和国标准与技术条件目录》(Указатель

отраслевых, республиканских стандартов и технических условий).至于要掌握这些标准最新的颁布、修改和作废情况,也可利用《标准通报》。

苏联从 1974 年起,直接采用某些经互会的标准(代号为СТСЭВ)作为本国的《ГОСТ》国家标准。在中译本的《苏联国家标准目录》中,也予以收录。

当前世界上有几十万件国际标准和国家标准,每年还以相当大的速度在增长。由于各国标准的分类方法不同,因而带来了检索上的困难。尤其是对类似标准进行对比时,更为不便。为此,《国外标准化动态》编辑部翻译日本海外规格研究所出版的"世界标准最新快速相互检索表",定名为《各国标准对照手册》,共分六卷。第一卷化工标准,第二卷电气电子标准,第三卷机械标准,第四卷材料标准,第五卷安全标准,第六卷钢铁标准。除第六卷于1976 年出版外,其它各卷于 1979 年起陆续出版。这个对照手册按分类排列,同类下列出各国(包括国际标准)相当的标准号及标准名称。显然,这个手册在进行各国标准对照检索时,是很有价值的。

对我国读者来说,检索国外新标准比较方便的工具,是由中国科学技术情报研究所编辑、科学技术文献出版社出版的《国外标准资料报导》(月刊)。这个刊物每月报道中国科技情报所标准馆新入藏的国外标准资料,按国别与标准种类排列,标准名称全部译成中文。同时,该刊还刊登"国外标准译文题录",报道国外标准的译文。无疑,这对利用国外标准,提供了很大的方便,也避免了各地重复翻译同一标准的无谓劳动。另外,《国外标准资料报导》从1975 年第 1 期起,连续刊登国外标准化及标准资料方面的略语表。表内有缩写、全称和中译名,收罗的缩写字较为丰富,不失为一种重要的工具。

中国科学技术情报研究所编辑的《国外标准资料概况》一书

于 1974 年由科学技术文献出版社出版。该书分上、下两册，分别介绍了 70 多个国际性的和区域性的标准化组织，80 多个国家的全国性标准化机构，以及约 600 个政府机构、学协会（包括某些大公司）的标准化一般情况，包括机构名称、地址、历史及现状、技术组织概况，以及标准名称、种类、代号、数量、性质、检索、分类等项，并附有标准化机构简称及标准代号约 2,100 条的索引，查阅方便，是了解和检索国外标准资料的重要工具。

最后，值得一提的是，从 1974 年开始，ISO 等正在搞一个叫"国际标准情报网络"（ISONET）。这个情报网络以地区为基础：每个国家负责标引本国的标准资料，ISO 标引 ISO 文献和其它国际机构的文献，然后相互进行交换。其著录格式以 ISO2709—73 为准。已编出 ISO 叙词表，它包含 9,000 个概念。ISONET 计划的最后完成，将大大便于世界各国标准资料的检索。

第十二章　产品目录(样本)
及其检索方法

第一节　产品目录的特点与类型

"产品目录"是指由各种材料、产品或服务项目的制造商与发行销售者所编印的文献。例如有关石油产品、在版图书、药品、化学品以及有关研究与工业所用的设备与组件的目录。产品目录的基本目的是:1.提供有关产品、过程、材料或服务的各种属性的情报;2.刺激这些产品的销售。最早的产品目录要算是书商编制的图书目录了,据说是1564年由奥斯堡的一个书商编印的,这个目录开列了256种图书。美国第一个有关药品的目录,于1760年出现。

产品目录不仅对于一般的消费者有用,对于从事设计、研制、生产和销售工业产品的工程师和技术人员也特别有用。在制造业中,设计者喜欢用现有的部件、设备、材料等来使自己的产品达到经济性、可兼容性、可互换性以及适合销售的目的。而各种专业的产品目录能够使工程师和技术人员了解在市场上有哪些适合于某一特定用途的部件、材料和方法;对各种制造商提供的同类产品进行质量与经济性的比较,以确定最合适的产品,了解有关制造商或供应者的情况。产品目录作为有关产品和公司情报的来源,对于工业管理人员来说也是很重要的。

478

产品目录是五花八门的,这不仅是指它所介绍的成千上万种不同的商品,而且作为一种科技文献类型的产品目录本身,在款式、开本、所能提供的情报性质和情报量等方面也是参差不齐的。有的产品目录,只是期刊中的小广告,或简单介绍单项产品的单页印张;但也有的产品目录是装订精致的多卷本一览表,并且以活页形式经常更新,详细介绍大量制造商的多种产品,有照片、插图,甚至指出有关的参考文献。有的产品广告很难同杂志文章区别开来。一般说来,产品目录有如下几个特点:

1.产品目录主要提供面向应用的情报,而不是旨在讨论理论原理。但是介绍医药和复杂科学仪器的文献,常常包含有对背景研究的简单论述,并辅之以流程图、方程式和其它插图,还指出参考文献。

2.产品目录是获得有关产品与加工过程的及时的情报来源,一般早于技术杂志和其它形式出版物。事实上,某些有关专门商品的情报,在其它形式的文献中根本就找不到。

3.当新的产品和加工方法改进或发展了原有产品与加工方法时,产品目录中所包含的许多情报会很快地失去现实意义。

4.各种产品目录所提供的情报量是很不均匀的,总的来说,它包括下列各项资料和数据:

有关制造产品公司的历史的概述;

导致研制出产品的有关研究背景;

产品本身的介绍(大小尺寸、容量、结构、材料、式样、规模、有关的物理、化学及工程性能);

应用情况;

作业特点(速度范围,输入输出比率,作业模式,动力要求等);

安装指导(基础,固定,布线,组装说明,有关启封和安全方面的指导等);

操作与维护程序；

购买的方式,租用或许可证的期限,有关运输与保险方面的资料,交货期限,是否提供备件与附件的说明等等；

有关的解释材料,包括照片、截面图、外观、各部分的零件、平面图、电路图等；

已有的顾客名单,来自感到满意的顾客的评论、建议或鉴定等；

有关公司在各地的分机构或代表的名称、地址及电话号码。

产品目录是经常更新的。它一般不注明价格,顾客需去询问。

5.产品目录一般是免费提供的。某些大量刊登产品消息和广告的技术杂志(如 Chemical Engineering,《化学工程》),也免费供应给有资格的专业工程师。

6.尽管英、美等国标准化机构拟定了有关产品目录应有的款式与内容的标准(如 BS1311：1955, BS4462：1969, BS4940：1973, ASAZ39.6—19.66 等),但事实上,产品目录的出版者很少遵守这些标准。产品目录的设计,主要是从做广告和推销的心理学与经济学的立场出发的,而不是考虑这种文献的使用与保管问题。

产品目录可以分为下列几种基本类型：

(1)技术杂志和贸易刊物中的广告与消息；

(2)杂志的专辑与补篇；

(3)制造商的目录与资料卡；

(4)展销会博览会提供的产品说明材料；

(5)工业、产品及公司的名录。

但是,图书的发行目录和随设备与机器提供的指导手册,一般不被认为是产品目录。

第二节　产品目录的检索工具

由于产品目录的重要作用日益显著,某些图书馆已系统搜集以建立产品目录的专藏。一些商业性的目录服务机构也纷纷出现,它们向用户提供产品目录的复印件、回答有关询问。例如纽约的托马斯公司,不仅出版著名的《美国制造商登记名录》(年刊),而且可根据用户要求提供该名录中的产品目录的缩微复制品。又如美国加利福尼亚州的斯惠特目录服务社(Sweet's Catalog Service)将产品目录及来自工业供应商的有关材料制成盒装缩微胶卷发行,并按产品名称、商品名称及公司名称编成索引,每两月更新一次。另外美国科罗拉多州的情报处理公司(Information Handling Services, Inc.)提供一种有关产品目录的所谓"直观检索缩微胶卷文档"(Visual Search Microfilm Files)。这个文档除各方面的产品目录外,还包括军用标准和规格、国际标准、工业标准及美国的联邦协调机构的文件。这种盒装缩微胶卷含有英美的一万多家制造商。并定期供应新的缩微胶卷盒。英国的 Indata 公司还提供有关产品目录的 SDI 服务,将用户的需求提问同新增加到计算机产品目录数据库中的资料每周核对一次,将符合用户需求的新资料以卡片形式或清单形式邮寄给用户。

美国特拉华州的技术交流所从 1976 年起出版的双月刊《新技术索引》(New Technology Index),是一种提供新技术产品和服务项目情报的索引,按产品和服务的项目的基本功能以及普通分类法进行分类。

产品目录的收集与控制,是很值得重视的。按照图书馆的传统,对产品目录不像对其它文献那样致力于进行系统采集和组织。产品目录的某些特点,使得对其进行的采集和组织工作相当烦琐。

产品目录被看成是很快就会过时的短命资料。由于用户可以免费获得产品目录,因此产品目录被认为是一次使用性质的、可以丢弃的资料。许多经常使用产品目录的工程师不难为自己收集产品目录。一般文摘索引也不收录产品目录。图书馆员对经久的和学术性的资料的传统的偏爱,也是造成这种情况的一个原因。大多数图书馆员宁愿收集整理各种名录,而把收集产品目录的工作让用户自己去进行。产品目录的收集是相当简单的。许多制造商定期向图书馆、采购机构和公司的情报组织寄送它们的产品目录和推销材料。还可以利用读者卡来免费收集除上述主动寄来的资料以外的其它有关资料。

产品目录的组织也相当简单。目录本身可以放在按制造商名称字顺排列的直立式资料盒或小册子盒里。另外可建立一套按产品名称查找的卡片索引。较困难的就是要对产品目录进行经常性的剔旧,以保证其现实性。产品目录通常不包含出版日期,因此难以确定它的现实性。如果平时对产品目录不加注意和坚持剔旧,那么所收藏的产品目录将很快变成追溯历史的档案式材料。这种收藏只是对研究产品与贸易历史的人有用,对于想从中获得有关公司及其产品的最新情报和现实性材料的人来说,是无补的。图书馆如果不想自己建立与管理产品目录的话,也可以利用前面提到的商业性目录服务机构,这样可以保证获得有关公司、材料、产品和加工方法的及时更新的资料。

产品目录还有一个特点是,同一类产品有时使用许多商品名称。许多公司和产品名录包括有商品名索引。如果手边没有这种工具,下面两种出版物对于了解产品的商品名及其制造商名称地址是很有帮助的:

(1)《商品名辞典》(Trade Names Dictionary),Ellen T. Crowley 编,1976 年 Gale 研究公司出版。这是一个有关商品名、商标名、产品名、杜撰名、模型名、设计名等的指南,并附有这些产品的制造商、进口者、销售者的地址。

（2）《化学同义词及商品名：辞典与商业手册》（Chemical Synonyms and Trade Names：A Dictionary and Commercial Handbook），William Gardner 编，由 Edward I. Cooke 和 Richard W. I. Cooke 修改增补的第八版，1978 年牛津技术出版社出版。这个手册包含对35,000 多个商品名的解释，并列出制造商的名称。

第十三章 国内科技文献及其检索方法

第一节 国内科技文献概况

随着我国科学技术事业的发展,产生和累积了数量相当多的科技文献。这些国内科技文献,记载着我国广大工农兵群众和科技工作者在技术革新和技术革命、科学种田以及攀登世界科学高峰等活动中取得的成果和经验,反映了我国科学技术的发展水平。

这些数量相当多的科技文献,是我国人民智慧的结晶,是一笔巨大的精神财富,在"互通情报"、交流科技成果、推广先进经验等方面,起着十分重要的作用。它较之国外科技文献有明显的优越性:它所报道和反映的经验和成果,切合我国国情,便于推广应用;它用中文写作,不存在文字关,便于广大工农兵阅读使用;它在国内可以充分交流,索取方便,并可根据资料提供的情况,赴实地进行考察学习。特别是对于我国基层单位来说,国内科技文献是主要的情报来源,这不仅是由于这些文献的可靠性和适用性较强,而且符合基层企业的性质和企业中科技人员的构成状况。事实上,国外编制的不少文摘索引,都尽可能地报道我国的科技文献,把它看作是一种情报来源。我们更应本着"立足国内"的方针,批判轻视国内文献的错误倾向,做好国内科技文献资料的搜集、整理、检索、提供的工作,把它看作是科技情报工作中重要的一环。

国内科技文献资料大体可分为图书、期刊、资料三个大的类

型。由于来源渠道和控制范围的不同,具体可分为下列类型:

1.公开出版发行的科技图书。解放以来,我国出版了大量科技国书。根据《全国总书目》的统计,我国自1949年10月到1965年底,十七年出版的图书总共186,000种,其中科技书有61,230种。但1966年到1975年平均每年只出版科技书811种,其中1972年仅为425种。1976年后,科技图书的出版数量逐步增加。

2.内部发行的科技图书。这主要是涉及保密问题或内容尚不够成熟,只供内部参考的图书。这部分图书可分为二类:一类是不对国外发行而在国内公开发行的图书,在其封面、书名页或版权页等处注明有"只限国内发行"的字样;另一类是对国内也限制发行的图书,在其封面、书名页或版权页等处注明有"内部读物"、"凭证发行"的字样。凡内部图书都不出口,也不对外宾开放。我国每年出版的内部图书约千种左右。

3.公开发行的科技期刊。它统一由邮局发行。但有些期刊在开始时稿源不固定、出版期不定的情况下,先通过书店发行几期后才交邮局发行的。1976年,邮局发行的科技期刊共235种(其中包括少数内部刊物)。1977年超过300种,1979年已超过400种。公开发行的科技期刊,就内容质量来说,一般比内部期刊较为成熟。

4.内部发行的科技期刊。这一类型数量很大(仅湖北省科学技术情报研究所一年内所收集到的,就有2,400种左右),是我国目前科技情报资料的重要组成部分。这些内部期刊大多由厂矿、研究机构、高等学校、情报部门所编印,品种及期刊都不太稳定,发行渠道不通过邮局,大部分通过交换或内部征订。其内容主要发表革新成果、试验报告、调查材料、情况介绍、典型经验及译文等等,虽然不及公开期刊的文章成熟,但包含较多的第一手资料,反映了我国生产和科研战线,尤其是各基层单位的动态和成果。

5.内部科技资料。这是一些比较零星的资料,单独成册,主要通过对口交流和赠送来传播。它的数量很大，类型复杂，印刷装订形式多样，不易全面掌握。一般来说，内部科技资料可分下列类型：

（1）群众性双革四新资料，包括技术展览会资料。这类资料数量相当大，是内部科技资料的主要组成部分，每年约有五、六千件以上。它的内容反映了工矿企业基层单位的革新成果，具有现实性与群众性，便于推广收效。

（2）科学技术成果研究报告。我国从 1963 年起，由国家科委出版了一套《科学技术研究报告》。全国各科研单位上报和登记的科技研究成果，经国家科委选择和各主管部门的推荐后，即以《科学技术研究报告》的形式出版。中国科学技术情报研究所具体承办这项工作。为了便于检索，同时还出版了《科学技术研究成果公报》。报告书包括编号、档案号、分类号、题目、作者及登记日期。内容正文有试验及讨论、产品的制造说明、最终送样的配方、检验结果，并附参考文献。截止 1966 年，已出版的报告编号已达 1616 号。而未出版的报告原件，编号在一万号以上，皆藏于中国科学技术情报研究所。"文化大革命"以来，1971 年 11 月开始，这套报告改称《科学技术研究成果报告》，由中国科学技术情报研究所出版，也有统一的编号。报告分为内部、秘密、绝密等级别，由内部控制使用，内容十分广泛，包括从农业、粮食、沙漠改造、水利、土木、化学化工、冶金、机械、电机、船舶、医学、计算技术到印刷、文物修补等各个学科领或。它是我国较为正规、水平较高的科研报告，代表了我国科技研究水平。

（3）科技专业会议资料。包括专业会议、技术性会议、攻关会议、地方性会议、学术团体的年会、例会等会议的文献。这些会议一般由主管部门、高等学校、专业情报网站召开。参加会议的单位及个人提出的经验介绍、研究论文、试验报告、情况汇报、有关参考资料等等，以会议名称编有顺序号，在会上印发。有的是全文，有的是摘要。若干内容比较成熟的资料,日后往往出版专书,或以期刊论文形式发表,但多数不再发表。我国科技专业会议的资料数量也相当可观。例如,中国科技情报所、上海科学技术情报研究所每年可收集一百多个会议的资料。实际召开的科技专业会议,远远超过这个数字。由于参加会议的是来自国内该专业方面有代表性的单位,会议讨论的议题一般是具有重大现实意义和带有趋向性的科技关键问题,会上提出的论文和资料,一般事先都作了较充分的准备和挑选,因此这一类型的资料是被普遍重视的。

(4)技术鉴定书。这是对某些产品和技术进行审查鉴定的证书,其附件为较详细的技术资料,有的附有图表,列出主要的性能、数据、工艺要求等等。

(5)科技成果汇编。它主要由各情报机构和主管部门选编,反映一年内本地区、本单位的科研和技术革新成果。每项成果的介绍较为简单,只起一个提供线索的作用,以便推广交流。这种汇编几乎每个省、市及专业部门都有出版,数量不少。全国科学技术成果汇编,由中国科学技术情报所负责。各种成果汇编的密级不一,多数是内部,少数是秘密或机密。

(6)来华技术座谈资料。由于国际交往与合作的增多,近年来我国与国外的技术交流有较大的发展。在广交会、国外来华举办的工业、技术展览会等场合,经常召开国外技术座谈会。国外学者也经常来华进行讲学,解答问题。这些记录经整理后,由有关情报部门编印出版。目前,中国科学技术情报研究所、上海、天津、广州等情报所都分别编印。在每份资料上都编有顺序号。

(7)出国参观考察报告。近年来,我国有关方面出国技术考察的活动日趋增多。由于考察对象在技术上具有先进性和代表性,因此出国参观考察报告成为了解国外技术水平动向的一个情报来源。这类资料一般由中国科技情报所及专业部委情报所编印,也编有顺序号。

（8）国外科技水平动向综述。这一般是由各情报部门在分析大量国外文献的基础上编写出版的,介绍或评论某一时期国外某科技领域研究的现状和动向,是借以了解国外进展情况并供领导部门进行技术决策的重要参考资料。

（9）大专院校及训练班教材。这类资料数量很大,一般为油印或内部铅印。教材内容比较成熟,具有较强的系统性、逻辑性,但其中所包含的新情报较少。

（10）译文。我国各情报机构、大专院校、研究部门等往往结合自己的需要,翻译国外文献。译文,虽然就其内容来说是国外文献,但由于进行了文字变换,并且是根据我国需要进行选择或节译的,因此也可以看作是国内资料。译文有的未付印,只是手稿形式,有的是油印或铅印。译文往往以"译丛"、"译文集"、"国外参考资料"等名称出版。

（11）发明记录。这是"文化大革命"以前的一种国内科技资料类型,由国家科委出版。1963 年 6 月 12 日发行 0001 号,至 1966 年其编号达 321 号。它记录了我国科学技术新的创造发明,属于内部或密级资料。发明记录包括题目、发明者、发明完成日期、审查单位,该发明的密级,以及确定为发明的根据、发明的技术内容等等,并有附图。每个发明记录都有总编号和分类号。

（12）出国留学生论文和国内研究生论文。1966 年年中以前,出国留学生、研究生的毕业论文或博士、副博士论文有 3,600 件左右,收藏于中国科学技术情报研究所。其中大多有中文翻译本。国内研究生论文,截止 1966 年,中国科学技术情报研究所收藏了大约 1,500 件左右。随着目前出国留学的人数增加,以及学位制度的实行,今后这一类型的资料将大大增加。

（13）国内技术标准和产品说明书。国内技术标准是各有关部门对工农业产品零部件、原材料,工程建设的质量、规格及其检验方法,计量单位等所做的技术规定,它包括国家标准、部标准、专业标准和企业标准。国内产品说明书是我国有关生产单位对定型产品的性能、构造、原理、用途、使用方法和操作规程、产品规格所做的具体说明。

（14）科技档案材料。围绕着科研和生产过程，必不可少地会形成许多技术文件，比如，科研规划、计划、方案、任务书、工程设计、地质图、经济核算、发明记录等。技术档案具有保密与内部使用的特点。图书情报部门只收藏部分具有普通使用意义的技术档案。

（15）科技报纸。目前，全国有不少专业部（委、局）、省、市、自治区、科研部门、高等院校、较大的厂矿企业、专业情报网站、学会团体出版科技报纸，据估计目前有五、六十种。科技报纸的特点：内容新颖，形式活泼，语言简练，通俗易懂，报道科技消息快，发行量大，作为传播消息、普及知识的渠道，作用极大。

第二节　国内科技文献的检索

目前，对于国内的科技资料，还没有建立起一个统一的、全面的检索体系。但为适应我国四个现代化的需要，为了便于交流和检索国内科技资料，做到"互通情报"，使科技资料能更好地被工农兵与科技工作者利用，中国科学技术情报研究所及其重庆分所、上海科学技术情报研究所以及一些其他省、市的情报所等情报单位和部分图书馆，都编辑出版了一些国内科技资料检索工具。尽管这方面的检索工具目前数量还比较少，收录资料的范围还不够全面，编制方法也还存在一些问题，但在一定程度上起到了资料报导与检索的作用。

一、检索图书的工具——《全国总书目》和《全国新书目》

《全国总书目》是综合性统计登记书目，是根据全国各出版单位向版本图书馆缴送的出版物样本编成的资料性工具书。它基本上反映了我国图书出版的状况，是检索图书的主要检索工具。

《全国总书目》1949—1954 年合编为一本；1955—1965 年期间每年出版一本；1966—1969 年尚未出版；1970 年后每年出版一本，现已出到 1978 年（1971 年缺）。

《全国总书目》有三个部分：第一部分为分类目录，以《中国人民大学图书馆图书分类法》为基础（1960 年起改以《中小型图书馆图书分类表草案》为基础），并根据每年图书的实际情况加以调整的分类表进行分类排列。对部分跨类的图书，在相关类中作了互见。第二部分是专门目录（也称专题目录），包括"少年儿童读物目录"、"少数民族文字图书目录"、"外国文字图书目录"、"盲文书籍目录"、"翻译出版外国著作目录"和"工具书目录"等等。各专门目录收录的图书，除少年儿童读物外，均编入分类目录。第三部分是附录，包括"报纸杂志目录"、"丛书索引"、"出版者一览表"等，1960 年以前还有"书名索引"，之所以这样编排，是为了提供多种检索途径，便于查找。

《全国总书目》除反映我国正式出版单位出版的公开发行的图书外，尚反映一部分内部发行的图书。因此也可以作为查找内部科技图书之用，当然在这方面是不够完备的。

《全国新书目》是及时报导全国新书出版情况的刊物。1958 年第 9 期以前为月刊，此后改为旬刊。1972 年 5 月开始恢复，试刊出了五期，1973 年起正式出版交邮局发行。《全国新书目》与《全国总书目》两者是相辅而行的。前者的职能在于及时报导，而后者是前者的累积本。它们统一由版本图书馆编辑。

二、检索公开报刊论文的工具——《全国报刊索引》

《全国报刊索引》，上海图书馆编辑出版，月刊，收录中央和各省、市、自治区出版的报纸、杂志资料，以题录形式作报导。

《全国报刊索引》的前身是山东省图书馆编印的《全国主要期刊重要资料索引》（季刊，1951—1954 年）。上海市报刊图书馆从 1955 年起接替了这个刊物，编辑《全国主要期刊资料索引》，较山东省图书馆编的索引在收录范围和引用期刊种数上都有了扩大和增加。1956 年起，又扩大内容，增收报纸资料，改名《全国主要报刊资料索引》。1959 年上海市报刊图书馆并入上海图书馆，此索引由上海图书馆继续编辑出版。1966 年 10 月—1973 年 9 月期间停刊，1973 年 10 月起复刊。

这个报刊索引在 1959 年至 1966 年停刊以前，每期分为"哲学、社会科学部分"和"自然、技术科学部分"两册出版。1973 年复刊后，不再分册。

通过这个索引，基本上能查到我国主要报刊上的科技论文和资料。但它的检索途径单一，只能通过分类来查寻。

三、检索国内科技资料的工具——《中文科技资料目录》

这套目录 1978 年分为 17 个分册：（1）综合科技基础科学，（2）农业，（3）矿业，（4）冶金，（5）医药卫生，（6）机械仪表，（7）电力、电工、原子能，（8）水利、水电，（9）电子技术与自动化，（10）化学工业，（11）轻工纺织，（12）铁路运输，（13）公、水路运输，（14）建筑工程，（15）地质，（16）建筑材料，（17）环境保护。1979 年又增加（18）林业，（19）农业机械，（20）船舶工程，（21）测绘等 4 个分册，共 21 分册。

这套目录是在 1977 年 7 月全国科技情报检索刊物协作会议以后，按统一的规定、统一的著录格式，由各有关的专业单位、情报所和图书馆分别编制的,是我国检索刊物体系中的一部分。有的是双月刊,有的是季刊。收录了国内公开、内部的科技期刊、科技资料和译文,不收录密级资料,由邮局统一发行。

这套目录暂时按《中国图书资料分类法》分类标引,等到全国统一的汉语主题词表编成后,将统一改按主题表抽词标引。报道的形式,一律按篇报道,实行了题录、简介、文摘三结合。现在先从题录入手,逐步向简介和文摘过渡。从1978年起《中文科技资料目录》各分册每年末期附有年度累积索引,还要编制五年累积索引、十年累积索引,以满足手工检索和实现机械检索的需要。

检索国内内部期刊的检索工具还有:

1.《中文科技资料目录》(不定期),由上海科技情报研究所编辑,上海科技文献出版社出版。

2.《中文科技资料馆藏目录》(双月刊),由中国科技情报研究所编辑。由于该所收藏较为丰富,因此具有全国性的意义。

3.《中文科技期刊联合目录》(1979年),中国科技情报研究所编辑。科学技术文献出版社出版。此目录是在《中文科技资料目录》21个分册所选用科技期刊的基础上,并结合中国科技情报所的馆藏而编辑的,收录了我国各单位出版的中文科技期刊4,551种。分为分类目录和字顺索引两部分。

四、检索来华技术座谈资料的工具——《来华技术室谈资料和新到国外产品样本收藏目录》

该目录是上海科技情报所编印的,报导了自1971年以来,历届广交会期间国外技术座谈资料、各国在我国举办的科学技术展览会上的技术座谈资料,以及新到的样本。目录按广交会届数和展览会名称排列,然后按机械、化工、电气等专业细分。

此外,其它单位也编印了类似目录,可供参考。

五、检索译文资料的工具——《科学技术译文通报》

该《通报》由中国科技情报所编辑,科学技术文献出版社出版。它以题录形式报导中国科技情报所组织代译的译文和国内一些科研生产与情报单位提供的未经公开发表的译文,包括英、俄、法、德、日、波、捷、罗、匈、意、西班牙等文种文献的译文。

该《通报》创刊于 1965 年 4 月,是在《咨询通报》和《文献服务通报》(均系内部刊物)基础上发展起来的。1965—1971 年为半月刊,1972 年起改为月刊。后停刊又复刊。

六、其它检索工具

我国目前编辑出版的各种科技文摘刊物,是以摘录报导国外文献为主的。但也有若干种文摘,例如《中国化学化工文摘》、《机械制造文摘》、《半导体文摘》、《冶金文摘》、《农学文摘》、《畜牧学文摘》、《电力电子文摘》、《分析化学文摘》、《通用机械文摘》、《石油天然气文摘》、《兽医学文摘》、《化肥工业文摘》、《分析仪器文摘》、《起重运输机械文摘》、《涂料文摘》、《水产文摘》等,也摘录报导国内某些科技文献资料。因此,也可借助这些文摘刊物检索国内文献。但由于这些文摘收录国内文献较少,仅限于公开期刊中的文章,因此,对于系统检索国内科技文献是不够全面的。

我国各情报单位和图书馆编印了许多专题目录和索引,在部分专题目录和索引中也收录了国内科技文献。对这些检索工具,也应注意使用。

第十四章 怎样利用计算机
情报检索系统查找资料

第一节 学习计算机情报检索的现实意义

计算机、电信和情报三者的结合,使得情报的搜集、存贮、加工、检索和利用的流程产生了革命性的变革。情报的传递出现了崭新的模式。同传统的情报工作方式相比,计算机检索不仅速度快、效率高,而且克服了人们获取情报方面原先所存在的地理上的障碍和消除了时间上的延迟现象,极大地提高了文献情报的可获得性。今天,计算机情报检索已经在科技生活中站稳了脚跟、赢得了信誉,对科技研究与发展工作产生了越来越大的实际影响,并将日益加速科学进步的进程。

对于图书馆和情报资料单位来说,计算机情报检索使它们获得了为情报用户服务的新手段。情报检索服务不再仅仅依靠本单位的收藏,而可以获得远比本馆藏书丰富的情报源,从而具备了在更大的深度与广度上满足情报用户需求的能力。计算机情报检索在这个方面导致了二个结果。其一,是使情报检索服务由过去的各馆单独进行的小规模作业方式变成了社会化的服务系统,产生了像 DIALOG、ORBIT 等商业性的、集中化的计算机情报检索服务中心;其二,是使各个图书情报单位的检索人员日益变成情报用户同计算机情报检索服务中心之间的中间人。他们受情报用户的委托,同计算机检索系统打交道,为用户拟定检索策略,协助用户评价检索结果,并把评价成果作为对进一步修改检索策略的"反馈"。他们需要掌握比过去手工检索更多的知识,不仅要熟悉有关词表、标引、检索工具(数据库)的品种、检索途径的选择等知识,而且要掌握同计算机检索系统打交道的有关询问语言与布尔逻辑,了解计算机检索系统的性能,充分利用系统的潜力拟定恰当的检索策略。计算机情报检索不仅没有取代图书情报单位工作人员的作用,相反,要求他们必须具备新的素质,掌握新的基本功。

就当前国内的情况来说,计算机情报检索已经不是什么"空谈",而是已经从研究、试验阶段转入了实用的阶段。从1975年我国计算机检索事业起步以来,至1982年下半年为止,先后有近70个单位进行了这方面的试验与服务工作,所参与的人员约为500多人。已引进30多种国外发行的文献磁带。邮电部、化工部、地质部、机械工业部、石油部等部门的情报所,北京文献服务处,上海科技情报研究所,以及南京大学等单位已正式开展计算机情报检索服务,拥有数千个情报用户。国家正在制订全国的机检规划。此外,1980年开始,八部一局租用了一个香港终端,向美国DIA-LOG及ORBIT两个检索系统进行远距离的联机检索,已为国内各部门检回了数百个课题的资料。近年来,还在北京北方科技文献服务中心设立了上述美国两大检索系统的电传终端,以及北京电报大楼的电传终端,可在北京直接对其进行联机检索。1983年,在北京又设立了ESA(欧洲航天局)系统的终端,已可开展检索服务。汉字文献计算机的检索,也取得了可喜的展进,中国科技情报研究所同医药总局合作,建立了《中国药学文摘》的汉字数据库,并由计算机编排了《中国药学文摘》印刷版。邮电部科技情报所用微型计算机编辑了《通信科技文献索引》。不少图书馆已成为情报用户同计算机检索系统之间的"中间人"。计算机情报检索的知识技能,正在逐步地向广大图书情报工作人员和科技人员进行普及。有关计算机情报检索的理论探讨和经验分析,也正在逐步发展。创办了《计算机与图书馆》杂志。中国科技情报学会计算机情报检索组每年举行一次学术讨论会,提出数以百计的论文或报告,研究的课题日趋广泛。从检索软件,逐步扩大到检索策略、汉字检索和检索效果评价、文献的自动标引、分类和机编词典等等。事实表明,尽管从总体来说,我国计算机情报检索尚处于初具规模的阶段,但其发展的势头是确定无疑的。

第二节 计算机情报检索服务的种类

计算机情报检索系统所能提供的检索服务,有多种内容与形式:(1)书目检索服务(它又可分为最近资料的定题选报,即 SDI 服务;标准的 SDI 服务;追溯检索服务等)。(2)数值型与事实性数据检索服务。(3)文献全文检索服务。

这些多种多样的服务种类,主要取决于计算机情报检索系统所装入的数据库内容、文件结构、计算机的存贮容量以及软件水平等,或者说,取决于检索系统所确定的目标。

1.书目检索服务。所谓书目检索,就是存入计算机检索系统的数据是文献的题录或文摘,它们是文献的外表特征与内容特征的描述与记载,而从检索系统所能查找的东西,也就是这些文献的线索——即书目信息。同数值型或事实型数据的检索以及文献全文的检索比较起来,书目检索服务产生较早,发展也较为充分。国外许多文摘索引和图书馆藏书目录、联合目录已转为机读形式,装入计算机,实现了计算机化的查找服务。

SDI(Selective Dissemination of Information)服务,即最新资料的定题选报(或称定题服务),是书目检索服务中出现最早的一种服务形式。这种服务形式是:情报用户提出自己的情报需求,检索系统将这种需求转换成一定的逻辑提问式。提问式是相对稳定的。根据这种提问式,检索系统定期地(每月或每周)从新到的数据库中找出相关的文献款目,并按用户所指定的格式加以编排,打印给用户。这是一种持续不断的服务,所提供的资料都是当前最新发表的文献线索,从而便于科学工作者跟上学科的发展步伐,了解水平动向。SDI 服务只是查出最新的数据库,因此计算机所处理的文献款目数量有限,不要求计算机要有大量的存贮空间,也不要求计算机要有较高的运算速度,软件的编制也较为简单。从技术角度说,SDI 服务的实现比较容易。同时,SDI 服务往往是成批进行的。也就是说,计算机将几十个、几百个乃至上千个用户提问式集中在一起,同时进行查找。这样,从经济角度来说,就降低了处理每个提问逻辑式的成本。加之 SDI 服务有时可以不需要专门占用一台计算机,并且可以利用计算机的使用低峰时间(夜晚)进行作业。因此,SDI 服务的收费较为低廉。SDI 服务一般是以脱机方式进行的,但近几年来也发展联机 SDI 服务。

标准的 SDI 服务,是将选题较为普遍、用户量较多的情报提问,由检索系统服务人员事先有计划地进行选定下来。对于每个标准的 SDI 课题,计算机只要查找一次,所得检索结果可以大量印刷发行。一般的 SDI 服务是因用户而异的,好像是餐厅的“点菜”,而标准的 SDI 是事先确定需求量大的课题进行检索,以同样的检索结果供应众多用户的,因而它好像是大众食堂的“份饭”。标准的 SDI 服务,收费比因人而异的一般 SDI 服务低廉。目前许多检索系统都进行标准的 SDI 服务。美国化学文摘社就有大量课题提供“CA SELECT”(化学文摘选报)的服务。我国化工部情报所也开展了几十个典型课题的“SDI 标准提供”的服务。

追溯检索(Retrospective Searching,简称 RS)服务,是指这种检索不仅要查找最新资料,而且要回溯查找过去年代的资料,即普查几年、十几年来的所有资料。追溯检索服务特别适合于申请专利为证实新颖性而进行的检索要求,也适合于撰写评论文章或教材,以及从事新课题研究而需要全面系统掌握有关文献的要求。检索对于解决具体问题的科学研究十分有用。这种普查式的检索,使科学工作者通过一次检索就能掌握相当长时期以来所累积起来的全部有关文献。但是,进行追溯检索,要求计算机有较大的存贮容量与运算速度。与 SDI 服务比较起来,追溯检索的课题是不稳定的,检索费用也较高,追溯检索一般是以联机方式进行的。因为通过联机检索的功能,能够及时修改确定检索策略,保证良好的检索结果。在国外,联机追溯检索已成为主要的服务方式,一般可追溯一、二十年的范围。当前我国也正在努力建立累积数据库,提供追溯检索服务。如北京文献服务处已提供 GRA(美国政府报告通报及索引)十年累积库的追溯检索服务。

2. 数值型或事实型数据检索服务。这种服务所提供的是各种科学数据和事实,如各种物理常数、物质的各种特性及其参数、化学分子式、观测数据、图谱,以及市场行情、电话号码、银行帐号等。这些数据是一些能够直接使用的信息:如图表、公式、化学分子式与结构式及有关的数字或文字。同书目信息(二次情报)比较起来,这种数值是浓缩式的一次情报,有人也把它称为"纯情报",更便于科学工作者使用。数值型与事实型数据检索的费用较高,有时还需采用若干较特殊的检索语言。当前,国外许多情报检索系统已提供了数值型与事实型数据检索服务,并且其增长速度要比书目检索服务更快。我国近年来也积极在研制数值型或事实型的数据检索服务。例如中国科学院有关研究所建立了化学数据库(包括化冶所的无机热化学数据库、环化所的环化数据库等),中国船舶总公司七○一所建成了水面舰艇推进系统应用数据库,地质部的石油地质数据库等。这些数据库都配置了相应的硬件与软件,具有检索服务功能。此外,近年内还准备研制"进行中的科研项目管理系统"、"技术引进项目管理系统"等,它们所提供的也是这种类型的检索服务。

3.全文检索服务。在这种检索系统中,存贮的是文献全文。它所提供的检索功能是可以查找文献中某个词、或某几个词所在的出处,出现的频率,及其所在句、段的上下文。例如法律条文、著名的文学作品等,在国外已开展了全文检索服务。美国俄亥俄州的法律文本检索系统就是一例。在我国,武汉大学中文系与计算机系已建立了《骆驼祥子》、《倪焕之》等文学作品的全文数据库,具有全文检索的功能,包括字频统计、编制逐字索引、统计平均句长等等。全文检索服务是当前计算机情报检索的发展方向之一。

第三节　机检系统的主要检索功能

当前一般计算机情报检索系统所执行的情报提问同文献标识或文本之间匹配,主要有下列几种:

一、布尔逻辑检索

即采用逻辑和、逻辑乘、逻辑非等算符,将情报提问转换成逻辑表达式。计算机可以根据逻辑表达式所限定的各运算项(检索词)的关系,确定命中文献的基本条件与查找路径,去同各篇文献的标识进行匹配。凡符合提问逻辑表达式所规定条件的文献,即作为命中文献,而予以输出。布尔逻辑符所规定的条件是:

A AND B,是指 A、B 两个检索词必须同时存在。

A OR B,是指 A 或者 B 单独一个词存在即可,或 A、B 两词同时存在。

A NOT B,是指 A 必须存在,同时不允许 B 的存在。

逻辑运算符的应用,大致有下列八种可能的方式:

这里,方框是代表整个文献集合,即所检索的书目数据库。

（1） A

（2） NOT A

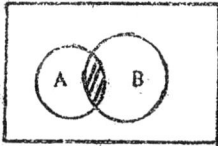
（3） A AND B

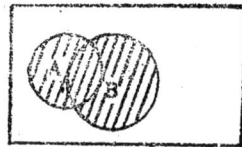
（4） A OR B

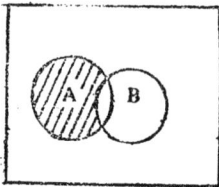
（5） A AND NOT B

（6）（ A OR B)AND
NOT （ A AND B)
即异或

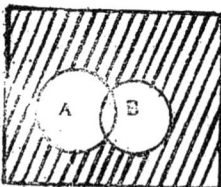
（7） NOT A OR
NOT B

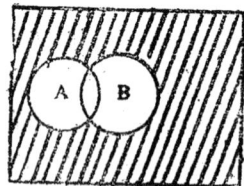
（8） A OR NOT B

500

A、B 是代表检索词。小圆圈（由注明 A、B 者）是代表该文献集合中被标引在 A 或 B 索引词之下的文献部分。阴影部分代表符合逻辑表达式所规定条件的被命中文献部分。例如，以上：

（1）是检索一个检索词，如"汽车"。

（2）是检索逻辑非的一个检索词，如非"汽车"，这样，凡是不被引在"汽车"索引词之下的文献，都符合条件，被认为是命中文献。

（3）是检索二个检索词的逻辑积，即 A 与 B 两词同时存在的文献，也就是 A 圆与 B 圆相交的那一部分。如 A 圆代表汽车，B 圆代表发动机，则 A、B 两圆相交的那一部分，即为"汽车发动机"。

（4）是检索二个检索词的逻辑和。如 A 圆代表钢，B 圆代表铁，则阴影部分即为钢或铁。

（5）是检索一个检索词同另一个检索词的"与非"关系（即逻辑乘与逻辑非）。例如 A 圆代表合金，B 圆代表铬，阴影部分即为非铬合金。

（6）是检索两个检索词之间的"异或"关系，例如 A 圆代表水上运输工具，B 圆代表陆上运输工具，而"异或"的关系则排除了 A AND B 的那一部分，即"水陆两栖运输工具"不能被命中。这是同 A OR B 的逻辑和有区别的。

（7）检索两个词的逻辑非，该两词之间的关系是"或"的关系。例如 A 圆代表俄文，B 圆代表法文，则阴影部分代表除俄、法两种文字之外的其它各种文字的文献。

（8）是检索 A，但否定 B。例如要检索焊接（A）方面的资料，但不要技术标准（B）。这样，结果是"焊接标准"的资料被排除了，但是其它一切课题的资料（除标准外）均被命中。因此，A AND NOT B 和 A OR NOT B 是不同的，其效果相差很远。

布尔逻辑检索是把任何检索课题加工成可以进行逻辑运算的

表达式,这是计算机检索的一种被广泛采用的匹配方式。

二、加权检索

所谓加权检索,就是在检索时,给每一提问检索词以一个表示其重要度的数值(即所谓"权"),然后对含有这些检索的文献词的文献进行加权计算,其和在规定的数值以上者,作为答案输出。权值的大小,可以表示被检出文献的切题程度。若干命中文献按权值大小排列,这种提供情报的方式,本身就具有推荐的意义。

检索词的权是按照提问者需要给的。例如要检索"硫对金属的冲击强度的影响"课题的文献,可分别对各检索词赋予一定的权数:

硫	30
钢	40
冲击强度	30

这样,在检索时,可能有下列五篇文献,它们对该提问的权值可能分别是:

(1)硫对于钢的冲击强度的影响——100

(2)论钢的冲击强度——70

(3)元素硫——30

(4)塑料的冲击强度——30

(5)污水处理——0

如果临界值规定为"70",则被检出的是前二篇文献;如果临界值规定为"100",则被检出的只有第一篇文献。凡临界值以下的,皆为非命中文献。

也就是说,加权检索,就是计算机在将检索词同索引词(文献标识)进行对比时,同时统计权值。然后按值的大小排顺,用临界值(阈)确定输出的下限。这些工作,对于计算机来说是轻而易举的。加权检索是同布尔逻辑检索完全不同的匹配方法,但是其结果是相同的,即凡是布尔逻辑的功能,加权检索也能实现。对于需要进行逻辑非的词,加权时可用负数。还有另一种加权检索的形式,即不通过赋于权的数值和计算之和,而是在文献标引时,对不同的检索词作加权标志。例如有三篇文献:

(1)《保护环境,造福人民》

对这篇属于方针政策性的文章,虽然也可能提到水污染、空气污染、土壤污染、噪音等等。但它的重点不在于探讨治理的方法。因此在标引时,对水污染可标引为:

水
污染
政策*
(*号为加权标志)

(2)《三废治理》

这篇文献是综合论述废水、废气、废渣对水、空气和土壤的污染及其治理措施的。它也涉及水污染问题,但并非重点谈这个问题。因此,可标引为:

水
污染*

(3)《水污染及其处理》

这篇文献是专门论述水污染的,因此可标引为:

水*

污染*

在检索时,如果凡涉及水污染的文献都算命中,那么就有三篇;如果对水、污染两个检索词加权,则仅命中第三篇文献。

这种标引时的加权,以及检索时对检索词作相应的加权符号,对于计算机来说,有加权符号的词和无加权符号的词是二个不等值的词,即两个不相同的词。因此匹配时按不同的词进行处理就可以了。

三、截词检索

所谓截词检索，就是把检索词截断（加上截断符号），让计算机按照字的部分片断同索引词对比。这里有前方一致（右截断）、后方一致（左截断）以及中间一致（左右同时截断）等三种方法。例如：

前方一致：查计算机（computer）这个检索词时，若用截断符号 *，可写成 computer *，则索引词 computer，computers，computerise，computerize 等均算命中。这种右截词的方法在计算机化的情报检索中被广泛使用，因为这样可以省去写各种词尾有变化的检索词的麻烦，有助于提高查全率。当然，在何处截断，这是要认真考虑的，如果把 Computer 一词截断成 Com *，那么就会使所有 Com 开头的索引词均被检出，其结果是误检率极大地提高。

后方一致：把截断符号放在字根的左边，如 * Computer，那么计算机进行匹配时，索引词 minicomputer，microcomputer 均算命中。这种左截断的方式，对于某些课题的检索是很有用的。例如 *mycin，则可查出一大批有关抗菌素的文献。

中间一致：把检索词左右都同时截断，如 * Computer *，则可以命中那些其中间部分包含这个字根的所有索引词，如 minicomputer，microcomputer，computers，minicomputers，microcomputers 等等。显然，这种左右同时截断的方法，在检索较广泛课题的资料时，能获得较高的查全率。

截词检索事实上只是计算机进行检索词与索引词之间的前方一致、后方一致、中间一致的对比匹配方式。这种匹配方式虽然手工检索时也可进行，但计算机的效率要高得多。因此截词检索是发挥计算机本身优势，应用计算机固有的指定位对比判断功能的一种检索匹配方式，也是计算机情报检索出现之后才产生的一种新的检索方法。

四、通用字符检索

在英语中,有的字有不同的写法。例如颜色这个字有二种拼写形式——color, colour。硫这个字也可分别拼写成 sulfur, sulphur。这样的问题,不是前面所说的截词检索所能胜任的。这样,为了使不同拼写方法的硫或颜色的索引词都能被检索出来,就出现了通用字符检索的方法。它是将拼写有变化的字母处代之以通用字符符号,如 sul ＊ ur。这样,计算机在进行匹配时,凡两端的字母相同,中间字母有所出入的都算命中,从而使 sulphur 和 sulfur 同时都被命中。通用字符检索,也可以叫做插入截词(infix truncation)。事实上它是前后方一致的匹配方式。

五、字符串检索

即可以在一串字符中,指定必须出现一些什么字符,并且各段字符组之间不应超过多大的距离和能够两者倒换。可以指定凡符合所给条件者为命中或不命中。

例如,有关铬的一些名词是:

Chromates	铬酸盐
Chromating	铬酸盐处理
＊ Chromatography	色谱
Chromic acid	铬酸
Chromite	铬铁矿
Chromizing	铬化
Chromium	铬

以上这些字,除"色谱"外,全是同"铬"有关的。如果在检索时,想命中这些同"铬"有关的索引词,并且要排除"色谱"的话,那么光靠上面说过的截词检索和通用字符检索是不行的。因为这两种方法都不能在保留所有"铬"家族的词的同时,将"色谱"这个

"异己"的词排除掉。这就需要有另一种匹配方法——即字符串检索。

字符串检索的表示方法很多。其中如：

Chrom I A 0 atography

这里，中间的"I"表示符合此条件的否定，"A"表示前后二个字符串不能对换，"0"即为前后二个字符串彼此间隔为零。这样，就把"Chromatography"(色谱)的文献排除了。

字符串检索在 Dialog 等其它系统中，采用不同的标记形式。如有词 A 及词 B 两个词，若指定它们必须出现在同一篇文献中，则用 A(C)B 表示；若指定它们必须同一字段出现，则用 A(F)B 表示；若指定该二词中间可以相隔若干(X)个词，则表示为 A(XW)B。如书名 GONE WITH THE WIND(飘)，可写成 GONE(2W) WIND 这样的表达式。

第四节　机检的两种方式——脱机
检索和联机检索

从检索者同计算机情报检索系统的通讯方式来看，有所谓脱机检索和联机检索。

一、脱机检索

就是检索者直接在计算机旁检索，不需要远程终端设备，也不需要通讯网络。因此它不要求太高的技术条件，成本也较便宜。脱机检索方式往往把一批检索提问集中起来，定期地成批地在计算机上查找，即所谓批处理方式。但是，脱机检索有它较严重的缺点：(1)地理上的障碍。如果情报用户远离计算机，则必须将自己的检索要求写信给检索系统的管理人员，委托他们代替自己去计算机上查找,检索结果通过邮局寄给用户。信件返往颇费时日,而且在信件上往往有时说不清楚自己真正的需求,检索结果也不能立即看到。要是检索出的文献不对口,只能等待下一次机会才能改正检索式。因此脱机检索方式是不直接的、"一次机会"式的。(2)脱机方式存在时间上的延迟。有些紧迫的检索需求,往往要求及时地获得检索结果。显然,脱机(批处理)方式是难于满足这种要求的。(3)用户同系统之间没有直接的交互。列出一个检索式,只能等待最后的检索结果,中间不能浏览,不能修改,形同"下盲棋"。这就必然影响检索质量。

为了克服上述缺点,因此出现了另一种检索方式,即联机检索的方式。

二、联机检索

现在,世界上越来越多的图书馆依靠联机情报检索为读者取得有关的情报资料。在参考服务的手段方面,已经出现了深刻的变化。据估计,目前世界每年使用联机情报检索达数百万次以上,而且这种工作量还在迅速上升。对于经济比较发达的国家来说,联机情报检索在图书馆已成为日常工作,正在逐步地取代手工参考服务,同时也给图书馆本身提出了一些新的问题。

(一)联机情报检索的出现与发展

所谓联机情报检索,就是可以允许在远离计算机的终端设备上同计算机进行一问一答的对话,就像是打电话彼此借助通讯线路联系在一起那样,从事书目资料的检索或数值数据的查寻。电话线和数据通讯网把终端与计算机联结起来,这种提供检索服务的计算机,一般装有数以十计或百计的数据库,而每一种数据库可以包括几十万、几百万条各种类型文献的书目款目或科学数据。每检索一个课题,平均只需十分钟左右的时间。检索到的书目资料,可以立即在检索者的终端设备上打印出来,或者为了降低费用,可由计算机脱机打印,邮寄给检索者。因此,联机情报检索的实现,对于图书馆传统的收集、查找与提供资料的方式来说,是一次革命。

提供联机情报检索服务的,往往不是图书馆,而是称为联机情报服务零售商的私营企业或政府与学术机构附设的联机检索服务单位。图书馆一般是这种服务的用户。当然最终用户是需求情报的科技人员、管理与决策人员。图书馆协助或代替这些人员进行联机检索工作。这是图书馆为读者服务的一种新的方式。至于数据库(即机读版的文摘索引和数据手册)是那些以营利为目的的公司、非赢利的政府机构或学术组织生产的,它们被称为数据库生产者。联机检索服务零售商通过租用或取得许可证的办法从数据库生产者那里获得数据库,在自己的计算机上操作,在收费的基础上向联机用户提供个别服务。正是在这种意义上,把它们叫"零售商"。这种数据库生产者、联机服务零售商、图书馆和最终用户之间的关系,是图书情报传递过程中新的社会结构。强大的分时计算机、机读数据库、快速存取的磁盘存贮装置、交互式的检索程序、快速与低成本的计算机终端以及通讯网络等等,这些技术结合在一起,使得一个高速、有效、可靠、低成本的联机情报检索服务终于在近十多年来诞生和蓬勃发展起来。

联机情报检索的试验研制工作,开始于六十年代中期,但是它向社会公众提供服务、并为自己赢得信誉,那是在七十年代。

当前世界上已投入运行的联机情报系统很多,至 1983 年为止,国际上较大的检索系统有一百多个,数据库有 1,100 多个,存贮的机读文摘超过一亿条。1982 年联机检索终端有 45,000 台,估计到 1986 年可达 240,000 多台。当前最大、最有影响的联机检索服务有以下几家:

1 美国洛克希德导弹与空间公司的"戴洛戈"(DIALOG)情报检索系统。该系统拥有 200 多个数据库,可提供联机检索终端的书目记录达六千万条之多。它在世界各地设置了一万多个终端。它是世界上最大的商业化的联机检索服务部门。

2. 美国系统发展公司（SDC）的"奥毕特"（ORBIT）情报检索系统。它拥有 80 多个数据库，四千多万篇文献记录。

3. 美国书目检索服务公司系统（BRS）。这个系统成立较晚，1976 年夏才进入联机服务市场，因此规模较小，检索费用低。

4. 美国国家医学图书馆的"医学文献分析与检索"联机系统。它的前身是脱机系统的 MEDLARS，1971 年转入联机检索服务。它是由政府机构举办的，并推进国际合作。

5. 欧洲空间组织（ESA）的检索系统（ESA - Quest）。1969 年开创，现拥有 50 多个数据库，三千多万篇文献记录。其中有五个数值数据库，提供电子元件、遥感信息、电气规格、航天元件、原材料价格等。

（二）联机情报检索的步骤与优点

一般来说，在终端进行联机情报检索需要经过四个步骤：

1. 要求接通通讯线路：即用户呼叫他想要对其进行检索的计算机系统，并证明自己是合法用户。

2. 检索对话：即用户选择或调换他需要检索的数据库，选择他需要的检索词，把检索课题形成以逻辑表达式出现的检索策略，并试验这种策略的成败，浏览检索的初步结果，直到认为满意的结果为止。这些过程都是通过检索者同计算机系统之间的"对话"而进行的。这种"对话"，就是检索者在终端的键盘上打入系统规定的各种作业指令，而计算机系统在接受这些指令并进行运算之后，把结果传输到检索者的终端，在屏幕上显示出来，或在打印机上打印出来。有时系统也可以向检索者询问，如检索是否完毕、是否还要继续显示等等所谓程序信息。检索者通过在键盘上打入 N（否）或 Y（是）对其进行回答。这种双方有问有答的检索方式，称为交互式检索。检索者用来与计算机系统进行这种通讯的作业指令,各检索系统不尽相同,一般有几十条。图书馆员掌握这些指令,就可以命令计算机系统按照自己的意图进行工作,把计算机作为自己运用自如的工具。

3.结果处理:在这一阶段,检索者指定系统用什么方式把自己认可的检索结果输送出来,如在终端屏幕上显示或在终端打印机上打印,或由计算机进行脱机打印;并且指定用什么格式输出结果,如是否要输出摘要或者是否以卡片形式输出。此外,还可指定输出多少条书目著录款目,或以什么顺序(如按年代、著者字顺、文献的切题程度等)进行输出。

4.脱开步骤:检索者认为检索已经完成,就通过专门的指令同检索系统脱开,并同通讯网络脱开。在脱开时,系统统计检索用机时间,并估计检索者应付的费用,最后向检索者表示"再见"。

显然,这样的检索过程和步骤,给检索者带来极大的方便:

第一,它克服了地理上的障碍。检索者即使是在远离大型图书馆的穷乡僻壤,只要有终端设施,就可以进入检索系统,检索到如同他亲自跑到世界上最大的图书馆所能找到的那样丰富的书目资料和科学数据。在某种意义上来说,丰富的情报资料就在检索者的手指头上,只要他用手指头操作终端的键盘,就可以同"远在天边"的检索系统进行"近如咫尺"的对话,从数以千万计的书目资料和科学数据中筛选出自己所需的东西。当前世界上最大的联机检索服务系统——"戴洛戈"系统,按照英文的原意,就是"对话"系统。从联机检索的特点来说,这样的命名是恰如其分的。

第二,它消除了时间上的延迟现象。在手工检索的条件下,读者向图书馆提出的检索要求并不是"立等可取"的,而是等上几天、甚至几个星期才能拿到结果。至于读者用信函方式提出要求,则更费时间,这是不言而喻的。即使是用脱机批处理方式进行的计算机检索(这是出现在五十年代末,即先于联机检索出现的计算机检索方式)比较起来,联机检索在时间上的优越性也是很明显的。在脱机系统中,检索者的情报提问要事先拟订成检索策略,送到检索服务部门去。而检索服务部门不是随到就随处理的,而是出于经济成本的考虑,以成批处理的方式进行。因而在脱机批处理检索系统中进行检索,也要等上几天才能取得结果,一些紧迫的情报需求便不能得到满足。而联机检索却是实时方式进行的。从呼叫通讯线路,到取得检索结果,片刻时间即可。计算机对检索者每条作业指令的"响应",不超过一、二秒钟的时间。当然,一个联机检索系统实际上同时要"侍候"许多终端的检索者,计算机要把机器处理时间在许多个终端之间分配,即所谓"分时"。但由于计算机运算的速度极快,以至使每一个检索者感觉不到自己排了队,而错以为计算机系统是唯一为自己工作的。

第三,能保证检索者获得最新、最及时的书目情报。目前编制检索工具是首先编成计算机可读的磁带(即机读数据库),然后利用这种磁带来生产印刷版检索工具。印刷版的检索工具还需经过发行程序才能到达订户手里,为读者所利用。特别是对远地读者来说,这之间的时间差距至少为几个月。但是,只要把机读版检索工具(即磁带)输入、存贮在联机检索系统里,就立即可以为检索者所利用,而且地理上的远近对这种利用不存在差别。日本或澳大利亚的科学家可以和美国的科学家一样,检索当天装入系统数据库中的书目情报。因此,联机情报检索所提供的情报是真正最新、最及时的,要比手工检索工具(印刷版检索工具)所提供的更能跟上科学技术的发展。

第四,联机检索具有"启发"和帮助检索者的功能。在脱机批处理条件下,检索者必须事先想好各种可能的检索途径,选好所用的检索词,并将这些检索词用逻辑关系联系起来,即构造检索策略,然后委托检索服务部门去处理。检索者不能去计算机旁插手操作。这种委托检索是所谓"一次机会"式的。即如果检索策略拟订得不好,那么检索的结果必然不理想,无法随时修改策略,无法挽回检索的失误。但联机情报检索就不同了。它是"对话"式的,允许检索者随时根据检索的实际情况(如有无有关文献,或文献多少)而进行随机应变,修改检索策略,逐步使检索走向成功。此外,联机检索系统可以向检索者显示词表、通报数据库的更新情况、帮助检索者选择合适的数据库、解释检索者不熟悉的作业指令及其使用方法、为检索者回顾检索的"历史"、回答各种业务询问、并让检索者浏览检索的初步结果。由于联机检索系统具有这些帮助检索者的功能,因此检索者可以边检索、边询问、边思考,在得到系统启发和帮助的基础上逐步明确自己的检索策略,并通过联机浏览检索的初步结果而加以判断,以作为"反馈",来修改检索策略,从而取得良好的查全率与查准率。这种绕开"委托"而直接同检索系统打交道的方式,使检索者掌握了主动权并具有灵活性,也可以使那些最终用户——即需求情报的读者自己来进行检索作业,掌握打开情报宝库的钥匙。

(三)当前联机情报检索系统所拥有的功能

联机情报检索系统的功能,由于不断更新计算机设备和不断完善检索软件,已经日趋完善。目前联机情报检索系统的功能,一般来说有以下各方面:

1.识别合法用户。联机情报检索是要收费的。为了防止冒名顶替、不负责任的人使用,检索系统给它的终端用户一个秘密代号,即所谓口令字。每次开始检索时,系统要求检索者输入这个口令字,以校验该检索者是否属于本系统的合法用户。当口令字对上后,系统才开始检索服务,否则,一切电讯联系均自动切断。口令字除识别合法用户外,也便于检索系统控制保密资料的检索者的范围与级别。

2.帮助用户选择合适的数据库。由于系统拥有的数据库越来越多,检索者有时不了解自己的检索课题该查哪一种数据库。这时,检索者可输入自己的课题,检索系统就把包含有该课题文献的数据库名单,按照所包含文献数量多少的次序,向检索者显示,供检索者选择。

3.词表显示。在选定数据库后,如果检索者不熟悉词表,不知道自己的检索概念应"翻译"成什么主题词、关键词、分类号时,可要求系统显示自己所需的那一部分词表,从而选择合适的检索词,或者扩检到相关的检索词。

4.提供布尔逻辑、加权检索的能力。当用户的检索策略以布尔逻辑式输入系统后,系统能严格按照逻辑式所指定的条件,将有关文献检索出来。加权检索是不同于布尔逻辑检索的另一种检索策略。检索系统对于这样的检索策略,能一边检索,一边计算权值,最后把临界值以上的文献排在首位。这具有推荐目录的意义。凡是用布尔逻辑检索策略能检索出来的文献,也可以用加权检索的策略检出。加权检索可以使检索者拥有更多的文献选择余地。但目前的联机情报检索系统多数采用布尔逻辑检索策略。

5.提供自由文本的检索。联机情报检索系统一般允许检索者对数据库中的文献题目和内容摘要乃至文献全文这些"文本"中出现的字进行检索。这种检索可以指定某个字、两个或两个以上的字相隔多少字符位置(即相邻度)进行检索,甚至可以指定这些字的先后次序能否对调,是否必须在同一字段(如书名项、摘要项、自由词项),等等。这意味着可以采用系统语言以外的词进行高专指度的检索。

6.允许利用截词进行检索。所谓截词,就是只取字的字根。利用截词可检出许多相关或相近的资料,并避免一一输入各个字根相同的检索词的麻烦,提高检索速度。

7.帮助检索者回顾历史。由于联机检索是对话式的,检索过程如果比较长,可能忘记检索已进行过一些什么阶段。这个功能就是应检索者的要求,把以往一些关键性的检索语句重新向检索者显示一遍,帮助回顾历史,从而有利于检索者继续向下检索。

8. 保留检索语句或策略。有的检索者可能查完一个数据库，然而检索策略可以不加改动；或者在从数据库中检索时，某些检索语句以后还需重复使用。在这种情况下，联机检索系统可以为检索者短期地保留检索语句或检索策略。当需要时只根据标识号即可召回，免去重新输入的麻烦。

9. 提供联机 SDI 服务。当订购这种服务的用户把自己的检索式输入系统后，系统将其纳入专门的用户提问档，予以长期保留。每当新资料归入系统的数据库时，就为检索者进行查找，将切合订户课题的新资料提供给订户。

10. 支持个人文档服务。即联机情报检索系统允许用户把自己的机读文档输入并保存在该系统里，以备自己检索之用。系统为这种个人文档保密，旁人无权存取。有的图书馆甚至把自己的编目资料作为这种文档存贮在联机情报检索系统中，可随时查询、增加或删除。

此外，联机检索系统还有其它功能，如具备对检索结果的编辑打印能力、回答各种业务询问的能力、提供文献全文复印本的能力，以及计算收费的会计记帐能力等等。

总之，由于联机情报检索系统的功能日益完善，它已经成为图书馆一种可以利用的、强有力的参考服务工具。借助这种工具，图书馆的参考工作可以做得又多又快，查到的资料又全又及时，工作起来又灵活又方便。

第五节　DIALOG 系统的检索举例

在联机情报检索系统中进行检索，是检索者同系统之间通过一问一答的"会话"来实现的。也就是说，检索者使用系统所规定的各种检索指令，命令计算机进行检索者所指定的各种工作；而计算机系统也会作出相应的反应,将各种作业的结果向检索者进行显示或打印,有时还会主动要求检索者作出有关"是"或"否"的选择,等待检索者当时予以判断与回答。联机情报检索正是这种检索者同系统之间进行交互的过程。这种检索者用来同系统进行对话的检索指令,事实上就是情报检索语言的一部分——即检索询问语言。检索指令是进行联机检索的必不可少的工具,以此来构造检索策略、执行检索策略,直至取得满意的检索结果。对于检索者来说,可以把整个系统看作一个"黑箱",只要打入指令,就可以等待系统给出的结果。检索系统的检索指令,是用户与系统进行交互的接口,是用户借以表达自己的意志和愿望的一种特殊语言,也是系统借以理解和响应用户意图的工具。对于从事情报检索服务的广大图书情报人员来说,不必懂得计算机方面的很多知识,而检索指令却是他们必须牢记和必须善于灵活使用的。能够较熟练地使用检索指令,这是现代图书情报人员应该具备的"基本功"。

DIALOG 系统供终端用户使用的检索指令共有四十多条,操作简单,功能齐全,能够很好地满足各种不同的检索要求,对构造各种检索策略也非常方便,并且能够给出比较多样的输出形式。

为了说明各种指令的使用方法,现举一检索实例。这个检索课题是:"1978 年至 1980 年期间发表的有关在地震情况下核电站的安全问题的文献"。现分段说明该课题的检索过程和所汲及的检索指令。

当检索者在终端叫通通讯线路之后,系统与用户之间的"对话"就开始了。凡"?"后面的文字是由用户输入的指令。前面无"?"者为系统的输出。

ENTER YOUR DIALOG PASSWORD
(打入你的 DIALOG 口令字)

████████(用户打入的八个字符构成的口令字,但
为了保密,随即由系统抹掉)

? BEGIN

2 jun 80 8:00:00 user. 316（作业开始日期与时间，用户号码）

Enter the following information（打入下列信息）

Press CR Key following each/entry（每条款目后按回车键）

Search title（检索名称）

? NUCLEAR EARTHQUAKE（核与地震）

Searcher name（检索者姓名）

? JOHN. DOE（约翰·道）

Requestor name（提问者姓名）

? J. E. SMITH, NUCLEAR CONSULTANTS, INC. (J. E. 史密斯，核咨询公司)

Requestor location（提问者地址）

? 2345 SAN ANDREAS DRIVE, FAULTLINE CA95999

Search file（查找什么文档）

? 13（在 DIALOG 系统中，第 13 号文档是 INSPEC）

系统将用户输入的信息复述一遍，作为记帐与邮寄用的用户抬头信息。
{
Title NUCLEAR EARTHQUAKE

Data/File 2 jun 80/13

Searcher JOHN DOE

Requestor J. E. SMITH, NUCLEAR
    CONSULTANTS, INC.

Address 2345 SAN ANDREAS DRIVE,
    FAULTLINE CA 95999

Set Items Description (+ = OR; * = AND;
— = NOT)
}

以上这一部分，主要是系统收集有关用户的信息，如姓名、地址、查找什么文档以及检索名称等。这里要说明的是，"提问者"系指最终用户，而检索者是指在终端从事联机检索作业的人。这一段的最后一行是系统告诉检索者有关的逻辑运算符。

 ? EXPAND NUCIEAR POWER STATION

  （要求显示词表中与"核电站"相邻的各词）

Ref Index – term Type Items RT

E_1 NUCLEAR POWER STATION

  SECURITY·············1

E_2 NUCLEAR POWER STATION

  SITES·····················2

E_3 NUCLEAR POWER STATION

  STACK EFFLUENTS············1

E_4 NUCLEAR POWER STATION

  SUPPLY··················1

E_5 NUCLEAR POWER STATION

  UNITS·····················1

E_6—NUCLEAR POWER STATION

  ····························1744 6

E_7 NUCLEAR POWER STATIONS

  EXPORTATION··················1

E_8 NUCLEAR POWER STRATEGIES

  ························1

E_9 NUCLEAR POWER SUPPLY

  DESIGN···················1

E_{10} NUCLEAR POWER SYSTEM

  ························1

E_{11} NUCLEAR POWER SYSTEM

  PLANS···············2

     —more—

以上这一段是用户使用"？EXPAND"指令的情况。系统将词表中"核电站"(即 E7)的前者相邻词对用户进行显示,以便用户选择最合适的检索词。最后的"more",是指词表未完,如需要,可继续显示。

? SELECT NUCLEAR POWER STATIONS AND EARTH-QUAKE/?

? AND SAFETY

1744 NUCLEAR POWER STATIONS

1196 EARTHQUAKE??

4904 SAFTY

1 40 NUCLEAR POWER STATIONS AND EARTHQUAKE?

(组号)(文献数)? AND SAFETY(检索式)

以上这一段是用户使用"? SELECT"指令后,系统告诉用户有关名词的文献登录数以及符合用户检索式的文献登录数(40篇)。在"40"之前的"1",是代表第一号组的意思。

? TYPE 1/8/1—5

1/8/1

355236 B80016852

SEISMIC DESIGN QUESTIONS TYPIFY

NUCLEAR OBSTACLES

Descriptors:NUCLEAR POWER STATIONS;

EARTHQUAKES; SAFETY

Identifiers: SHOCK WAVE; EARTHQUAKE

RESISTANCE; NUCLEAR PLANTS

Section Class Code: B8220,B0160

1/8/2

···

···

1/8/3

....

....

1/8/4

....

....

1/8/5

....

....

以上一段是用户要求将第一组中的文献按格式 8 联机打印第一至第五篇。限于篇幅,只列出第一篇的款目,其它从略。

? SELECT NUCLEAR POWER PLANT? OR

NUCLEAR POWER STATION?

　　489 NUCLEAR POWER PLANT?

　　1761 NUCLEAR POWER STATION?

2 1862 NUCLEAR POWER PLANT? OR

　　NUCLEAR POWER STATION?

以上这一段,用户为了提高查全率,使用了"核电厂"一词。另外对"核电站"一词使用截词法。由于采用了扩检措施,因此文献量有所增加。这里还需要说明的是,核电厂的文献量为 489,核电站的文献量为 1,761,而两者用逻辑加的结果,文献量为 1,862。这说明有些文献同时标引了这两个词,因而组配后不等于 489 与 1,761 两个数的和,而少于这个代数和。

? SELECT SAFE? /DE,ID OR RISK? /DE,ID.

OR ACCIDENT? /DE,ID OR PROTECT? /DE,ID

　　4486 SAFE? /DE, ID

　　398 RISK? /DE, ID

　　793 ACCIDENT? /DE,ID

　　4238 PROTECT? /DE,ID

3 8505 SAFE? /DE, ID OR RISK? /DE, ID OR

　　ACCIDENT? /DE，ID OR PROTECT? /DE, ID

　　以上这段,是用户为了进一步提高查全率,对"安全"也使用了截词法,并提出了"危险"、"意外"、"事故"、"保护"等新的检索词。并且指定凡叙词或专有词字段中的词都可以。这些措施,使文献量又有了增加。

　　? SELECT EARTHQUAKE? /DE,ID OR SEISM?

/DE, ID OR TREMOR? /DE,ID

　　　1105 EARTHQUAKE? /DE, ID

　　　1868 SEISM? /DE, ID

　　　　27 TREMOR? /DE,ID

　　　　0 TEMBLOR? /D E,ID

4 2261 EARTHQUAKE? /DE,ID OR S EISM? /

　　DE,ID OR TRE MOR? /DE,ID OR TEMB –

　　LOR? /DE,ID

　　以上这一段是用户继续用提出新的检索词、截词和扩大字段范围的办法提高查全率。

　　? COMBINE 2 AND 3 AND 4

　　5 58 2 AND 3 AND 4

　　这一段表明,经第二、三、四组组配后,得到的相关文献量为58篇。

　　　　? SELECT S$_5$ AND PY = 1978：PY = 1980

　　　　285334 PY = 1978：PY = 1980

　　　6 44 S$_5$ AND PY = 1978：PY = 1980

　　这一段的意思是,用户用发表年份(PY)来对检出的文献进行限定和缩小。结果,1978—1980 年这三年中发表的有关文献为44篇,比未限年份之前的58 篇减少了14 篇。这也说明,有14 篇文献是1978 年以前发表的。

? TYPE 6/8/6—8

6/8/6

....

....

6/8/7

....

....

6/8/8

....

....

这一段是用户要求联机打印三篇文献,以便浏览检查。

? TYPE 6/5/9

6/5/9

....

....

这一段是用户要求用格式5(全部记录)联机打印第九篇文献
记录(包括摘要)。

? DISPLAY SETS

Set Items

    1 40 NUCLEAR POWER STATIONS AND

      EA

    2 1862 NUCLEAR POWER PLANT? OR

      NUCLE

    3 8505 SAFE? /DE,ID OR RISK? /DE,

    ID OR

    4 2261 EATHQUAKE? /DE,ID OR SEISM? /

    5 58 S_2 AND S_3 AND S_4

    6 44 S_5 AND PY = 1978 = PY = 1980

这一段是用户要求回顾历史。系统将各个组的文献量、检索式(受一定长度限制,余删除)加以显示。

 ? PRINT 6/5/1—44

  Printed 6/5/1—44

这是用户要求脱机打印第6组中的1至44篇文献记录,格式为5。

 ? LOGOFF

   2 jun 80 8:00:00 user 316

$ 0.00 0.000 Hrs File 13 14 Descriptors

$ 0.00 44 Prints

$ 0.00 Telenet

$ 0.00 Estimated Total Cost

LOGOFF 8:00:00

这是用户检索完毕,要求脱开。系统即开出用机日期、时间以及各种费用估计及总费用的估计。作为一个例子,这里时间与费用都是"0",未填上具体数字。当然,实际检索时是有数字的。

至此,这个检索实例全部进行完毕。

第六节　检索策略

当前,我国有些计算机情报检索系统已投入使用,向情报用户提供检索服务,并且还利用联机终端,对国外的检索系统进行检索。有关检索策略的研究,日益受到人们的重视。检索策略构造的好坏,直接影响到相关文献的查全率和查准率,关系到检索服务的效果。当然,对于一定的情报提问来说,检索效果的优劣取决于许多因素:首先是书目数据库的本身的因素,如该数据库所使用的词表质量、标引质量等;其次是系统所能提供的功能。但是,在一定的数据库质量与系统功能的前提下,检索策略无疑是一个非常重要的因素。在同一个检索系统中对同一书目数据库进行同一课题的检索,不同的检索策略会导致不同的检索效果。对于计算机情报检索来说,检索策略的构造与调整,是一个检索服务人员可以施展其技巧本领的广阔"舞台"。

由于大多数计算机情报检索系统一般都采用控制词表和布尔逻辑组配的检索方式,因此我们把重点放在控制词汇条件下的布尔检索策略的构造与调整方法上。

一、什么是检索策略

所谓检索策略,就是在分析情报提问实质的基础上,确定检索途径与检索用词,并明确各词之间的逻辑关系与查找步骤的科学安排。

事实上,在手工检索的条件下,也存在着检索策略问题。例如对某一情报提问,需要弄清楚其真正所要求的检索角度、深度与广度,需要选择适合于这一情报提问的检索工具;需要确定从何种途径入手、使用什么索引;需要确定该查什么类目、该用什么主题词或关键词;并且需要计划查找的步骤及可能遇到挫折时的后备检索方案等等。这些安排,就是检索策略。策略是否考虑周密全面,以及在检索过程中,能否根据实际情况修改原来的策略,使之更加完善,这些都影响着检索的成败。

但是,在手工检索的条件下,检索过程是由人的手翻、眼看、脑子作出判断而进行的,检索策略往往只存在于检索者的脑子里,不必写成书面的表达语句,并且可以边查边看边考虑,灵活地改变这种策略。然而,在计算机检索的条件下,由于情报提问与文献标识之间的对比匹配工作是机器进行的,必须事先拟订周密的检索策略,以便让计算机去执行。即使是在联机检索的情况下,系统能够提供词表显示和检索初步结果的浏览功能,因而允许检索者在同系统进行交互中发展检索策略,但是在分秒都要计费,因而需力争缩短检索时间的条件下,事先也必须对检索策略做到"胸中有数"。因此,计算机情报检索策略的要求,较之手工检索来说,有了极大的提高。也正因为如此,随着计算机情报检索的发展,检索策略的研究获得越来越重要的意义。

计算机检索所需要的检索策略,与手工检索所需要的检索策略有所不同,它不能是一篇文字的叙述,而应该采用计算机能够理解与运算的形式。最常用的一种形式,就是应用布尔逻辑的提问表达式。这种布尔提问表达式,从狭义来说,就是检索策略。

任何情报需求,不管表面看起来多么复杂,都可以应用布尔逻辑的原理,使用概念组配的方法,转化成布尔逻辑表达式。例如"轻金属的焊接"这个情报提问,包含了"轻金属"组面。通过逻辑乘(AND 或 *)的组配关系。可构成如下检索策略:

轻金属 * 焊接

这个策略意味着,在检索中,只有那些其标引的词中同时包含这两个组面的文献,才算是可接受的文献。"轻金属"组面与"焊接"组面的同时存在,这就是逻辑"AND"所规定的必需条件。

另一方面,"轻金属"这个概念组面,不仅仅只是包括"轻金属"这个检索词,还应包括各种具体的轻金属名称,如:铝、镁、铍、铋等词,而"焊接"这个概念的组面,也应包括:结合、铜焊、粘接等词。这种确定检索词的工作,是依据检索系统所采用的词表进行的。这种词表,就是所谓的"系统的语言"。这样,有关"轻金属焊接"的检索策略应该是:

轻金属			焊接
+			+
镁			结合
+	*		+
铝			铜焊
+			+
铋			粘接

用逻辑加(OR 或者 +)联结的关系,是指"＋"号前后的检索词是可以相互取代的,也就是说,它们不同时存在,而只要在文献的标引词中,满足其中的任何一个即可。

逻辑组配的另一种关系是"逻辑非"(NOT 或者—),例如,我们限定只检索"除水的汞污染以外的水污染",那么,逻辑表达式可以写成:

水		公害		汞
+		+		
污水	*	污染	—	+
+		+		
废水		环境保护		有机汞

逻辑非的功能是在检索中排除那些讨论由于汞(或者有机汞)所引起的水污染的文献。因此使检索出来的文献缩小范围,而成为逻辑补。

在检索的逻辑表达式中,用逻辑乘(＊)、逻辑非(—)相联接的组面多少,这就是所谓的检索策略的网罗度。网罗度越大,则检索所规定的限制条件越为严格,越能提高查准率,然而,命中文献的数量就越是减少。

在检索的逻辑表达式中,所选用的检索词是否切合检索提问的口径,即词的专指度水平,就是所谓检索策略的专指度。例如"废水"、"污水"是比"水"更专指的词。反之,"水"是比"废水"、"污水"更泛指的词。检索策略的专指度越高,就越能检索出切题的文献,然而所能命中的文献就越是减少。

因此,检索策略的网罗度与专指度是控制查全率与查准率的关键。而网罗度与专指度的水平,取决于对情报提问的概念组面分析、从系统语言中选择检索词,以及将各个检索词进行逻辑组配的方式。

二、检索策略的构造步骤与方法

构造一个检索策略,可遵循下列步骤:

1. 弄清楚用户的提问要求,并确定要查找文献在类型、文种、时间等方面的范围。

2. 根据上述要求选择数据库(或文档)并确定查找途径。

3. 对用户的提问进行概念分析,按照检索词表,选择能代表各个组面的检索词。

4. 运用逻辑运算符构造检索表达式。

5. 对文档进行查找,检出相关文献并分析检索结果。

6. 如有必要,对提问式进行反馈修改,并且重复第 5 步,直到用户满意为止。

在构造检索策略过程中,首先必须搞清楚用户想查找的是关于什么主题的、哪些类型的文献,以及他的情报需求范围。分析检索课题的实质时,应将情报提问按内容实质分解成若干个不同的概念组面。

其次,必须把各组面概念转换成词表中的词。任何情报提问的概念分析的完成,依赖于检索语言精确表达情报提问所涉及概念的能力,即词表的网罗度与专指度。因而在把概念转化成检索词时,要求从词表中选择最合适的词以表达或代表检索策略的各个概念组面。

我们在构造检索策略时,可以利用叙词表的参照结构和等级关系进行选词。选词时不仅要从字面上拆词,更主要的是从词的含义上进行拆义。要注意到词表中主题词的专指深度和主题词的漏选情况。还需要注意下列选择检索词的原则:

1. 要从词表规定的专业范围出发,选用各学科内具有检索意义的基本名词术语。

2. 避免选用使用频率低的词。

3. 应多选用基本词汇进行组配。

4. 一般不选用动词和形容词。

选定检索词之后,就可以用布尔关系运算符如逻辑加(OR)、逻辑乘(AND)、逻辑非(NOT)来表达用户的情报提问中各有关概念之间的关系,并可利用括号来体现各检索词之间的完整性、运算的完整性和运算的优先顺序。

构造检索策略所用的方法	改进效果鉴定	
影响效集 影响对象	查全率	查准率
用于提高查全率　去掉用 AND 连结的非主题限定词	+	−
增加用 OR 连结的相关检索词	+	+
删除检索式的某个组面	+	−
族性检索法	+	−
同位类检索法	+	−
上组配检索法	+	−
同义词控制方法	+	+
聚类检索法	+	−
截词检索法	+	−

（续表）

构 造 检 索 策 略 所 用 的 方 法 影 响 效 集 影 响 对 象	改进效果鉴定	
	查全率	查准率
用于提高查准率 下组配检索法		+
提高检索词的专指度	－	+
利用逻辑非（NOT)进行限制	－	+
利用文献的外表特征限制检索	－	+
连号法	－	+
职号法	－	+
加权检索法	－	+

图 14—2

提问式有时很难做到一次定准,往往需要经过几次"上机检索—分析结果—修改提问"的试验过程。此外,在编写逻辑提问式时,要注意下列技巧:

1）对用 AND 连接的检索词,应把出现频率不高的词放在 AND 的左端,这样,如果出现否定的回答,则能最快地出现,以节省计算机处理时间。

2）对用 OR 连接的检索词,则应把出现频率高的词放在 OR 的左端,这样可使选中的回答尽快地出现。这样做,也有利于提高处理速度。

3）当 AND 和 OR 两种运算混合出现一个提问式中间时,连续有几个 OR 运算出现时,应放在 AND 的左边。

三、检索策略的调整技术

检索策略,具体来说是提问逻辑式,对于查全率与查准率有极大的关系。在控制查全率与查准率方面,有若干调整的措施。见上表。

对于表中所列的,去掉用"与"逻辑(AND)连结的非主题限定词(例如文献类型、出版年代、文种等)以及增加用"或"逻辑(OR)连接的相关检索词,这两种方法对于提高查全率的效果比较直观明显。删除检索式的某个组面,可通过降低检索式的网罗度而扩大检索策略的范围,以达到提高查全率的目的。但同时可能检出一些与用户情报需求无关的文献,从而降低了查准率。

图14—2中所列的族性检索,是指范围较广泛的检索。族性检索采用什么最优级别的概括性,对于各个检索课题是各不相同的。不过,通过使用一种等级树的概念,可以帮助理解这方面的基本原理。例如:

在图14—3中,A331到A334是A33这个类的子类,A33则是A3的子类,而A3又是A类的子类。

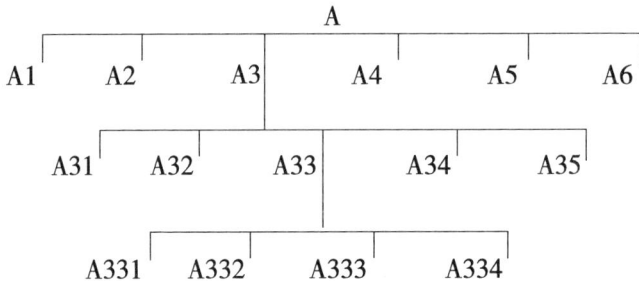

图 14—3

现在假设有一提问要求检索"各种钢中硫化物质的含量"的文献。为了提高查全率而把该检索式概括化(族化),我们可以决定上溯一个等级到"杂质"范畴,例如从A33上溯到A3,即我们接受任何属于A3的非金属杂质类的文献,包括其专门的子类A31—A35以及其子子类A331—A334的所有文献。

有时,通过上溯一个族性等级,我们会检出太多的无关文献,这时可以应用同位类检索方法。即我们可检索经过选择的同一等级树干子类，也许是 A31 或 A33，而不检索 A32 或 A35。例如检索"各向异性板的弯曲"这个主题，在"变形"范畴中，我们可以采用"弯曲"这个类和"挠曲"这个类，但拒绝这个等级上的其它同位类。

关于上组配检索法，它和族性检索是不同的。例如，通过把 A33 上溯到 A3，我们接受标引在 A3 和 A33 这两个类号之下的文献，但不接受标引在 A31、A32 或 A34 之下的文献。例如，有一提问要求查找关于"精密丝杆的车削加工"方面的资料，我们可以查找属于车削类，又属于螺纹车削类或者精密车削类之下的文献，但不接受标引在钻削类以及深孔钻削类之下的文献。

用于提高查全率的族性检索、同位类检索和上组配检索都是利用词的等级（分层）联系的方法。还有一种用于提高查准率的下组配检索也是利用词的等级关系方法。例如，开始是检索 A3，但后来深入到经过选择的子类如 A31 和 A33。假如我们首先查找了有关评述湖北地区高等院校的教学和科研情况的资料，而后我们想重点查找有关评述武汉大学和华中工学院的教学和科研情况方面的资料就是一例。

如果说标引的网罗度对查全率的影响较大，则检索词的专指度对查准率的影响更大。检索词的专指度就是指检索词表的适用性及其揭示文献主题的深度。在构造检索策略时，可用提高检索词的专指度的方法来改善查准率。例如，有些太泛指的词，如"分析"，应建议使用较专指的词，即光谱分析、化学分析、数学分析、物理分析以及计算机分析等。

由于大多数检索课题的特点是高专指性的，而不是泛指的。专指性的内容多数情况是由课题中各方面的因素彼此制约而形成的。一般来说，当用户感兴趣的精确课题没有被词表中的合适的专门词所包括时，放宽检索策略可以说是合理的；而当此课题已被专门词所包括时，放宽检索策略则是不合理的了。检索中的一个重要问题是判断提问中的哪一个方面需要族化。从查准率的观点来看，把提问的两个组面同时进行族化，这通常是会造成严重的误检的。

关于图14—2中所列的同义词控制、聚类法、截词法以及用于提高查准率的几种检索方法，我们在下面分别说明。

同义词控制：

词表都有同义词（包括近义词）控制的功能，这种控制减少了标引与检索词的数量，同时也扩大了词的定义范围。在构造检索策略时，应根据词表选用经优选的词。当手边无词表可查时，就应尽量试用最通用的词，或者是用"或"逻辑将各同义词进行联结。

用控制同义词的方法既可提高查全率，又可提高查准率。因为那些被选出来作为"选定词"的同义词，它是用来实际标引文献与检索文献的词，是大多数用户可能首先查找的词。同义词控制是一种普遍使用的说法，实际上用这种方法处理的词也可能是近义词或准同义词。

聚类法：

"物以类聚"，同一类事物间通常有某些共同的性质。聚类法是选出密切关联的文献，应用统计缔合的办法将相关文献的标引词进行聚类，从而扩大文献集合，以改善查全率。

例如：当"农作物"这个词出现在文献的标引词记录中时，那里也常常出现"枯萎"这个词；而在出现"农作物"的文献标引词中还频繁地出现"锈菌"这个词，那么就可以假定，在"枯萎"和"锈菌"之间存在着密切的关系，从而在检索时，这两个词就可以互相补充，以此来扩大查全率。

截词法：

在检索中注意使用截词法，可以大大节约试查总量，并且提高查全率。例如要检索数据库中包含有一大串"反射"方面的词的文献，可以简单地截词为"REFLECT#"，这样就可以将许多有关"反射"的词都纳入检索策略。

但是,对提问词截断后产生的与别的词的同义现象,要有所估计。也就是说,要注意截断的最优字符位置,否则将必然导致误检或漏检。

利用逻辑非(NOT)进行限制:

为了限制与情报提问不相关文献的输出,可以利用逻辑非来减少检索噪音。但在使用逻辑非时要慎重,否则可能舍掉一些相关文献。例如检索有关"硫化氢对铁类合金的腐蚀"的文献,要想避免检索出"非铁类合金的腐蚀"的文献,这时最好应用"或非"的逻辑,这样,一篇同时提到硫化氢对铁类合金和非铁类合金的腐蚀的文献,可以保留下来。

利用文献的外表特征:

在检索过程中,利用文献的外表特征,如出版年代、资料类型、语种等,往往在检索表达式中,通过"与逻辑"增加一个限制因素,便可以大大减少检出的文献量,提高查准率。

连号法与职号法:

当检索系统的文档用连号与职号标引时,检索时可相应地在检索词后注明连号与职号,以避免两对以上的概念的假联系和词间不正确的关系,从而提高查准率。

加权法:

检索时,给每一检索词以一个表示其重要度的数值,(即所谓"权"),然后对含有这些检索词的文献进行加权计算,其权和(阈值)在规定值之上者,作为答案输出。这种方法叫作加权法。

某些检索系统使用加权词检索来代替布尔检索方法或者补充布尔方法。事实上,加权法和布尔逻辑之间并没有区别,通过布尔策略能实现的检索,也可以通过加权法实现。布尔检索方法称为定性检索方法,加权检索可称为定量检索方法。后者能产生命中文献按切题划分的分等输出,对检索更为灵活。

以上说明了调整检索策略所用的各种方法及其对查全率和查

准率的影响。但需要指出的是,检索策略的确切形式要受到所查找的数据库特性的影响。弄清所使用的数据库以及整个检索系统的基本性能,是制定一个良好检索策略的前提条件;熟悉检索系统操作指令的基本功能和文献检索的组配理论方法,是制定一个恰当的检索表达式的基础;至于同用户进行反复的商量讨论,准确地表达出用户情报提问的实质及需求范围,是构造合理的检索策略的关键。

联机检索系统可以通过人机交互来实现检索策略的改进和输出情报的最佳化。脱机的定题情报服务同样可以通过系统与用户之间的反馈联系来提高查全率和查准率。可以采用的一种方法是:在为用户寄送检索结果时就附上一份征求评价意见的评价单,在评价单上列出所使用的检索词及逻辑表达式,要求用户对检索结果是否符合情报需求以及有无误检与漏检等,提出评价意见寄回来。这种评检反馈可以定量地判断查全率和查准率,有助于深刻掌握用户的情报需求,准确地构造检索策略,从而取得较好的检索效率和情报服务效果。

构造检索策略的优劣程度主要取决于检索者的水平。具体说来是:

1. 检索者弄清提问实质并准确进行概念分析的能力。

2. 检索者选择合适的词用以表示所要查找主题内容的能力。

3. 检索者把选出的词以逻辑上的"完整性"结合在一起的能力。

4. 检索者设想所有合理的检索途径的能力。

5. 检索者通过改变提问表达式的网罗度和专指度等一系列调整技术,以符合用户对查全率和查准率要求的能力。

6. 检索者调查检索的效果、并以此作为"反馈"不断修改检索策略的能力。

在实际的检索中,往往产生一些失误,即漏检和误检。也就是说,该找到的文献没有找全,无关的文献倒被查出来了。克服检索失误,提高查全与查准性能,应该说是计算机检索服务的生命线。

造成检索失误的根源是多方面的,如标引质量、词表质量、检索程序的功能、系统与用户的交互功能、检索策略的构造质量、数据库的选择等等,都是有关的因素。现将其列表如下:

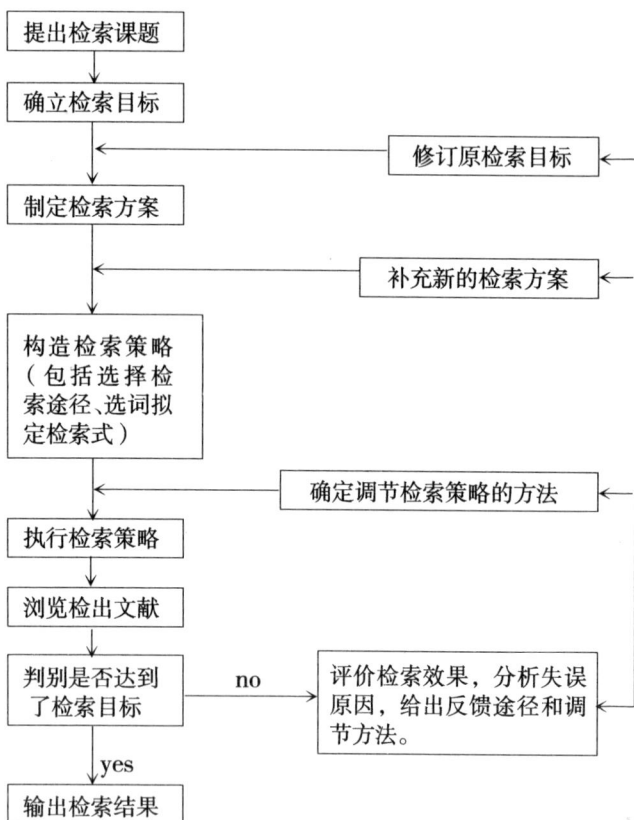

图14—4 构造检索策略的动态模式

导致检索失误的各种因素

影响检索效果的要素	导致查全失误的原因	导致查准失误的原因
标引质量	＊标引深度不够； ＊标引前后不一致； ＊标引用词不恰当； ＊不适当的标引组配； ＊越级标引（即不遵守专指性规则）。	＊过量标引； ＊文不对题的标引； ＊标引前后不一致； ＊标引词不恰当； ＊不适当的标引组配。
词表质量	＊词表结构不完善； ＊词间关系含糊； ＊专指性词汇量不足； ＊同义词、多义词缺乏控制。	＊词间关系不正确； ＊索引词缺乏专指性； ＊索引词缺乏控制。
检索程序的功能	＊检索程序中不具备截词功能； ＊程序所提供的可检索途径不足。	＊程序中不具备"逻辑非"等功能； ＊对一个检索式中允许的用词数量有限。
系统与用户的交互功能	＊没有进行反馈检索； ＊用户的情报需求反映不充分； ＊没有进行充分的交互式对话。	＊没有进行反馈检索； ＊情报提问宽于或偏离情报需求； ＊检索范围不明确。
检索策略的构造质量	＊检索途径选择不恰当； ＊选词与词表不符合； ＊相关词数量不足； ＊检索用词太专指； ＊检索式网罗不恰当； ＊检索式用"＊"太多； ＊不恰当地用"逻辑非"。	＊检索途径选择不恰当 ＊检索用词选择不当； ＊截词部位不恰当； ＊用单元词时不恰当的组配； ＊检索式的网罗度不足； ＊检索式中用"＋"连结了一些不相关的词。
其他	＊没有选够相关数据库或文档。	＊没有选准相关数据库。

第七节 我国机检服务系统概况

从 1975 年我国机检事业起步以来，至 1982 年底为止，全国先后从事机检研究试验和服务的单位已有 69 个。从事系统设计、软件开发及检索服务人员约 500 多人。已引进 32 种国外文献磁带，并且开始建立一批汉字数据库。正式开展计算机检索服务的单位有化工部、机械工业部、地质矿产部、邮电部等情报所以及北京文献服务处等十几个单位(见下表)：

开展机检服务的单位	所拥有的磁带名称及收录年份
北京文献服务处	美国政府报告通报 GRA 1964—
机械工业部情报所	科学文摘 INSPEC 1974— 机械文献题录 ISMEC 1973— 工程索引 COMPENDEX 1974— 金属文摘 METADEX 1974—1978
化工部情报所	化学文摘 CAS 1979— 聚合物科学与技术 POST 1975— 生态与环境 EE 1979— 生物化学活性 CBAC 1979— 化学工业札记 CIN 1980— 能源 ENERGY 1975—
地质部情报所	地质文摘 GEOREF 1978—
石油部情报所	石油文摘 TULSA 1964— 炼油文摘和专利索引 API 1964—
中国农科院情报所	英联邦农业文摘 CAB 1980—

（续表）

开展机检服务的单位	所拥有的磁带名称及收录年份
南京大学	生物学文摘 BA 1977— 生物学研究索引 BIOSIS 1977—
中国科学院环化所	污染文摘 PA 1979— 环境文摘 EA 1981— 空气污染文摘 AP 1981— 国际环境科技 1980— 情报资料源 INFORTERRA
中国科学院图书馆	会议论文索引 CPI 979— 可检物理情报通报 SPIN 1976— 科学引文索引 SCI 1981—
北京图书馆	美国国会图书馆机器可读目录 MARC 1976—
上海科技情报所	世界专利索引 WPI 1984—
国家专利局	世界专利索引 WPI 1981—
海洋局情报所	海洋科学文摘 OCEANIC ABSTRACTS 1982—
邮电部情报所	英国科学文摘 INSPEC

目前,我国机检服务系统一般为脱机批处理系统,少数可以进行联机检索,如北京文献服务处的系统,已可从西安、上海、成都等地通过终端进行检索。

我国机检服务系统的服务项目主要有两种。一是定题情报检索(即 SDI),二是追溯检索即 RS。我国当前的机检系统,以 SDI 为主,但 RS 也已服务。不过由于受计算机容量的限制,可追溯的年份不长,一般只有二至三年,最长也不过十来年。

一、化工部情报所的机检系统

化工部情报所于 1979 年与南京化学工业公司研究院计算站联合研制了美国化学文摘社(CAS) CA 磁带定题检索程序,开展服务。近来,化工部情报所已在自己的计算机上开展服务,SDI 用户课题约为几千个。1983 年,开始进行追溯检索服务。

化工部机检系统提供从 23 个角度对 CA 数据库进行检索(23 个检索项)的功能。如作者、工作地点、出版物类型、关键词、化合物登记号等。这 23 项检索项按其在各索引中的相互关系结合使用,可体现作者索引、关键词索引、化学物质索引、登记号索引、普遍主题索引六种检索途径。这个机检系统采用的逻辑运算符为"与"(AND)、"或"(OR)、"非"(NOT)等三种。这个系统具有截词检索的功能,截断符号为(a),包括在截断、左截断、左右同时截断等。

例如,检索"沸石分子筛的吸附性能",其检索提问式如:

G   01   Zeolites

R   02   absorbent

R   03   (a)Sorption

Wl:01 * (02 + 03)

或者是:

G   01   Absorption

R   02   Zeolites

w2   01 * 02

这里,G、R 等为 CA - Search 检索项的代码,G 为概念标题(相当普遍主题索引标题),R 为概念修饰(相当特定件标题)或文意修饰(相当说明语),W 表示为提问式的意思。

对于特定的化合物,可用登记号(S)进行检索。

化工部情报所机检服务项目还有一种叫 CA - SDI 标准提供。

即选择有普遍意义的课题,由计算机检索打印,然后提供给许多订户。目前这种标准 SDI 课题有数十个,价格比较便宜。

二、邮电部情报所的机检系统

邮电部拥有的磁带为 INSPEC(英国科学文摘),从 1974 年起到现在。

该系统的检索分集合检索与条件检索两种。

1. 集合检索。目前可从主题词(130 字段)、自由词(131 字段)进行查找。一个提问式最多可包括 50 个提问词,每个提问词不超过 30 个字符。例如,查找"电视天线":

Television * antennas¬

这里的"¬"符号,是提问式的终止将。

复合词可作单元词处理,如"通讯网络"可写成:

Communication * network¬

截断符号为(a),但仅限于右截断。

对于化合物的分子式,由于系统只能打印大写字母,并且不能打印下标,故改写为:

SiO_2(二氧化硅):SIO/SUB2/

2. 条件检索。条件检索是对全部数据或集合检索回答的数据依次读出,并进行比较,满足条件下才算命中。条件检索一般是在集合检索之后进行的,目的在于消除误检。

例如,查找"通讯卫星"的文献先进行集合检索:

Communication * satellite¬

这样,既检出"通讯卫星"的文献,又可能检出"卫星通讯",后者即误检的文献。

这时再用条件检索:

"131" Communication satellites¬

这里"131"为自由词段。通过这种指定条件的检索,就能去掉"卫星通讯"的文献,从而保证查准。条件检索,计算机是逐个扫描的,速度慢,因此一般只为"二次检索"之用。

在 INSPEC 数据库中,处理码(132)、文献发表年代(810)等,都可用来进行条件检索,以限制检出文献量,提高查准率。

三、机械工业部情报所的机检系统

拥有《机械文献题录》(ISMEC)(1973 年—)、《科学文摘》(INSPEC)(1974 年—)、《工程索引》(COMPENDEX)(1974 年—)及《金属文摘》(METADEX)(1974—)等四种机读数据库。在该所的 HP—3000 Ⅲ 计算机上,提供 SDI 服务,并提供联机会话式检索的追溯检索,可追溯 ISMEC 九年的文献。但是所谓联机检索只能在终端室里进行。

目前使用的软件叫 MINISIS,布尔逻辑检索方式。该系统所提供的逻辑运算符有四种:

OR(+),AND(*),EOR(#),NOT(…)。这里要说明的是 EOR,意思是"异或",例如:

水上运输工具 EOR 陆上运输工具

这个检索式只规定只包含上述两词之一的文献才算命中。如果是有关"水陆两栖运输工具",则不符合规定。

此外,可使用比较运算符,如 > , < , = , < = , > = 等五种。这主要用于文献发表的年代。

另外,可使用右截断进行检索。

检索途径可分主题内容检索(如主题词、关键词等)和非主题内容检索(如作者、作者所属单位、期刊代码、处理码、文种)两种。

主题内容检索又分快速检索和自由检索。所谓快速检索,就是相当于邮电部系统的集合检索;自由检索相当于邮电部系统的条件检索。

例如下列检索式:

540

```
    >  = COMPUTERS
     1：P = 100              T = 100
     Q > AND       T1       COBOL
     2：P = 10               T = 10
```

这里的意思先查找"计算机"文献，系统回答有100篇。这是所谓"快速检索"。在机器内部，这是在关键词倒排文档中检索的。然后指定这100篇文献中，其题目（TI）中要出现"COBOL"这个字的，系统回答是10篇。这就是所谓"自由检索"。在机器内，是逐篇扫描文献题目之后查出的，因而速度较慢。事实上，"自由检索"一般作为二次检索之用。

四、地质矿产部全国地质图书馆机检系统

1978年，地质部计算机技术应用研究所和全国地质图书馆协作，开始了地质文献计算机检索系统的设计。到1979年底，已开始利用美国GEOREF地质磁带在日立M—160机上进行国外最新地质文献的SDI服务。1981年，全国地质图书馆又与北京市计算中心合作，在B—6810计算机上利用BIRDS检索软件建立了地质文献的追溯检索系统。现已利用GEOREF磁带建立了三年（1979—1981）的外文地质文献库，约为16万条记录。并开展了追溯检索服务。

GEOREF磁带是美国地质协会（AGI）编制和发行的一种世界性的地质文献磁带，每月一盘。年记录5万多条文献。

该检索系统采用布尔逻辑模式。检索项目为：个人著者、团体著者、出版日期、文献使用的文种、会议名称、类号、索引词、经纬度（文献论及地区的一组经纬度）等等。

有截词检索（这个系统称字干查找）的功能，包括左截断、右截断、左右截断。也可使用大于、小于、等于比较条件。

五、石油部情报所机检系统

该所从美国引进了《石油文摘》(Petroleum Abstracts)磁带,并已在 CYBER—172 计算机上移植调试成功,1980 年 5 月正式对外服务。

该系统采用布尔逻辑检索模式。算符有:OR(或),AND(与),—OR(或非),—AND(与非)。

这里介绍一下或非、与非之间的区别。

例如要求查找注蒸汽开采粘性油的专利资料,但不要有关设备方面的资料,而且不要日本专利。则可用"或非"把设备及日本专利排除掉:

AND

VISCOUS OIL RECOVERY(粘性油开采)

STEAM INJECTION　　　（注蒸汽）

PATENT（A）　　　（资料类型词:专利）

—OR　　　（或非）

EQUIPMENT　　　（设备）

（P）JAPAN　　　（日本专利）

"与非"是指它所联结的提问词,如果在主记录中同时存在,则这篇资料被排除掉。例如

AND

CARBONATE RESERVOIR　　（碳酸盐岩储集层）

ACIDIZING　　　（酸化）

—AND　　　（与非）

ENGLISH

NEWS

这个检索式只排除有关碳酸岩油藏酸化的英文一般新闻报导,但是不排除非新闻型的英文资料,或非英文的新闻型资料。

此外,1981 年上半年,石油部情报所已先后同美国洛克希德公司的 DIALOG 系统、系统发展公司的 ORBIT 系统签订了联机检索合同,现在可以通过电传机及卫星通讯线路进行检索。

六、北京文献服务处机检系统

该系统拥有 GRA(美国政府报告通报)文献磁带。在 UNI-VAC 计算机上,采用 UNIDAS 软件,而设立起来的会话式联机检索系统。

UNIDAS 检索软件是 1975 年美国 UNIVAC 公司编制的。它采用欧洲联机通讯网(EURONET)的通用指令作为标准指令,检索功能较强。计有一般功能(如选择数据库、帮助用户了解系统、向前浏览、向后浏览等);有关检索词典的功能(如联机浏览检索词典等);检索处理功能;字符串查找功能;有关文献输出功能等。此外还有保密功能。除布尔逻辑检索外,还可进行加权检索。

北京文献服务处的机检系统,可从西安、上海、成都等地进行远距离的联机检索。

七、上海科技情报所的机检系统

拥有英国德温特公司的 WPI(世界专利索引)文献磁带。1964—1977 年的累积带,每年约收录基本专利 16—20 万件。1980 年下半年开始改订周带。每周收录的基本专利和等同专利一万件左右。

1982 年初起,该所在 PDP—11/34A 计算机上开展机检服务(包括 SDI 和追溯检索服务)。该系统名为"SIPR"系统。

SDI 顺序检索系统:用户可通过关键词、国际专利分类号、专利权所有者名、德温特入藏登记号、优先项(包括有效申请日期、国家代号、申请号)德温特分类号、专利号、专利发表日期八个途径中的任意一个或几个方面的结合来检索所需专利。提问由多至

15 个检索词结合逻辑运算构成逻辑式。

联机检索系统:用户可从专利权所有者名、国际专利分类号、关键词三种途径进行检索。此外,在二次检索时可使用四种辅助检索词类:国家名、德温特分类号、词组及年份。但由于计算机容量较小,联机检索系统仅仅作为 SDI 定题检索的一种辅助手段,能让用户直接从终端进行检索课题的试验即试错法检索,以便确定其定题服务(SDI)的检索表达式。

目前,在课题检索中已全面采用"与"、"或"、"非"以及一致条件、比较条件等功能。在关键词检索中,可达到词组检索的功能。该系统克服外存不足的困难,直接通过磁带机进行逐卷处理,以实现追溯检索服务。

八、中国科学院图书馆机检系统

1976 年与计算所协作,在 111 国产机上开展了自建文献库及 QJ—111 定题情报检索的试验性服务。具体作法是从中西文电子学期刊中选择重要论文,经标引加工输入 111 机,运行 QJ—111 程序建立文献数据(中文用汉语拼音)。先后涉及到的期刊近百种。后来缩小学科范围,集中输入激光文献,常用期刊约 30 余种。两年间共输入英文及汉语拼音的中文文献近万篇,并向院内有关激光研究单位作过试验服务。由于建库困难,1979 年停止了这一试验性工作。

1979 年引进美国物理学会的 SPIN (Searchable Physics Information Notice)磁带。1981 年编出 SPIN—SDI 定题检索程序,在 Felix C—512 机上开展 SDI 服务。

1980 年引进美国坎布里奇科学文摘社《会议论文索引》(CPI)文献磁带。1981 年起在北京国际经济信息中心使用 Burrough—6810 计算机及 BIRDS 情报检索软件,建立 CPI 文献库。用户可以通过终端分库联机追溯检索数年的文献,并且可以从篇名、主题词、作者、会议名称、会议举办单位等四种途径分别或组配检索。

九、南京大学图书馆的机检系统

拥有 BIOSIS（美国生物学文摘）文献磁带，借用北京的计算机开展 SDI 服务。

十、交通部情报所机检系统

在该所拥有的 CMT 公司的 MDP—030，2—80CPU，64kg 内存，2MB 软盘，单终端上，试建成航运研究情报服务文摘（MRISA）检索系统。已输入三年有关检索数据。为交通部所属近二十个科研、设计、教学和管理部门进行了试验检索。现正在输入公路研究情报服务文摘（HRISA），并配上了汉字设备。

十一、香港终端国际联机检索

1980 年 3 月，由建研院情报所牵头，协同一机、铁道、交通、化工、石油、冶金、地质、煤炭各部门情报所（后又增加建材部、电力部），在建工总局所属香港中国海外建筑工程有限公司内装设了一台 DTC—382 型电子计算机终端，并通过香港大东电报局，连接国际通讯卫星 TYMNET 和 TELENET 网络，与美国的 DIALOG 和 ORBIT 情报检索服务系统联机，为国内各系统的科研、生产、设计等方面的课题进行检索。此项工作经历了试验检索（1980 年 3 月—1980 年 11 月）、提高技术（1980 年 11 月—1981 年 7 月）、推广服务（1981 年 7 月—）三个阶段。

香港终端的检索服务，弥补了国内情报源的不足，已检回几千个课题的资料，有的资料还可订购全文复印本。

但是这个检索存在一些问题，主要是终端设在香港，不能发挥用户与系统的人机对话、随机判断的优越性，驻港检索人员不可能对所有学科专业都熟悉,因而难免造成检索失误。

十二、北方科技资料研究所的电传终端检索服务

该所电传终端于 1981 年 12 月起,同 DIALOG 系统进行联接,以从事检索服务。服务项目有:课题追溯检索;专题检索;SDI;查找无出版物或无文献的世界最新研究动向;订购原文复制件。这个终端已对公众实行服务。

为了节省费用,这个终端对不需要立即看到检索结果的用户,不采用联机打印而采用脱机打印标题和文摘的方法。即联机只用于输入提问式(先穿成穿孔纸带),完成检索任务。因而一般不能联机修改检索策略。这个检索终端收费比较低。

十三、北京的 ESA 终端检索

1983 年,在北京设立了欧洲航天局(ESA)检索系统(ESA/IRS)的终端,于 1983 年 10 月 25 日正式开始向社会提供检索服务。ESA 拥有的数据库,至 1983 年 8 月止,共有 54 个,3,000 多万篇文献,占世界文献量的 75%。它通过 ESANET、QEURONET、TYMNET、TRANSPAC、TYMSHARE 和 DATEX 等公用数据网与各国联机,并且可以通过 ESA 转接 DIALOG 或 ORBIT 系统进行检索。ESA 的检索费用低。除检索文献外,还可检索有关数据,如产品的性能、规格、统计数据和国际商情价格等。

ESA 系统从 1969 年建成已有十多年的历史。硬件为 ITEL 计算机,外存达 2 万 MB。软件为 RECON,后来改为 ESA/Quest。主要的数据库有 NASA、PASCAL、WPI 等数十个数据库。当前这个系统所拥有的数据库品种,见本书附录四。

×　　　　　×　　　　　×

目前,我国正在制订发展机检事业的规划。采取结合国情、积极而稳步发展的方针;统一规划、统一管理、分专业进行文献加工,

分层次开展检索服务;先易后难,优先利用国外已有的情报资源和情报技术,但又要考虑采用适用技术,不能完全依赖外国,两条腿走路;在检索技术的发展上,采取脱机—联机—网络、文献库—数据库—图像库的发展步骤。抓紧建库工作和研制汉字检索系统。

十四、小结

同手工检索比较起来,计算机检索有如下一些特点:

1. 通过批处理方式,可以在同一时间进行许多课题的检索。

2. 能够非常经济地提供对文献的多种存取点。

3. 能够处理包含复杂关系的许多词之间复杂的组配检索。

4. 能够产生打印形式的书目,甚至可以通过检索系统与照相排版装置的结合,生产高质量的出版物。也可制成缩微胶卷(片)——COM。

5. 能够定期收集有关系统被利用的管理数据,作为正常系统作业的副产品。

6. 能够做到一次输入而提供多种产品和多种服务,如生产印刷版检索工具、专题二次书目,进行 SDI 及追溯检索。

7. 数据库一旦成为机读形式,能方便地廉价地进行复制,传递。

但是,手工检索仍然有重要意义。这一点,在我国特别应该强调。手工检索的优点是:(1)节约费用。(2)可以灵活地改变检索策略,将检出文献的评价同整个检索过程融为一体。(3)不需要计算机及其有关设备,随时随地可进行。(4)可以看到印刷版文摘中的图表,这在计算机输出方面目前还做不到。(5)对于难懂的文献题目、摘要等可以反复阅读或将几种检索拿来一起比较。(6)手工检索不像机检环境那样精神紧张。

合理的是要考虑手工检索与机器的分工与配合。例如:紧迫的情报需求、要求最大查全率和较高查准率的提问、手工检索无法实现的检索角度等等,可以采用机器检索。而其它手工检索能够解决问题的情报需求,不必一律求助于机器检索。

　　当然,从发展的观点来看,机检的比重将逐步上升,这也是确定无疑的。

第十五章　图书馆和情报资料单位的检索服务工作

图书馆、情报资料单位的科技文献检索服务工作,包括解答咨询、定题服务、编制专题索引、代办机检业务及检索方法的宣传等工作。做好科技文献资料的检索服务工作,是图书馆、情报资料单位为四个现代化服务的重要内容之一。

第一节　咨询解答

咨询解答工作,是检索服务工作中的"门市部"。咨询问题往往是五花八门的,一般是"零打敲碎"地提出来的,并且要求及时解答。与其它检索服务比较起来,它与读者联系最为紧密,服务的效果最为直接。

一、咨询问题的范围与特点

情报咨询服务大致可分:

1. 辅导性咨询。这是用户要求在利用科技情报上给予一般性辅导,包括指导使用各种馆藏目录、联合目录的方法,指示文献存声放地点。这类咨询的解答可不必借助参考工具书。

2. 事实和数据查询。查询的问题有人物、事件、中外文名词,产品配方数据、材料的成分、性质和用途,电子元器件的技术性能参数,引进设备或产品的生产厂家、型号、性能和价格等。这是一次性查询,以获得直接的、可靠的答案为限。

3.专题文献检索。这一般是旨在进行文献普查,以了解某一课题的历史、现状及发展趋势。因而这种检索一般是回溯性检索。

读者提出咨询的问题是有一定的规律的。大致来说,读者在下列几个阶段提出的咨询,具有不同的特色。

1.为了了解科技现状而着手文献调查阶段:

当科技工作者从事一项新的科研任务的时候或者为了证明一项创造的新颖性的时候,摆在他们面前的问题是需要进行与该课题有关的文献普查,以便了解技术现状(state - of - art)。在这一阶段,有些读者往往对文献普查感到无从下手:既不了解在该课题领域内的主要著者姓名和研究机构名称;也不完全掌握与该课题有关的关键词及其外文译名;有的不了解该课题的文献应从什么年代开始查找;有的不明确应重点查找什么类型的文献。文献普查工作大多是科技人员自己先动手查找,当碰了壁或感到效果不佳时,而转向图书情报人员要求协助的。值得注意的是,读者有时为了对课题保密,或者以为图书情报人员难于理解专深课题的内容,往往只笼统地提出咨询课题,或者有意把课题的范围扩大。如果咨询解答人员不能确切了解该课题的具体检索范围、检索角度和检索深度,就会大大增加普查的工作量,降低工作效率。因此,尽可能克服文献普查中的"滥"字,提高检索的对口性是十分重要的。咨询解答人员对读者就了解技术现状而提出的咨询,除重点而急需的课题之外,主要是协助读者入门,告诉检索的途径,示查数篇对口文献,不宜完全包办代替。对这一阶段的检索需要来说,"评论"之类的文献是最为重要的。

2.为取得原始文献,查寻具体文献出处的阶段:

查出文献目录或线索,还需要取得原始文献方能阅读利用。在这个阶段可能提出一系列咨询问题:具体文献有无? 何处有?

缩写的全称是什么？用拉丁字母拼写的日文、俄文期刊名称如何辨识和还原？用中文写的外文引文如何找出原文？当某种文献因缺藏或文种看不懂时，是否能找到内容相同的另一种文献或译文？此外，由于读者对图书馆目录不熟悉而引起的许多问题：例如将丛书或多卷集误为期刊，或将期刊总刊名略去而只查分册名，或对图书馆所用分类法、主题表、目录组织法及目录体系不了解等等原因而造成找不到资料。对这一阶段的检索需要来说，各种馆藏目录、联合目录，多种文字之间的字译表、译文目录、专利对照等等工具是最为重要的。

3. 弄清文献中的文字、代号、名称等问题，以便顺利阅读消化文献的阶段：

读者在取得文献全文以后，就开始阅读消化。在这一阶段也会出现许多咨询问题：如不理解的专业术语、外来语、缩写字、地名、机构名、商品名、设备装置型号、计划规划代号、货币代号及币值互换、各种度量衡单位等等。这些问题如果不能解决，往往成为阅读文献中的拦路虎。对这一阶段的咨询要求来说，各种字辞、辞典、百科全书、学科大全以及各种工具书中的附表等等是最为重要的。

4. 查找、引用、核实、对比某些数据，以便顺利进行计算、设计、试验的阶段：

在这一阶段，读者往往要求查找各种物质的物理、化学的常数，各种材料的性能指标，某些参数和特性曲线，各种产品的规格，等等。对这一阶段的咨询来说，各种数据手册最为重要。

5. 其他，如为进行学术交流和对外贸易而提出的咨询问题。

例如查找国外学术团体的历史和组织机构，著名学者姓名简历，学术活动的会期和地点，国外的学制、学衔和荣誉称号，以及产品名称型号、价格和供应商，有关技术转让、合资经营、版权等的法律和法规，等等。对这一类的咨询来说，各种辞典、年鉴、手册、人

551

名录、产品样本以及其它资料是最重要的。

读者询问的方式一般有三种：

1. 读者到馆口头提问。这是咨询工作的一种便利的方式,工作人员可以和读者当面交谈,确切地弄清读者的要求和课题的性质,了解读者已经掌握的文献资料的情况;同时还可以向读者学习和请教。即使是一些很生疏的问题,经读者介绍解释,工作人员也可以很快地学到有关专业的一些基本知识,为顺利地查找和提供文献资料创造条件。在口头咨询中,读者可以向工作人员提供线索或具体要求,协助查找,工作人员可以帮助读者熟悉、掌握检索方法。

2. 读者用电话提出问题。这是一种不见面的口头咨询,常是为了解决一些简单、急迫的问题。由于电话的局限,工作人员在接受问题时,特别要听清、记清问题的要点,并记下提问人的姓名、地址、电话号码,以便在解答咨询中出现疑难问题时,及时同读者联系,使查找工作能顺利进行,避免由于误听而造成的枉费劳动,耽误生产、科研时间。

3. 读者或单位的书面咨询。这是用信件提出问题,要求提供某项目所需的文献资料,有时还要求借阅或复制。这种咨询可以使工作人员有较充足的时间进行思考和研究。但有时由于信中把问题提得过于简单,甚至由于粗心错写,就不容易知道读者的具体要求,不易判断什么样的资料才对口径,造成检索工作的困难。这时常需去函询问对方,信件往返,较费时间。

二、解答咨询的方法和步骤

1. 调查、学习,弄清题目。在咨询工作中,读者对问题常提得较简单,对于课题的专业性质、内容和他们在查找中做过的一些努力,对于查找文献的一些线索,一般都不主动讲,而这些情况对解答咨询是十分有用的。为此,图书馆和情报工作人员要主动地向读者了解这些情况,尤其要了解读者提出问题的根据,问题的出处,从中可以知道应从哪些方面入手来解答咨询。同时,也可以查阅参考工具。特别是对新学科、新技术不了解时,通过查看科普读物、情报刊物、百科全书、字典词典,翻阅分类法、主题表等,就能掌握一些基础知识。此外,还可以向其他读者请教。

弄清咨询问题的用途也很重要。例如编写教材和搞科研项目就不完全一样。写综述文章与写专题论文,其检索的广度与深度也不一样。用途不同,侧重点不同,所需资料的类型和深广程度也不同。

同样,弄清提出咨询问题的人的本身情况也是很重要的,如他所属单位、职别、外语水平等等。这样,解答咨询更能有的放矢。

2.分析判断。经过调查,搜集到了有关某一咨询题目的各种素材。对于这些素材还必须经过分析判断。首先,对题目本身作分析,进行学科"定位",即确定其所属的学科范围;然后,分析题目内容与本馆所藏图书资料的组织系统有何联系,研究检索途径。如读者要求提供"全息摄影"方面的资料时,就要研究"全息摄影"是属摄影类呢?还是属光学类或光电子技术类呢?到什么类型的出版物中去查找?

3.选择检索工具。经过调查和分析,对于如何解答读者的咨询题目,就心中有数了。根据读者的具体要求,针对不同性质的问题,我们就可以利用检索工具、参考工具书等,查找出读者所需要的书刊资料,解答所提出的咨询问题。这里,首先要根据咨询课题的内容、学科范围等来选择适当的检索工具。选择检索工具的标准是:(1)要专业对口;(2)要文献类型对口(是查期刊论文,还是查标准、专利);(3)选择质量高的检索工具(报道量大,报道快,检索途径多)。检索国外文献时,可藉助中国科学技术情报研究所编的《国外科技文献检索工具书简介》和《国外科技文献单卷检索工具书简介》来选择有关的检索工具。由于每种检索工具都有特定的收录范围,各有所侧重,编排方法也不一样,所以必须熟悉和掌握各种检索工具的特点和使用方法。

对有些咨询问题来说,文献检索工具是不够的,例如各种数据,必须选择合适的数据手册,地名需查有关的地名辞典,专业词汇需挑选相应专业的名词辞典,有关产品方面的咨询必须查阅适当的产品目录(价格需另查别的工具),有关学术机构、大学的情况,则要选择如"学术界"(Learning world)之类的工具书。

对某些咨询,有时还不能直接从工具书中找到答案,还必须选择期刊、会议录、图书等一次或三次出版物进行查找,或者将工具书与一、三次文献结合起来。即使是直接查阅一次或三次文献,也应尽可能地使用书后的内容索引。

4.制定检索策略。这是关系到解答工作成败与效率的一个重要问题。

当一个问题可由几种检索工具查找时,要考虑这几种工具中各附有什么索引?哪一种查起来最方便、最省时?哪一种包括这个主题的文献最多?哪一种本馆馆藏最全?由这些中确定先由哪一种下手,主要利用什么工具,从什么角度检索。

由主题途径检索时,要把有关的关键词的外文名称先确定下来,并要从主题表中选挑合适的主题词及其上位词、下位词、相关词及同义词、近义词等,以便随时进行扩检或改换检索词。

由分类途径检索时,要选出合适的类目,记下类号,并且要注意同一主题事物在不同的分类法中的不同号码及其转换。例如德温特专利分类号与国际专利分类号的对换等等。

由其它途径检索时,也须把所需有关项目确定下来(如著者、团体机构、分子式、报告号、专利号、专利权人等)。

在确定检索策略时,可定出几种可供选择的方案,以便在一种方案行不通时立即改行另一种方案。

5.实际进行检索。这个阶段主要是根据既定的检索策略行事。要尽可能从已知条件来获得未知的答案。当然,在检索过程中也要灵活地改变检索策略。有时走一点迂回的道路是必要的。例如某个词从汉英词典查不到时,可先利用汉俄词典查出相应的俄文字,然后再用俄英词典查出英文名称。又例如查找"硫光气"方面的资料,如果实在查不到它的学名或外文名称时,可从分子式入手查找分子式索引,以此来掌握"硫光气"的英文学名。

检索时,要注意使用检索刊物的累积索引,这样可以节省很多时间。在使用主题索引时要注意"参见"项,以扩大检索的途径。分类法中名为"杂项"或"一般"的类目也值得注意,因为某些新东西在未设专门类目时,往往就集中在这里。

查找范围可先宽后窄,以避免遗漏。

检索时,要考虑文献的出版类型。不同类型的文献往往为不同种类的工作所需要,或为工作的各个不同阶段所需要。例如,定型产品的设计,往往侧重于检索标准;基本理论的研究,往往侧重于检索期刊论文;搞科技革新,往往侧重于检索专利;当查找某一具体设备、仪器等的有关文献时,可多考虑利用专利;查找某一型号的设备或产品时,可利用产品样本和产品说明书。

检索时,还要注意核对馆藏。因为读者最终需要的是原始文献。在这方面,要注意馆藏中可能造成的同一类型文献的"分家"。例如进展报告,有的作为书订,放入书库,有的作为刊订,存于刊库;科技报告、技术标准都可能有这样的情况。此外,要从各种科技报告的重复、论文的转载、会议录与期刊中文章的雷同、同一文献的不同译文等等之中,尽可能地查出馆藏的原始文献来。

在检索过程中,必须与读者配合。初查出来的文献,应请读者鉴别,以便调整检索口径,使其更符合读者的需要。

6. 建立咨询档案。可设置咨询登记簿或登记表,其中列出单位、读者姓名、地址、电话、提出咨询日期、咨询内容,以及解答咨询日期、提供资料的名称和数量、利用效果、接待人等项。

在处理咨询问题的过程中,对检索所得的书刊资料线索应随时做出卡片,包括文献题目、著者、发表年月、出处、收藏单位及索取号等项,并核对馆藏,注明本馆有无此文献及本馆编号。工作中所积累的卡片,应分类排列,加上导卡。这样,一组一组的文献卡片连同咨询登记表(簿)和来函等,便组成了一套完整的咨询档案,便于以后查阅和总结、统计。

第二节　定题服务

图书馆和科技情报部门根据实现四个现代化的实际需要,选定工农业生产和科研工作中的某些重点项目或亟待解决的关键问题为服务课题,深入其中,步步深入,一跟到底,进行重点服务。我们把这项工作叫作定题服务或对口服务。定题服务是科技情报工作的重要内容之一。

定题服务工作必须注意以下几点:

一、选定重点服务课题

在实现四个现代化的过程中,我国工业、农业、国防、科研各部门每年都有大量设计、试制、研究的项目。每个项目中都有一些需要解决的关键问题。针对这种情况,科技情报部门和图书馆在其服务工作中,就应选定服务重点,集中力量,解决主要矛盾,并在此同时,兼顾对一般课题的服务工作。

重点服务课题的选定,主要是根据:

(1)我国国民经济发展计划;

(2)国家管理、计划部门下达的生产任务和科研课题;

(3)生产、科研中的重大项目、会战项目、攻关项目;

(4)生产斗争、科学实验中存在的亟待解决的实际问题;

（5）国家引进新技术的需要,等等。

选题要在深入调查研究的基础上进行。图书馆和科技情报工作者应深入生产科研实践,充分了解情况,根据实际,选好、定准服务课题,这样才能使定题服务工作起到应有的作用。

二、深入课题,进一步搞好调查研究

调查研究是做好定题服务工作的前提。不仅在选择重点服务课题时必须搞好调查研究,当确定重点服务课题后,还必须深入课题,进一步搞好调查研究。例如参加有关会议、到现场参观、请科技人员讲课或座谈等,了解所服务的课题的进展情况,做到心中有数;了解技术上存在的关键问题和生产中遇到的困难,以决定服务中的侧重面;了解生产、科研人员的具体需要以及他们的专业知识、外文水平和掌握文献资料的情况,以避免在查找文献中的重复、无用的劳动,提高提供书刊资料的准确性。图书和情报工作人员只有深入课题,才能了解课题,学到本课题的有关专业知识,由不懂到懂,取得定题服务的主动权。

三、制定方案,查找、搜集、提供科技资料

在调查研究的基础上,应制定一个为本课题服务的切实可行的计划,使定题服务工作能配合生产或科研工作的进展,有条不紊地、有准备地提供所需的文献资料。定题服务要按科研工作的各个阶段——开题调研、制定方案、实施研制及成果鉴定等——的进程来开展工作。开题阶段,主要提供面广并涉及有关背景的资料,特别是"评论"之类的文献。实施阶段,则主要提供内容具体的对口资料。鉴定阶段,则往往又需广罗同类科研成果的资料,以便进行水平的比较。总之,按照科研规律,使定题服务步步深入,各有重点方向,这是很重要的。

图书馆和情报工作人员要和生产、科研人员结合在一起,通过

对课题的分析,确定查找文献资料的内容范围,确定要查找文献的起讫年限,所要使用的工具,所需要文献资料的类型和文种,然后进行检索。

搜集、提供资料可采取先线索、后资料,边搜集、边提供的办法。检索过程中查到的文献资料可能数量较多,需要进行鉴定、筛选和整理。先把检索出的文献线索制成卡片,这一方面可以把资料线索及时地送到生产、科研人员手中,听取他们的意见,做进一步的补充和删减;另一方面,这些卡片可为进一步编制专题索引打下基础。总之,要做到定题提供、系统积累、送资料上门并及时和不断地检验服务质量。

定题服务所应遵循的准则是:情报尽可能的完整;情报流的连续性与规律性;文摘要简明浓缩,并保证能得到原始文献;对主要文献,必要时可进行摘译、节译或全译;尽可能达到报道迅速,资料新颖,等等。

第三节　专题索引的编印

一、专题索引工作的意义

专题索引是图书馆和情报资料单位根据生产、科研的实际需要,围绕某一专题(往往涉及若干相关学科),利用各种类型的检索工具进行文献普查的基础上所编成的索引。它比较全面广泛地汇集了一定时期国内外的文献资料线索,对于查阅某一专题的文献,提供了较大的方便。这种专题索引的编制,可以减少生产、科研人员查找资料的大量劳动,为科研、试制等工作作好前期准备。因此,我国图书馆和情报资料单位,把这项工作作为为生产、科研服务的一个重要手段,编成了大量的专题索引,在社会主义建设中,起到了相当的作用。

专题索引的编制工作与咨询解答工作,两者是各有特点的。咨询工作基本上是面对面的服务,它的服务对象比较具体,课题范围较窄,解决问题的时间较快,具有直接性与及时性。但它只能为来馆、来信提出咨询的读者服务,服务较为被动,服务课题不一定都具有普遍和重大的意义,服务面较窄。而专题索引的编制工作,则具有课题的普遍性、服务的主动性和对象的广泛性等特点。它以现实需要中较普遍的问题作为索引的选题,主动地为有关生产单位和科研项目提供资料线索。由于专题索引一般都印刷发行,因而它的服务面较之咨询服务,要广泛得多。它是大面积的"播种"工作。

专题索引的编制和解答咨询的工作,两者也是紧密联系的。读者提出的普遍性的、带有趋向性的咨询问题,可以把它编成专题索引。而这种索引的编印,又大大减轻了咨询解答的工作量。咨询解答的"被动"也就转化为"主动"。

二、编制专题索引的准备工作

1. 认真开展调查,选准拟编索引的专题。应到有关计划领导部门及生产、科研第一线进行调查研究,选定具有重大意义和普遍性、现实性或带有趋向性的课题,这样才能保证索引编成后有较大的利用率。

2. 学习、掌握有关专业知识和外文词汇。这样可以提高文献检索的准确性,减少漏检和误检。

3. 确定收录文献的内容、年代、文种和类型范围;确定文献普查时要使用的检索工具及检索重点;确定检索时采用的方法及步骤。

目前世界各国出版的检索工具很多,有综合性的,有专业性的,有专门报道某一类型文献的,也有专门报道某一地区文献的。

在检索前要了解哪些检索工具中收录了与所定专题有关的文献，在哪些检索工具中该专题的文献较丰富，哪些检索工具中选录的文献质量较高，等等。摸清这些情况，才能做到心中有数，不致在检索时盲目使用检索工具。一般来说，可首先利用综合性的大型检索工具，然后再查专业性的检索工具和地区性的检索工具。各种检索工具可互相补充，配合使用，使检索文献比较广泛、全面，避免出现较多的遗漏。如查关于"废水处理"文献，可先查美国《化学文摘》这类大型的检索工具，然后从一些较专的检索工具如英国《水污染文摘》(Water Pollution Abstracts)等中查找。

有的单位的作法是先根据文摘，选定专题索引收录的期刊范围，然后根据期刊做索引。这样，专题索引中的每篇文献，保证都有馆藏。

在检索前，应明确收录文献的主题范围，避免在检索中出现弄不清主题，不知取舍，甚至出现错检等情况。在确定检索文献的起讫年限时，注意选用时间性强的检索工具。一般大型的检索工具报道文献时差较大（半年左右），所以要注意利用国内出版的文献索引和国外出版的目录快报，甚至根据期刊等一次文献，把最新的文献补充上。在检索时可以采用"由近及远"的检索方法，先查近期文献，然后查早期文献。

三、专题索引的编制方法

1. 全面、系统地检索文献资料

全世界科技文献数量大得惊人，要查遍所有的文献资料是不可能的，所谓"全"也是相对的（内部资料和秘密资料很难用"全"与"不全"来衡量）。但属一专门问题的资料终究有限，只要我们认真细致地查找，是能够做到近于齐全的程度的。系统、全面地检索文献，可以利用文摘刊物、多卷的手册、分科年度报告、学科述评等工具。

文摘刊物搜集文献一般总是尽量求全,它附有年度索引,是进行系统检索的最好工具。

多卷的手册。在许多学科里,都有多卷的手册和"大全"等出版。这些卷帙浩繁的著作,是搜集了大量的科技文献资料,经分析整理后编成的。这类著作在讨论一个专题时,引证了许多原始资料,所以也是检索的重要工具。如日本的《化学工业大全》,即为这类工具。

分科年度报告。现在科学技术发展迅速,有些国家每年出版分科年度报告,论述某一学科一年来的发展情况。这些总结报告引证了许多原始文献,为查找资料提供了重要线索。例如英国从1916年起每年出版一册《应用化学进展报告》(Reports on the Progress of Applied Chemistry),美国从1956年起每年出版一册《核子能进展年报》(Annual Review of Nuclear Science)。

学科述评。这一般是就某一专题,参考了很多原始文献后编写成的具有总结性的文章,其所附的参考书目,也可以成为检索文献的工具。

从上面介绍的一些情况可以看出,尽管科技文献浩如烟海,但只要善于利用现有的各种检索工具,从各个角度去细心查找,尽量避免漏检,是能够把某一专题的文献线索收集得比较全面、系统的。

在注意收录文献的"全面性"时,也要注意避免盲目求全,单纯追求数量,把与本专题无关的文献也都收录进来的倾向。力求全面搜集和慎重选择相结合起来,使专题索引既全面又可靠。

2.制卡

在把检索出的属于本专题范围的有用文献抄制成卡片时,应注意将篇名、著者、出处、文种、收藏处所和索书号码等项目著录清楚,并在卡片左下角注明所查文摘索引的名称、年、卷、期、页(或文摘号),以便核对。

著录时,期刊名称和特种文献名称可一律用标准缩写。对于摘要中的数据,注意不要抄错,否则易造成此篇文献无法利用的情况。

3.查重、翻译、审校、查馆藏

由于边缘科学的发展和科技文献的交叉重复,由于检索中采用了多种检索工具,所以查到的文献线索必然有重复。在检查所制卡片是否有重复时,如果以篇名来查对,较费时间,且由于各种检索工具对同一文献篇名译法不一,所以也不易查出。若以文献的"出处"来查对,可较快也较准确。其办法是把抄制的卡片按文献出处项的刊名(同刊名再按年卷期和页码)、书名、报告号、专利号等进行仔细排列,就可以较容易地发现重复,撤去相重的卡片。

查重之后应把篇名、书名翻译过来,必要时翻译摘要,编制成专题文摘。

对选准的文献,应本着认真负责的精神,将卡片反复审校核对,避免其中的错误,提高专题索引的质量。

还要将卡片与馆藏核对,凡属本馆藏有的文献,可以加注记号或馆藏索取号,以便于读者借阅。本馆未藏的文献,在读者需要时,可通过馆际互借等办法提供。

4.索引的组织编排

卡片一般可按分类排列,但专题索引一般不直接使用现成的分类表,而是根据所选资料的范围自拟适当的类表。同一小类中可按发表年月或篇名字顺排列,并可对每条著录加编流水号。经过这样编排后,就是一套完整的卡片式专题索引了。再将其印刷成册,就是一册书本式的专题索引,便可提供给有关的工矿企业、农村社队、科研单位等。

第四节　开展代办机检业务

计算机检索服务已在我国逐步开展和推广。现在,可供利用的机检系统有化工部、机械部、邮电部、农科院、北京文献服务处、上海科技情报所、中国科学院图书馆、南京大学图书馆等十几个,既可进行 SDI 服务,又可进行追溯检索服务。此外,香港终端可检索 DIALOG 和 ORBIT 系统,ESA 终端可检索欧洲航天局的系统,同时也可转接美国的系统。在这种条件下,图书馆和情报资料单位开展为情报用户代办机检服务,是完全有必要的。

代办机检,就是图书馆和情报资料单位充当情报用户同机检系统之间的中间人。现在,许多情报用户还不知道或不很清楚当前的机检服务情况,更不了解检索的方法。即使尝试过机检服务的用户,有的因检索结果不理想,从而对机检产生怀疑或失去信心。另一方面,机检系统面向全国服务,同检索用户之间都是"单线"、"直接"的联系,工作压力很大,很需要有"中间人"为它们充当桥梁,作为其服务网络的"节点",帮助组织机检用户和培训用户。这种"中间人"不仅可以有助于机检效果的提高,而且有助于向情报用户提供检索命中文献的全文资料,从而将检索系统同原始文献的提供系统结合起来。

开展代办机检业务,对于图书馆和情报资料单位来说,也使自己增加了一种为情报用户服务的新手段。也就是说,对于用户提出的检索要求,不仅可以使用手工检索为之服务,而且也可以使用代办机检的渠道予以满足。拥有这两种服务手段,就能使检索服务进一步地向广度与深度发展,并且有选择的余地。例如,对于一般的检索要求,可以使用手工检索;而对于那些课题重大,检索要求高,时间紧的检索要求,则可以为之代办机检。这样做,既可以减轻一些工作压力,也可以增强用户获取全面、准确、及时的检索结果的信心。

充当"中间人",决不仅仅是做点"收收发发"的工作。它的中心工作应是以下三条:

1. 充分弄清楚情报用户的真正情报需求。这是保证取得良好检索结果的基本前提,应该做到:要求用户明确自己的情报需要,确立自己的检索目标;要求用户恰如其分地表达自己的检索目标,既不要扩大,也不要缩小检索的范围;要求用户提供有关的背景知识和有关的外文单词;要求用户参与对检索初步结果的评价,以便对不恰当的检索策略进行修改。国外的机检服务经验表明,同情报用户反复协商的工作,是属于"用户与系统交互"的一部分,是整个情报检索系统的一个子系统。其重要意义是不言而喻的。

2. 拟订好检索策略。即根据用户的需求,为用户选择对口的检索系统、对口的文献数据库、恰当的检索词,并以正确的逻辑关系表达出来。要做好这项工作,不仅需要文献数据库及其词表与标引方面的知识(即手工检索的知识),而且要了解各个系统的检索功能与查寻语言,充分利用系统的潜力。这里技巧问题很多,是图书情报人员施展自己本领的广阔舞台,也是情报用户之所以依赖检索人员的关键所在。

3. 对检索结果要会同用户一起进行评价,必要时通过手工检索进行对比、核实,从中发现问题,找到检索策略中不合理的或欠缺的部分,从而逐步把检索策略修改好,并稳定下来。当文献数据库与词表有变动时,也要及时跟上,使检索策略适应新的情况。同时,要对检索出来的文献线索,尽量提供原始文献,包括从馆藏中提取、通过馆际互借、复印等办法,满足用户的需求。原始文献的提供,是情报检索的伸延。没有前者,后者的意义就不很大,甚至使用户感到可望而不可及,只是"画饼充饥"而已。原始文献的提供这项工作做好了,就能充分发掘藏书的潜力,提高书刊的流通率,并能发现藏书建设或文献搜集工作中的薄弱环节,从而有助于其它工作环节的改进。

要充当好"中间人",还必须了解各个机检系统的服务办法,如联系手续、收费标准、各种可供选择的检索结果输出打印方式、检索所需时间周期等等。"中间人"要为情报用户打算,权衡各方面因素,争取用最少的钱,最短的周期,取得最好的检索结果。

为此,"中间人"必须广泛搜集各机检系统的"用户手册"之类的材料。现在,我国各机检系统印发的这类材料有(仅限于笔者所见的):

1. 上海科学技术情报研究所:德温特世界专利索引电子计算机检索系统(SIPR)用户手册,1982 年 8 月,20 页。

2. 机械工业部科学技术情报研究所:计算机情报检索服务用户须知,1982 年 6 月,42 页。

3. 化学工业部科学技术情报研究所:美国《化学文摘》电子计算机情报检索用户手册,1983 年 1 月,48 页。

4. 中国农业科学院科技情报所刘源甫、肖玮瑛:CAB 农业文献磁带计算机检索利用,1982 年 12 月,45 页。

5. 北京文献服务处:UNIDAS 1100 文献检索系统用户手册,1982 年 3 月,55 页。

6. 中国建筑科学研究院建筑情报研究所:美国 DIALOG 和 ORBI T 国际联机检索系统应用手册简编,1982 年 9 月,210 页。

7. 石油部科学技术情报研究所计算机检索室:《石油文摘》计算机检索用户手册,1980 年。

8. 地质矿产部全国地质图书馆:Georef 地质文献磁带计算机检索使用说明,1982 年 6 月,12 页。

9. 邮电部科技情报研究所:机检用户手册,1982 年。

开展机检代办业务,对于图书馆和情报资料单位来说,是一项新的工作。代办人员需要懂得一些机检的知识,主要是机读数据库、系统拥有功能、询问语言、布尔检索策略、结果评价的知识。至于计算机硬件与软件方面的知识，可以不必苛求。因此，从事代办机检业务的人，应该是具有手工检索经验的同志。只要加以必要的培训，是能够胜任的。

当然，从一个地区来说，代办业务可适当集中于几个较有基础的图书馆或情报资料单位。这些单位之间，可按学科专业分工，如甲馆负责生命科学方面的代办业务，乙馆负责数理基础科学方面的代办业务，丙馆负责工程学方面的代办业务，等等。这样，有利于代办业务的专业化，有利于提高服务质量。同时，对机检系统来说，相对集中的代办点更能起到网络中节点的作用，便于联系。

总之，开展代办机检业务，是我国当前机检服务事业逐步发展的需要，也是图书馆与情报资料单位检索服务发展的需要。在联机网络普遍实现、各馆普遍设立终端之前，通过各个代办点，有助于形成机检服务的网络化，有助于发展、组织与培训机检用户，有助于手工检索与计算机检索的有机配合，有利于把情报检索同文献提供结合起来。开展代办业务，对于情报用户，对于机检系统，对于图书情报单位，都是有利的。

第五节　检索方法的宣传和普及

宣传和普及检索方法，是图书馆和情报资料单位的一项重要的检索服务工作。

检索服务工作，不仅仅是提供科技工作者以文献线索和事实数据，而且也包括向科技工作者宣传、普及检索方法，使他们掌握查找与取得文献的主动权。这后一种服务工作做好了，就等于把打开文献知识宝库的钥匙交给科技工作者。而他们一旦掌握了这把钥匙，就能自己顺利进行检索。不仅能减轻图书馆与情报资料单位的检索服务工作的压力,而且能取得比专职检索人员更好的检索效果。这是因为科技工作者比专职检索人员更了解自己的专业,更了解自己的需要,更能鉴别文献的价值,更能提高检索的效率。即使科技工作者因没有时间自己进行全部检索工作而不得不求助于图书馆与情报资料单位,但如果他们掌握了检索方法,就会与专职检索人员有共同的语言,可以进行更好的合作。因此,检索方法的宣传和普及,是一项带根本性的战略措施。

对于我国来说,情报用户的培训尤其显得重要和迫切。上海曾作过一收调查,在10万名科技人员中,善于查找国外专利资料的仅占1%。上海是我国科学文化水平较高的地区,其它地区是可想而知的。

近年来,国外很重视科技情报用户的培训,认为对情报用户进行培训,是促进整个科技情报事业发展的一个重要方面。联合国教科文组织、各联机情报检索系统都编出了有关情报用户培训的教材、指南或手册,组织了各种短期培训班。而检索方法的宣传与普及,正是情报用户培训的主要内容。在今天,不仅要使用户掌握传统的检索方法,而且要懂得机检方法,这应当是用户培训的目标。

图书馆与情报资料单位,可以用各种不同的形式进行检索方法的宣传普及。大致有下列形式:

1.举办检索方法讲座。每次一个专题,例如"美国专利的检索方法","日本科技文献速报的检索方法","美国《化学文摘》介绍",等等。这种形式的优点是安排灵活,筹备工作简便,但宣传内容缺乏全面系统性。

2.举办短期培训班。较系统地讲授科技文献知识、检索工具使用法等,并辅之以实习。这种形式的优点是宣传内容系统完整,理论与实践结合,但学员人数有限,筹备费事。

3.举办科技文献及其检索方法的展览会。用原件、图表、简要说明等编排成图文并茂、生动活泼的展品形式进行宣传。其优点是宣传面广,可造声势,参观者花时间不多,而对展览内容可各取所需,重点浏览。我国科技情报单位曾举办过标准资料展览、专利文献展览等,有的还在各地巡回展出。

4.在馆内检索室张贴检索方法宣传材料,使读者可边检索边对照。有时可配备查目员,对不熟悉检索方法的读者随时进行辅导。

5.利用电影、广播、电视宣传检索方法。

6.在有条件的高等学校中,应设立文献检索课,对大学生和研究生普及检索知识。

附录一：《美国政府报告通报》分类表

1	**航空**	**5D**	历史、法律和政治科学
1A	空气动力学	5E	人类因素工程
1B	航空	5F	人文学
1C	航空器	5G	语言学
1D	航空器飞行控制和仪表	5H	人机学
1E	航空设备	5I	人员挑选、培训和考核
2	**农业**	5J	心理学（个人和团体行为）
2A	农业化学		
2B	农业经济学	5K	社会学
2C	农业工程	**6**	**生物学和医学**
2D	农艺学与园艺学	6A	生物化学
2E	畜牧学	6B	生物工程
2F	林业	6C	生物学
3	**天文学和天体物理学**	6D	仿生学
3A	天文学	6E	临床医学
3B	天体物理学	6F	环境生物学
3C	天体力学	6G	逃逸、营救、脱险
4	**大气科学**	6H	食品
4A	大气物理	6I	卫生和卫生设备
4B	气象学	6J	工业（职业）医学
5	**行为和社会科学**	6K	生命维持
5A	行政和管理	6L	医学和医院设备
5B	文献和情报技术	6M	微生物学
5C	经济学	6N	人员挑选和保健医学

附录二：德温特分类体系（非化工部分）

（右边号码是相应的 IPC 类别）

P 一般

P1	农业；食品；烟草	
P11	耕种	A 01 bc
P12	收获	……df
P13	植物栽培，乳品加工	……ghj
P14	动物饲养	…… klm
P15	烟草	A24
P2	生活日用	
P21	服装	A41，42
P22	鞋	A43
P23	装饰品	A44
P24	手持用品与旅行用具	A45，46
P25	办公家具，桌	A47b
P26	椅，沙发，床	……cd
P27	商店和家庭用具	……fgh
P28	炊具；卫生用具	……jk1
P3	卫生；文体	
P31	诊断；外科	A61b

P32	牙科；绷带术	……cdf
P33	急救；授药	……ghj
P34	消毒；物理治疗	……1mn
P35	救生；消防	A62
P36	体育；游戏，玩具	A63
P4	分离；混合	
P41	破碎；离心	B02 – 04
P42	喷布；雾化	B05
P43	分选；清洁	B06 – 08
P5	金属成形	
P51	滚轧，拉拔，挤压	B21 bc
P52	冲压，加工，锻造	……d – 1
P53	铸造，粉末冶金	B22
P54	切屑加工	B23 b – g
P55	焊接	……k
P56	机床	……pq
P6	非金属材料成形	
P61	研磨，抛光	B24
P62	工具，切割	B25，26

575

CPI 分类体系

（括弧内号码是相应的 IPC 类别）

A 聚合物

A1 加聚物和天然聚合物

A11 多糖类;天然橡胶;其他天然聚合物

A12 多烯烃、炔类和亚硝基化合物的聚合物

A13 芳族单烯聚合物

A14 其他取代单烯聚合物

A17 非取代脂族单烯聚合物

A18 加聚物一般

A2 缩聚物

A21 环氧化物;氨基塑料;酚醛塑料

A23 聚酰胺;聚酯

A25 聚胺基甲酸酯;聚醚

A26 其他缩聚物

A28 缩聚物一般

A3 加工;一般添加剂及应用

A31 初步加工

A32 成型(模塑,挤压,层合,纺丝等)

A35 其他和一般加工

A4 单体和缩合物

A41 单体和缩合物

A6 添加剂和配合剂

A60 聚合物添加剂(增塑剂,稳定剂,染料,阻燃剂,表面活化剂等)

A8 应用——第一部分

A81 胶粘剂

A82 涂复、浸渗、上光材料

A83 服装,鞋

A84 家用和办公室设备

A85 电气应用

A86 体育文娱用品

A87 织物附件

A88 机械和工具

A89 照相,实验室设备,光

H1	油气勘探和钻采 （Clog，E21b）	**K**	**原子能,爆炸物,防护**
H2	单元操作（C10g）	K1	消防,灭火剂　（A62d）
H3	运输和贮存	K2	化学战防护,呼吸器（A 62d）
H4	石油加工（C10g）	K3	弹药,引信,爆破（F42）
H5	精制工程	K4	炸药,推进剂,烟火,火 柴（C06）
H6	气液燃料（C101）	K5	反应堆工程（G21bc）
H7	润滑剂和润滑技术 （C10m）	K6	核动力装置（G21d）
H8	其他石油产品（C01m, F0lm，F16n）	K7	医学物理（辐射防护,去 污染等）（G21f）
H9	非石油来源的燃料 （Clobcfhjkl）	K8	核技术;X射线技术 （G01t,G21ghjk,H05gh）
J	**化学工程**	**L**	**无机材料**
J1	分离（B01d,B03bcd, B04bc，B07b）	L1	玻璃（C03）
J2	混合,破碎,喷雾 （B01f，B05bc）	L2	陶瓷,水泥,耐火材料 （C04）
J3	电化学工艺和电泳 （BOlk）	L3	电工和电子材料
J4	化学物理工艺和设备 （B0ljl）	**M**	**冶金**
J5	蒸煮（B01b）	M1	金属表面处理
J6	气液贮存和输配 （Fl7bcd）	M11	电镀,电解处理 （C23b）
J7	冷冻,气体液化（F25）	M12	化学清洗（C23b）
J8	热交换,干燥（F26，F28）	M13	金属包复和掺杂 （C23cd）
J9	炉窑（F27）	M14	其他化学表面处理 （C23f）
		M2	金属冶炼和加工

582

M21	无屑(塑性)加工(B21)		（C22b）
M22	铸造;粉末冶金(B22)	M26	有色合金(C22c)
M23	焊接(B23k)	M27	合金钢(C 22c)
M24	钢铁冶炼和处理(C21)	M28	电解和电热冶金（C22d）
M25	有色金属冶炼	M29	有色金属与合金的处理(C22f)

附录三:国内外标准代号表(按字母顺序排)

标准代号	机构及英文缩写	国别	标准代号	标准机构及英文缩写	国别
ADCI	模铸学会标准	美国	ASH—RAE	采暖、制冷与空气调节工程师协会标准	美国
AGMA	齿轮制造者协会标准	美国	AWPA	木材防腐协会标准	美国
AIF	飞机制造管理处标准	法国	AWWA	水工协会标准	美国
AIR	航空和宇宙航行标准化局标准	法国	BDSI	标准学会	孟加拉
AISE	钢铁工程师协会标准	美国	BJG	建筑工业部部标准	中国
AITC	木结构学会标准	美国	BL	航空注册局民航检验规程	英国
AMS	航空材料标准	美国	BNA	汽车标准局标准	法国
ANAS	空军与海军航空标准	美国	BS	英国标准	英国
ANSI	国家标准	美国	BS – MA	造船标准	英国
AP	航空供应部标准	英国	BTS	日本广播技术标准	日本
API	石油学会标准	美国	CB	第六机械工业部标准	中国
AS	澳大利亚标准协会 ASS	澳大利亚	CB	船舶标准化委员会标准	中国
AS	宇航协会标准	英国	CCTU	电工联合会电信协调委员会标准	法国
AS	航空标准	美国	CEMA	传送设备制造者协会标准	美国

584

标准代号	机构及英文缩写	国别	标准代号	标准机构及英文缩写	国别
CEMP	塑料研究中心标准	法国	DS	丹麦标准	丹麦
CES	通信机械工业会技术标准	日本	DTD	国防部宇航材料与加工方法规格	英国
CH	测绘总局局标准	中国	DVGM	煤气与水工程师协会标准	西德
COPANT	泛美标准委员会标准	美国	DVS	丹麦造船标准	丹麦
CS	标准局 BCS	斯里兰卡	DZ	地质部部标准	中国
CSA	标准协会 SCC	加拿大	EIA	电子工业协会规格	日本
CSK	朝鲜标准化委员会	朝鲜	EJ	第二机械工业部部标准	中国
CSN	标准化与计量局	捷克	ELOT	标准化组织	希腊
CSTB	建筑标准	法国	EMAS	电子材料会标准	日本
CTIF	铸造工业技术中心标准	法国	ES	标准化组织 EOS	埃及
CUNA	汽车标准化技术委员会标准	意大利	ESI	埃塞俄比亚标准协会	埃塞俄比亚
DEF	国防规范	英国	FCI	流体控制学会	美国
DEMA	柴油机制造者协会	美国	FJ	纺织工业部部标准	中国
DGN	标准总局标准	墨西哥	FNIE	全国电子工业联合会标准	法国
DIN	西德标准	西德	FS	联邦标准	美国
DIN—HNA	造船标准	西德	GB	国家标准	中国

标准代号	机构及英文缩写	国别	标准代号	标准机构及英文缩写	国别
GBJ	国家工程建设标准	中国	INAPT	标准化和工业产权学会	阿尔及利亚
GBn	国家内部标准	中国	INDITECNDR	全国工艺研究与标准化学会INN	智利
GH	全国供销合作总社	中国	IOS	标准化委员会标准	伊拉克
GN	公安部部标准	中国	IP	石油学会标准	英国
GS	加纳标准局GSB	加纳	IPC	印刷电路学会	美国
GV	军工供应管理局标准	西德	IRAM	材料合理化学会	阿根廷
GY	中央广播事业局局标准	中国	IRS	工业研究与标准学会IIRS	爱尔兰
HASS	采暖、空调卫生工程学会标准	日本	IS	标准学会ISI	印度
HB	第三机械工业部标准	中国	JAS	农林省标准	日本
HG	化学工业部部标准	中国	JASO	汽车技术会标准	日本
HPIS	高压技术学会	日本	JASS	建筑学会标准	日本
HSB	化学工业部工程建设方面的标准	中国	JBJ	第一机械工业部部标准（工程建设方面）	中国
IEEE	电气电子工程师学会标准	美国	JBS	标准局标准	牙买加
IES	照明工程协作标准	美国	JC	建筑材料工业部部标准	中国
IFI	工业紧固件学会标准	美国	JCS	电线工业会标准	日本

标准代号	机构及英文缩写	国别	标准代号	标准机构及英文缩写	国别
JE	第一机械工业部部标准	中国	JUS	标准化协会 JZS	南斯拉夫
JEAC	电气协会规程	日本	JY	教育部部标准	中国
JEC	电气学会标准	日本	KEBS	标准局标准	肯尼亚
JEID	电子工业振兴会标准	日本	KHK	高压气体保安协会标准	日本
JEM	电机工业会标准	日本	KS	标准局 KBS	南朝鲜
JG	建筑工程部部标准	中国	KSW – 42MO	神户制钢所标准	日本
JGMA	齿轮工业会标准	日本	KY	中国科学院院标准	中国
JIS	工业标准	日本	LD	劳动部部标准	中国
JISF	造船工业标准	日本	LIS	轻金属协会标准	日本
JMS	电影机械学会	日本	LS	标准协会 LIBNOR	黎巴嫩
JOHS	液压工业标准	日本	LS	粮食部部标准	中国
JPI	石油学会标准	日本	LY	林业部部标准	中国
JRS	国管铁路标准	日本	MH	民用航空总局局标准	中国
JSS – A/SC	不锈钢协会标准	日本	MIL	军用规格	美国
JT	交通部部标准	中国	MPIF – P/H	金属粉末工业联合会标准	美国
JT	交通部工程建设方面的标准	中国	MS	标准协会 SIRIM	马来西亚

（续表）

标准代号	机构及英文缩写	国别	标准代号	标准机构及英文缩写	国别
MS	军用标准	美国	NI	标准化委员会 YDNI	印度尼西亚
MSS	阀门和配件工业制造标准协会标准	美国	NIHS	钟表工业标准	瑞士
MSZ	标准局 MSZH	匈牙利	NJ	农业机械部部标准	中国
MT	煤炭工业部标准	中国	PS	标准协会 PSI	巴基斯坦
MTP	陆军试验鉴定部兵器试验规程	美国	PTS	标准局 PS	菲律宾
NAS	宇航工业协会全国宇航标准	美国	QB	轻工业部部标准	中国
NB	技术标准协会 ABNT	巴西	QBJ	第一轻工业部部标准（工程建设方面）	中国
NBB	国家标准局标准	美国	QJ	第七机械工业部部标准	中国
NBN	标准化学会 IBN	比利时	RTCA	航空无线电技术委员会标准	美国
NC	标准化、计量与质量管理学会	古巴	SABS	联邦标准局	南非
NDIS	非破坏检查协会标准	日本	SAE	汽车工程协会标准	美国
NDS	防卫厅标准	日本	SAE—AMD	美国宇宙航空材料文件	美国
NEMA	电气制造协会标准	美国	SAE—AMI	机动工程师协会新型材料标准	美国
NEN	标准化协会 NNT	荷兰	SAE—AMS	宇宙航空材料规格	美国
NF	法国标准	法国	SEA—AIR	机动工程协会宇航资料	美国
NF – J	法国造船标准	法国	SEA—ARP	机动工程协会宇航推荐规程	美国
NFU. S. E	电气职工联合会标准	法国	SFS	标准委员会	芬兰

588

标准代号	机构及英文缩写	国别	标准代号	标准机构及英文缩写	国别
SG	原中央手工管理局	中国	TAS	工具工业会标准	日本
SI	标准协会 SII	以色列	TB	铁道部部标准	中国
SIS	标准化委员会	瑞典	TCVN	计量与标准化质量管理总局	越南
SJ	第四机械工业部部标准	中国	THAI	工业标准学会 TISI	泰国
SM	船用工艺标准	日本	TGL	标准化局 AFS	德意志民主共和国
SMMT	发动机制造及贸易协会标准	英国	TRG	压缩气体技术规程	西德
SMPTE	电影与电视工程师协会	美国	TS	标准协会 TSE	土耳其
SNIMA	工业标准化局	摩洛哥	UBC	联邦标准	缅甸
SNV	标准协会标准	瑞士	UNAV	造船标准	意大利
SOI	标准与工业研究学会 ISIRI	伊朗	UNCO	技术标准协会 ICONTEC	哥伦比亚
SRIS	橡胶协会标准	日本	UNE	全国合理化与标准化学会 IRANOR	西班牙
SS	工业部标准化与质量 SSD	苏丹	UNI	意大利标准	意大利
STAS	标准学会 IRS	罗马尼亚	UNIT	技术标准协会	乌拉圭
STASH	国家标准局 BSA	阿尔巴尼亚	UTAC	汽车、摩托车、自行车联合会标准	法国
SY	石油工业部部标准	中国	UTE	电子联合会标准	法国
SYD	石油工业部工程建设方面标准	中国	VDEH	钢铁工程师协会标准	西德

标准代号	机构及英文缩写	国别	标准代号	标准机构及英文缩写	国别
VDI	电工标准	西德		俄文代号	
VDMA	机械制造协会标准	西德	AH	航空标准	苏联
VOA	工程师协会标准	西德	ВДС	国家标准化委员会	保加利亚
VSM	机械工业协会标准	瑞士	ВТУ	暂行技术条件	苏联
WB	物资管理部部标准	中国	ГОСТ	国家标准	苏联
WBL	联邦国防军航空仪器样品检验局标准	西德	3ТУ	工厂技术条件	苏联
WES	焊接协会规格	日本	MBH	海运部标准	苏联
WH	文化部部标准	中国	MH	机械制造通用标准	苏联
WJ	第五机械工业部部标准	中国	MU	院订标准	苏联
WL	航空材料标准	西德	MT	发动机技术标准	苏联
WM	对外贸易部部标准	中国	MTU	有色金属工业部技术条件	苏联
WS	卫生部部标准	中国	MXИTУ	化学工业部技术条件	苏联
YB	冶金工业部部标准	中国	HAИ	航空工业标准	
YBJ	冶金工业部工程建设方面的标准	中国	OCT	通用全苏标准	苏联
YD	邮电部部标准	中国	PTM	指导性技术文件	苏联
YDJ	邮电部工程建设方面的标准	中国	ТУМАИ	航空工业部技术条件	苏联

标准代号	机构及英文缩写	国别	标准代号	标准机构及英文缩写	国别
TУММИ	冶金工业部技术条件	苏联	ЧМТУ	黑色金属工业部技术条件	苏联
TУМОИ	国防工业部技术条件	苏联	Ч3	工厂标准	苏联

附录四：ESA—IRS 数据库一览表

文档号	文档名	主要学科	时间范围	文献量（万篇）	费用/小时（Au*）	备注
1	NASA	航天等多学科技术	1962—现在	130	40	限 ESA 成员国使用
2	CHEMARS	化工	1967—现在	580	63	
3	METADEX	冶金	1069—现在	45	66	
4	COMPENDEX	工程	1969—现在	115	86	
5	ELECOMPS	新电子元件		0.5	70	数值数据库,需与 ESA 另商使用合同
6	NTIS	美国政府报告（多学科）	1962—现在	120	50	
7	BIOSIS	生物	1973—现在	270	61	
8	INSPEC	物理、电气和电子	1971—现在	180	71	
9	ALUMINUM	铝工业	1968—现在	9.7	50	
10	ISMEC	机械工程	1973—现在	14.5	71	
11	ENVIROLINE	环境科学	1971—现在	10	91	

（续表）

文档号	文档名	主要学科	时间范围	文献量（万篇）	费用/小时（Au*）	备注
12	SATECDATA	ESA 卫星系统			100	
13	LEDA	遥感信息	1975—现在	19	70	数值数据库
14	PASCAL	多学科	1973—现在	435	48	
15	ELSPECS	电气规格			70	数值数据库，需与 ESA 另商使用合同
16	CAB	农业科学	1973—现在	142.5	53	
17	OCEANIC	海洋学	1964—现在	14	71	
18	POLLUTION	污染和环境	1970—现在	14	71	
19	ENERGYLIN	能源	1971—现在	7.3	91	
20	FOODSCI. & TECH. ABS	食品科学	1969—现在	23.5	55	
22	SPACE COMPONETS	航天元件		1.1	70	数值数据库
23	ODE	联机数据输入				
24	EUDISED	教育			61	

（续表）

文档号	文档名	主要学科	时间范围	文献量（万篇）	费用/小时(Au*)	备注
25	AQUALIN	水资源	1974—现在	4	55	
26	EDIN	INIS 的培训文档			25	
27	EDF—DOC	能源	1972—现在	25	63	
28	INIS	原子能科学			60	需与 ESA 另商使用合同
29	AGRIS	农业	1975—现在	49	60	需与 ESA 另商使用合同
30	ABI/INFORM	商事情报	1971—现在	19	67	
31	INSPEC INFO SCIENCE	情报科学			10	培训用的文档
32	PARKING FILE	欧洲数据库指南			40	
33	World TRINS—INDEX	世界译文通报	1978—现在	11	65	
34	BNF ABSTRACTS	有色金属	1961—现在	10.6	51	
36	CONFERENCE PAPER INDEX	科技会议论文（生物、数理化）	1973—现在	90	71	

文档号	文档名	主要学科	时间范围	文献量（万篇）	费用/小时(Au*)	备注
37	PASCAL TRAIN FILE	PASCAL 培训文档	1976—1978	2.3	12	
38	CHEMABS TRAIN FILE	CHEMABS 培训文档			10	
39	INSPEC TRAIN FILE	INSPEC 培训文档	1977 年		10	
43	IRRD	道路研究	1972—现在	14	70	
44	STANDARDS & SPEC-IFICATION	美国国防部标准			73	
45	PTS	人—时序列（个人数据库）			60	
46	PRICEDATA	原材料价格	1973—现在		100	数值数据库
47	HSELINE	健康和安全	1977—现在	3	55	
48	FLUIDEX	流体工程	1973—现在	11.4	69	
49	TELEGEN	遗传工程	1969—现在	0.45	83	
50	ENERGYNET	环境保护			83	

文档号	文档名	主要学科	时间范围	文献量（万篇）	费用/小时（Au*）	备注
51	EI—MEETINGS	工程	1982—现在	8	86	
52	ASFA				71	具体情况不详
54	CETIM	机械工程	1975—现在	6.4	70	
55	PACKAGING(PSTA)				55	具体情况不详
62	QUESTINDEX	交叉文档查找索引			40	
63	DDS	数据传送系统			10	
65	MERLIN—TECH	电气、电子工程	1973—现在	2.8	70	

* Au 为欧洲共同体货币结算单位，1Au＝0.97797 美元（1983 年）